DESERTO DE ARABIA
DESERTO DE ANNA
DESERTO DE HEGIAZ
ELCATIF DESERTO
DESERTO DE THEAMA
DESERTO DE MASCALAT
MARE
ROSSO
THEA MA
REGNO DE IRMIN
REGNO DE ZIBIT
REGNO DE AMAMIR
DESERTO DE SUACHEN
SVACHEN
BVGE POPVLI
REGNO DE DELAÇCA
REGNO DE DANGALI
REGNO DE ADEL
REGNO DE DOBAS
REGNO DE DOARA
DE SOALI
ZINGI POPULI
TIGRE
MAON
BARNA
GASSO
EGIAZ
REGNO DE ANNA
Mecca
Sinay

Aurileide Ribeiro 25.05.12

Leleida
88725648

As Caravanas da Lua

pela Rota do Incenso em busca da Rainha de Sabah

As Caravanas da Lua
pela Rota do Incenso em busca da Rainha de Sabah

FERNANDA DE CAMARGO-MORO

EDITORA RECORD
RIO DE JANEIRO • SÃO PAULO
2007

CIP-BRASIL. CATALOGAÇÃO-NA-FONTE
SINDICATO NACIONAL DOS EDITORES DE LIVROS, RJ.

Moro, Fernanda de Camargo, 1939-
M854c As Caravanas da Lua : pela rota do incenso em busca da Rainha de Sabah / Fernanda de Camargo-Moro. - Rio de Janeiro: Record, 2007.

Inclui bibliografia
ISBN 978-85-01-07639-7

1. Moro, Fernanda de Camargo, 1939 – Viagens – Oriente. 2. Oriente – Descrições e viagens. 3. Oriente – História. 4. Oriente – Usos e costumes. 5. Culinária Oriental. I. Título

06-4562. CDD 915
CDU 913(5)

Ilustração da guarda: Mapa da Arábia (1565) — Arquivo do Estado de Turim

EDITORA RECORD LTDA.
Rua Argentina, 171, São Cristóvão
Rio de Janeiro, RJ – 20921-380 – Tel.: 2585-2000

Impresso no Brasil

ISBN 978-85-01-07639-7

PEDIDOS PELO REEMBOLSO POSTAL
Caixa Postal 23.052 – Rio de Janeiro, RJ – 20922-970

À memória de meu pai
Paulo de Camargo e Almeida
no seu centenário 1906-2006

À Lucianita Fiala de Carvalho, Sandro Corelli e Umm Bilqîs,
amigos queridos que me entusiasmaram e cooperaram para que eu buscasse a Rainha de Sabah.

In memoriam.

Sumário

O deserto

Os oásis da Arábia são mundos fechados, espaços vegetais cercados de um espaço mineral, espaço onde a água vaza cercada de um mundo sem água. Espaço de sombra quando por toda a parte o sol é esmagador, lugar onde os barulhos do mundo doméstico, humanos e animais, refletem-se no ar calmo em vez de se diluírem com o vento na imensidão do deserto.[1]

Serge Cleuziou e Lorenzo Costantini

[1] Serge Cleuziou e Lorenzo Costantini: "À l'origine des oásis", in La *recherche*, número 137, Paris, 1982.

As estrelas e o vento

Malika! Malika! Gritou alegremente a menina apontando a caravana que lentamente chegava às proximidades das tendas vizinhas ao pequeno oásis.

As areias se estendiam em todas as direções através daquela imensidão a perder de vista. Não se podia ver mais do que o céu, as rochas recortadas, e por fim as primeiras marcas do oásis. Aos poucos me aproximei das dunas povoadas de turfas perfumadas, que o antecediam e onde o ar se tornava mais fresco. Ali os camelos vinham pastar antes de saírem pela areia quente, na qual o sol e o vento fazem as suas delícias, dia após dia, noite após noite naquele infinito de areia ocre e dunas louras.

Ouvi a menina repetir mais uma vez — Malika! Malika! — quando o céu começou a ser matizado com as cores do fim de tarde, e a caravana estava ainda mais próxima. Breve ela pararia para se organizar para a noite.

Outras crianças surgiram e juntas bateram palmas repetindo, Malika!

A noite caiu e elas se recolheram nas tendas.

A caravana havia se desfeito, os animais aliviados de suas cargas. Aos poucos os homens, depois de fazerem suas abluções, formaram grupos em torno de uma fogueira, e comeram grandes pedaços de carne. Mais tarde trocaram suas histórias até caírem num sono pesado.

Do lugar afastado em que eu estava, senti a solidão sob as estrelas no infinito silêncio que se fez quando todos se calaram. Mas as estrelas pareciam próximas, cada vez mais, como na minha primeira noite num deserto quando levantei as mãos pensando que podia tocá-las.

Lembrei de Suor Lucia, superiora do convento em que morei quando estudava em Florença, e que havia passado sua infância nas vizinhanças dos desertos da Arábia do Sul. Com ela aprendi a marcação do tempo olhando para o céu à noite como fazem os beduínos. Nos jardins toscanos da Villa Merlo Bianco, ela mostrava como o sol e a lua ensinam a contar o tempo — a substituição de um pelo outro marcando os dias, as fases da lua dividindo as semanas e contando os meses.

— Quantas luas você ainda pode ficar aqui? — Perguntou minha querida hospedeira, e eu tive vontade de fazer o tempo parar.

À noite, todas as irmãs se juntavam para ouvi-la falar do deserto, e aprender o que ela chamava de "astronomia beduína". Aprendemos como as Plêiades marcam as estações intermediárias aparecendo no horizonte em maio e em novembro, e como elas atravessam o céu sendo perseguidas por Aldebaran.

— Foi dos gregos que herdamos o nome Plêiades — contou a religiosa, e prosseguiu. — Oriundo da palavra grega *pleios*, que significa pleno, cheio ou muitos, o nome também pode estar associado à palavra grega *plei*, que significa navegar. Na mitologia grega, as Plêiades eram as sete filhas de Atlas e Plêione, e numa explicação mais óbvia o nome das sete estrelas se referiria ao nome da mãe, que como Atlas também está representado neste enxame de luzes.

Suor Lucia continuou contando que a inclusão das Plêiades entre as constelações tem várias versões, mas que ia se referir só a duas delas:

— Desgostosas com o castigo infligido ao seu pai, que teria de suportar sobre os ombros o peso do Mundo, teriam sido enviadas para o céu por Zeus, para que sua dor fosse aliviada. A outra versão, a preferida das religiosas, conta que Zeus as teria colocado no céu para salvá-las da perseguição do caçador Orion, isto é, Aldebaran, alfa da constelação do touro, a estrela mais brilhante desta constelação, e também a mais brilhante do céu noturno. Seu nome vem do árabe Al-dabaran, o seguidor, pois ela segue as Plêiades na sua corrida através do céu noturno.

Ao procurar no céu as estrelas da Ursa, lembro-me de Suor Elisa com sua voz cristalina recitando com emoção: *Vaghe stelle dell'Orsa*, o infinito do poeta Giacomo Leopardi. Mais tarde os beduínos me ensinaram a achar Suhail, a Lamda da constelação da Vela, por eles muito amada.

Até hoje me enterneço quando vejo a lua crescente, o símbolo do Oriente, e o céu estrelado que me lembra minha juventude em Florença.

Eu ainda estava imersa nas lembranças, quando tarde da noite escutei o vento, o vento noturno do deserto, que quando a lua brilha sobre as dunas, com sua luz sobrenatural, faz cantar a areia.

— Escuta a queixa do vento, que triste de soprar sobre o vazio te diz assobiando com sua voz clara e límpida: "Ouça bem minha melodia, é a grande voz do deserto! Ouça mais um pouco, e as areias arrepiadas por ele te contarão uma fábula, a história da Rainha das Caravanas!" — me disse um velho beduíno.

O deserto é um lugar de renovado encantamento...

Nas últimas horas o vento se calou, nenhum barulho até o muezim chamar para a primeira prece. Os homens fizeram suas abluções, se prostraram para rezar. Depois de comerem um bom pedaço de *khubz,* carregaram os dromedários para partir. Seria mais um dia de marcha.

O chefe caravaneiro disse *Yalla*! *Yalla*! E a cáfila inteira se levantou e partiu. As crianças surgiram e ainda envoltas em sonhos disseram: Adeus Malika!

Eu fiquei ainda mais curiosa para saber o que queria dizer Malika!

Descobrindo Malika

Malika é o nome de uma grande e importante mulher, ou assim entendi através dos gestos da velha beduína, enquanto assava no *tannûr* o *khubz* matinal das crianças. Depois de distribuir o pão ainda quente, colocou o leite de cabra nas canecas e procurou alguma coisa no bolso. Tirou uma moeda de prata bem gasta, um *táler* Maria Thereza, moeda que apesar de austríaca foi muito usada em toda a Arábia, e que hoje serve de talismã.

Apontando para a figura feminina de uma das faces, disse "Malika". Entendi que ela queria dizer: imperatriz ou mais provavelmente rainha, pois logo depois balbuciou: *sheebah. Malika-sheeeeebah,* repetiu, sacudindo as mãos num gesto que podia significar longe, tanto no espaço como no tempo.

Mais tarde a vi contando histórias para um grupo de crianças. Aos poucos percebi que aquelas crianças, como muitas outras na Arábia, encantadas com as histórias que ouviam, saudavam as caravanas ligando-as à da Rainha de Sabah. Uma rainha do tempo da *Jahiliya,* dos tempos pagãos, tentou depois me explicar a velha senhora com sua linguagem de gestos ajudada por nuances de palavras árabes que me permitiam entender.

O tempo islâmico é dualista: antes e depois de Mohamed e do Corão. O primeiro deles é chamado *Jahiliya*, anterior à conversão do povo ao

Islã, descrito como tempo dos pagãos e das trevas. Este tempo pré-islâmico não foi esquecido, pois foi a época em que a cultura árabe buscou seus alicerces dentro de um imenso percurso histórico-cultural. O segundo tempo, considerado o da expansão da fé e também de grandes realizações, permanece até os dias de hoje. A grande divisória foi a Hégira, que marca o início da era muçulmana.

A Rainha de Sabah, apesar de ser uma personagem surgida na época do paganismo, permaneceu fortemente atuante no imaginário universal, não apenas nas fábulas e narrativas populares, mas também na criação literária, principalmente poética. Ela não pode ser considerada uma rainha muçulmana, por pertencer aos tempos de *Jahilya*, nem tão pouco uma rainha hebréia ou cristã. Seu mito ou realidade pertence a um mundo diferenciado, aquele dos adoradores dos corpos celestes, anteriores à penetração das formas monoteístas das religiões chamadas do Livro.[2]

A presença desta Rainha é fortemente ligada à Rota do Incenso e dos arômatas, de tal forma arraigada que é preciso penetrar nessas rotas para se chegar a ela. Também por isso a história das rotas carece dela para explicar a expansão de seu encantamento e a criação de um duplo legendário, o dos arômatas e o da rainha, que se fundem e refundem uma miríade de vezes.

Como teria nascido o mito da Rainha de Sabah e como evoluiu? Qual é a abrangência do legendário que a envolveu? Qual o cenário em que se desenvolveu? Seria um personagem mítico ou histórico? Qual a memória de sua passagem mítica ou histórica?

Para me aproximar da Rainha, eu precisaria rever todos esses aspectos com maiores detalhes, e depois penetrar no cenário em que sua figura se desenvolveu.

2 São assim denominadas as religiões que têm base escrita como O Antigo e o Novo Testamento, o judaísmo, o cristianismo e o islamismo. Pode ser considerada também, e com muito acerto, o zoroastrismo que tem como base o Zend-Avesta.

Absorvida por estes pensamentos não vi que entardecia e uma nova caravana poderia surgir no horizonte. Olhei as crianças imaginando que elas talvez esperassem novamente saudar e sonhar com Malika.

Na manhã seguinte, pensando nas primeiras rotas de caravanas que por ali passaram, eu parti bem cedo em busca de Malika — a Rainha de Sabah.

A Rainha de Sabah *O mito e suas lendas*

Do mito e suas lendas

Uma lenda como recito tradicional, em que o real pode ser embelezado ou deformado, contém elementos do maravilhoso, e em certos casos repousa sobre fatos históricos transformados pelas crenças populares. Se elas são povoadas de mitos, também povoam os mitos.

A princípio o recito fabuloso, muitas vezes de origem popular, é transportado, sobretudo por uma tradição oral, que pode confrontar heróis humanos, divindades e/ou as forças da natureza. A função ao mesmo tempo simbólica e explicativa dos mitos antigos fez com que estes passassem também a designar as grandes figuras nas quais uma nação ou uma sociedade reconhecem seus valores fundamentais, seus questionamentos, ou identificam os grandes momentos da sua história.

Mitos e lendas se combinam e se reproduzem, gerando descobertas que, por sua vez, os autenticam e acrescentam. Foi assim desde os primórdios da humanidade. Durante séculos, os homens transmitiram seus sonhos, suas próprias quimeras, fábulas maravilhosas, que encantaram o mundo. Mas os cientistas tentaram ordenar estes sonhos loucos.

Será que os destruíram?

Acho que não. Ao contrário até. Na busca de explicações são descobertas mais narrativas que os fortalecem. Narrar uma lenda enriquece o mito, produz sua recriação, sua reciclagem, sua abordagem comparativa que mostra que cada área cultural produz os protótipos que serão utilizados no todo ou em parte, sendo a seguir ornamentados e complementados pelos anseios de cada uma destas culturas ou civilizações. O perfil do mito por sua vez enriquece a lenda, muitas vezes a redesenha e ornamenta. Alguns mitos e suas lendas agregadas sobrevivem à civilização que lhes deu nascimento através da reciclagem literária e/ou teológica. Assim foi por exemplo o mito da Rainha de Sabah, e as lendas que o envolveram.

Hoje, a maior parte dos ministros de culto mais liberais dos três monoteísmos, como também os neopagãos, não tem nenhuma dificuldade em aceitar a presença do mito em certos aspectos dos seus textos sagrados (essencialmente a Gênese na Bíblia). Isto não quer dizer, entretanto, que também não contenham um grande número de verdades religiosas, divinamente inspiradas e reveladas através de manifestações de pensamento e linguagem de uma cultura e época determinadas. Falar de mito ou mitologia em relação aos monoteísmos não implica nenhum julgamento de valor sobre a sua crença, mas oferece um instrumento de reflexão hermenêutica.

Se existiu ou foi inventada, a Rainha de Sabah sobreviveu ao tempo, e o fascínio desta personagem permanece até hoje um grande mistério. Do mesmo modo é a sua história, comum às três grandes religiões do Livro, e as narrativas lendárias que correm o mundo.

No Antigo Testamento

Chamada mais tarde de Bîlqis, Makeda ou ainda rainha d'Hazeb, de acordo com as alternativas da sua história e principalmente das muitas lendas que a cercam, o personagem da Rainha de Sabah, ainda sem nome próprio, ocupa pouco lugar na Bíblia: treze versículos no Primeiro Livro dos Reis e a sua retomada no Segundo Livro das Crônicas. Por último, no Novo Testamento, há uma misteriosa alusão à Rainha do Meio-dia, citada nos evangelho de Lucas e Mateus. Contudo esta Rainha é um personagem que sempre assombrou a literatura e as artes, principalmente o imaginário ocidental.

Seu imenso legendário ora a faz aparecer com poderes de necromancia, uma outra interpretação de Hécate, a mágica, às vezes como filha dos *djinns*, isto é, dos demônios, semimulher e semi-animal.

Bela e sábia nas narrativas do mundo árabe, ou deformada por um pé de cabra ou com a perna peluda em uma lenda etíope, a Rainha de Sabah também surge mais tarde como uma imagem da Sabedoria, e sua magia, considerada certamente branca, tem poderes taumaturgos. Finalmente é aquela que vem dos confins do mundo saudar o poder de Salomão e do monoteísmo. A lenda ainda diz que, inspirado nela, Salomão, mais tarde, por amor aos estrangeiros, se afastou de Yahvé em busca de outros deuses. Para os cristãos neotestamentários, no entanto, sua interpretação como Rainha do Meio-dia a faz suave, generosa, fonte de equilíbrio.

O que diz a Bíblia no Antigo Testamento: O Primeiro livro dos Reis[3] descreve sua viagem a Jerusalém para encontrar o rei Salomão. Conta que a Rainha de Sabah (ou Sheba) soube da fama de Salomão, e foi testá-lo por enigmas. Teria chegado a Jerusalém com um séqüito numeroso, um grande número de camelos carregados de aromáticos, uma boa quantidade de ouro, além de pedras preciosas. Ao se aproximar de Salomão, disse-lhe tudo que tinha no coração, e ele respondeu a todas as perguntas, pois não houve nada que o rei não soubesse explicar. Ao ver toda a sabedoria de Salomão — prossegue o relato —, o palácio que ele havia construído, e tudo aquilo de que ele se cercava, o teria reconhecido como o maior dos soberanos, confirmando o que soubera no seu país a respeito da sua posição e da sua sabedoria:

> Não acreditava, antes de vir, e ter visto com meus olhos, e eis que não me disseram a metade. Tens mais sabedoria e prosperidade que a tua fama me indicou. Feliz é o teu povo, felizes os teus servos que estão sempre na tua frente, que entendem a tua sabedoria! Abençoado seja o Eterno, o teu Deus, que fez o favor de colocar-te sobre o trono de Israel! É porque o Eterno ama para sempre Israel que te estabeleceu como rei de modo que faças direito e justiça.

[3] (I Reis, X e 1 a 13).

Ela teria dado ao rei 120 talentos de ouro, uma grande quantidade de aromáticos e as pedras preciosas.

O rei Salomão, por sua vez, atendeu a Rainha de Sabah em tudo que ela desejou e pediu, e, além disso, deu-lhe presentes dignos de um rei com a sua riqueza. Logo depois, ela teria partido para o seu país com seu séqüito[4].

O texto bíblico do segundo livro das Crônicas[5] repete o primeiro palavra por palavra, buscando a inteira autenticidade da citação do Primeiro Livro dos Reis, exceto no último parágrafo. Contudo, tem como particularidade apresentar ao leitor uma concepção teocrática do direito, ou seja, que foi graças ao Deus, que lhe atribuiu toda a sabedoria, que Salomão pôde ser o grande rei de Israel. Ainda nesse segundo texto uma frase modifica o sentido original: "O rei Salomão deu à Rainha de Sabah tudo que ela desejou, pediu mais do que ela havia trazido. Depois, ela voltou para o seu país, com seu séqüito." Por conseguinte o texto visa demonstrar uma riqueza e um poder maior por parte de Salomão.

Sobre este poder e riqueza de Salomão, lê-se mais adiante, também no Livro dos Reis,[6] que Salomão, sabedor das maravilhosas riquezas do país de Ophir, aonde se chegava pelo mar Vermelho, teria ordenado a construção de uma frota no seu porto de Ezion Gaber, no atual golfo de Aqaba. Diz ainda que suas embarcações trouxeram de Ophir 240 talentos de ouro.

Há vestígios de um porto entre os portos de Aqaba e Eilat, mas será exatamente este o mencionado? Onde se encontra este fabuloso país de Ophir? E finalmente: quem teria sido exatamente Salomão?

Segundo as narrativas antigas Salomão, filho do rei David e de Betsabah, fora escolhido pelo seu pai para suceder-lhe no trono. Po-

[4] Conteúdo do Antigo Testamento em Reis.
[5] II Crônica, 9 e 1 12.
[6] I Reis IX, 28.

rém, para se tornar rei entre 970 e 931 a.C., teria eliminado seu irmão mais velho Adonias que não aceitava tal sucessão. Consta ainda que Salomão teria sido o fundador do primeiro Templo de Jerusalém e o autor, pelo menos em parte, do Cântico dos Cânticos. Teria tido, igualmente, a faculdade de se dirigir a todas as criaturas vivas usando a própria língua de cada uma delas. Daí suas conversas com os pássaros serem muitas vezes citadas nas narrativas. De acordo com o legendário mais popular, este rei viveu num suntuoso palácio no centro do qual se encontrava um harém composto de mil mulheres.

Essa história, que carece de exatidão, merece ser investigada, sendo necessário averiguar seus pontos nevrálgicos e discordantes do que se sabe sobre a época. Uma das dúvidas é a datação dos diversos episódios citados.

A redação de certas passagens da Bíblia leva a datar o evento como do século X a.C. O texto, por conseguinte, sugere que os hebreus conheciam os nomes de diversos reinos da Arábia do Sul numa época muito antiga. Hoje, porém, esta data se tornou passível de novas interpretações que poderiam modificar a estrutura cronológica dos acontecimentos.

Quanto aos sabeanos, habitantes do reino de Sabah, a mais antiga menção sobre eles na Bíblia está no Antigo Testamento, numa passagem da Gênesis X, que trata da descendência de Noé e da formação das nações que teriam se espalhado na terra após o Dilúvio.[7] Mas sobre a existência de um reino de Sabah, a mesma narrativa deixa entrever que este reino existia e já tinha relações comerciais e diplomáticas com o Oriente Próximo.

O estabelecimento de um forte fluxo de trocas entre o sul da península arábica e o Oriente Médio ou Próximo parece ligado à domesticação

[7] "Tal são as famílias dos filhos de Noé, de acordo com as suas gerações, as suas nações. E foi delas que nasceram as nações que se espalharam sobre a terra após o Dilúvio."

do camelo (dromedário para uma maior correção)[8] nesta região. Com isto a utilização desse animal para transporte das mercadorias teria, portanto, que ser iniciada anteriormente ao século X a.C. Os textos bíblicos reconhecem que Sabah era um reino que comerciava aromáticos, pedras preciosas e ouro, e produzia o incenso tão necessário para o culto, além de se dedicar ao comércio caravaneiro.

Qualquer tentativa de localização de Sabah deve levar em conta essas primeiras indicações, pois entre os produtos que lhe são associados está o olíbano para incensar, que procede do sul da península arábica, sendo nativo da região do atual Iêmen e do Dhofar omanita, e seu comércio era controlado pelos sabeanos. Portanto, de acordo com o texto bíblico, a chegada da Rainha de Sabah a Jerusalém tem um componente econômico importante: ela foi acompanhada por uma caravana carregada dos produtos com os quais seu país fazia comércio, e muitos deles também produzia, e seguida de uma troca dos presentes, o que também traduziria o objetivo comercial da visita. A Rainha, na verdade, preferia pagar um tributo anual ao rei de Jerusalém para assegurar suas caravanas do monopólio do tráfego que incluía a região da Palestina e da Síria.

No entanto, para os hebreus, o personagem central da história é Salomão, e a ele pertencem todas as benesses, e todos os valores intelectuais. Entre as narrativas populares uma delas conta que uma noite apareceu na sua janela um pássaro que disse ao rei: "Eu percorri o mundo para saber se há ainda uma região que não conhece o teu nome. Encontrei uma: Sabah". Insatisfeito por ser ignorado neste país o rei convidou então sua rainha, que aceitou submeter Salomão à prova dos seus enigmas, desfeitos um a um. Subjugada pela sabedoria de Salomão, a Rainha de Sabah teria abraçado a fé dos judeus.

[8] Na realidade o que existe na Arábia são dromedários, mas o nome camelo que às vezes uso é bem mais fácil num contexto mais abrangente.

Alguns cabalistas têm leitura diferente. Em sua concepção no texto sagrado se encontram significados secretos que podem revelar ao homem um caminho de pensamento e de esperança. Já para certos religiosos, a Rainha de Sabah é enviada de Satã, como mais tarde teria sido a palestina Dalila para destruir Sansão, e por isso ela teria se aproximado de Salomão para descobrir o segredo de seu poder e o destruir. Outros julgam que ela teria sido uma mulher magnífica que foi a Jerusalém se converter. Na crença popular alguns a imaginam escura e muito bonita, baseando-se na figura feminina citada no Cântico dos Cânticos: "É negra, mas oh! Quão bela, oh! Quão pura entre as flores...". Cabe aqui deixar claro, porém, que no século X a.C., os hebreus ainda não usavam a escrita...

Em "La reina di Sabah uma e mille leggendi", Daniela Magnetti[9] cita:

> Que as palavras moderadas e, ao mesmo tempo, envolventes do Primeiro Livro de Reis são fracas de particularidades. Fazendo-se necessário consultar o *Targum Sheni* paráfrase aramaica do Livro de Ester, para enriquecer o episódio de detalhes desconhecidos na tradição hebraica que o precedeu.

Nessa versão Salomão convida os reis do Oriente ao seu palácio e ordena aos animais e aos demônios bailarem diante deles. Entre os pássaros estava ausente a poupa, que se retardou por estar no país dos aromas governado por uma mulher, a Rainha de Sabah, uma rainha perfeita, teria dito. Salomão fez a poupa portadora de uma carta para essa rainha, convidando-a para participar do banquete e ameaçando-a, em caso de recusa, de atacar o reino de Sabah com seu exército de feras, pássaros,

[9] Magnetti, Daniela: "La reina di Saba una e mille leggendi", *in La Regina di Saba, Arte e Leggenda dallo Yemen*, Electa, Milão, 2000. i.

répteis e demônios. A poupa, então, partiu com a carta em busca da Rainha. Nesse ponto, diversos autores se preocuparam em romantizar o modo como a carta teria sido entregue pelo pássaro à Rainha, buscando uma série de símbolos. Mas o texto original, no entanto, prossegue com a história do encontro de ambos, e a reação do rei ao descobrir a anomalia existente nos pés da Rainha, que seriam de cabra.

Como separar a lenda da realidade? Será que a realidade é tangível?

Quanto ao reino de Sabah, também é feita na Bíblia menção em Isaías 60-6, Jeremias 6-20 e Salmos 72-10 e 15, e na Vulgata, Salmos 71-10 e 15, em ambos os casos sem precisão geográfica, mas deixando sua existência bem clara.

Isaías 60-5 e 6 (Jerusalém restaurada)

> *(...) Quando os tesouros das nações vierem para ti.*
> *Estarás coberto de uma multidão de camelos,*
> *De dromedários de Madian e de Epha;*
> *Eles virão todos de Sabah;*
> *Trarão o ouro e o incenso;*
> *E apregoarão os elogios do Eterno.*

Jeremias 6-19 e 20 (invasão estrangeira na seqüência da não escuta da exortação à explicação):

> *(...) Quem tem necessidade do incenso que vem de Sabah,*
> *Para cobrir do colmo aromático de um país remoto?*
> *Os vossos holocaustos a mim não agradam,*
> *E os vossos sacrifícios não me são agradáveis.*

Salmo 72-10 e 15 (Vulgata, Salmo 71-10 e 15: de Salomão):

> *(...) Os reis de Tarsis e das ilhas pagarão tributos,*
> *Os reis de Seba e de Sabah oferecerão presentes.*
> *Viverão, e lhe darão o ouro de Seba (Sabah)... (...)*

Recentes estudos comparativos entre os textos bíblicos e achados arqueológicos do reino de Salomão, assim como entre outros textos sobre o rei e a rainha e os textos bíblicos, conduzem a diversas interpretações. Em "Apocryphes Salomoniens et des textes rabbiniques",[10] Jean-Claude Haelewyck considera que ela foi transformada naquela que comanda os demônios, a Lilith do Targum. Anne-Marie Pelletier[11] ao analisá-la é atenta às ressonâncias do texto no domínio das terras bíblicas, atraindo para ali o paganismo, a periferia, os confins e os degraus que tendem para o centro salomoniano em que trabalha desde o começo a imagem divina. No entanto, este colóquio entre Salomão e a Rainha também representa, numa outra leitura, um drama político e espiritual, a força centrípeta da convergência do paganismo para o Deus único, correspondendo a uma força, neste caso centrífuga, que levará Salomão — por amor às estrangeiras — a afastar-se de Yahvé para prostituir-se "por trás dos ídolos". Encontra-se ali, mais profundamente ainda, o drama do face a face do homem e da mulher, o relatório da sabedoria à feminilidade, a sabedoria em pessoa[12] sendo a mulher única, a esposa, assim como no Cântico dos Cânticos, esta feminilidade perigosa representa a realização da figura real.[13]

[10] In *Graphè n°11 — La Reine de Saba.*
[11] Pelletier, Anne-Marie, "Les 'femmes' de Salomão. Pour relire l'histoire de la reine de Saba". in *Graphè n°11 — La Reine de Saba.*
[12] Cf. Provérbios 8.
[13] Pelletier, Anne-Marie, op. cit.

A Rainha do Meio-dia e as interpretações do Ocidente

> A figura neotestamentária da Rainha de Sabah como Rainha do Meio-dia é referida pelo evangelho de Mateus, ao relatar as palavras de Jesus: A rainha do Meio-dia levantar-se-á, no dia do julgamento, com os homens desta geração e os condenará, porque veio das extremidades da terra para entender a sabedoria Salomão; e eis que tem aqui mais que Salomão![14]

Para a cristandade o encontro dos dois soberanos simboliza o encontro da Igreja com Cristo filho de Deus, segundo relata, além do texto de Mateus, também um de Lucas.[15]

Nos textos patrísticos e medievais,[16] e em suas retomadas na interpretação comum, as bíblias moralistas e *A Legenda Dourada* de Jacques

[14] Evangelho segundo Mateus 12.42.
[15] Evangelho segundo Lucas 11:31.
[16] Principalmente nos de Isidoro de Sevilha, Gregório, o Grande, Béde, o Venerável, e Raban Maur.

de Voragine perfilaram sob o véu do Antigo Testamento a figura da Igreja e a conversão das nações ao Cristo, bem como a posterior descoberta da verdadeira cruz.

Na época constantiniana, novos elementos derivados da história do encontro da verdadeira cruz, intimamente ligada ao Império Romano do Oriente, através de Helena, mãe do imperador Constantino, se juntaram na história da soberana de Sabah/Rainha do Meio-dia e na dos Reis Magos. Nas crônicas bizantinas, a Rainha apareceu ligada à imagem de Sibila, uma profetisa, que teria ligações com os Magos, cuja visita a Jerusalém e os presentes levados parecem ser uma prefiguração da viagem e das oferendas desses três reis ao menino Salvador. A lenda da Verdadeira Cruz também acentuou para os cristãos o significado místico do que representava em geral o ato de visitar.

Foi Piero della Francesca, pintor renascentista italiano que em sua obra-prima, o grande afresco da Igreja de São Francisco de Arezzo, melhor relatou o episódio que liga a Rainha do Meio-dia à descoberta da cruz, mostrando a Rainha em toda sua pureza.

Desde a Idade Média a arte já se voltava para este recito, no qual os exegetas viram uma prefiguração da Igreja buscando transpor as palavras do Salvador. A simbologia do meio-dia aparece marcando a Rainha com um braço preto e um rosto branco numa pintura anônima da escola flamenga do século XVII, de 2m x 3m, realizada sobre pedaços de couro, que, restaurada, está exposta no Museu de Lunéville na França. Sempre no domínio da teologia, a cristandade interpretou a Rainha de Sabah rendida à sabedoria de Salomão como prefiguração da vinda dos três Reis Magos (Melquior, Gaspar e Balthazar) também citada no Novo Testamento. A representação pictural de ambas as cenas se multiplicou como tema dos mais diversos artistas: a imagem dos Magos prosternados frente ao menino Jesus, entregando presentes, ouro, mirra e incenso, se assemelha bastante à cena do encontro dos dois soberanos, em que se vê a Rainha de Sabah depositando numerosos presentes em frente a Salomão. A representação iconográfica de ambos os episódios muitas vezes chegou a ter estruturas similares, porém, pouco a pouco, a iconografia do Antigo Testamento, da Rainha de Sabah encontrando Salomão, adquiriu mais força suplantando a iconografia neotestamentária dos Reis Magos.

Mesmo na tradição cristã medieval, a suavidade da Rainha e sua piedade começaram a aparecer misturadas com outras narrativas como a lenda francesa da *Reine Pédauque*, ligada a interpretações que a descreviam com pés deformados. Esta presença de indiscretos traços demoníacos originou na época inquietações sobre a sua verdadeira natureza. Mas nesse mesmo período e um pouco mais tarde é possível ver numerosas representações da Rainha de Sabah, em seu aspecto mais sensível, nas catedrais e noutros lugares da Europa sob a forma de estátuas, como em Chartres e Parma, de vitrais, em Canterbury e Estrasburgo, além do retábulo de Klosterneubourg na Áustria. A estas se acrescentam o magnífico relevo de Lorenzo Ghiberti na porta do Paraíso do batistério da catedral de Florença[17] e as inúmeras tapeçarias e pinturas dos mais importantes pintores desde a Renascença ao século XX.

A iconografia pictórica da Rainha de Sabah, intimamente ligada à sua viagem ao encontro de Salomão, teve grande desenvolvimento principalmente entre os artistas dos séculos XVI, XVII e XVIII. Só Tintoreto se inspirou na Rainha em quatro de suas obras importantes, além dele, Konrad Witz, Veronese, Juan de la Corte, Mattia Preti, Rubens, Claude Lorrain, Jacques Stella, Claude Vignon e Sebastiano Ricci, para citar alguns, sem esquecer o magnífico afresco de Rafaello Sanzio nas *Logge Vaticane*, em Roma.

[17] Cujo original está no museu da catedral de Florença, tendo sido substituído no local por cópia após a enchente de 1966.

Os desenhos e gravuras também foram inúmeros, destacando-se o belo desenho de Solimena da Galeria degli Uffizi, em Florença, e a bela aquarela de Rafaello Sanzio que está no Louvre.

Essas pinturas, em sua grande parte, têm um traçado alegórico, e geralmente retratam cenas relativas ao encontro do rei e da Rainha, o tesouro do rei, a partida da Rainha de Sabah[18] ou ainda a soberana em todo o seu esplendor, refletindo a concepção do Antigo Testamento. O episódio da lenda da verdadeira cruz, ou a interpretação neotestamentária de Rainha do Meio-dia, é mais ausente, raramente aparece, a não ser quando o foi de forma magistral no já citado conjunto de afrescos que ocupa toda a superfície dos três muros do coro (15m x 7,5m), da Catedral de Arezzo. Neste conjunto compartimentado em dez episódios principais, Piero della Francesca multiplicou as ressonâncias e ligou os relatos de um episódio ao outro, introduzindo uma nova luz, uma transparência de cores e um perfeito controle das perspectivas. Com isso permite suas várias leituras e, sobretudo, deixou perceber visualmente a espiritualidade inerente ao episódio descrito nos evangelhos.[19]

Quanto à literatura, além dos textos de fundo religioso, a lenda se espalhou nas mais diferentes interpretações. Na Europa romântica de Gérard de Nerval e Gustave Flaubert a descrição da rainha sabeana teve um sugestivo perfil alimentado por mitos do Oriente, proveniente da imaginação criativa dos dois escritores.

Flaubert em *La Tentation de Saint Antoine* assim descreveu o encontro da Rainha com Santo Antônio: "A multidão se prosterna, o elefante dobra os joelhos, e a Rainha de Sabah, que se deixa deslizar ao longo da parte dianteira do animal, desce sobre os tapetes estendidos por seus escra-

[18] Que Claude Lorrain propõe que tenha sido de barco!

[19] Piero della Francesca, *Frescos da Legenda da Cruz,* na igreja de São Francisco de Arezzo, obra realizada entre 1452 e 1459.

vos e avança para Santo Antônio. Usa um traje de brocado de ouro ornamentado regularmente por foibalás de pérolas, ônix e safiras. Sua cintura é apertada por um colete estreito, com aplicações coloridas, que representam os doze sinais do Zodíaco. Portando calçados muito altos, sendo um preto semeado de estrelas de prata, com um crescente de lua, e o outro branco, coberto de gotinhas de ouro com um sol ao meio. As mangas são largas e guarnecidas de esmeraldas e plumas de pássaros...[20]" É surpreendente ver todo este luxo oriental face à figura monástica do Santo.[21]

Já Gérard de Nerval, tratando a história do famoso encontro entre Salomão e a soberana sudarábica do ponto de vista dramático, e de tendências maçônicas, deu distância às tradições hebraica, cristã e corânica. Na versão nervaliana, três personagens disputam uma importância maior: o próprio Salomão, Balquis (Bilqîs), a rainha dos sabeanos, e Adoniran, o arquiteto do Templo. O primeiro simboliza a religião monoteísta e patriarcal, a segunda a magia, o matriarcado, e o terceiro pertence à raça cainita, a dos ferreiros rebeldes. Há, por um lado a confrontação entre Salomão e a Rainha — por outro, o amor entre ela e Adoniran. Quando do encontro entre os dois primeiros personagens, a vantagem é da Rainha de Sabah que triunfa, por sua ironia e inteligência, sobre a sabedoria de Salomão. Adoniran, no entanto, sofre ao extremo a conspiração de operários desleais para poder realizar, com a ajuda de Tubal-Caïn,[22] a sua grande obra, antes de descobrir o amor na pessoa da Rainha. Usando o nome sabeano da soberana, declara: "Balqis, espírito de luz, minha irmã, minha esposa, enfim, a encontrei"! — Quanto a Salomão que pretendia, de fato, seduzir a Rainha se surpreen-

[20] G. Flaubert: *Les tentations de Saint Antoine.* Turim 1990, p. 32.

[21] La Reine de Saba, in *La Tentation de Saint Antoine (versão de 1849).*

[22] Tubal-Caïn. — Personagem da mitologia hebraica criador da metalurgia.

deu no momento em que a poupa (*Hud-Hud*) identificou Adoniran como sendo seu cônjuge. O arquiteto, contudo, foi assassinado pelos mesmos operários que tinham tentado destruir sua obra, e morre nos braços de sua bem-amada que lhe jura fidelidade além da morte, julgando Salomão como responsável. Termina a Rainha voltando sozinha para o seu país. O libreto da ópera de Gounod *A Rainha de Sabah* foi baseado no texto de Nerval. Este, em *Les Nuits de Ramazan,* interpreta a Rainha como mulher enigmática, descendente de uma raça desaparecida e semidivina, levando o leitor, mais uma vez, para um Oriente desconhecido e desejado.

Beleza e sabedoria caracterizam as descrições ocidentais da Rainha. Rabelais aproximou a soberana dos filósofos gregos. No capítulo 18 de *Gargantua e Pantagruel,* o escritor conta como um grande médico da Inglaterra quis desafiar Pantagruel para uma discussão pública e como foi vencido por Panúrgio que em sua tese deu o exemplo da Rainha de Sabah que viera dos confins do Oriente para ver Salomão e fazer sentir sua sabedoria.[23] Precisa também ser lido e observado *La Fée aux Miettes* (A fada das migalhas), de Nodier (1832), transcritor maravilhado e fiel de sonhos, visões que atravessam a única realidade na qual ele crê: a realidade fantástica.[24] Enquanto que a *Reine de Sabah* do poeta francês Jean Grosjean inspirou uma série de outras obras, entre elas a de Calderon de la Barca, Goethe e André Malraux, que lhe dedicaram interpretações de grande sensibilidade.[25]

Entre as imagens que despertaram a sensibilidade de diversos autores, a figura da poupa mensageira e mediadora alimentou, no curso dos séculos, a imaginação dos poetas. O próprio Goethe não resistiu ao fascínio quando escreveu que "*a poupa lhe correu ao seu encontro e ele disse; Hud hud, tu és verdadeiramente um pássaro esplêndido. Oh, poupa, depressa,*

[23] Rabelais, *Gargantua et Pantagruel,* Turim 1990, Cap. XVIII, p.246.
[24] A Rainha de Sabah de um narrador romântico: *La Fée aux Miettes,* de Nodier (1832).
[25] E ainda Heine, Byron, Shelley, Yeats e Olavo Bilac.

corre a anunciar ao meu amor que sou eternamente seu. Não tivestes talvez já feito o mesmo em épocas longínquas com Salomão e a Rainha de Sabah?"[26]

Já o Abade Jean Lebeuf (1687-1760), historiador e membro da *Academie des Inscriptions et Belles-Lettres* da França, trouxe uma mensagem pitoresca com referência a *Reine Pédauque*,[27] da qual não se sabia exatamente o que se escondia por trás da estranha denominação de "rainha do pé de ganso" (*Pé d'aouco,* ou *pied d' auque*) quando escreveu: "*Conjectures sur la reine Pédauque où l'on recherche quelle pouvait être cette reine*".[28] Acreditava o Abade que este mito da rainha de pés deformados (pés de ganso) tivesse encontrado na Rainha de Sabah seu arquétipo. Para chegar a esta conclusão, o abade tinha recorrido a uma tradição judaica trazida por um parafraseador caldeu:

> Quando a Rainha de Sabah viajou para Jerusalém ao encontro de Salomão, este príncipe a esperou num aposento cujo chão, mandado por ele construir, era especialmente de cristal. Entrando na sala onde o monarca estava a Rainha, acreditando que o chão estivesse coberto de água, levantou seu vestido para se aproximar. Foi quando Salomão, muito pouco galante, vendo os seus pés que eram medonhos, disse: "Vosso rosto tem a beleza das mais belas mulheres, mas os vossos pés não o são". Esta tradição, com o hábito da Rainha de Sabah de se banhar todos os dias, teria sido suficiente, para lhe darem o nome de *Ped'auque* (pé de ganso).

Outros porém afirmam que seria uma tradução para o latim: *pedes aquae*, no sentido de pés na água, traduzida erroneamente como *pedes*

[26] Goethe, Johann Wolfgang von: *Le Divan oriental-occidental*, traduzido por Jacques Porchat, 1861; ou edição da tradução italiana *Il divano occidentale-orientale*, Turim: Einaudi, 1976, p.158-9.

[27] Que durante muito tempo fora identificada como a filha de Marcelo, quinto "rei" de Toulouse.

[28] *Conjecturas sobre a rainha Pedauque onde se procura quem podia ser esta rainha.*

aucae (pés de ganso). Alguns, no entanto, vêem nessa história o repúdio dos hebreus aos casamentos com estrangeiros e pagãos. Mas são conjeturas que fazem parte do imenso legendário da Rainha de Sabah.

No campo da música, em 1862 Charles Gounod compôs a ópera *Rainha de Sabah*, de um libreto de Barbier e Carré, inspirado na obra de Gérard de Nerval. Este libreto considerado de poucas possibilidades operísticas, no entanto, respondia bem às exigências da época, oferecendo sobretudo pretexto para um cenário suntuoso. No entanto, os personagens não eram bem definidos e as situações dramáticas careciam de impacto. A importância maior dada a Adoniran, o construtor do Templo, em seu relacionamento com a Rainha é uma amostragem das tendências maçônicas de todos os envolvidos na obra. Porém, a montagem não foi bem-sucedida e teve apenas 15 representações na Ópera de Paris. Uma parte da crítica parisiense não hesitou em tachar o compositor de wagnerismo, enquanto que Berlioz lamentou o vazio da partitura.

Injustiça com a história criativa e poderosa de Nerval, e com a tentativa de Gounod de fazer sua música evoluir a partir de um novo tema orientalista. Nos dias de hoje uma mais recente apresentação desta ópera teve melhor acolhida, e o percurso musical de Gounod foi mais bem compreendido. Com isso a evolução da música francesa sob o Segundo Império se enriqueceu consideravelmente.

Repensando o tema em suas várias manifestações culturais é preciso dar atenção especial à expansão no Ocidente do mito da Rainha de Sabah, classificado como um dos mais importantes mitos amorosos por suas conotações, sejam elas religiosas ou não.

A lenda etíope da Rainha de Sabah

Durante muito tempo, numerosas narrativas estiveram em gestação antes que fosse empreendida no século XIV a redação do manuscrito *Kebra Nagast* (Glória dos reis), em que o redator e intérprete, possivelmente o monge ortodoxo Yeshaq, prior de Axum, conta a viagem de Makeda e depois de seu filho Menelik a Jerusalém. Na tradição etíope, Makeda foi o nome dado à Rainha de Sabah, muito venerada entre os cristãos da Abissínia, hoje Etiópia.

A Bíblia já havia evocado esta viagem da Rainha de Sabah, mas não situa o lugar exato do reino, deixando apenas subentender que ficava nas terras da Arábia. No entanto a versão tardia que os etíopes juntaram à do *Kebra Nagast* faz a Rainha de Sabah originária não mais da Arábia, mas possivelmente de Axum, cidade da Etiópia, que foi a capital do primeiro reino daquele país, por sinal fundada pelos sabeanos.

No entanto, para uma melhor compreensão, se faz necessário lembrar como foram os primórdios do cristianismo naquele país africano, e como ele teria ali penetrado.[29]

O vestígio mais antigo da introdução do cristianismo na Etiópia se encontra em Atos dos Apóstolos,[30] quando cita a viagem a Jerusalém do tesoureiro da Rainha Candace da Núbia. Mais tarde a religião teria se propagado no reino de Axum. Antes do advento de Constantino esta propagação se deu pelas vias comerciais, que passavam pelo porto de Adulis, e pelas rotas que ligavam o Egito à antiga Abissínia através da Núbia. Pouco depois, por volta do século IV, o sírio Frumencio, responsável pelas primeiras conversões, tendo recebido a ordenação episcopal do patriarca Atanásio de Alexandria do Egito, entre 341 e 346 d.C., tornou a igreja da Etiópia dependente desta sede. Algumas inscrições locais relatam que, mais tarde, quando o rei Ezana se converteu, o cristianismo se tornou religião do Estado.

No século VI, apesar da língua oficial do reino ser o grego, Axum já forjava a sua própria língua literária, o *ge'ez* (guez), que demonstrou o vigor intelectual e espiritual da sua jovem cultura. Nos séculos V e VI, monges egípcios e sírios desempenharam um papel importante na cristianização dos vastos territórios do país. Os "Nove Santos", monges miafisitas[31] caçados dos seus mosteiros na Síria e levados para a Etiópia, traduziram a Bíblia para o guez, adotando a versão de Antioquia, além de terem também traduzido algumas obras dos Pais da Igreja. O Livro dos Jubileus e o Livro de Enoch são conhecidos na sua integralidade, apenas nesta língua. Mais tarde a Bíblia foi traduzida para o amnhárico,

[29] Hirsch, Bertrand e Fauvelle-Aymar, François-Xavier: "L'Éthiopie médiévale. État des lieux et nouveaux éclairages", *Cahiers d'études africaines*, 166, 2002.

[30] Atos dos Apóstolos (8, 27): "E levantou-se e foi; e eis que um etíope, eunuco, mordomo-mor de Candace, rainha dos etíopes, o qual era superintendente de todos os seus tesouros e tinha ido a Jerusalém para adorar."

[31] Adeptos do monofisismo — unidade do Cristo.

o idioma medieval etíope. A influência dos monges sírios foi grande, o mesmo se deu com a do Patriarcado de Alexandria, que fez com que a igreja etíope desde o início tenha participado na luta que opôs os defensores e os oponentes do concílio de Calcedônia, posicionando-se provavelmente, sob a influência da igreja copta, a favor do monofisismo.[32]

Entre os reinos cristãos que existiram na Etiópia, o de Axum foi de uma grande riqueza comercial, cultural e militar. Segundo o relato de um comerciante de Alexandria datado de 523, "os mercadores de Axum e do porto de Adulis vendem o seu marfim na Pérsia, na Arábia, na Índia e até mesmo em Bizâncio, e comerciam também com o Ceilão". Estas preciosas indicações permitem visualizar seus contatos com outras igrejas cristãs, incluindo a dos cristãos de São Tomás, no sul da Índia, o que vem sendo confirmado através da arqueologia.

Com o aparecimento e crescimento do Islã, e depois o advento do califado, as relações da Etiópia com as outras cristandades tiveram continuidade apenas através do Egito e Jerusalém, no entanto, manteve certo grau de independência mesmo após a conquista árabe.

A história da Etiópia nessa época foi caracterizada pela luta entre o Estado cristão e os Estados muçulmanos constituídos nas costas orientais e, mais tarde, no platô etíope. Nesta fase a Etiópia perdeu espaço e se viu excluída do comércio marítimo, o que contribuiu para o seu isolamento. Com o advento ao poder dos Zagués em 1135, o centro da civilização se deslocou para o Lasta, ao sul. Foi um verdadeiro renascimento da Etiópia cristã, com monges de excepcional santidade. No século XIII, o santo rei Lalibela,[33] tendo passado a capital para Roha, atual Lalibela, fez cortar nas rochas das montanhas um conjunto de dez igrejas monolíticas que se contam entre as mais surpreendentes realiza-

[32] Em 451, o concílio da Calcedônia declarou como errado o cristianismo monofisista que vê em Cristo uma única natureza — a divina. Os cristãos monofisistas, contudo, continuam a ser numerosos no Egito e na Abissínia (Etiópia).

[33] Rei Lalibela (1181-1221d.C.)

ções da arte religiosa. Em 1270, esta dinastia por sua vez foi expulsa por Yékuno Amlak que restaurou o poder da dinastia antiga com a ajuda do religioso Takla Haymanot.

A Igreja adquiriu novamente vigor, principalmente graças a duas famílias monásticas da primeira metade do século XIV, uma fundada por Takla Haymanot que se difundiu ao sul, e a outra, por Eustácio, no norte. Ambas se comprometeram ativamente na cristianização das populações que até então ainda permaneciam pagãs. Entre 1382 e 1468, os reis Dawit e Zara Yacoub tiveram êxito em expandir o reino.

No Kebra Nagast *a oficialização de Makeda*

Uma das características originais do cristianismo etíope era a observação de certas práticas judaicas, como a circuncisão, o sabbat e algumas regulamentações alimentares. Segundo o *Kebra Nagast*, os reis de Axum teriam tido sua origem no rei Salomão e na Rainha de Sabah, e a catedral de Axum — a segunda Jerusalém dos etíopes — guardava a Arca da Aliança. Não existe ainda teoria convincente para explicar a gênese destes ritos judaizantes. Supõe-se que antes da conversão do reino ao cristianismo, a forma arcaica do judaísmo, professada ainda hoje pela população *falasha* na montanha ao norte do lago Tana, teve uma maior divulgação sobre o platô etíope. Contudo, é preciso não esquecer que na Arábia do Sul se registrara uma permanência judaizante no reino himiarita, e que o judaísmo esteve presente em diversas partes da Arábia, inclusive no massacre de Najrân.

Uma das questões que se põem é a história ou lenda etíope da Rainha de Sabah, cuja narrativa se distancia daquela trazida pela Bíblia, sendo aumentada e ornamentada por numerosos detalhes que lhe dão um significado diverso. A origem da Rainha é narrada de forma surpreendente e esotérica, assumindo conotações que a afastam inteiramente das demais.

Ela se inicia no norte do país, numa província que hoje se chama Tigrai, onde o povo adorava uma serpente que precisava ser alimentada regularmente, e a qualquer custo, com jovens primogênitas das famílias locais.[34] Um dia, chegou a vez de uma jovem chamada Makeda, que foi amarrada a uma árvore, e quando a serpente se aproximou para devorá-la, seu pai (numa outra versão foram três santos escondidos atrás de uma árvore) a matou. Porém uma gota de sangue da serpente caiu no calcanhar da jovem o qual, instantaneamente, tomou o aspecto de pé de asno ou de cabra. Os aldeões, ao saberem da morte do monstro, fizeram de Makeda sua rainha. Uma rainha maravilhosa, porém com pés de cabra. Este detalhe, porém, desapareceu aos poucos da história oficial da Rainha.

A tradição prossegue contando que ela iniciou um governo magnífico, mas que, tendo ouvido o recito fabuloso sobre o rei Salomão feito por Tarim, um mercador, teve o grande desejo de fazer uma visita a este rei conhecido por sua grande sabedoria e por seu poderoso reino. A narrativa prossegue se apoiando numa parte do recito do Antigo Testamento, mas deriva ao completar a história do seu encontro, insistindo na sedução da Rainha pelo rei.

Durante sua estada em Jerusalém ela tinha podido aprender a Torah, provar as maravilhas dos jardins de Salomão, assistir aos seus julgamentos, tornando-se amorosa do grande soberano. Contudo, ao aceitar ser rainha da Etiópia, ela tinha feito o juramento de permanecer virgem e se consagrar unicamente ao reino. Tentou resistir ao amor e partir, porém Salomão, antes de sua partida, ofereceu-lhe um banquete com uma intenção pérfida: tomou o cuidado de lhe fazer servir pratos bem mais temperados com sal e especiarias do que o *wat*[35] a que estava habituada,

[34] O mesmo mito do Minotauro (Creta) e também do Moloch primitivo judaico.
[35] *Wat* é um guisado tipicamente etíope preparado com diversas especiarias picantes, carnes e verduras.

para que provocassem muita sede. No momento em que ela se retirou para seus aposentos, o rei a fez prometer não tocar em nenhum dos objetos guardados no quarto onde dormiria. A Rainha de Sabah não viu nisso nenhum ardil e prometeu.

As pimentas e o sal fizeram seu efeito e, no meio da noite, ela acordou com muita sede. Despertada, pegou um jarro de água que se encontrava ao seu alcance e bebeu. Salomão, que não dormia e a espionava, se precipitou e lhe fez observar que ela havia tocado algo que a ele pertencia e que, por isso, devia se subjugar aos seus desejos e vontades.

No dia seguinte, antes da partida, Salomão entregou um anel à Rainha na esperança de que ela levasse um filho seu, pois cada um deles se sentia ligado às obrigações reais e não viam outra solução além de se separarem. No seu regresso, Makeda deu à luz um menino que declarou ser filho do sábio Baïna Lehkem.

Menelik, este filho de Makeda, quando cresceu partiu para Jerusalém para pedir a seu verdadeiro pai, Salomão, que o coroasse rei da Etiópia. O rei tinha outras mulheres e sem dúvida numerosos filhos, mas tinha sido a Rainha de Sabah que verdadeiramente o impressionara. Quis reter Menelik, como havia tentado com sua mãe, porém não teve bom resultado, pois este tinha prometido a Makeda que retornaria a Etiópia. O rapaz terminou por obter do pai o que queria, e este, na esperança de ver o seu reino aumentar, lhe deu, para levar para seu país, os primogênitos dos seus funcionários para que com esta nova população o reino etíope se tornasse semelhante ao seu.

Ora, os primogênitos não trocaram de boa vontade seu país por uma região remota. O filho do grande sacerdote Sadok, devendo partir juntamente com os outros primogênitos nascidos de funcionários do rei, se encarregou de roubar a Arca da Aliança, símbolo do poder do Deus de Israel, que se encontrava no *santo dos santos* do templo de Jerusalém.

O grupo a levou em segredo para Axum, onde foi aclamada ao chegar, e sua vinda foi considerada o reconhecimento da eleição do povo oriundo da Rainha de Sabah pelo Deus de Israel. Os cristãos etíopes passaram então a chamar a Arca da Aliança de *Sion, mezgeba Axum*, Sion, tesouro de Axum.

Uma das perguntas que sempre se põe é: Qual teria sido o sentido desta versão para a expansão da história do encontro da Rainha e do Rei?

Segundo muitas opiniões sérias e abalizadas, ela teria servido até a constituição etíope de 1952 para assentar tradicionalmente a linhagem dos seus reis, de Menelik até o imperador Haïlé Sélassié, o Négus, pois através dela Menelik foi designado como se tivesse nascido dos amores da Rainha de Sabah com o rei Salomão.[36]

A este respeito, a constituição do império da Etiópia de 1952 diz:

> A dignidade imperial deve continuar a ser perpetuamente unida à linhagem de Haïlé Sélassié, descendente do rei Sahel Sélassié, cuja linhagem desce diretamente, sem interrupção, desde Menelik.

Haïlé Sélassié teria sido, portanto, o 255º descendente da Rainha de Sabah, cuja legitimidade imperial de Rei dos Reis, Négus e Leão de Judah, passou a existir através desta história procedente de uma tradição ancestral codificada por textos constitucionais da nossa época, os quais permaneceram em vigor até 1975, data da sua destituição por um regime revolucionário.

A mais antiga versão do *Kebra Nagast* remonta, portanto, ao século XIV com texto escrito em guez. Sua narrativa escrita nas circunstâncias que se conhece, adquiriu mais ou menos forma efetiva. Mas quais foram seus antecedentes?

[36] Grande parte dos pesquisadores sobre a história da Etiópia, entre eles Carl Bezold, Ullendorf e Wallis Budge, acredita que o objetivo maior da tradição etíope sobre a Rainha de Sabah teria sido legitimar o poder de um soberano que se apropriou e reclamou a dinastia oriunda de Sabá e Salomão.

No século XIII da era cristã, quando a Etiópia acabava de expulsar a dinastia dos Zagués, pareceu necessário ligar a nova dinastia que assumiu a uma legitimidade tradicional que fosse anterior à que fora expulsa, com raízes mais antigas e nobres possíveis. Foi nessa época que se formou a versão etíope, sendo que a primeira, possivelmente redigida em árabe, foi imediatamente traduzida na língua guez.

Fica bem claro que o principal objetivo foi estabelecer e legitimar uma dinastia imperial etíope, legitimação esta que fez dos seus soberanos descendentes de Salomão e, pela mesma razão, de David, chegando pela linhagem deste até Cristo. Assim, os soberanos da Etiópia se propuseram como seus parentes, fundamentando um direito de autoridade proveniente de Deus, como autoridades espirituais. Neste caso, fundaram uma dinastia sobre uma descendência, isto é, uma relação de sangue, de parentesco, o que os fez se tornarem os principais defensores da cristandade na África, recebendo também o beneplácito do ocidente cristão.

Acreditavam também que na Etiópia havia sinais concretos e antigos desta filiação, pela presença da estrela de David e do selo de Salomão, em numerosas construções, esquecendo a influência que o judaísmo tivera anteriormente na região. A história mostra que a Etiópia foi judaica antes de se tornar cristã, o que explica estes traços vivos de judaísmo e a adoção de um cristianismo misturado com interpretações judaizantes. Além disso, os soberanos etíopes adotaram um título que sublinhava esta origem, o do leão triunfante da tribo de Judah.

No entanto, o sincretismo árabo-judaico existente no texto do *Kebra Nagast* provavelmente pode também ser originado das raízes sabeanas da Etiópia, o que fica claro no selo do Império etíope, constituído pela estrela de David tendo no seu centro uma Rainha de Sabah branca de lembrança sabeana e não africana.

O *Kebra Nagast* não pode ser interpretado como um documento de primeira mão, por ser constituído de uma coletânea de comentários e de narrativas, como a da criação e dos primeiros grandes personagens do Antigo Testamento até Ruben. Depois então é que entra a segunda parte relativa à Rainha de Sabah. A terceira abrange Sion, a Arca da Aliança, seguida de uma quarta parte sobre a queda do reino de Israel, onde o *Kebra Nagast* pode ser considerado como um comentário do pentateuco em guêz. Por último, uma quinta parte trata da cristologia iniciada com perguntas sobre as alianças de Deus com Noé, Moisés e depois com os homens através do Cristo.

No texto do *Kebra Nagast*, a Rainha de Sabah adota o Deus de Salomão,[37] e diz: "Senhor, eu tinha agido unicamente para eu mesma, adorando os ídolos; agora, eu me resigno como Salomão, à vontade de Deus, mestre do universo". Prosseguindo o texto cita que logo a Rainha retornou ao seu reino se tornando uma adepta do portal do judaísmo salomônico.

Este texto pretende também explicar o semitismo da população etíope. No século XIX, a Etiópia aumentou consideravelmente seu território, mas seu velho núcleo ancestral de cultura, a antiga Abissínia, possivelmente seria de características semíticas, compreendendo apenas o norte do país, guardando na população traços que não são inteiramente negróides, por terem tido ligações médio-orientais, principalmente sabeanas. Ainda hoje, sobre os frescos antigos, se constata que tanto a Rainha de Sabah, Makeda na versão etíope, como seu filho Menelik, seriam de tez clara.

Quanto aos textos manuscritos denominados *Dersane Sion*, que são ciumentamente guardados na pequena capela dos tesouros contígua à Catedral Sion, em Axum, a tradição oral etíope pretende que ali esteja guardada a própria Arca da Aliança. Esta crença muito forte persiste e

[37] O mesmo que também afirma o Corão na surata XXVII-45.

contribui para o mistério total sobre esses manuscritos, que estão depositados nesta capela desde os anos 1960, quando foi reconstruída sob a autoridade do último imperador, Haïlé Selassié, que mais do que ninguém tinha necessidade de legitimar o seu poder. Com a firme ajuda da população, até hoje alguns padres bem idosos permanecem guardando a *Dersane de Sion*.

Retornando ao texto etíope do *Kebra Nagast* creio que cabe esta digressão:

Makeda, a Rainha de Sabah, teria partido da cidade santa de Axum, na margem ocidental do mar Vermelho, ao encontro de Salomão. Será que esta cidade e sua história remontam até o século X a.C., época geralmente atribuída ao rei Salomão?

Não existem ainda elementos históricos que o confirmem. A primeira menção do reino de Axum é encontrada no Périplo do mar da Eritréia.[38] Este documento, porém, é difícil de datar com precisão, havendo uma oscilação de cerca de um ou dois séculos segundo algumas teorias, sendo que hoje é mais certo atribuir este texto ao primeiro século da era cristã. Por conseguinte, a menção da existência de um reino de Axum é bastante tardia.

Após essa primeira menção a este documento, outros indícios demonstram a existência de um reino de Axum muito próspero nos séculos III e IV da nossa era, confirmando seu desaparecimento por volta do século X d.C. O fato de não existir menção ao reino de Axum antes dos anos 1950 da era cristã, no entanto, não é uma razão para impedir que a Rainha de Sabah pudesse ter vindo da Etiópia, pois há sinais da existência de reinos ali, anteriores ao reino de Axum. O que não existe são provas que relacionem uma rainha oriunda dos reinos africanos com a Rota aos Incensos e arômatas, depois da egípcia Hatchepsut, responsável

[38] Um memento destinado aos marinheiros que navegavam no mar Vermelho, e que traz uma descrição minuciosa do mar da Eritréia e seus portos.

pela expedição egípcia ao País do Ponto muitos séculos antes. Além da desvirtuação da citada Rota, não teria havido solução de continuidade.

Escavações arqueológicas que vêm sendo conduzidas, sobretudo em Hiehah, mostram que em terras situadas do lado ocidental do mar Vermelho houve um Estado constituído, bastante poderoso para edificar construções importantes cinco séculos antes de Cristo. Contudo, a época coincide com a da forte influência sabeana na região. E essa influência aparece até em certas estruturas de Axum.

Mais tarde, já no século VII da nossa era, o desenvolvimento espetacular do Islã na região do mar Vermelho foi a causa principal do declínio de Axum. Embora não tenha havido ali uma agressão direta, a influência árabe na região cortou suas relações internacionais e a Etiópia, que se afirmara cada vez mais cristã, foi gradualmente isolada do resto do mundo cristão. O declínio de Axum foi acelerado ainda mais pela rebelião da rainha judia Judith contra o reino e o cristianismo em geral. Esta rebelião deu lugar à destruição maciça de cidades antigas, bens da Igreja e morte de numerosas personalidades. Finalmente, embora a dinastia salomoniana tenha sido interrompida, Axum permaneceu como capital religiosa do cristianismo etíope.

De passagem, podemos nos questionar se a história dos *falashas* etíopes[39] se transplanta para este texto fundador. Uma tradição faz dos *falashas* etíopes os descendentes desses primeiros nascidos de Israel vindos ao reino Sabah, na volta de Menelik, o pretenso filho do rei Salomão e Makeda. Porém, se esta tradição não tem uma base histórica, por outro lado os *falashas* existem. O melhor seria considerá-los como remanescentes da grande influência judaica que ali teria havido antes da chegada do cristianismo, ou uma influência das comunidades judaicas instaladas no Vale do Nilo e no mar Vermelho. A origem dos *falashas*

[39] Judeus negros da Etiópia, que em grande parte foram absorvidos pelo Estado de Israel, mas que permanecem uma comunidade à parte.

ainda hoje recende mistério e seria necessário um estudo científico de profundidade para confirmar ou não a filiação entre os *falashas* e o judaísmo instalado no Médio Oriente.

O mesmo se passa em relação aos *tutsis*, pastores africanos instalados principalmente em Ruanda e no Burundi, que teriam vivido durante muito tempo na região do lago Tana no Tigrai abissínio. Seguindo até hoje os preceitos do judaísmo, eles também se consideram descendentes de Salomão e da Rainha de Sabah. A busca de uma origem africana desta rainha não parou no tempo. Ainda nos dias de hoje são diversas as etnias negras originadas principalmente da região das nascentes do *Bahr el-Azrek*, o Nilo Azul, que também assumiram esta herança.

Duas teses sempre se enfrentaram e apaixonaram os Pais da Igreja, os enciclopedistas e também os investigadores contemporâneos. Uma delas empresta à Rainha de Sabah uma origem árabe, iemenita, e a outra, uma ascendência africana. Nesta esperança se embalam muitas etnias. Uma pergunta que se impõe é saber se a Rainha de Sabah teria sido árabe ou etíope, lembrando que sendo etíope seu mito ou sua história se afastaria da Rota das Caravanas.

A Rainha de Sabah na Arábia e no Corão

Após ter surgido no Antigo Testamento como tendo buscado a sabedoria de Salomão, rei dos hebreus, a Rainha de Sabah, em sua interpretação bíblica, deixa Jerusalém e o seu vestígio se perde nas areias do deserto. Séculos depois, sua interpretação neotestamentária, como Rainha do Meio-dia, demonstrou uma profunda modificação estrutural de sua personalidade. E cerca de 600 anos depois, a interpretação corânica recuperou o deserto, seguiu alguns passos da Bíblia, porém se estendendo mais um pouco com a preocupação latente da luta contra o paganismo. Bem mais tarde ainda, a narrativa sobre a legendária Rainha incorporou, entre os cristãos da Etiópia, uma interpretação híbrida. Mas o que mais acrescenta ao seu perfil talvez seja a conjugação das narrativas com a história, e a inspiração que sua imagem trouxe, derivando possivelmente para sua interpretação no pré-monoteísmo.

Muitos séculos se passaram depois da narrativa bíblica, quando a soberana de Sabah reapareceu das areias do deserto através do Corão. A partir daí ela se expandiu cada vez mais na tradição árabe como Bilqîs, de estrutura pré-islâmica, inspirando escritores e poetas e também os mestres do sufismo entre eles Jalal Din Rumi e sobretudo Ibn Arabi, místico andaluz, que viveu no século XII, e para quem a Rainha de Sabah simbolizou o infinito feminino.

Ao lado das interpretações dos filósofos e pensadores do Oriente, uma série de narrativas populares passou também a participar ativamente da expansão do mito e das lendas que o abraçam, abrindo um segundo caminho na sua identificação. Ela foi e é imersa no *'ajîb*, o maravilhoso que em terras árabes se exprime essencialmente através de contos e lendas, pois a via oral é mediadora, apesar do impacto que a imagem traz para este povo.[40]

O Corão foi bem severo com a Rainha e seu povo, quando na surata da Formiga *(surata XXVII, versículos 15:45)* evocou sua confrontação com o rei Salomão.[41] Resumindo este recito, vemos o rei Salomão, que teria poder sobre os *djinns*, sobre os ventos e sobre os animais, dos quais diziam compreender a língua, sendo interpelado pela poupa que lhe teria dito: "Num vôo que fiz, acabo de descobrir um reino surpreendente com uma mulher que reina sobre esta população e esta cidade (que não é denominada)." É um povo que não crê em Deus, que é incrédulo, e adora o sol.

Demonstra o recito que a poupa, na sua interpretação de mensageira, possivelmente se surpreendera porque aquele povo apesar de pagão, tinha um ar feliz e se beneficiava das benfeitorias do céu e da terra sob a forma similar a de uma civilização avançada. No julgamento do pássaro é demonstrado claramente o espanto de ver que a felicidade e os benefícios não dependiam apenas da religião monoteísta observada no reino de Salomão, e depois na interpretação de Mohamed.

[40] Chebel, Malek: *L'imaginaire arabo-musulman*, Puf-Quadrilage, Paris, 1993, p. 216.

[41] O texto está nos anexos.

Prosseguindo a narrativa, o rei Salomão encarregou a poupa de uma mensagem, confiando-lhe uma carta para a Rainha de Sabah. Esta a recebeu, leu, reuniu seu Conselho e lhe disse muito habilmente: "Recebi uma carta do grande rei Salomão e, nesta carta, ele ameaçou invadir o reino. O que devo fazer?" Os conselheiros da Rainha, prudentes chefes de tribos, muito friamente lhe dizem que, certamente, estariam em condições de fazer algo, porém que em última análise é ela, a Rainha, que deveria decidir.

Há ali um elemento muito interessante da psicologia da Rainha de Sabah, como é abordado pelo mestre sufi Ibn Arabi: A rainha não cita as suas fontes exatas. Diz: "recebi uma carta do rei Salomão" e pede conselho, estando à escuta dos seus conselheiros. E eles não querem tomar a si as responsabilidades. A Rainha pensa que a guerra é perigosa por causa da incerteza de seu desenlace, e com lucidez diz: "Os reis destroem as cidades que invadem, o que causa miséria para o povo." Ela decide então por si só enviar presentes ao rei Salomão. Para ela seria uma maneira de ganhar tempo enviando-lhe ouro. Este trecho demonstra coragem e independência feminina.[42]

Mais tarde, prossegue o texto corânico, ela enfim vai ao encontro de Salomão, e lá, em Jerusalém, demonstra sua própria sabedoria e faz uma série de descobertas, principalmente a do deus único de Salomão. O Corão contém uma outra passagem que, apesar de obscura, pode igualmente jogar a favor da tese de que a Rainha seria a soberana-símbolo de duas terras ao citar: "dois jardins, um à direita e o outro à esquerda", que podia querer designar as duas terras que marginam o mar Vermelho, mas também o reino de Salomão e o seu. Além disso, esta surata parece também indicar a ruptura do dique de Marib, "torrente que fez um pomar de amargura", e a decadência tomando um aspecto de penitência.

[42] Ainda Ibn Arabi.

No que diz respeito ao aspecto religioso, a tradição muçulmana se aproxima da judaica, pois tanto os autores judaicos como os muçulmanos transformaram a representação bíblica de uma rainha soberana à frente de um povo e responsável por negócios políticos e religiosos, numa figura feminina de forças demoníacas que prejudicam o bom funcionamento da sociedade. No pensamento de Jacob Lassner o relacionamento entre os dois recorda uma tensão masculino-feminina. Para este autor, teria sido esta a razão que por oposição se fez necessário demonizar a mulher.[43]

Entre os cristãos, porém, e, sobretudo na Idade Média, ela passa a ser um personagem forte, mas ao mesmo tempo uma suave representante do casamento da Igreja com o seu Salvador, enquanto que para os muçulmanos é uma mulher de poderes sobrenaturais. Foi somente a tradição pós-corânica que lhe deu o nome de Bilqîs, pois até então, nas tradições bíblica e corânica, seu nome não é registrado. Na interpretação criativa dos etíopes ela surgiu com o nome de Makeda.

No entanto, na obra de Ibn Arabi, a Rainha de Sabah aparece como "um personagem total"; procedente da ligação entre "o saber e a sabedoria", que desempenhou um papel eminentemente motor na elaboração do pensamento deste místico andaluz, tendo se tornado para ele uma das mulheres caracterizadas como a Diotima platônica, a encarnação da Sophia grega. Na visão deste místico, portanto, ela passa a ser uma figura composta que engloba a Salma (na poesia árabe: Salma = a identidade extraordinária e empreendedora) e a figura simbólica de Fátima, a jovem *nizam*, equivalente da Sophia grega no mundo árabe.

A narrativa corânica deixa entrever que não apenas os reinos sudarábicos existiam, mas também que já tinham relações comerciais e diplomáticas com o Oriente Próximo. O estabelecimento de um forte fluxo de trocas entre o sul da península e o Oriente Médio ou Próximo

[43] Lassner, Jacob: *The Middle East Remembered: Forged Identities, Competing Narratives, Contested Spaces*. Ann Arbor: University of Michigan Press, 2000. Pp. xvii, 428.

parece ligado à domesticação do dromedário nesta região. Os textos bíblicos deixam transparecer que Sabah é um país que comercia materiais preciosos, principalmente as resinas que servem ao culto. Tudo isso confirma que se tratava de um país que se entregava ao comércio caravaneiro. Qualquer tentativa de localização de Sabah deve levar em conta estas primeiras indicações, e principalmente os produtos que lhe são associados, quase todos procedentes do território sudarábico, atual Iêmen, onde as caravanas eram formadas, e também que o comércio era controlado pelos sabeanos. As considerações corânicas, por conseguinte, se cruzam com as bíblicas confirmando o intuito de comerciar claramente visível na chegada da Rainha de Sabah a Jerusalém e também no interesse que ela teria em assegurar o monopólio do tráfego de suas caravanas na região, além da interpretação de Salomão como um poderoso sábio, também comum a ambos os relatos.

O problema de equacionamento cronológico entre o Rei e a Rainha, bem como os avanços culturais atribuídos ao reino de Salomão, é que precisam ser revistos cuidadosamente.

Quem relatou esse ato que remonta ao século X a.C.?

Sabe-se que a escrita ainda não estava em uso nas terras hebréias nesta época e que suas primeiras inscrições aparecem em torno do século VIII a.C., e com extrema boa vontade se poderia antecipá-las para o século IX a.C. Sobre as inscrições sudarábicas, no entanto, apesar de por muito tempo os pesquisadores terem julgado a aparição da escrita como sendo no início do século V a.C., há uma dezena de anos, os resultados das escavações alemãs, italianas, russas e francesas conduziram à modificação desta cronologia. Mostrou, inclusive, um grande desenvolvimento da região muito antes desta data, aceitando que as primeiras inscrições monumentais devam datar dos séculos IX-VIII a.C., e o início da civilização sudarábica se situando entre os séculos XIV e XIII a.C. Essa foi a época dos grandes movimentos populacionais em todo o Oriente.

Para os antigos, Sabah era na Arábia Felix, o único país do mundo de então que produzia com abundância o olíbano, e dividia a produção de mirra com a atual Somália, recebendo também produtos das regiões banhadas pelo Índico. Contrariamente ao que se poderia pensar, a hipótese da existência de uma rainha na Arábia numa época anterior ao monoteísmo é aceitável. Diversos documentos, principalmente mesopotâmios, mencionam o nome de várias rainhas ao menos no norte da península. No século VIII a.C., uma rainha da Arábia teria pagado tributo a Teglath-Phalasar III, que reinou entre 747-726 a.C. Uma outra após uma derrota pagou ao rei Sargão II (722-704). Entretanto, nenhuma inscrição sudarábica antiga conhecida até bem pouco tempo confirma a existência de uma rainha em Sabah.

Os múltiplos textos árabes inspirados na Rainha não apresentam a história de seu encontro com o rei Salomão de um modo homogêneo. Existe de fato um núcleo narrativo bastante coerente baseado na tradição atestada pelo Corão, em que os elementos essenciais figuram na Surata XXVII, das Formigas, já mencionada, e sobre os sabeanos na Surata XXXIV, Sabah. Teria sido este livro uma fonte seguidamente reinterpretada. Uma das versões árabes mais sugestivas é a que se encontra em Ta'labi, comentarista do Corão especialista na exegese dos textos sacros mais difíceis, que viveu em cerca de 1050. Num amplo comentário sobre os versículos corânicos, ao situar a Rainha de Sabah, ele a identifica como:

> Bela sábia, inteligente, a Rainha era uma adoradora do sol, e entre ela e Salomão foi longo o diálogo constelado de viagens de pássaros, tronos cintilantes de pedras preciosas, dádivas riquíssimas, astutos enigmas e a presença da poupa, pássaro de ação proverbial, o qual, segundo a tradição árabe, Mohamed proibiu que matassem.[44]

[44] In Daniela Magnetti, "La regina di Saba uma i mille leggende", *La regina di Saba, Arte e Leggenda dello Yemen*, Electa, Milano 2000.

Na tradição árabe e nas histórias transmitidas oralmente pelos beduínos, ela se propagou, com o nome de Bîlquis, porém a origem exata desta denominação é incerta, pois, apesar de muito usada nestas fontes, pensa-se que poderia ser derivada de Bilquis de Nikaulis,[45] como atesta Flavio Josefo nas *Antiguidades Judaicas*. No entanto, voltando a Ta'labi, encontramos para ela um surpreendente nome: *Bal' ama bint Sarahil' ibn Di Gadan ibn Ilisaaarh ibn ai-Haharit ibn Qays ibn Aan' aSabah' ibn Yasgub ibn Ya' rub ibn Qahtan*,[46] demonstrando sua quase árvore genealógica, pois *bint* quer dizer filha e *ibn*, filho.

Nas narrativas dos antigos caravaneiros, e também na das populações cenitas, isto é, dos árabes que viviam e vivem nas tendas principalmente do deserto, Bîlqis aparece muitas vezes como sendo filha do rei Hadhad com a filha do rei dos *djinns*. Um dia Hadhad, tendo ido à caça, viu uma gazela sendo perseguida por um lobo. O rei pôs o lobo em fuga e foi atrás da gazela. Assim descreveu o poeta Semeida Ibn Allaf a primeira visão que o poderoso rei teve da filha do rei dos *djinns* que estava transformada naquele belo animal. Ao segui-la chegou a uma cidade maravilhosa no meio de um oásis resplandecente, com magníficas construções, palmeiras e animais. Resumindo: ali ele encontrou o rei dos *djinns* Ieleb I Sa'b e soube por ele que a cidade tinha o mesmo nome que a sua, Ma'rib. O rei também lhe apresentou sua filha, Harib, a bela moça, que pouco antes ele salvara quando metamorfoseada em gazela. Hadhad e Harib se casaram e tiveram Bîlquis, a futura Rainha de Sabah. Esta ampla ligação com a magia dos *djinns* refletiria intensamente na formulação e conceituação popular de Bîlqis, como Rainha de Sabah.

O poeta iemenita Wabb ibn Munabbih, morto em 728 d.C., sendo transmissor da *isra'iliyyat* ou análise judaico-cristã na exegese corânica ou *tafsir*, fez um elogio sobre o fascínio do episódio da poupa, e descre-

[45] Rainha do Egito e da Abissínia.
[46] Ta'labi, *Storia della Regina di Saba a cura di Giovanni Canova*, Veneza, 2000, p.64.

veu poeticamente a pequena janela do quarto de dormir da Rainha onde entravam os raios de sol, diante dos quais ela se prostrava, confirmando assim sua opinião sobre a ligação da Rainha com o culto do Sol.

O lugar e o papel das mulheres na sociedade sudarábica da época não são difíceis de determinar. Escritos e inscrições atestam que mulheres exerciam funções públicas mais no domínio civil do que no militar, que também pareciam gozar de uma grande autonomia financeira sem a intervenção de um homem, e dedicavam oferendas nos templos onde tinham diversas atribuições; chegando até em certos grupos a descendência ser feita através da mulher, e não do homem.

A arqueologia fixa, de maneira cada vez mais precisa, o quadro cronológico no qual se inscreve a história da Arábia.[47] Para tal é imprescindível olhar a Arábia como um todo, com uma cronologia extensa, analisando a influência do importante entreposto arábico de Dilmun,[48] que possuía antigas ligações com Harappa e com a Mesopotâmia, assim como dispor de documentos datados de diferentes fontes, de modo que a lenda da Rainha de Sabah possa tomar uma feição histórica. Com isso, a prosperidade legendária dos sabeanos e o fato de mulheres exercerem o poder na Arábia traduziriam a importância do mito. A fixação de novas datas arqueológicas e a importância do comércio caravaneiro são elementos que conferem veracidade aos textos passados superficialmente pelos Livros Sagrados.

É preciso lembrar que tanto a lenda como uma possível história se expandiram pela Rota do Incenso. O tema também pode ser interpretado como uma luta de rivais pela posse de riquezas materiais ou mesmo espirituais se for considerado o caráter religioso da monarquia da época, e a refeição compartilhada simbolizaria juramento, como é o consenso ainda hoje partilhado por muitos.

[47] O Iêmen é extremamente rico em sítios antigos, muitos deles em estudo, porém outros foram pilhados, por picaretas e explosivos.

[48] Atual Barhein, no Golfo Pérsico, que teve imenso desenvolvimento desde o 3-2 milênios.

Bîlqis é interpretada nas narrativas árabes como uma mulher inteligente e capaz, que demonstrou um amor silencioso. Comparado com o cristianismo e o judaísmo, o Islã de certa forma humanizou a sexualidade, atribuindo-lhe toda sua importância. A sexualidade é ali reconhecida, incentivada e desculpabilizada, não sendo reduzida a um ato mau e antireligoso que preconizaria apenas o prazer individualista do homem.

Como cita Malek Chebel

> O Islã tem quase 15/14 séculos e 30 anos. Durante a sua história, se passou uma imensidão de coisas, boas e más e, freqüentemente, leituras tradicionalistas e, sobretudo, fundamentalistas intervieram entre o texto sagrado e as práticas dos muçulmanos.[49]

Para entender a história dos árabes antes do Islã é preciso continuar a reunir dados e escrever; os diversos elementos que ainda esperam ser reunidos, discutidos, comparados servirão a uma grande obra de referência para a compreensão da história, ou mesmo da legenda da Rainha de Sabah, a Rainha do Meio-dia, Makeda dos etíopes, e Bilqîs dos árabes, e o seu encontro com o rei Salomão. A história desta visita, descrita pela primeira vez na Bíblia, conheceu uma extraordinária posteridade através de três milênios, três religiões e três continentes e será ainda objeto de numerosas obras, estudos, artigos, igualmente no Ocidente e Oriente.

Mas fica a pergunta: quem eram os sabeanos? O Corão retoma as caravanas e suas ligações com Salomão na Surata 34 — Sabah, em quase sua totalidade, escrita já em Mecca.

Para entendermos tudo que se passou, e abordar esta história em uma maior dimensão, precisamos analisar o cenário em que ela se desenvolveu e os caminhos percorridos pelas Caravanas do Incenso.

49 "L'amour arabe est un amour silencieux". Entrevista com Malek Chebel por Virginie Andriamirado, *Africultures — Dossier/Histoire/société, Â°63* Harmattan, Paris, 2005.

Rotas e cenários

Penetrando no mundo maravilhoso das fumaças perfumadas

> *Um aroma a que não se pode dar o nome se eleva a altura dos céus e as brisas de incenso se dispersam em espirais espessas.*
>
> Aristófanes, *Os pássaros.*

Desde a aurora do mundo, véus de fumaças errantes acompanharam os homens que pouco a pouco aprenderam a conhecer suas cores, sua opacidade, seu odor, e os movimentos diversos com que os ventos sempre as pentearam. Essas fumaças não só fizeram, mas ainda fazem parte do diálogo que os homens tentam estabelecer com os espíritos ou os deuses. Nas mais diversas culturas e civilizações, ervas, flores, folhas, madeiras e principalmente resinas foram usados para perfumá-las. Suas tradições mais antigas remontam à pré-história, quando o homem descobriu o fogo, e depois os aromas que poderiam exalar da queima de elementos vegetais, produzindo uma sensação inebriante.

Queimar substâncias aromáticas, produzindo fumaça perfumada, é chamado incensar, queimar incenso, nome de uso consagrado de substâncias variadas, tendo em comum o ter que passar pelo fogo para desenvolver o seu odor. São freqüentemente resinas ou gomas-resinas, que durante a sua combustão expandem um aroma atraente.

A palavra incenso teve sua origem no latim, de *incensus (i)*, que quer dizer provocar uma emoção e assim despertar os sentimentos, enquanto *incensum* significa coisa queimada. No entanto, muitas vezes, o nome incenso é usado para designar expressamente o olíbano, em árabe *lûban*, a resina extraída do tronco da *Boswellia sacra*, conhecida popularmente como incenseira por sua difusão e importância neste uso através dos tempos.

Em tempos imemoriais, esta resina, assim como a da *Cammiphora myrrha*, a mirra, e o estoraque, ou benjoim, *Styrax benjoim* ou *Styrax tonkinensis,* foram usadas para o culto, e mais tarde passariam ao uso cotidiano não apenas no Oriente, mas também entre os povos do Mediterrâneo. Suas nuvens de fumaça perfumada partiam desde os mais primitivos altares, uma simples pedra, até os mais luxuosos, na eterna busca de uma aproximação com as poderosas forças da natureza. Os atares de flores, e ervas e raízes se juntaram às resinas e aos odores provenientes de animais e foram efusivamente usados na busca do caminho para o diálogo com os primeiros deuses, e mais tarde com um deus único e onipotente. Porém o olíbano e a mirra sempre tiveram prioridade nesses diálogos espirituais.

Por que entre os bálsamos, as resinas e as gomas exsudadas por certos vegetais, que nos mais diferentes lugares puxam sua vida dos segredos da terra, teriam tido mais sorte as gomas-resinas procedentes da Arábia do Sul e da Somália? Por que elas teriam sido as mais amadas?

Esta foi uma pergunta que sempre me veio à cabeça, mas a resposta foi surgindo quando percorri seus lugares de origem, assistindo à coleta e usos das gomas-resinas.

Desde os tempos mais obscuros, partículas frágeis como pólen aderiram aos ossos de nossos ancestrais pré-históricos, sepultados através de rituais. Estes vestígios mostraram que desde o seu despertar o homem foi sensível à seiva que escoava do tronco das árvores, talvez porque através dela compartilhassem uma energia vital ao respirar a fumaça perfumada produzida pela sua queima.

Por não existir documentação escrita desses primeiros tempos, é através dos vestígios arqueológicos e da comparação com as populações primitivas atuais que se pode imaginar o comportamento dos primeiros homens em relação aos usos mais antigos dessas gomas, bálsamos e resinas. Além disso, através da ampla coleção de incensadeiras existentes, principalmente nos museus da Arábia, se pode ter uma boa idéia deste costume, sabendo-se que a reputação do produto sudarábico parece ter sido estabelecida mais de um milênio antes da nossa era. Mais tarde, os contemporâneos de Heródoto os apreciaram também por sua raridade: ele provinha dos confins do mundo conhecido, para eles tão misterioso como são para nós os planetas longínquos. Os perigos enfrentados para possuí-los eram a garantia de suas virtudes, entre eles os combates que os homens deviam travar com um bestiário aterrador para conseguir a mercadoria primorosa. Tudo isso ajudou a estabelecer o incenso da Arábia como o preferido e sua exclusividade quase absoluta no mundo clássico.

O olíbano, óleo-goma-resina da casca de certas árvores da família das Burseráceas, espécie Boswellia, quando ferida pela mão do homem, foi durante séculos o motor do comércio sudarábico. A presença dessas incenseiras[50] se estende do oeste de Omã até os vales da Hadramawt, enquanto que na Somália próxima abundam espécies vizinhas. É difícil precisar, e não se sabe se um dia isso será possível, a medição exata de

[50] As *boswellias* são assim denominadas nos dias de hoje.

sensibilidade olfativa que fez do olíbano o modelo de excelência dos incensos, aquele cuja aquisição merecia mais do que qualquer outra um longo sacrifício e legitimava custos exorbitantes. Sua reputação e seu uso justificaram a existência de uma rota própria, definida como uma exclusividade tal que suscitou a agregação de mercadorias nobres como a seda, o ouro, o âmbar e outras mais. Servindo-se da mesma rota, o comércio da mirra[51] foi durante muito tempo associado ao do olíbano. No correr dos tempos a busca de espiritualidade também determinou o estabelecimento de certos itinerários para elas em direção a Mecca, Jerusalém, e mais tarde Roma, Bizâncio, Grécia, Compostela, além de outros santuários do Oriente, como se o homem, sempre em marcha, tivesse necessidade de a cada etapa de sua vida lembrar o fio que o conduziria até a morte.

Durante o longo tempo que durou o monopólio do incenso sudarábico, mesmo depois do abandono da longa rota, a cidade de Shabwa se tornou uma etapa forçada da qual não havia substituição válida pela pureza do olíbano que partia dali, e que por mais de quatro ou cinco séculos alimentou em profusão os altares de Roma e seus satélites. É difícil imaginar uma sociedade como a romana, que para celebrar seus deuses, seus triunfos e seus mortos, pudesse consagrar às nuvens de fumaça 25 milhões de denários, lembrando que o salário-dia de um trabalhador era apenas um denário.[52]

A história da mirra é tão antiga como a do incenso. Os egípcios manipularam ambas as resinas, o olíbano e a mirra, no quarto milênio, como componentes do *kyphi*, o perfume egípcio de excelência. A mirra era utilizada sobretudo nos embalsamamentos, o olíbano no perfumar. A tradição egípcia já demonstrava traços de queima de incenso há mais

[51] A mirra é a resina recolhida de pequenas árvores Commiphora, as *Commiphora myrrha* ou basalmeiro (*Commiphora molmol*), da família das Burseráceas originária do Chifre da África (margem do mar Vermelho) e do Dhofar na península arábica.

[52] Segundo Plínio, Hist. XII, 84.

de 6 mil anos, na época da cultura pré-dinástica de Badari (4.500-3.200 a.C.), em cujos sítios os arqueólogos encontraram, junto aos enterramentos, raízes queimadas de árvores resinosas. A tradição de celebrar a viagem para a eternidade com o uso de fumaças perfumadas prosseguiu em sua expansão. O interesse dos egípcios por estas resinas, geralmente oriundas de lugares longínquos, e trazidas por mercadores em quantidade insuficiente para o consumo e a preços exorbitantes, motivou o nascimento das primeiras expedições egípcias para o País do Ponto,[53] e mais tarde a compra direta na Arábia.

Desde aquela época, o olíbano era considerado tão precioso como o ouro, cristalizava da mesma forma que a mirra, e simbolizava todos os valores que ligavam o poder temporal às funções sagradas. Os Magos do Oriente os teriam oferecido juntamente com ouro ao menino Jesus,[54] centenas de anos depois que o legendário conta que a Rainha de Sabah o oferecera ao rei sábio, como foi Salomão considerado no monoteísmo judaico, cristão e muçulmano. Mas o incenso no Oriente Próximo também acompanhou os ritos de Baal, de Ísis, Inana, Sin e Astaroth; na Arábia os de Almaqah, Wadd, Dushara, e suas deusas, sem esquecer seu uso como ligação entre o visível e o invisível, entre os homens e os deuses, escoltando o ser humano na ultrapassagem de cada fase de sua vida, em que foi e ainda é o símbolo sutil dos ritos de passagem. Os babilônios o utilizaram em profusão durante os rituais de orações e durante as previsões dos oráculos. Importado também pela Samaria e pela Judéia principalmente a partir do século VII a.C. a fim de ser usado nas oferendas religiosas, espalhou-se pelo Mediterrâneo atingindo principalmente a Grécia e Roma.

Na Bíblia, a mirra é um dos principais componentes de um óleo sagrado de unção (Êxodo, XXX, 23). Cita-se que Madalena era uma

53 Possivelmente no Chifre da África, onde hoje se situa a Somália.

54 Mateus II, 11.

mirrófora, daí ter chegado de manhã bem cedo para ungir Cristo morto. Mas no Antigo Testamento ela também surge como perfume vinculado ao erotismo, mencionado a esse respeito sete vezes no Cântico dos Cânticos, em que um bom exemplo está no versículo I, 13: "meu bem- amado é um saquinho de mirra, que descansa entre os meus seios".

Os gregos fizeram um grande uso da mirra, utilizando-a até para perfumar seu vinho. Também a associaram a uma lenda triste: Mirra era a filha de Cinyras, rei de Chipre. Afrodite levou-a a ter relações incestuosas com seu pai, depois do que foi transformada na árvore da mirra, cujo tronco se rachou para dar nascimento ao belo deus Adônis.

Entre os helenos, além das funções litúrgicas e rituais, os aromáticos eram também usados para afiar a acuidade sensorial, despertar a sensualidade e o erotismo sagrado, sendo considerados também essenciais por sua virtude purificadora.

Heródoto quando descreveu as técnicas de mumificação praticadas pelos egípcios citou: "tendo preenchido o ventre com mirra pura moída, cássia e todos os tipos de arômatas, exceto o incenso, eles o costuram." Usada desde a Antiguidade como componente de medicamentos, muito considerada por ser antispasmódica e estimulante, a mirra foi e é gloriosa também na perfumaria, principalmente nos perfumes do tipo oriental, nos quais aumenta a sensualidade das notas da rosa. Além disso ela faz parte da composição do licor Bénédictine.

Quanto ao olíbano sua origem não é contada por uma fábula tão triste e romântica como a mirra. O legendário fez a alva e bela resina sair de um arsenal de forças mágicas e até repulsivas. Seu comércio era sagrado, cheio de riscos e de lendas, e seu uso perde-se na noite do tempo. Havia a lenda, citada pelo mesmo Heródoto de Halicarnasso (485-420 a.C.) de que cada árvore da *Boswellia sacra* era guardada por bandos de pequenas serpentes aladas, que só podiam ser afastadas das árvores com a fumaça produzida pela queima da resina do estoraque.[55] Se o olíbano fosse colhido por um homem que tivesse tido contato com a esposa ou a amante durante uma fase lunar, tornar-se-ia acre ou rançoso.

A idéia de juntar olíbano, mirra e ouro, como se vê constantemente para honrar alguém, é decorrente do simbolismo que lhes dá idênticas preocupações primordiais — a manutenção de seus princípios, daí o horror à corrupção, e a busca da eternidade. Seja onde for o ouro não se altera na natureza, a mirra também se opõe à decomposição. O olíbano precisa ser submetido a uma prova de fogo para liberar seus poderes: a formação volátil, imaterial, o escape a toda mácula, que por ser pura pode ascender às forças que regem o mundo, influencia o curso do destino. Ambas as resinas precisam da intervenção do homem para liberar suas lágrimas. Só depois da incisão no tronco de suas árvores, elas surgem opacas, alouradas ou esbranquiçadas iniciando seu caminho de fuga.

Lembro sempre da emoção que tive ao ver pela primeira vez no Hadramawt, na parte sul do Iêmen, as primeiras e leitosas lágrimas de uma boswellia, e uns dias depois as de uma commiphora, que também vertia as suas através de incisões no tronco.

Tanto um como outro, isto é, tanto o olíbano como a mirra, podem ser usados puros ou compostos com outros aromas. No antigo Egito, eram misturados ou não para a *heka* (a magia), a medicina, os rituais religiosos e as fumigações. A utilização dos carvões para derretê-las consiste em depositar estas resinas sobre um carvão ardente, porém os egípcios também faziam perfumes por pressão a frio com atares de plantas ou resinas, até a extração de um óleo vegetal. Sabiam fazer também cones com matérias gordurosas perfumadas.

O mais famoso dos compostos de incenso ou perfume desses antigos habitantes das margens do rio Nilo é o Kyphi, cuja receita original

[55] Estoraque ou Estiraque (Storax/Styrax) — Bálsamo extraído da resina produzida por arbustos do mesmo nome, da família das Estiráceas.

aparece nos muros dos templos de Philae e de Edfu, no Alto Egito, e o grande historiador grego Plutarco de Queronéia (46-125) elogiou escrevendo: "...ele pode conduzir ao sono, iluminar, aliviar as tensões da ansiedade diária conduzindo calma e quietude a todos os que o respiram." Plutarco também deu como exemplo uma receita que compreendia 16 ingredientes, pois segundo ele este número, constituindo o quadrado de um quadrado, era por si benéfico. Outras receitas, porém, o dão como tendo até 50 ingredientes em certas preparações.

Era obrigatório, contudo, que o Kyphi fosse produzido dentro de um templo e sob um ritual altamente secreto. Um dos seus ingredientes obrigatórios era o olíbano, e ali a árvore da qual ele provém era considerada sagrada. Plutarco repisa Heródoto afirmando que durante a coleta da resina os homens deviam se abster de contato sexual ou qualquer contato com a morte. Segundo o escritor grego, entre os 16 ingredientes usados na preparação do Kyphi estavam mel, vinho velho, passas, junco perfumado (*Cymbopoghon schoenantus*), resinas de mirra e de olíbano, *Asphalatus*,[56] *Acacia altera* de Mauk, séseli, cálamo, lentisco (*Pistacia lentiscus),* betume, labaça (*Rumex crispus*), bagas de zimbro (junípero), caramum (*Caralluma mumbyana),* onicha (pó de conchas do mar Vermelho) e raiz de Íris. Ou então olíbano, mastique, junípero, calamus (*Acorus calamus*), galangal (*Alpine galanga*), cardamomo, cascas e flores de canela, mirra, capim-limão, pétalas ou botões de rosa secos, benjoim do Sião, sândalo branco, aquilária (*Aquilaria agallocha* Roxb), mel, vinho tinto e sempre passas sultanas.[57]

Os indianos, intimamente ligados ao uso de aromas, principalmente para incensar e mais tarde também para untar o corpo, desde os tempos mais antigos foram importantes na criação de composições perfumadas. Conheceram e importaram muito cedo as resinas da Arábia, mas também

[56] O *Asphalatus* fornece uma goma adragante, sendo uma espécie de artemísia.
[57] Procurei dar o nome científico aos menos comuns, qualquer dúvida, recorra ao glossário.

usavam outros materiais aromáticos como benjoim, cânfora, sementes, flores frescas e secas, raízes e madeiras aromáticas. O sândalo era um dos itens de maior uso, principalmente no Decão, e entre eles o sândalo branco do sul, principalmente de Mysore, era o mais requisitado. Todos esses materiais eram e até hoje são queimados ao amanhecer em rituais públicos ou nas casas, neste caso principalmente por iniciativa das mulheres.

As referências sobre a queima de incenso e o uso das resinas arábicas entre os judeus aparecem em outras páginas do Antigo Testamento, além do Cântico dos Cânticos. No entanto os pesquisadores concordam que o ato de incensar só foi introduzido no ritual judaico em torno do século VII a.C., no tempo do rei Josias. Atribui-se como primeira mistura para incenso por eles usada um composto de poucos ingredientes (estoraque, onicha, gálbano e olíbano puro) e sua preparação era no templo, da mesma forma como faziam os sacerdotes egípcios. Já na Grécia, o incenso, que começou a ser difundido antes do século VIII a.C., ali chegou através dos fenícios que haviam feito incursões próximas das regiões de produção. Mas, aos poucos, passou a recebê-lo diretamente destas regiões através das rotas transarábicas. Seu uso se expandiu pelos oráculos e templos, e acompanhava os sacrifícios carnais dos rituais órficos e dionisíacos.

Apesar da tradição judaica, a Igreja cristã, tentando se afastar de outros rituais, foi de início oposta à utilização do incenso. Apenas por volta do século IV, época de Constantino, e graças a recordação dos Reis Magos ou a passagem do Apocalipse que revela que "a fumaça dos perfumes montará da mão do Anjo para Deus", o olíbano, a mirra e o benjoim se tornaram ingredientes empregados pelos católicos e ortodoxos. Pouco a pouco, o ritual do incenso foi introduzido nas suas cerimônias, mas só após o século V seu uso se tornou freqüente, e por volta do século XIV, passou a participar da missa solene e de outros serviços. Os protestantes, porém, desde a

Reforma, rejeitaram esta prática, que pouco a pouco se expandiu nas mais diversas crenças e por todos os continentes, embora em alguns deles fossem acrescentados materiais diferenciados.

No Extremo Oriente, levado pelos monges budistas, através da Índia e do Tibet, a prática de usar as fumaças perfumadas para a devoção chegou inicialmente à China e logo depois ao Japão. Na primeira, as 1001 varinhas foram e são mais usadas no culto dos antepassados, enquanto no Japão os monges budistas que utilizavam os perfumes místicos quando dos ritos de purificação difundiram entre os fiéis o aroma delicado do incenso, *Koh*. Ali, os tradicionais braseiros obesos são até os dias de hoje colocados no chão dos templos japoneses, exalando grossas e perfumadas fumaças, que os peregrinos repassam em suas mãos, e com largos movimentos as conduzem para perto de seu corpo. No século VIII, período Heian, o uso do incenso se tornou uma fonte de prazer para a nobre corte imperial de Nara, e durante o Shogunato os guerreiros samurais perfumavam seus capacetes e armaduras com o incenso a fim de se dotar de uma aura de invencibilidade contra o seu inimigo e o seu destino. Mas foi apenas a partir do período Muromachi, nos séculos XV e XVI, que a arte elegante chamada "degustação do incenso" atingiu as classes média e superior da sociedade japonesa. Diversos tipos de arômatas passaram a ser acrescentados pelos japoneses em suas composições, entre eles o extraído do *jinkoh*, ou madeira de aloés, e o âmbar-gris, proveniente das baleias, além das conchas do mar Vermelho, também existentes no mar da China. O que os japoneses chamaram *Koh-Do*, ou cerimônia do incenso, há muito tempo tem sido o alimento espiritual da sua cultura. Esta tradição rapidamente se tornou um costume pelo mundo para todos os que procuram a quietude, a reflexão e a paz do espírito.

Na Arábia pré-islâmica, o uso do incenso foi bastante difundido. Incensadeiras de formas de grande beleza, e diferentes materiais, vêm sendo encontradas pelos arqueólogos, e hoje podem ser vistas em vários museus iemenitas. Os cultos antigos usavam obrigatoriamente o ato de incensar em seus rituais, e dali, da terra das magníficas resinas, o hábito se expandiu por toda parte. Com a chegada do Islã, porém, os perfumes, muitas vezes até florais, foram mais usados para a veneração santificada, porém na região do Hadramawt as resinas voláteis continuaram a imperar.

Hoje em dia, o consumo de incenso é cada vez mais presente no Iêmen e no Sultanato de Omã, particularmente em Hodeida, Sana'a, Taez, além do Dhofar omanita. As pessoas consideram o incenso complemento da maior importância nas suas vidas. Compram-no por somas consideráveis, e principalmente em Aden e Lahaj as mulheres perfumam seus corpos com essas resinas após untá-los com óleo de palma. Incensam seus vestuários colocando carvões numa incensadeira posicionada de modo que a fumaça possa impregnar suas roupas durante duas ou três horas, e depois pulverizam os vestuários com perfume. Produzem também misturas com arômatas combinados *bokhoor,* também pronunciados *bukhur,* que colocam em pequenas caixas entre suas roupas. Nunca deixam de usar vestuários perfumados quando visitam as amigas ou assistem a recepções ou cerimônias de casamento. No Dhofar, de manhã cedo, antes do café-da-manhã, minha hospedeira acendia os carvões de sua incensadeira e o perfume do olíbano exalava "para honrar a hóspede", ela afirmava.

Todas as manhãs eu, na minha pobre linguagem cravejada de gestos, puxava assunto com ela, sobre os incensos. Era um deleite ouvir seu entusiasmo contando histórias, mesmo se grande parte eu não entendia, mas me sentia enternecida ao ver seus olhos brilhantes e seus belos gestos descritivos. Tentei saber se aqueles costumes datavam do tempo das malikas. Ela com gestos e palavras tentou contar que a Rainha de Sabah, através de uma rota que subia e descia montanhas, atravessou imensos desertos e chegou às vizinhanças do outro mar. Tinha ido buscar seus incensos ali.

É desta fascinante rota, que persegui durante tanto tempo, que agora procuro mostrar alguns de seus mistérios.

À procura do País do Ponto

Na busca da Rota do Incenso, e da Rainha de Sabah, eu parti para o sul da Arábia num outono complicado, em que o mundo cheio de incertezas parecia ter dado uma cambalhota. De repente tudo havia se tornado diferente, difícil, confuso, pessoas atemorizadas, aviões vazios, muitas viagens canceladas, e conselhos agourentos vinham de todos os lados para meus ouvidos já cansados. Eu não podia transferir um sonho: conhecer o sul da Arábia, aquele Iêmen que eu vinha estudando de longa data, pois muito antes de quando o sul do país se agregou ao norte eu já ansiava penetrar ao vivo em seus segredos.

De longa data eu conhecia uma parte da Arábia Desértica, um trecho bem pequeno da Arábia Pétrea, mas faltava a Arábia Eudaimon, a que pelo nome sempre foi feliz. A dívida era antiga. Houvera uma quase partida, uma consultoria frustrada num último instante, quando minha memória já estava acumulada de informações sobre o Iêmen. Mas desta vez nada me impediria, e assim parti para Sana'a, ao encontro do sonho, com uma parada em Luxor, no Egito, a fim de conferir mais uma vez o grande mural da expedição ao País do Ponto.

Eu teria apenas três dias ali, antes de seguir viagem, que seriam dedicados a rever e anotar detalhes do grande relevo que descrevia a chegada da frota egípcia enviada pela rainha-faraó Hatchepsut à fonte dos imprescindíveis aromáticos.

De manhã cedo saindo de Luxor, mais uma vez tomei o caminho do vale dos Reis cruzando o rio Nilo e depois o canal de El-Fadleya, para chegar ao *Djeser Djeserou*, o lugar sublime, inteiramente consagrado à deusa Hathor e ao deus Amon.

Este elevado lugar de culto, ao sul de Tebas, na margem esquerda do rio, que fica ao pé de um penhasco de mais de 60m, desde a IX dinastia se destinou a ser uma necrópole e passou a comportar diversos templos, como os de Monotuhotep II e de Tutmosis III, dos quais permanecem apenas as fundações. No entanto, o que mais o dignifica é o grande templo funerário da rainha-faraó Hatchepsut — Maât Ka Rê[58] — no Deir el-Bahari.[59]

Antes dela, muitas outras mulheres nobres já haviam ocupado o trono do Egito como a bela Nitocris, no crepúsculo do Antigo Império, e a enérgica Neferou-Sobek, no meio do Médio Império, porém nenhuma delas fora sagrada faraó como Hatchepsut o foi. Sua memória permanece viva nas paredes do seu fabuloso templo funerário, que, o grande Senmout, seu arquiteto e favorito, fez incrustar num círculo montanhoso, como se fosse um escrínio para receber uma jóia.

O monumento tem três terraços, sublinhados por colunatas, que parecem o elevar acima do penhasco. Planos inclinados permitem atingir o fundo do santuário em parte recortado na rocha, enquanto seus

[58] Nome sagrado de Hatchepsut.

[59] O nome Deir el-Bahari é bem posterior, pois significa "convento do norte", designando o convento de uma comunidade religiosa que ali se estabeleceu na época cristã.

muros, situados por trás das colunatas, receberam grandes baixos-relevos. A escolha de perspectiva feita pelo arquiteto tinha levado a aumentar as proporções do pórtico do terraço inferior, a fim de enaltecer as dimensões do conjunto. Seus baixos-relevos descrevem o transporte sobre o Nilo dos dois grandes obeliscos que Hatchepsut havia feito erigir em Karnak e o nascimento divino da Rainha.

Mas o que ali me levara mais uma vez foi um outro destes relevos detalhistas, o que está situado sobre pórtico do segundo terraço, e que relata com muitos detalhes a expedição ao País do Ponto, mostrando a região remota onde o Egito buscava o incenso necessário para o culto divino.

Através dele se observa a recepção que foi dada aos egípcios pelo chefe ou rei daquelas terras, personagem barbudo acompanhado da sua rainha obesa e esteatopígica. Ali podem ser vistos todas as mercadorias e animais vivos que foram trazidos, na expedição, inclusive as árvores de olíbano e mirra. O povo também ali comparece ao lado de suas choupanas cobertas de colmos que até hoje são comuns em alguns lugares das margens do mar Vermelho. O terceiro terraço é limitado por colunas conhecidas como osiríacas, isto é, cuja ornamentação é a imagem do deus Osíris.

O reino da rainha-faraó parece ter sido um período de calma e prosperidade, não tendo sido perturbado por grandes acontecimentos políticos ou militares; a grande expedição comercial para o País do Ponto foi certamente o elemento mais notável da época. Neste tempo de paz, podia sem pretensão afirmar que tivesse sido restaurada a potência do Egito antigo, anterior à invasão do Hicsos que haviam inferiorizado o Médio Império. Nesses novos tempos, as riquezas afluíam ao país sem problema, e a soberana recebia os tributos vindos da Ásia, da Núbia e da Líbia. Fiel e grata, Hatchepsut dotava o templo de Amon com generosidade. Em Karnak, fez restaurar o templo dedicado ao seu pai

Tutmosis I, edificou quatro grandes obeliscos de cerca de 30 metros de altura, construiu e também restaurou várias capelas e as dotou com *naos* de alabastro. Em Beni Hassan fez escavar um templo rupestre, que mais tarde os gregos passaram a chamar de Speos Artemidos.

Tendo se tornado faraó, não podia se satisfazer com o túmulo que lhe era destinado no Vale das Rainhas e fez construir um novo no Vale dos Reis.

Foi Auguste Mariette[60] que em 1858 descobriu o texto gravado sobre parede do pórtico sul do segundo terraço do *Djeser Djeserou*, que cita a expedição pacífica que se desenrolou durante o VIII ou IX ano do reino de Hatchepsut, mas cuja data exata não é localizada nas inscrições.

Ali se aprende que o próprio Deus Amon teria ordenado a Maât Ka Rê procurar o incenso e os arômatas necessários para o culto ritual. Esta obrigação foi transmitida por meio de um oráculo:

> O rei ele mesmo, rei do Alto e Baixo Egito, Maât Ka Rê, a Majestade da Corte se aproxima do senhor dos deuses e entende a ordem procedente do Grande Trono, o oráculo da boca do próprio deus:
> — Procure os caminhos para o Ponto, descubra caminhos para as escalas do olíbano, conduza o exército por água e por terra para trazer as maravilhas ao país do deus, deste mesmo deus que criou a sua perfeição.

Até hoje é difícil situar de forma exata esta terra dos deuses, o País do Ponto. Os antigos egípcios estabeleciam mapas do *al-de-lá*, e faziam também cálculos astronômicos, sabiam localizar as minas de ouro ou de pedras preciosas no deserto, examinar os campos, mas não conseguiram ainda provar que tinham um conhecimento cartográfico do país e de suas regiões limítrofes. Seria em vão procurar um território, um reino, um estado com fronteiras bem definidas. Foi o que me disse

[60] Egiptólogo amador francês que teve enorme atuação no Egito. V. glos.

mais tarde, naquele mesmo dia, meu colega arqueólogo Boutros, com seu ceticismo que não lhe permite sonhar.

O que se sabe é que bem antes do reinado da rainha-faraó, no século XV a.C., os egípcios já recebiam seus arômatas, provavelmente do País do Ponto. As relações porém eram difíceis e intermitentes. Uma lenda anterior egípcia, datada do Médio Império, dizia que este país ocupava uma ilha perdida no meio do oceano, guardada por uma serpente gigantesca e barbada, coberta de ouro e pedras preciosas, que era o rei dos perfumes. Muitos achavam que se referiam à Ilha de Socotorá, que os indianos há muitos anos já consideravam sagrada.

No entanto o que se sabe é que as falucas faraônicas já vinham se preparando para uma travessia para o mítico reino, o do Ponto, e que em 1493 a.C. os navios da expedição enviada por Hatchepsut, e conduzida pelo chanceler Nehesy, retornaram carregados de ouro, prata, madeiras de ébano, plantas aromáticas e medicinais, e resinas de incenso e mirra. Por ordem expressa da rainha, também foram embarcados e trazidos para o Egito animais, entre os quais panteras, girafas, macacos e leopardos. Tudo isto foi relatado nos baixos-relevos do templo de Deir el-Bahari, já preludiando o desenvolvimento de grande envergadura das rotas de comércio no mundo antigo.

Mas o mito deste eldorado oriental não se construiu numa viagem. Mil anos antes do reino de Hatchepsut, faraós já comerciavam com o estranho País do Ponto, porém interromperam as trocas por razões desconhecidas. As múltiplas hipóteses continuam a interessar os historiadores. No entanto os relevos do grande templo da rainha-faraó parecem demonstrar que o Ponto poderia ser na África Oriental, possivelmente no Chifre da África, o que é bem marcado por árvores resinosas e pelos animais que ali aparecem.

Naquela noite em casa de meus hospedeiros, Maryan e Nessin, uma pergunta presidiu a conversa: Será que este reino mítico teria mesmo existido?

O Ponto seria um grande entreposto para o qual convergiam os produtos de várias realidades geográficas?

— Tudo leva a crer que o País do Ponto estivesse a leste do meu país, a Somália — disse Aïcha, uma arqueóloga ítalo-somali que eu já encontrara alguns anos antes nesta mesma casa. Ela nascera em Zeila, no lugar da antiga Avalitae, o porto visitado pelos romanos que também voltou a ser um grande entreposto comercial somali por volta do século VII.

Continuando, ela contou que nos dias de hoje a Somália assumiu o País do Ponto como tendo sido na atual Puntland, região deste país, na extremidade oriental do Chifre da África.[61] Ali as árvores que produzem as resinas aromáticas se estendem pelas inclinações montanhosas, enquanto no sul, são encontrados eufórbios e mognos. A fauna abundante composta de antílopes, crocodilos, elefantes, girafas, leopardos, leões, zebras e numerosos répteis também contribui para o perfil do antigo país que todos sonhavam alcançar.

Boutros citou que a mais antiga expedição egípcia para o Ponto da qual há vestígios remonta ao faraó Sahouré da V dinastia, por volta do século XXV antes da era cristã. Mais tarde, em cerca de 1950 a.C., sob o reino de Mentuhotep III, um oficial de nome Hennu poderia ter efetuado algumas viagens para o mesmo lugar. Mas a expedição mais célebre foi mesmo a que Nehesy comandou para a rainha Hatchepsut no século XV a.C. para procurar as resinas aromáticas para o culto, e outras valiosas mercadorias da época. Ela é ainda mais considerada por ter uma documentação tangível, a narrativa detalhada que chegou até nós por meio dos relevos do templo funerário da rainha-faraó.

Vários dos seus sucessores, entre os quais Tutmosis III, também organizaram diversas expedições para o Chifre da África, mas subitamente a importação dos mesmos produtos passou a ser feita do sul da

[61] A exemplo da Somaliland vizinha, a Puntland se propõe como uma entidade estatal viável num país próximo ao caos. Não tem veleidades de independência e deseja antes a sua integração numa federação somaliana.

Arábia, transformado em grande produtor, importador e exportador de mercadorias de alto valor.

O assunto passou para Senmout, o arquiteto, que no projeto inicial tinha previsto para o seu próprio uso um modesto túmulo sob o terraço inferior do templo, mas que não foi utilizado, por ter caído em desgraça e ter sido afastado após a morte de Maâtneferourê, isto é, da rainha-faraó.

Teria ele sido assassinado pelos partidários de Tutmosis III que certamente reinou após a morte de Hatchepsut?

Tutmosis III já se tinha tornado chefe do Exército e alguns supõem que ele próprio depôs a sua tia-sogra, ou mesmo que a teria feito assassinar.

Após a morte de Hatchepsut, este faraó que fora fraco cresceu muito, e se tornou um bom governante. Soube assegurar a paz na Núbia, vencer a coalizão dirigida pelos mitanianos e os reis de Qadesh, controlar o domínio sírio até o Eufrates, além de estabelecer protetorados egípcios em uma grande parte do Oriente Médio. Como revanche tentou suprimir da história aquela que durante anos lhe confiara apenas papéis obscuros, para isso mandou martelar todas as suas inscrições e titulações.

— A múmia dela já foi encontrada? — perguntou Aïcha.

Maryan, que estivera uns dias antes no Cairo, contou que pela última notícia dada por Zahi Hawas, secretário-geral do Conselho Supremo de Antiguidades Egípcias, acredita-se que a verdadeira múmia de Hatchepsut tenha sido muito recentemente descoberta, no meio de outros remanescentes arqueológicos existentes no museu egípcio do Cairo. Alguns arqueólogos que já conheciam esta múmia, que por sinal é proveniente de Luxor, sempre acreditaram ser ela a verdadeira, como assinalou Maryan com um sorriso muito engraçado.

Um último chá de hortelã, bem cheio de folhinhas frescas, para implorar a bênção de Hathor e de Amon para que eu fizesse uma boa viagem, e todos se recolheram.

No dia seguinte eu ainda tomaria algumas anotações bem cedo, pois à tarde partiria para o Cairo e de lá diretamente para Sana'a, no coração do Iêmen.

O que é exatamente uma Rota?

> Rota milenar, a Rota do Incenso que desde a mais alta antiguidade ligou o País do Ponto à terra dos faraós, o mar da Eritréia ao mar Mediterrâneo, mas cujo grande cenário foi a Arábia, a grande península com seus desertos, foi aquela que viu transitar durante muito tempo uma miríade de cargas perfumadas. Os mundos que as caravanas de beduínos, filhos de Ismael, lograram reunir: partindo da costa do Dhofar, atravessando o Hadramawt, o Jawf, e as altas terras iemenitas, portanto cortando a Arábia Felix, seguindo para o norte até a Arábia Pétrea e dali chegar aos portos de Alexandria e Gazza. Salve!

Este foi o bilhete que Nessim e Maryan colocaram num pequeno farnel que me foi entregue pouco antes de minha saída da casa ao raiar do sol.

Durante cerca de dez séculos, uma rota de incensos e perfumes alimentou os sonhos do mundo oriental e clássico. Uma rota não é um infinito, ela tem obrigatoriamente um começo e um fim, isto é, um lugar de partida e um de chegada. A chegada da Rota do Incenso se sabe que foi nas vizinhanças do mar Mediterrâneo. Mas onde teria exatamente nascido esta rota?

De início, ela pediu emprestado aos mitos o essencial de sua origem e de sua função. Mas estes encantaram e questionaram ainda mais em vez de responderem. A Rainha de Sabah foi o mito mais poderoso não apenas desta rota, mas também da antiguidade, e não se expandiu somente através de uma rota, se expande até os dias de hoje, em muitas rotas, se multiplicando nas mais diversas tradições e crenças. Sua presença também é cada vez mais freqüente como mito de beleza, e como tal invadiu tanto o Oriente como o Ocidente.

A outra bela narrativa sobre esta mesma rota é a dos Magos, os homens sábios orientais, que teriam vindo trazer suas dádivas a um menino, repositório das esperanças do mundo, que nascia nas montanhas da Judéia. Mas este relato é ligado apenas a uma das crenças do monoteísmo, a cristã.

Muitas lendas se expandem na Arábia, imensidão de areias, como as lendas dos arômatas que abrangem as serpentes e os pássaros, seus guardiões, e outras que também enriquecem as tradições dos povos envolvidos, que trazem em seu bojo a Rainha de Sabah, com seu universo mágico, pleno de símbolos e signos que podem levar a muitos sonhos.

Foi com este pensamento que depois de muito repuxar os diversos relatos e narrativas sobre esta rainha, como se usasse uma fina agulha de crochê, resolvi me intrometer com maior profundidade no documentário arqueológico e vivenciado existente. Tentei visualizar uma época, e também analisar os resíduos que esta época deixou na população de hoje, me propondo fazer pessoalmente os grandes trechos da região que foi o cenário de uma das mais interessantes histórias que se espalharam pelo mundo.

Mas antes de tudo me perguntei: como se desenvolve uma rota? Como se desenvolveu aquela?

Para que uma rota consiga ter uma verdadeira durabilidade é preciso que o ganho seja particularmente poderoso e mantenha bem, tanto o imaginário coletivo como o interesse dos mercadores, que muitas vezes são contraditórios, mas indissociáveis, por serem fortemente imbricados. A carga material e a espiritual são indissolúveis, ainda que a rota nada tenha com uma verdadeira experiência iniciática, ela é sempre um indicador do destino.

Durante muito tempo se esqueceu a força das palavras e sua carga semântica. Segundo sua etimologia latina, uma rota (*via rupta*) supõe um rapto, um desvio da natureza, poderia mesmo se dizer uma violação ou mais adequadamente ainda uma dominação. Mesmo no caso de uma rota atravessar os ares, mares ou rios, a mesma ação se impõe: uma intromissão sobre os elementos naturais.

Para abrir uma rota terrestre é preciso organizar, freqüentemente obrigando a abertura de espaços e, em alguns casos, a retirada de árvores, como eu vi com muita tristeza nas estradas da Amazônia e nas dos Himalaias, quando destruíram imensas árvores para passarem rotas e estradas pelas florestas.

Nas do deserto, porém, é a vegetação rasteira que sofre ao ser esmagada, ou as areias ao serem vincadas e suas minúsculas formas destruídas. Os pássaros buscam os oásis vizinhos, e ao ouvirem o barulho das caravanas pousam nos galhos mais altos. As salamandras procuram a sombra mais longe, onde ninguém as encontre, enquanto os pequenos animais se refugiam, muitas vezes esburacando as dunas, ou as areias cheias de cascalho. Os grandes animais, principalmente os dromedários, marcam o solo com suas pegadas e batidas fortes, demarcando também pistas adicionais que os conduzem a seu ponto habitual de abastecimento de água, tornados comuns no ciclo das estações.

Mas é ao homem que cabe abrir a rota. Seus exploradores, vindos de fora, reconhecem o melhor lugar de passagem, e com isso se intrometem e modificam o meio ambiente original. Ao se insinuarem, estas novas pessoas são geralmente portadoras de uma cultura diferente, e trazem novas idéias, outras pessoas, costumes e tradições.

As progressivas paradas para alimentação e repouso, como as estações de muda para os animais cansados, se estabelecem fora das pistas, e se transformam em etapas obrigatórias, fazendo eclodir pequenos mercados para o abastecimento dos que passam, e pequenos oratórios para as preces aos deuses buscando sucesso nas realizações humanas. Aos poucos surgem os ex-votos, motivados pelas promessas às devoções mais diversas, e os oratórios aumentam, se agregam ao receber mensagens votivas de agradecimento.

Isto foi o que deve ter acontecido ontem no nascer das rotas da Arábia, e continua hoje no caminho que as caravanas ainda perseguem naquela imensidão arenosa.

Tudo isto eu pensei e repensei no vôo que durante quatro horas me levou do Cairo a Sana'a, enquanto pela janela eu via as múltiplas cores do sol que se punha e depois o escuro da noite chegar e se estrelar...

Arábia — O grande cenário

Não tenho dúvida que esta história e o mais intenso desenvolvimento de seu legendário aconteceram na Arábia. As lendas e narrativas se espalharam por aquelas terras transformadas pelos movimentos gerados pelo planeta que causaram a abertura do Grande Rift. Na grande península que beira esta imensa fenda encontramos terras, ora intensamente coloridas em tons fantásticos, indo dos mais belos avermelhados até os esbranquiçados mais lunares, ora recebendo em algumas de suas franjas os mais belos tons de azul dos mares. Os árabes chamam sua bela península de Al-Jahzira, a ilha, uma ilha onde o maravilhoso e o fantástico absorveram nuances esotéricas. Um lugar mágico, onde os antigos deuses celestes resolveram ser comandados por um só, como na sua tradição um mukarrib comandava várias tribos.

Para buscar as longas rotas de incenso e de outras maravilhas, para entender ou encontrar a Rainha de Sabah, temos que penetrar no cenário: a Arábia.

— Você, meu leitor, conhece a Arábia?

— Já penetrou no seu âmago?

— Conheceu sua paisagem?

— Entendeu seu povo?

— Quando ela teria sido descoberta pelo Ocidente?

São estas perguntas que me vêm à lembrança quando penso no cenário que produziu a história de uma mulher, talvez mágica, sacerdotisa do Sol e da Lua, Rainha do país de Sabah, que teria atravessado as longas rotas do deserto para trazer aromas e ouro para Salomão, o rei da terra de Canaan.

A Arábia já era bem conhecida dos antigos. Egípcios, mesopotâmios, somalis, indianos, fenícios e hebreus conheciam seus vários reinos, e antes do século X a.C. já estabeleciam relações comerciais cada vez mais assíduas com a península.

Sobre o reino de Sabah, a menção mais famosa é a lendária visita de sua rainha a um rei das terras de Canaan "com camelos que levavam ouro e uma infinita quantidade de aromáticos". O recito é hagiográfico do rei Salomão e não um documento histórico, e comporta uma lacuna não só por não ser mencionado o nome desta rainha, mas, sobretudo, porque nos dias de hoje há toda uma modificação cronológica não apenas sobre os achados referentes à Sabah, mas também quanto à verdadeira projeção de Salomão e de seu reino.

Os historiadores gregos e latinos distinguiam uma Arábia Pétrea, a noroeste, que se estendia do Sinai à Transjordânia, uma Arábia Deserta, que incluía também o deserto da Síria, e no sul da península a Arábia Felix, segundo os romanos, ou Arábia Eudaimon para os gregos,[62] onde habitavam os sabeanos, e além destes, mineanos, qatabanitas, hadramis e himiaritas. Apesar de caracteres distintos, um traço unia esses povos: o comércio dos aromáticos, que lhes dava um luxo impensável para a época.

62 No primeiro caso, Arábia feliz, e no segundo, Arábia bem-aventurada.

Sabe-se que por volta do ano 25 a.C., entusiasmados com essas comentadas riquezas, os romanos mandaram uma expedição, numa tentativa de conquistar a região, mas foi em vão. No entanto, mesmo com o malogro desta expedição terrestre, o interesse despertado levou ao desenvolvimento das relações marítimas entre o oceano Índico e o mar Vermelho, e uma participação neste comércio marítimo, contribuindo para um melhor conhecimento da Arábia. Foi assim, utilizando outros caminhos, que pouco a pouco os romanos se aproximaram do mercado sudarábico.

Durante certo tempo as notícias sobre o sul da Arábia chegavam ao Ocidente através dos eventos comerciais e belicosos da região, seguidos de certo silêncio em torno da sua completa islamização. Através do Corão, a Rainha de Sabah havia adquirido uma nova interpretação, e junto com sua lenda os arômatas cresceram novamente em prestígio, pois, além de intensamente procurados pelos povos mediterrâneos, foram muito reverenciados pelos muçulmanos. Contudo o mistério sobre as populações sudarábicas persistia, e o interesse ocidental pelos antigos documentos escritos, no que se chamaria mais tarde escrita sudarábica e que poderia elucidar muitas coisas, estacionou até ser retomado no século XIX.

Coube ao alemão Carl Jaspear Seetzen (1807) e ao inglês J.R. Wellsted (1834) copiar as primeiras inscrições, em Zafar, na costa do oceano Índico, e mais tarde, em 1843, ao francês Th. Arnaud descobrir outras tantas, também de grande interesse, ao atingir as ruínas de Ma'rib, antiga capital do reino de Sabah.

Alguns anos depois, a *Academie des Inscriptions et des Belles-Lettres* da França enviou o rabino francês especialista em epigrafia J. Halévy à descoberta da Arábia antiga. Por volta de 1870, a decifração das inscrições sudarábicas praticamente terminou. Em seguida, o epigrafista austríaco Edward Glazer fez prospecções nos sítios arqueológicos, levantando um excelente mapa e descobrindo muitas outras inscrições. Se Glazer enriqueceu a ciência com um grande número de informações sobre a sociedade iemenita na época, língua falada, flora, fauna e astronomia, grande parte destas informações se deveu a Hayîm Habshûsh, profundo conhecedor do meio ambiente local, que, como guia de Glazer e Halévy, muito os ajudou. Porém, foi em 1893, quando este mesmo Habshûsh, experiente judeu iemenita, começou a escrever seu recito em árabe iemenita, que muito mais coisas e detalhes começaram a vir à tona.

Morto seis anos depois, sua obra de grande importância foi publicada posteriormente por S.D. Goitein, e muito tempo depois, ainda recebeu a excelente tradução para o francês, de Samia Naîm-Sambar,[63] o que permitiu complementar as informações de Glazer, e ambientar as de Halévy, preocupado apenas com as inscrições antigas.

No fim do século XIX, diversas expedições estrangeiras se sucederam na coleta de documentos escritos e de objetos, porém somente em 1928 foi iniciada a primeira escavação, com a missão alemã, em al-Huqqa, ao norte de Sana'a. Dez anos mais tarde, uma equipe inglesa libertou o sítio de Hurayda no Hadramawt, e no início dos anos 1950, uma missão norte-americana empreendeu escavações em Tamna — a antiga capital de Qatabân — e em Ma'rib. Deve-se, porém, aos franceses, com suas missões arqueológicas e seu centro de estudos iemenitas, o provimento de um estudo amplo, multidisciplinar e profundo sobre a história e a cultura do Iêmen em suas diversas abrangências. Isso graças à visão francesa, que promove grandes aberturas para pesquisadores não apenas franceses e iemenitas, mas também estrangeiros de outras procedências.

Pensando no meio ambiente, não se pode negar que o sul da Arábia é um verdadeiro *continuum cultural*[64] com estreitas ligações com sua paisagem natural. O que nos dias de hoje é considerado um meio ambiente

[63] Naîm-Sambar, Samia: *Hayîm Habshûsh* Yémen, Actes Sud, Paris, 1995.
[64] Culturas que se seguem através do tempo e do espaço.

integrado. Os antigos, como se pode ler principalmente em Heródoto e Eratóstenes, já haviam interpretado a região como Arábia feliz ou bem-aventurada, julgando seu meio ambiente como excepcional.

O teto da península culmina em 3.760m nas proximidades da capital do Iêmen, Sana'a, e o país recebia e continua a receber abundantes precipitações das monções de primavera e de verão. Os piemontes, regados pelas cheias violentas, formaram um rosário de oásis. Em outras regiões, uma agricultura seca em terraços permitiu, a partir da mais alta antiguidade, a implantação de populações sedentárias. "O país é fértil, o mel abundante, o gado numeroso", escreveu Eratóstenes. Ao norte e a leste nos montes, em cerca de 700m de altitude, estende-se "uma região arenosa e estéril, onde crescem algumas palmas, acantos e tamariz. Ali vivem os árabes nômades criadores de camelos".

Foi no entanto sobre as margens destes territórios áridos, no Jawl, junto ao deserto de Sab'atayn, que se desenvolveram os principais reinos sudarábicos. Enquanto isso, mais para o sul e o leste, o platô do Hadramawt é famoso há muitos séculos por seus horizontes desnudados, mas cruzados de wadis com oásis de vegetação luxuriante.

A presença de elevações e sua distribuição nas principais unidades geográficas se explicam pela posição notável dos países que se constituíram nas margens dos *rifts*, as zonas de ruptura do mar Vermelho e do golfo de Aden. Esta movimentação de terras, a dramática formação de mares através de um rifteamento de grandes dimensões que trouxe a península arábica para participar do ecossistema do Grande Rift, talvez lhe tenha proporcionado um encantamento maior na formação de seu relevo, de sua vegetação e de suas primeiras ligações com os cultos celestes.

Tudo começou há milhões de anos, quando as placas africanas e arábicas tinham-se afastado e formado o golfo de Aden, e também o mar Vermelho. Esta separação entre a África e a Arábia, recente em relação à escala geológica, explica as grandes semelhanças entre a fauna e a flora de uma parte e da outra. No Quaternário, uma intensa atividade vulcânica e uma alternância de fases úmidas e áridas terminou por modelar a paisagem de ambas as margens, criando a paisagem dramática das atuais Etiópia e Eritréia, com seus desertos, suas montanhas e lagos em alturas elevadas, e na outra margem a paisagem, de elevações e desertos da Arábia. Enquanto isso o mar Vermelho foi aquinhoado com um fantástico relevo submerso, onde fossas abissais são margeadas por bancos de corais e visitadas por uma fauna marinha admirável.

O grande vale do Rift, o complexo de falhas tectônicas criado há cerca de 35 milhões de anos com a separação das placas africana e arábica, tem uma estrutura que se estende no sentido norte-sul por cerca de 5 mil quilômetros. Partindo do norte da Síria, chega ao centro de Moçambique, com uma largura que varia entre 30 e 100 quilômetros, e uma profundidade de centenas a milhares de metros. O mar Vermelho, que os árabes chamam de *Bahr el-Ahmar*, devido ao rifteamento parece um golfo do oceano Índico entre a África e a Ásia, tendo ao sul o estreitamento do *Bab el-Mandeb*, que anuncia de um lado a entrada do golfo de Aden e do outro a do oceano que banha grande parte da Ásia e a África oriental, o Índico.[65] Ao norte do mar Vermelho, se encontram a península do Sinai, o golfo de Aqaba e o antigo istmo, hoje canal de Suez, que permite sua comunicação com o mar Mediterrâneo.

Nesse cenário fantástico a península do Sinai, um deserto montanhoso, composto ao norte de rochas sedimentares, e na parte sul de granito, freqüentemente misturado com longas e duras intrusões de basalto, tem um aspecto poderoso. No correr dos tempos, o granito, erodido mais rapidamente que o basalto, criou surpreendentes formações ou cristas na paisagem montanhosa que fazem pensar em espinhas dorsais de animais colossais. Visitando a região, observei esta grande diversidade de rochas, fascinantes tanto quanto às formas, como quan-

[65] Este conjunto de mares, golfos e oceanos passou a ser conhecido como mar da Eritréia.

to às cores, onde pedras de cores verde, vermelha, amarela, violeta e mesmo azul distinguem, cada vez mais, a diferença de suas tonalidades; pouco a pouco deixei minha imaginação perceber, sobre os flancos das montanhas, silhuetas parecidas com as humanas ou de animais.

Seguindo em direção à Arábia Pétrea, as incríveis misturas de estratos coloridos tanto nas montanhas, como nos cânions ou gargantas me proporcionaram um deslumbramento ainda maior.

A península-mater, a arábica, se projeta como prolongamento lateral da península do Sinai, e como final do maciço da Ásia sul-ocidental, inscrita entre o golfo Pérsico, o oceano Índico e o mar Vermelho que prolonga a fossa do Jordão. Atravessada no seu meio pelo trópico de Câncer, a Arábia é ocupada em grande parte por desertos de cerca de dois milhões e meio de quilômetros quadrados e, como já citei, em sua geomorfologia é ligada à África da qual foi separada pelo rifteamento ocorrido na região.

A plataforma arábica, que não era acidentada, a não ser a leste, ao longo do golfo de Omã, por um enrugar montanhoso, aumentou, mas quebrou na sua cercadura sul-ocidental, nas proximidades do mar Vermelho, onde se formam um maciço de granito e de lavas que culminou a mais de 3 mil metros no sul, tornando-se uma região de excelente irrigação. Porém, em grande parte da península se estendem os desertos de areia e cascalho mais desolados do mundo, onde a uma seca quase total se acrescentam um frio muito forte durante dois meses no inverno e um calor tórrido no resto do ano.

Na época em que a Europa vivia o seu último período glacial, a Arábia, graças a uma precipitação mais abundante, parece ter conhecido certo desenvolvimento em sua vegetação, devendo ali ter existido savanas e pastos. No Quaternário já era habitada por caçadores que utilizavam instrumentos de pedra lascada. No sul da península, estes instrumentos paleolíticos atestam um corte radical com a África, mais avançada na época, porém as ferramentas neolíticas, ao contrário, se afinam com as da África Oriental.

Uma das provas de evolução na antiguidade peninsular é a quantidade de *tumuli*,[66] encontrados em muitos lugares. Com formas diversificadas, protegendo uma ou duas câmaras funerárias, freqüentemente são cercados por um muro circular. Em certas regiões eles são em número considerável: 1.500 no oásis de al-Kharj, 100 mil na ilha de Dilmun, hoje denominada Bahrain. Estes monumentos parecem datar de épocas muito diferentes, sendo que os mais antigos podem remontar ao início do III milênio a.C.

Na costa do golfo Pérsico, escavações recentes, sobretudo dinamarquesas, revelaram impressionantes vestígios de uma cultura que teve relação estreita com as do vale do Indus na segunda metade do III milênio a.C. e no início do II. A capital da ilha, no atual Emirato de Bahrain, foi concebida de acordo com um plano geométrico, seguindo as regras avançadas de urbanismo, aplicadas na região da civilização paleoindiana de Harappa. Toda esta região formava o país de Dilmun, intermediário comercial entre Meluhha, no vale do Indus, e as cidades da Mesopotâmia, como citam textos sumérios e acádios. Além disso, Magan, mencionada nesses mesmos textos como exportadora de diorita e cobre para a Mesopotâmia, era provavelmente situada no atual Emirato de Omã.

Sabe-se que os soberanos de Akkad enviaram expedições para estas regiões e teriam pago tributo. No noroeste da península arábica, as representações e os textos egípcios desde a mais elevada antiguidade situam vagamente o Sinai, a Síria-Palestina e Madian. Os faraós egípcios certamente buscavam ligações diretas ou indiretas com as regiões da Arábia do Sul, produtoras de incenso, derivando cada vez mais para ali seus antigos contatos com o País do Ponto, onde inicialmente foram pro-

[66] Monumentos funerários próprios da Idade dos metais.

curar esse produto, sobretudo a mirra, indispensável para seus rituais funerários.[67]

Os nômades, chamados por diversos nomes, e, após certa época, sobretudo *'Amou*, evocam os atuais árabes nômades por seus costumes, socialização, entre outros, a perpetuação do nomadismo e a fraternidade de sangue. Nos dias de hoje, tende-se a pensar que o nomadismo cameleiro, que impôs a sua marca na Arábia durante vários milênios, não teria sido o resultado de uma evolução econômica autônoma. Acredita-se que os agricultores neolíticos do Crescente Fértil, isto é, da região sírio-palestina de hoje, já deviam utilizar os pastos do deserto, florescentes no inverno e na primavera, para alimentar seus rebanhos de pequeno gado. Com a domesticação do dromedário durante a segunda metade do II milênio a.C., os antigos criadores do pequeno gado, carneiros e cabras etc., possivelmente árabes, que tinham adotado o tipo de vida imposto por sua criação, passaram a ter uma atividade mais ampla, incorporando também a criação dos camelos de uma só corcova, os dromedários.

Ignoramos quando apareceu exatamente na península a etnia árabe, ou melhor, uma população falando a língua árabe. Esta população, provavelmente pouco numerosa, talvez tivesse sido a mesma que introduziu o nomadismo cameleiro e teve que assimilar elementos anteriormente estabelecidos.

Os textos acadianos a partir dos séculos X-IX a.C. situam no deserto sírio-mesopotâmio e no noroeste da Arábia uma população designada em acadiano como Aribi, Arabu, Arubu,[68] em hebreu Arab. De acordo com seus nomes próprios, certamente se tratava de árabes. A mais antiga menção sobre estes árabes remonta a 853 a.C., quando

[67] Ver expedição de Hatchepsut, no capítulo sobre o reino do Ponto.

[68] A diferença na nomenclatura é explicada pela interpretação das vogais inexistentes na tradução.

em Qarqar, na Síria, o rei assírio Salmanazar III venceu, de acordo com as suas declarações, as tropas coligadas dos reis de Damasco, Hamath, Jerusalém, Ammon e Cilícia, bem como seus mil cameleiros *Gindibu* do país dos *Arbai*.[69] Os anais assírios dos séculos seguintes narram as lutas dos seus monarcas contra os árabes, montados no dorso dos camelos, que mesmo às vezes sendo submetidos sempre voltavam à rebelião, e freqüentemente eram governados por rainhas ao mesmo tempo sacerdotisas e/ou profetizas. Nesta época, seus deuses eram em grande parte aramaicos.

Textos hebraicos descrevem os árabes do norte como criadores e vendedores de cordeiros, carneiros e bodes, vivendo também de pilhagem. Citam com freqüência, como nos textos assírios, o povo de tendas pretas de Qedar, sem dúvida os árabes da Palmirênia, e os Nebayot (nabateus, em acadiano *Nabayat)*, do norte do golfo de Aqaba, filhos do Oriente, entre os quais estava o próprio Job. Nesta época mencionam também árabes renomados por sua sabedoria.

O último rei babilônio, Nabonides (556-539 a.C.), conquistou os oásis da Arábia Ocidental até a região onde hoje fica Medina (Yatrib) e estabeleceu durante dez anos a sua capital em Taymâ. Aos poucos, porém, a supremacia cultural e a hegemonia parcial sobre os árabes que havia sido exercida pelos assírio-babilônios foram substituídas pela do império persa. Cambises conquistou o Egito em 525 a.C., assegurando o concurso de um chefe árabe do deserto do Sinai. Em 481, o Exército de Xerxes contra os gregos era formado por um grande contingente de cameleiros árabes. É desta época que deve datar a estela aramaica de Taymâ,[70] que mostra que os elementos sedentários do noroeste da Arábia tinham adotado, em parte, o aramaico como língua, que se expandiu então em todo o Crescente Fértil, bem como os costumes e os deuses desta região.

[69] Cameleiros do país dos árabes.

[70] Tipo de monumento votivo que, atualmente, está no Museu do Louvre.

No sul da Arábia, suas terras benfazejas, com zonas irrigadas e cultiváveis, foram povoadas em uma data desconhecida por populações falando dialetos semíticos do grupo dito sudarábico, aparentados, porém diferenciados, do árabe, e possivelmente, em mais longa data, originários das regiões da Mesopotâmia e do Crescente Fértil, principalmente de Ugarit. Assimilaram possíveis populações locais ainda remanescentes de épocas pré-históricas, arranjaram o solo em terraços e empreenderam trabalhos de irrigação para desenvolver a agricultura.

A arqueologia, a história e os relatos hagiográficos sustentam a existência de um reino de Sabah. Como iremos ver no decorrer deste livro, os dados arqueológicos, isto é, de base científica, confirmam este reino pelo menos a partir do século VIII e talvez até do século IX a.C., de quando datam as numerosas inscrições usando a escrita sudarábica. A cronologia continua a ser discutida, mas as teses anteriores que propunham localizar as primeiras inscrições no século V a.C. foram suplantadas por novos achados, que também atestam a existência de outros reinos, sobretudo Ma'in, Qatabân, Hadramawt e Himiar. A reconstituição da história sudarábica, por meio de textos freqüentemente enigmáticos, ainda está em estudo, mas as escavações arqueológicas agora desenvolvidas trazem surpresas cada vez maiores e, como veremos, avançam nas datações, e daí rumam para as soluções.

A Arábia do Sul na época das caravanas de incenso também desenvolveu a agricultura, com um sistema de terraços sobre as inclinações montanhosas e a introdução de uma técnica de barragens e de canais que permitiu irrigar as planícies aluviais das margens do deserto. Os vales protegidos do interior, sobretudo no leste, inicialmente se consagraram à coleta, e depois também à cultura das plantas aromáticas (olíbano, mirra, ládano), muito solicitadas pelo mundo mediterrânico antigo. Ao comércio dos aromáticos se acrescentou o trânsito dos produtos preciosos da Índia e da África Oriental encaminhado pelas caravanas para serem vendidos na zona mediterrânea e vice-versa. Os sudarábicos aproveitavam muito este tráfego, sobretudo quando eles mesmos o praticavam. No entanto, a partir de certa época, tiveram a participação na região mais ao norte de outras tribos árabes, os nabateus, que cada vez mais se envolveram com o comércio das caravanas.

A estrutura da sociedade sudarábica sedentária também era de base tribal. Os estados se constituíam por dominação de uma tribo sobre várias outras das quais exigia prestações. Em cada uma das tribos, também existia uma hierarquia. Os soberanos e os altos funcionários eram grandes proprietários fundiários, e os templos constituíam poderosas empresas econômicas.

Na sua história, a Arábia do Sul deu origem a uma multidão de pequenos estados, que agrupavam estas populações sedentárias, mas também as de estruturação tribal. Mesmo os mais importantes foram relativamente efêmeros. Alguns como Qatabân tiveram uma constituição mais complexa, estabelecendo assembléias representativas.

As riquezas e o luxo dos sudarábicos foram famosos na Antiguidade, e impressionantes os vestígios das suas construções, templos, palácios e barragens. Se suas primeiras esculturas eram às vezes de realização mais primitiva, existiam também peças mais elaboradas, outras estilizadas, quase cubistas, de uma magnífica pureza de linhas, sendo visível, como em todo cadinho cultural que é o Oriente Próximo, a influência grega, à qual ainda se acrescentam a indiana e as das demais regiões de intercâmbio. Já a escrita sudarábica é por si mesma uma obra única, de formas elegantes e bastante rigorosas na performance e regularidade dos seus caracteres.

No plano espiritual, eles cultuavam numerosos deuses: Athtar, que personificava o planeta Vênus, e os grandes deuses lunares, Almaqah em Sabah, Wadd em Ma'in, 'Amm em Qatabân, Sin (ou Seyun) no Hadramawt. Cada cidade tinha geralmente o seu deus protetor, mas a todos eram oferecidos incenso, sacrifícios, placas votivas, orações e peregrinações. As infrações e as prescrições relativas ao puro e impuro eram reveladas em confissões públicas, redigidas sobre plaquetas de argila ou bronze e expostas nos templos, que podiam ser resgatadas pelo culpado por meio do pagamento de multas.

Entretanto, as condições de vida no resto da península eram diferentes daquelas das cidades. Nos desertos, os beduínos, que os gregos chamavam de árabes cenitas, ou que vivem sob a tenda, depois denominados sarracenos, praticavam essencialmente a criação de dromedários, alguns criavam caprinos, às vezes ovinos e raros e preciosos cavalos. Todos esses grupos seguiam o gado assegurador de sua subsistência, e assim fizeram surgir um nomadismo de amplitude muitas vezes desigual. Na primavera, quando a chuva caía, a erva por toda parte adquiria um tom esverdeado e os grupos se dispersavam. Na estação seca, eles se agrupavam ao redor dos pontos perenes de água ou em lugares onde subsistissem árvores e/ou arbustos. Nos oásis, os agricultores cultivavam e ainda cultivam a palmeira-tamareira, sendo também ali o lugar para troca de parte de produtos entre agricultores e criadores. Quando estive nas vizinhanças destas tribos encontrei esta mesma paisagem e este mesmo ritual que atravessa séculos.

As palmeiras, de um modo geral, são muito amadas pelas populações locais. Plutarco cita um hino babilônio que canta os 360 benefícios trazidos pelas palmeiras-tamareiras, e Carl von Linné,[71] o sueco que classificou as plantas no século XVIII, emocionado com a beleza das palmeiras, as chamou de príncipes. Os árabes nômades ou não as consideram como se fossem parte de suas famílias.

A vida do beduíno era rígida, seu alimento insuficiente, os bens materiais eram poucos, alguns chegavam a morrer de fome no sentido literal da palavra, o que indica a razão por que eles freqüentemente

[71] Linneus.

buscavam recursos na pilhagem. As *razzias* entre clãs, como outrora, ainda são regulares e não são consideradas desonra. Embora não tenha havido modificações estruturais, atualmente a situação está melhor, pois nos países da Arábia o desenvolvimento foi aquinhoado pelos bens da terra — principalmente o petróleo, o que melhorou a situação de um modo geral, e o que é muito importante e interessante, pouco mexeu com as estruturas fundamentais tradicionais.

A sociedade beduína não mudou e ainda é fragmentada em múltiplas sociedades econômicas, chamadas de clãs ou subtribos. As tribos, por conseguinte, são grupos de clãs, cujas relações estreitas são expressas por genealogias algumas vezes fictícias. Uma tribo pode chegar a impor sua supremacia às outras, mas em geral de maneira pouco duradoura. Certos estados da Arábia deserta, algumas vezes, inclusive recentemente, foram impostos pelo exterior, assim como foi outrora o reino de Kinda protegido pelos sudarábicos. Mas sempre chega o momento em que a imposição se enfraquece, e com isso o estado começa a desmoronar. É muito difícil estabelecer limites baseados em conceitos políticos, que esquecem que as etnias com seus costumes e tradições são soberanas para delimitar seu próprio espaço.

Durante muito tempo clãs e indivíduos enriqueciam pela *razzia*, pelo comércio, pela cobrança de prestações de serviço, não apenas os comerciantes e agricultores, mas também os das caravanas e outros nômades. Podiam reduzir prisioneiros à escravidão ou comprar escravos, porém as condições da vida árabe se prestam muito mal à subjugação permanente de uma classe, fazendo com que as libertações fossem freqüentes, deixando subsistir uma relação de clientela.

Se cada grupo beduíno, apesar de solidário, era e ainda é freqüentemente vinculado a outros pela endogamia, a forma mais freqüente do casamento, isto faz com que se formem amplas constelações familiares. Contudo, a parentela não impede que o chefe tribal, o *sayyid*, designado pelos chefes de família, tenham uma autoridade precária e sempre revogável devido ao seu prestígio e a sua habilidade em lidar com os diferentes clãs. Uma coisa é a guerra, ou a *razzia*, que tem uma ação conjunta de um clã ou tribo, porém a segurança de cada um é garantida pela vendeta, que estipula que cada crime terá seu vingador, costume que se difundiu no mundo inteiro em outros grupos fechados.

Nos tempos atuais, as dificuldades de relacionamento com outras populações, etnias e crenças diferenciadas tendiam a cessar. Todavia, a situação atualmente criada por certos países ocidentais em todo o Oriente me faz pensar se as agressões que muitas dessas tribos estão sofrendo, quase sempre oriundas de forças externas, que não possuem conhecimentos de suas tradições, não criarão um caos de difícil estabilização.

Qual o futuro de seu relacionamento no mundo de amanhã?

Muito sensíveis à interação com o ambiente, os povoadores do deserto conhecem muito bem a tecelagem, são excelentes músicos e compositores, e exímios na arte da palavra. O poeta é um dos personagens indispensáveis da vida árabe, tanto citadina como rural ou nômade, pois desempenha com freqüência o papel de porta-voz do seu grupo e também compõe belas poesias e magníficos cantos profundamente ligados ao amor e às forças da natureza.

De crença politeísta, antes da conversão ao Islã eles acreditavam que por toda a parte eram encontrados *djinns*, espíritos invisíveis ou que tomavam formas animais, e que os mortos sobreviviam numa existência alterada e espectral. Certas árvores e pedras eram os lugares para a adoração de espíritos e das divindades que residiam no céu e eram identificadas com os astros, especialmente a lua, a estrela Vênus, e também o sol, este principalmente entre aqueles que praticavam um princípio de agricultura de subsistência. Como entre os sudarábicos sedentários, estes deuses também variavam de acordo com as regiões.

Tudo leva a acreditar que, por toda a parte, era invocado Allah, a divindade que representava o mundo divino sob a forma mais elevada — inventor do Universo, vigia da fé, sobrenome ou apelido de um deus denominado de modo diferente, quem sabe *Hobal*, o ídolo em cornalina vermelha adorado em Makka (Mecca). As grandes divindades femininas eram Allat, "a grande deusa", que tudo conduz a interpretar como sendo a Lua, Al-Uzza, a deusa inspirada em Vênus, a estrela da manhã, e Manât, a deusa do destino. O Panteon ia se modificando conforme o desenvolvimento de cada tribo nos numerosos santuários que se espalharam pelo deserto. Alguns eram lugares de peregrinação (*hajj*) marcados pelas voltas e mais voltas dos fiéis em torno do objeto sagrado. Ao redor deles, recintos sagrados menores delimitavam um lugar de asilo para qualquer ser vivo que ali penetrava. A adivinhação era muito praticada, além da magia, mesmo com as transformações trazidas pelo Islã. Essas práticas anteriores, embora muitas delas tenham sido renegadas quando da conversão, continuam a ser regularmente usadas por populações dos lugares mais afastados.

A estrutura do pensamento árabe tem áreas que parecem imutáveis, que não receberam, e acredito que jamais receberão, modificações. Entre elas está o valor supremo do deserto, a *Murouwa*, o código árabe da virtude, bravura, paciência, lealdade, hospitalidade, generosidade com os pobres, proteção aos fracos, fidelidade, centrados no conceito de honra. Trata-se de uma espécie de humanismo tribal, em que o homem fortemente integrado ao seu grupo parece apenas ser limitado pelas vicissitudes do *dahr*, o destino cego, intangível.

Apesar dessa imutabilidade de conceitos, de longa data os habitantes dos oásis, e mesmo das zonas cultiváveis e centros comerciais do deserto, que estavam sob a dominação cultural e freqüentemente política dos beduínos, também provaram a influência das culturas externas. A elas se devem intromissões na escrita proto-árabe, muitas delas parecendo grafite, que também participaram da base da escrita monumental sudarábica.

O uso da escrita, com as simplificações recebidas, juntamente com a dinâmica das caravanas, muito ajudou a expansão dos reinos do sul. Os mineanos, povo de Ma'in, tornaram sua língua quase franca ao estabelecer, além de entrepostos no Egito, colônias sobre a rota caravaneira que ia até a Síria. Um importante centro mineano, ao qual se interligavam muitos outros, foi estabelecido em Dedan, no norte do Hedjaz, mas os bons resultados ali se perderam quando por volta do século II-I a.C. este centro foi conquistado pela tribo vizinha de Lihyan, que se estabeleceu na localidade e cujas inscrições e esculturas atestam sua importância.

Na região ao sul e a leste do mar Morto, na parte norte da Arábia Pétrea, tribos árabes penetraram nas terras edomitas, por volta do VI século a.C. Como veremos mais detalhadamente, eles ali fundaram o reino da Nabatéia, cuja capital foi chamada pelos gregos de Pétra. Estes nabateus também enriqueceram graças ao comércio de trânsito e foram durante um tempo aliados de Roma. No entanto, foi a civilização helenística ptolomaica a que mais dominou a expressão cultural no reino, até que em 106 Trajano o anexou, formando a Província Romana da Arábia e trazendo influências romanas para a região. Porém ali ainda hoje se reúnem muitas e muitas tribos beduínas que ocupam a região que se estende pelos desertos do Negev, do Sinai e do Wadi Rum, entre outros.

Por muito tempo, numerosos árabes também fizeram pressão sobre as ricas terras do Crescente Fértil, se infiltrando, assimilando e adotando a cultura e a língua aramaica helenizada. Quando os estados sedentários se enfraqueciam, formavam pequenos estados mais ou menos efêmeros, sendo um dos exemplos Palmira, cidade-estado árabe de ricos comerciantes, que construiu no século III um verdadeiro império, embora de pouca duração. Mas o desenvolvimento deste povo nessa região não ficou apenas nisso, alguns árabes da Síria chegaram à testa do Império Romano: Eliogábalo, alto-sacerdote do culto da Pedra negra de Êmeso (Homs) se tornou imperador em 218, Filipe de Chahba brilhou no Hauran em 248, e ainda se podem acrescentar outros, como a grande administradora do Império Romano — a imperatriz Julia Domna.

Coalizões de tribos eram feitas e desfeitas, certas vezes aparentando grandes estados. No fim do século III, a família do Lakhm, da tribo de Tanukh, parecia ter dominado todo o deserto sírio. Um dos seus membros, Imru al-Qays, morto em 328, o poeta que se tornou lendário, e é interpretado como "rei dos Árabes", foi sitiado no remoto deserto de Najrân nas vizinhanças da Arábia do Sul. Mais tarde, seus descendentes, residindo em Hira na Mesopotâmia, se colocaram a serviço dos sassânidas iranianos, protegeram o cristianismo nestoriano e lutaram a serviço de seus suseranos contra os romanos. Para combatê-los, os soberanos romanos do oriente, os bizantinos, escolheram cerca de 500 homens de uma outra família árabe, a dos Ghassan, que se tornara nômade ao se dirigir para a Transjordânia. Os ghassanidas adotaram o cristianismo monofisista, oposto aos ideais religiosos bizantinos, mas por outro lado foram famosas suas lutas contra os lakhmidas, a serviço da própria Bizâncio. O que é muito interessante e abonador é que essas duas famílias apesar de suas lutas, muitas vezes mercenárias, protegiam os poetas do deserto e estabeleceram cortes suntuosas, de surpreendente desenvolvimento e esplendor cultural.

Foi neste ambiente, a Arábia inteira e suas regiões limítrofes, que se expandiu o imenso legendário da Rainha de Sabah.

Vivências em Sana'a

Um dia em Sana'a

"Sana'a se ergue isolada do mundo e perto do céu"

Joseph Kessel — *La Fortune Carré*

Como é bom chegar a um lugar ainda desconhecido. Penetrá-lo pela primeira vez, impregnar-se dos seus barulhos, dos seus aromas, da sua arquitetura, do seu ritmo diário, conhecer pessoas, conviver com elas construindo amizades...

Cheguei a Sana'a numa noite de céu estrelado e ao olhar a cidade pela primeira vez a vi iluminada como se fosse o prolongamento daquele céu. O carro que me trouxe do aeroporto penetrou nas mil luzes e senti a ternura imensa de realizar um sonho.

Era o último dia do Ramadan e a cidade ainda vibrava aguardando a última prece. O impacto daquelas luzes, dos reflexos coloridos das *camerillas*, de sentir os primeiros odores das vizinhanças do mercado não me deixou dormir. De madrugada, quando ouvi a primeira das preces do dia, fui ao último andar do hotel e pude ver com deslumbramento, naquela luz vagarosamente peneirada pelo Sol que se levantava, uma cidade saltando do passado numa espécie de presença eterna.

Um sonho meu concretizado, ver aquelas construções irmanadas, as casas-torre, que se estiravam ali, erguidas nas alturas de um antigo sítio sabeano, que se expandiram cercadas por bela muralha. Em dois de seus lados, marcando o lugar que um dia foi um campo agrícola, reconheci duas montanhas, o Djebel Nogum e o Djebel Ayban.[72]

A atual capital do Iêmen é um dos mais antigos centros urbanos do mundo. De acordo com a mitologia, teria sido fundada por Sem, filho de Noé, como primeira cidade pós-diluviana. Os documentos históricos, no entanto, registram como tendo sido fundada pelos sabeanos no século I, como um lugar fortificado na encruzilhada dos territórios de sete tribos diferentes. Seria o equivalente a uma *hijra,* zona neutra ou livre, onde os ambulantes comerciavam e as caravanas paravam para abastecimento. Tudo indica que Sana'a teria nascido no lugar da atual fortaleza Al Qasr, ao pé do djebel a leste de Sana'a.

A cidade cresceu como centro de elevada e refinada cultura, com um comércio florescente, que jorrou sobre o conjunto da península arábica, mas que durante muito tempo ficou fechada ao mundo ocidental. Hoje, apesar de aberta, se reconhecem as sementes da cultura sabeana que a fizeram crescer, superando em muitos aspectos as demais medinas.

O Sol já dardejava seus primeiros raios sobre a muralha, que eu com impaciência ansiava penetrar. Queria descobrir suas ruelas, suas casas-torre ocre, ornadas de frisos de gesso branco, onde os vitrais de suas janelas brincam com as cores, seus jardins recônditos possuíam verdes pomares e hortas, e suas inúmeras mesquitas aguçavam seus minaretes. Queria sentir o odor de seus mercados, e conhecer seu povo.

[72] Djebel Nogum (2.892m) e Djebel Ayban (3.194m).

Lancei-me à sua descoberta como se mergulha num sonho.

Deixando o hotel Taj Sheba atravessei a avenida Abdul Mughni que separa os bairros modernos da cidade antiga. Imediatamente ouvi:

— *Is-salamu 'alaykum! Kayf Hâlik! Wa'.*

Consegui responder:

— *Wa' 'alaykum is-salâm! Sabahhin-òur! Il-Hamduli-llâh bi-khayr.*

A primeira frase tinha vindo de um grupo de meninos, de idades e tamanhos variados, que me saudavam com muitos sorrisos. Eles me haviam dito bom-dia e perguntado como eu ia, e respondi direitinho me dirigindo a todos aliviada com a proeza.

Vestidos com suas longas camisas de algodão muito brancas, um deles, porém, que parecia ser o chefe do grupo, usava por cima da *zanna* um paletó de terno acinzentado, e um largo cinto com uma adaga, o tradicional punhal de lâmina curva, encapado de couro.

Continuamos a conversa e tentei responder num árabe atravessado, mas um deles, o do paletó, que se chamava Ali, arriscava um francês misturado com inglês, permitindo que tivéssemos um certo entendimento. A proposta que faziam era que eu escolhesse um deles para me servir de guia, eu era a primeira *gharîb* daquela manhã. Todos tinham cerca de 9 ou 10 anos no máximo. Ali, talvez por ser um pouco mais velho, foi o mais votado na eleição que fizeram jogando com seus dedinhos. Ele era um *'udûl*, isto é, um "homem íntegro", atestaram os pequenos, portanto seria um bom guia, continuaram falando e levantaram os polegares no gesto universal.

Apesar de o guia já estar escolhido convidei todos os outros para tomar o *sabûh* num dos pequenos cafés ali perto. Devia ser a segunda vez que tomavam a primeira refeição, mas valia a farra de comerem todos juntos. Não se interessaram pelo chá, nem pelo *qishr* (*qišr*) oferecido e que tomei deliciada, queriam apenas os cheirosos *khubz* que vinham saindo do forno. Todos eles tinham olhos marcantes, muito negros e profundos, seus dentes muito brancos davam um ar gracioso aos pequenos rostos sorridentes. Ali usava um *kefieh*, de quadrados vermelhos e brancos. Logo percebi que aquele tipo de lenço era muito superior ao que eu usava que, apesar de ser de excelente algodão provençal, não tinha a vantagem do outro, tecido com trama larga, deixando entrar o ar, mas protegendo valentemente do Sol. Cada menino ao ganhar o seu se sente importante e o conserva com muito cuidado.

Terminei meu *qishr* temperado com cardamomo, e o *khubz* quentinho besuntado de manteiga, quando eles me pediram insistentemente: *mondem sûra*. Não sabia o que era, mas Ali apontou para a minha máquina de fotografia. Foto tirada, todos se foram me deixando apenas com Ali, que tomou minha mão e me puxou para perto das fortificações, e atravessamos uma espécie de terreno vago que conduz ao *wadi* as-Saila, riacho naquele dia seco, que atravessa Sana'a de uma ponta a outra. No tempo das chuvas, ele recolhe todas as águas da cidade, me explicou o menino, numa linguagem que tinha mais gestos do que palavras.

Do outro lado, o Sol já transformara em ouro a elevada muralha de pedra, marcada com pequenas vigias. Entre os séculos XII e XIII os aiúbidas a fizeram construir, cercando quase inteiramente a atual medina. Com uma altura de 10m, ela comportava 130 torres de vigia. Hoje, a muralha antiga está quase totalmente destruída. No entanto, a parte entre Bab El-Yemen e o *wadi* Saila, cerca de 450m, foi restaurada graças a uma ajuda francesa. O curso do *wadi* também foi renovado. As muralhas de outrora tinham oito portas, que até 1962, época da revolução, eram fechadas no cair da noite. Atualmente, a Bab El-Yemen é a única porta que sobreviveu. Sua forma atual data da última ocupação turca no século XIX. Era por ela que antigamente os estrangeiros deviam entrar na cidade, pois, possuindo uma magia protetora, se um indivíduo a cruzasse com más intenções, era fulminado no local.

Alguns minutos mais tarde, estávamos na frente da Bab El Yemen, a grande porta, com arco monumental, delimitado por duas torres com ameias, que se abrem para o grande mercado da cidade velha. Já na entrada, começa o *sûq*, mercado aberto, ou que nome se queira dar a esses conjuntos de lojas, onde mil formas se encontram com mil cores, mil sons e mil odores, e nos levam a sonhar com as mil e uma noites. Ali estão os que compram, os que vendem, os que fabricam e os que trazem.

O barulho aumentava no mesmo compasso que a manhã avançava. As mulheres nos seus *sharshaf* negros ou coloridos, ou com longos e negros *baíto*, faziam compras, acompanhadas de suas crianças, cujos olhinhos os traços negros do *khôl* faziam brilhar, e cheias de peraltices corriam em ziguezague por perto das tendas.

Eu tinha aquele dia de folga total sem pensar em trabalho e queria aproveitá-lo inteiramente na cidade com minha cabeça vazia de informações. No dia seguinte minha atenção teria que se dividir para cumprir a missão que oficialmente me levara ali: a análise da Rota do Incenso e sua projeção no meio urbano e rural do projeto de arqueologia ambiental e a investigação mais graciosa e muito gratificante, a tentativa de descobrir as raízes e a expansão da lenda ou história da Rainha de Sabah.

Ali me mostrou a chegada dos artesães e vendedores e a troca de gordos maços de notas contra todas as espécies de mercadorias. Os homens, que eram a maioria, usavam calças do tipo ocidental, *makdab* ou *mawas*,[73] com o cinto que prende o imprescindível punhal de lâmina curva, a *jambiya (janbiyya)*, tradicionalmente considerado como símbolo de virilidade, indicador de status social ou de filiação tribal. Em Sana'a os habitantes de origem tribal também usam o '*asib*, um punhal em forma de J, guardado em uma bainha de couro e colocado no meio de um

[73] Panos enrolados na cintura, sendo que o segundo é de tecido mais refinado.

cinto do mesmo material. Ali me mostrou um *thûma*,[74] o punhal usado pelos *sayyid* e pelos *qâdi*, que o colocam sempre do lado direito. Nestes, a bainha e o cinto são geralmente ornados de filigranas de ouro ou prata.

Meu olhar não cessava de ir e vir de uma *jambiya* a outra. Nas proximidades, muitas delas estavam em exposição, coloridas, trabalhadas, cada uma mais preciosa. Ali fez sinal que depois me mostraria uma das ruas laterais onde elas eram fabricadas.

O traje masculino iemenita, mesmo os mais elegantes, não abre mão do cinto e do punhal. A postura destes homens não inspira medo, mas sim um profundo respeito. Eu depois veria pelo país afora que, além do punhal, era comum eles se "ornarem" e também usarem fuzis e metralhadoras portáteis, mas sempre sem perder o sorriso!

Cambistas, vendedores de moedas antigas e modernas, ofereciam desde dólares Kennedy de prata com a pequenina foice e o martelo num cantinho, a velhos francos, cruzeiros, cruzados, e mesmo centavos de real de cobre, notas de velhos *ryîals* iemenitas e, mais raros, os antigos táleres de prata cunhados em Viena com a efígie de Maria Thereza. Aquele que a velha beduína havia me mostrado no deserto e que agora tenho um, adquirido no final de minha estada.

O *muezim* já cantara mais uma vez, chamando para a prece. Deixamos a continuação do *sûq* para mais tarde. Ali foi rezar e enquanto eu o aguardava fui atraída pelo labirinto de ruelas. Fascinada, desapareci em uma delas, mas meu pequeno guia logo me achou. Parei em frente a uma visão que parecia vinda de outra época. Num pátio escuro, iluminado por lâmpadas a óleo, um dromedário girava sem parar com um passo quase mecânico, mas sempre orgulhoso apesar da sua servidão, moendo sésamo...

Subimos para o terraço do Dar Dahab (o palácio de ouro), um *funduq* muito simpático que ocupa um antigo palácio zaydita, e que sendo bem central, tem uma ampla vista da cidade. No meio da estada me mudei

[74] *Thûma* ou *dhûma*, dependendo da pronúncia regional.

para esse lugar por uns dias. Era preciso morar dentro da cidade! Sentir seu coração batendo dia e noite!

Almoçamos apenas uma simples *hilbeh* acompanhada de *khubz*. Ali quis como sobremesa um *sabaya,* pão iemenita coberto de mel. Eu me satisfiz com o gostoso pão acompanhado do espumante molho de feno-grego, a *hilbeh,* temperado com bastante coentro. Tão distante quanto meu olhar podia chegar, vi as casas da cidade que se estendiam bem ao lado uma da outra, muito parecidas, porém sem que nenhuma delas fosse exatamente igual.

O mapeamento urbano atual da cidade velha data do século XV ou XVI, enquanto que as mais antigas casas têm nas suas fundações mais de 800 anos. Sana'a conta com cerca de 5 mil habitações, e no passado logo se revelou demasiadamente estreita e pequena para suportar o volume de comércio e de trocas, confinada num espaço fechado e protegida por muralhas. Para contornar este problema, precisou encontrar novos espaços. Os moradores progressivamente acrescentaram andares em suas residências e assim se organizou o que hoje é indiscutivelmente um dos conjuntos arquitetônicos urbanos mais estéticos, harmônicos e artísticos do mundo, classificado pela Unesco como Patrimônio Cultural da Humanidade.

As casas, elevadas de seis para sete andares, são únicas nos seus detalhes estéticos, porém a ordenação do espaço obedece a certo padrão. Cada patamar até o terraço tem sua função de estocagem de mercadorias e guarda de animais, se existentes. Os muros do rés-do-chão e os primeiros andares são de pedra, assim como a escada maciça que serve como pilar de apoio ao conjunto da estrutura. A parte superior das construções geralmente é de tijolos crus ou cozidos, mas sempre emboçados. Cada uma das fachadas é aberta por numerosas janelas ornamentadas com desenhos geométricos de um estuque especialmente preparado, e anualmente refeitos. Algumas dessas janelas ainda conservam as antigas placas de alabastro, mas a maior parte possui vitrais de cores vivas. O conjunto cheio de beleza e magia encantou o cineasta Pasolini que, quando ali estava filmando as *Mil e uma noites*, fez um pequeno documentário sobre a cidade que batizou como *As pedras de Sana'a*.

Lá do alto, Ali me mostrou a Grande Mesquita, Al-Jami' al-Kabir, a oeste do *Sûq al-Milh*, o mercado de sal, além de mesquitas menores. Em nenhuma delas os não-muçulmanos podem entrar, contudo podem apreciar o belo exterior e ouvir o canto que se espalha dos 64 minaretes da cidade. Algumas das muitas casas de banho (*hammam*) também podem ser vistas dali de cima. Eu já estava certa que não deixaria o Iêmen sem provar as delícias de uma delas, e, pelo que meu pequeno guia tentou explicar com seus gestos criativos, os preços de banho a vapor e massagem eram muito razoáveis. Do alto do *funduq* também se vê um *mafraj* no andar superior da casa em frente, onde os homens à tarde se reúnem com os amigos para a *maqyal*, a reunião para mascar o *qât*.[75] Dava para ver as paredes do salão com seus divãs estreitos e almofadas coloridas de cores vibrantes como fúcsia, azul-rei, verde-esmeralda.

Descemos e na rua vi jovens e velhos, alguns até bem curvados, transportando grandes feixes da erva. Mais tarde, nas vizinhanças do mercado de *qât*, vi que uns apressados ou sem tempo de se encontrar com os amigos para sua sessão da tarde já estavam com a bochecha bem cheia da erva, que ao ser mastigada deixa a boca dormente e produz euforia. Quanto mais se aproximava a hora da *maqyal*, mais vazia e silenciosa ia ficando a cidade.

Cruzando uma porta, atravessamos um grande jardim-horta, um *maqsâma*. Os jardins urbanos de Sana'a são de dois tipos: *basâtin* e *maqsâma*. O primeiro, outrora considerado o mais nobre, um pomar plantado

[75] Prática ancestral de mascar as folhas do *qât*, planta alucinógena (*Catha Edulis*) oriunda da África Oriental, e mais tarde difundida no Iêmen.

de árvores frutíferas, evoca um jardim do paraíso, lugar de recreio e de encontros, e seu nome demonstra influência persa. O segundo é o jardim de hortaliças, o jardim-horta, uma das sólidas bases alimentares da cidade. Aos poucos descobri que nos dias de hoje a distinção não tem mais tanto valor, pois todos os jardins, quando não estão abandonados, também produzem legumes. Mas os termos definem uma diferença jurídica: os *basâtîn* são jardins particulares, e os *maqâsim* são bens *waqf*, propriedades inalienáveis, de mão-morta, cujo usufruto é legado a fim de manter as obras sociais da mesquita vizinha ao qual são ligados. A cidade tem cerca de 20% de seu território cobertos por estes adoráveis jardins, que em geral são guardados por um casal mais velho. Ao visitá-los muitas vezes encontrei as mulheres vestidas com *sitâras*[76] coloridas, cuidando alegremente de suas belas vagens, alhos-porós, imensos rabanetes, *qushni* (rábanos brancos), algumas verduras bem crocantes, e tomates da melhor qualidade, além de excelentes ervas, principalmente coentro, manjericão e hortelã, muito usados na *hilbeh*. Nos *basâtîn* eram belas as figueiras, romãzeiras, ameixeiras, pessegueiros, e uma série de outras árvores frutíferas que recentemente passaram a participar da flora iemenita. As jujubeiras e as árvores resinosas permanecem na região dos *wadi*, nas vizinhanças dos desertos, já os aloés, as árvores sangue-de-dragão e outras que o mundo ocidental considera como bastante exóticas são endêmicas da ilha de Socotorá.

Passando o atalho da horta, cheguei novamente à região dos diversos *sûq-s* que formam o grande *sûq* da velha cidade, e se estiram da Bab El-Yemen ao sul até a Bab Shu'ab ao norte. São 1.500 instituições entre lojas e ateliês divididos em 40 diferentes especialidades, diferentes e especializados *sûq-s* e oficinas.

[76] *Sitâra* roupas com motivos vermelhos e azuis, de modelo turco, originária dos tempos da incursão otomana no Iêmen, é reservada às mulheres mais idosas, viúvas ou procedentes de meios mais populares.

A maior parte das lojas não excede alguns metros quadrados. O corporativismo ali é muito marcante, cada uma das ruelas tem a sua especialidade e cada profissão se transmite de pai para filho. Um interessante livro de Franck Mermier[77] descreve sua organização perfeita, pois o autor, antigo diretor do centro francês de estudos iemenitas de Sana'a, pôde observar com muito cuidado, consultar documentos antigos, e assim expor os menores detalhes sobre o seu funcionamento e sua legislação. O controle ali é feito pelos sheiks, um diurno e um noturno, este o famoso "sheik da noite", que controla toda a segurança noturna. Tudo é regulamentado, desde a chegada das mercadorias, seu recebimento e estocagem para a venda, até a responsabilidade dos artesãos, a qualidade do material que pode ser trabalhado por cada um e o funcionamento do comércio. Esta ação tem um resultado bem visível, pois faz o visitante comprador se sentir profundamente seguro.

Naquela tarde, em primeiro lugar percorremos o mercado do grão, limitado por alguns antigos caravançarás, chamados *samsâra,* cujos vastos pátios ainda são utilizados para armazenar as mercadorias, e as dependências servem para hospedagem. Mais na frente, as barracas de especiarias, enfeitadas com suas pencas de *bisbâs,* pimentos do tipo *capsicum*, solanáceas principalmente vermelhas e pontudas, tanto secas como frescas, que se misturavam como se fosse para um *masala*,[78] com o perfume dos grãos de pimenta-negra e de cominho, das verdes vagens dos cardamomo, das lascas de canela e dos cheirosos cravos-da-índia.

Logo após encontramos as barracas mágicas dos arômatas: belos pedaços de mirra e de olíbano, citrinos escuros e leitosos. Também essas mesmas resinas em pedaços pequenos, todas exalando um cheiro magnífico, acompanhado com o de resina de benjoim, e dos bem-

[77] Mermier, Franck: *Le Cheick de la nuit: Sana'a organization des souks et société citadine,* publicado com apoio do CNRS, Sindbad — Actes Sud, Arles, 1999.
[78] Mistura de especiarias, chamada popularmente de *curry.*

guardados pedaços de madeira de sândalo e de *'ûd*, importados de mais longe. Grandes cestas de pétalas e miúdos botões de rosa exalavam um perfume sublime de recordação persa. Mulheres magras, elegantes e bem escuras de Aden, de Taez e da Tihana, envoltas em panos coloridos com índigo, cúrcuma e garancina, vendiam suas caixinhas de *bukhûr*, o delicioso perfume sólido que as mulheres criam com suas mãos mágicas. Mais ao fundo os têxteis decoravam a cena. Uma profusão de lamês fazia suas intromissões de ouro e prata ao se juntarem à miríade de tons das sedas, veludos, musselinas e cotonárias cujas nuances abrangiam todos os vermelhos, amarelos, azuis e verdes.

Para os visitantes da noite as mercadorias sobressaíam ainda mais, valorizadas por centenas de pequenas lâmpadas acendidas a partir do primeiro sinal do crepúsculo. Ao contrário de qualquer outro dos muitos mercados da minha vida, ali ninguém me solicitou, nem me atacou com palavras insistentes. Mesmo quando voltei sozinha diversas vezes, os mercadores se dirigiam a mim apenas com sorrisos, balanços laterais de cabeça, convites para provar alguma delícia ou sentir um perfume.

Uma das mulheres perfumistas de Taez se aproximou e me mostrou uma pequena caixa azul-escuro. Ao abrir, senti um perfume diferente, mas adorável. Até hoje, muito tempo depois, ainda tenho este *bukhûr* perfumado que me faz voar em pensamentos para aquele *sûq* maravilhoso.

Mais tarde pude ver com detalhes a confecção de um desses perfumes e anotar sua receita, mas sei que os que eu fabrico na cozinha de minha casa não têm a alma do da caixinha azul do velho mercado de Sana'a, nem daqueles que mais tarde, no sul, assisti às mágicas da fabricação.

Prosseguindo meu passeio por aquele *sûq* das mil e uma surpresas, cheguei ao lugar de confecção das adagas, o *sûq* Al-Janabi. Além do som dos martelos batalhando furiosamente sobre as lâminas avermelhadas pelo fogo nas numerosas oficinas de ferreiros, mais distante se ouvia o barulho mais surdo dos instrumentos de polimento. Depois o som abaixou quando nos aproximamos das tendas da confraria dos artesãos ornamentadores. Ali se esculpiam a prata, o chifre de vaca ou de rinoceronte (este infelizmente importado em contrabando do Chifre da África), para compor as mangas e as luvas das *jambiyas*. Algumas destas armas consagradas pelos iemenitas são avaliadas em vários milhares de dólares.

Continuei meu caminho até o *sûq* dos fabricantes de *mada'i,* os narguilês de vidro e de metal indispensáveis ao conforto nas tardes e noites dos que mastigam o *qât*. Finalmente chegamos ao *sûq* Al-fidda, o dos joalheiros, onde encontrei um grupo de senhoras italianas, que me tiraram de um tempo remoto para o tempo presente. Ali eram fabricadas e vendidas algumas das mais bonitas jóias tradicionais de toda a península arábica. A herança dos judeus joalheiros continuava a produzir frutos; nunca vi jóias filigranadas tão belas como as iemenitas daquele *sûq*.

Destes tesouros de joalheria trouxe comigo apenas um colar de prata com ambarino: O colar da Malika Bilqîs, tentou me explicar o artesão, mostrando outros *labîb*, com pedras azuis e bolas de prata. Tudo que era belo era de Bilqîs, tudo que era antigo era considerado como do tempo em que Bilqîs encantou Suleyman, explicou-me o joalheiro. Aliás, eu ouvi sempre esta frase nos meus dias iemenitas. Não apenas em relação às jóias, mas a tudo que parecia com os tesouros que alguns esperam ser retirados das cavernas de Aladim.

O *sûq* do *qât* estava quase vazio, era o clímax da hora do consumo. A "bolsa do *qât*" tinha operado bem naquele dia, disse-me Ali torcendo o rosto numa careta. Os mercadores juntam o dinheiro para viajar durante a noite para os lugares de produção a fim de comprar a partida da erva a ser vendida no dia seguinte. Uma vida muito dura, mas de bom lucro. Na época as mulheres não podiam comprar a erva, as que queriam mascá-la tinham que contar com a boa vontade de seus maridos e irmãos. Os homens se reuniam nos *mafraj* para a *maqyal*, as mulheres preferiam se reunir com as parentas e as amigas, para grandes conversas que incluíam planos de casamento dos filhos, troca de receitas de comida, receitas especiais para embelezamento, incluindo a confecção de perfumes, e também em certas famílias as sessões de música e literatura, principalmente de poesia. O convívio naquela cidade antiga era e ainda é uma realidade.

Já era tarde e Ali devia voltar para casa. Fizera suas preces, mas a do cair da noite tinha que ser feita em companhia do pai. Despediu-se com um sorriso agradecendo os *ryals* que recebeu. Fiz questão de mostrar que não era uma gorjeta e sim o pagamento de um bom trabalho.

— *Maas Salama gharîb F'rnanda* — disse ele.

— *Maas salama 'Ali* — respondi.

Subi para o terraço desta vez do Dar Talha para um *qishr*. Enquanto sorvia meu último gole da bebida perfumada envolvida nos sons e nas fumaças de incenso que subiam das diversas casas, uma curiosa sensação de vôo me despertou todos os sentidos.

As vozes dos *muezin* vinham das muitas mesquitas e se projetavam aos quatro ventos, chamando para a oração do entardecer. *Allah Akbar*... Allah é grande...

A cidade se estendia em sua beleza e as primeiras luzes se acendiam.

Creio nunca ter vivido um momento mais intenso e espiritual.

"É preciso ver Sana'a, mesmo se a viagem for longa", diz o antigo provérbio que é sempre repetido por aqueles que ali foram...

As herdeiras da Rainha Bilqîs

Layla gostaria de ter sido chamada Bilqîs como sua mãe, e este foi o nome que usou entre os colegas na universidade inglesa em que estudou. Como sua mãe tinha o nome da Rainha de Sabah, de acordo com a tradição árabe ela se chamava Layla-bint-Bilqîs, isto é, Layla filha de Bilqîs.

Eu já a conhecia muito de nome, por meio de minha grande amiga Gaura, que fora sua colega e amiga na universidade inglesa. Ali ela tinha estudado sociologia e Gaura, filosofia. Depois disso, ainda se viram muitas vezes, pois o Iêmen e a Índia não são muito distantes e o trabalho das duas muitas vezes se enlaçou. Graças a essa amizade, que me foi de certo modo afetuosamente remetida, tive uma companhia magnífica em Sana'a que me permitiu não apenas olhar, mas ver e conhecer certas particularidades do país.

No segundo dia em Sana'a ela foi me buscar bem cedo no hotel para visitar a Sana'a extramuros. Costeamos a pé um dos lados da muralha até chegarmos a Maydan at-Taghir, onde de um lado fica o Museu Nacional, do outro os dois bairros de marcação étnica estrangeira, o judeu e o turco, e nas proximidades a *medina jadid,* a cidade moderna. Nesta, as edificações mesmo sem o charme da cidade antiga, de certa forma respeitam o estilo arquitetômico tradicional, esforço relativamente raro nas grandes cidades em expansão e que deve ser anotado e aplaudido. As únicas partes animadas desta área se situam na avenida Abd Al Moghni e nas cercanias da Maydan at-Taghir, isto é, nas vizinhanças da grande praça. Lá estão lojas e hotéis modernos, bem como certa atividade noturna, sendo que as lojas ali fecham bem tarde, quase às 11 da noite.

O antigo bairro judaico se estende para oeste da Maydan e da velha cidade, pelo eixo da rua Gamal Abdel Nasser, em direção a um lugar curiosamente chamado Al Qa'a. Anteriormente, uma grande parte dos judeus vivia intramuros, onde prosperavam no fabrico de jóias de prata. A história iemenita conta que em 1679, um rumor de chegada do Messias na Palestina os fez vender todos os bens para voltar à Terra Santa. Chegados à Moka, porto de embarque, souberam que o rumor era falso e retornaram arruinados a Sana'a. Uma outra história, porém, conta que o imam quis simplesmente se desembaraçar dos judeus, que aos seus olhos se tinham tornado demasiadamente poderosos, e os enviou à Mawza, perto de Moka. Com isso Sana'a perdeu um elevado número de excelentes artesãos. As duas histórias me foram contadas por judeus iemenitas, que também afirmaram que não pretendem deixar Sana'a, nos próximos mil anos!

Na volta do sul, isto é, de Mawza ou de Moka, o sucessor do imam atribuiu a eles um novo bairro na atual rua Gamal, mas lhes proibiu de construir casas de mais de quatro andares para não rivalizar com as construções iemenitas. Assim, a criação de belas jóias continuou a prosperar até que em 1949, Israel, tendo solicitado acordo do Iêmen, organizou a partida de um grande número deles para o Estado hebreu.

Entretanto, alguns preferiram continuar no Iêmen, permanecendo principalmente em Aden, nas terras ao norte, e outros em Sana'a. A rua Gamal Abdel Nasser hoje tem lojas de luxo, onde se encontra o que há de mais moderno em aparelhos de som, fotografia e eletrodomésticos, além de vestuários ocidentais e perfumes franceses. Suas lojas também ficam abertas até tarde da noite. Foi lá que consegui o suprimento que precisei para a máquina fotográfica digital e para o meu laptop.

Prossegui com Layla para o bairro turco, situado no oeste da cidade antiga, que anteriormente era delimitado por um muro. Este bairro data da primeira ocupação otomana (1538-1635). Aproveitamos para ver o magnífico muxarabe na rua 26 de Setembro, entre a praça at-Tahrir e a avenida Az Zubayri, perto de uma loja com uma vitrine mostrando pequenos *baklavas* e bem dobradas esfihas, e uma outra loja vendendo instrumentos musicais, onde um mestre sufi experimentava uma flauta.

A idéia de Layla de que visitássemos logo o museu me permitiu um produtivo repasse na história,[79] e o conhecimento de certos objetos testemunho das culturas da região que nunca tinham saído do país.

Deixando a praça, andamos menos de cem metros para o norte, e depois da mesquita e da torre telecom, encontramos o museu. Já eram 11 horas da manhã, mas ainda tínhamos duas horas pela frente antes de fecharem para o almoço. Este antigo palácio do vice-rei de Sana'a contém peças arqueológicas, oriundas dos sítios ligados aos reinos caravaneiros e aos períodos anteriores e posteriores, além de uma parte etnográfica que descreve diferentes particularismos do país, maquetas de habitações, objetos usuais, música e vestuário.

O prédio imponente, situado na Ali Abdul Mogni, recebe o visitante com um impacto, pois logo no rés-do-chão estão as estátuas originais dos antigos reis encontradas em al-Hada, no Dhamar, região próxima de Taez. Prossegue a exposição com os magníficos bronzes do templo

[79] V. Cronologia nos anexos.

de Awwân em Ma'rib, belas estelas funerárias com gravações simbólicas e escritas, o altar com inscrições do templo de Almaqah, também em Ma'rib, e os diversos achados arqueológicos dos reinos pré-islâmicos de Sabah, Qatabân, Ma'in e Himiar. Estão também expostos alguns relevos e figuras de alabastro, contudo muitas das incríveis figuras femininas de alabastro, entre as quais a que é conhecida como Maryan, não estão ali. Guardam-nas entre outros uma coleção privada em Paris, museus alemães e ingleses, e a mais famosa delas, a Maryan, que os norte-americanos chamam de Myriam, está exposta na sede da American Foundation for Study of Man, na pequena cidade norte-americana Church Falls.

Como sempre, as expedições arqueológicas de certos países retiram o patrimônio de seus lugares de origem, comentou Layla, no que eu concordei, contando que tinha visto belas peças de alabastro em Paris, em 1997, numa importante exposição realizada pelo Instituto do Mundo Árabe, e mais recentemente em Turim, também apresentadas com imenso desvelo e de forma magistral, no Palazzo Bricherazio. Mas infelizmente, mesmo assim, elas ficam longe dos olhos dos descendentes dos criadores desses objetos-testemunho, acrescentei.

Continuamos visitando a exposição que se desdobrava em outros andares apresentando cerâmicas, cobres, tecidos, outras inscrições sobre pedra, e também livros do início do Islã. No último andar estavam os costumes e tradições: objetos de artesanato, roupas tradicionais dos homens e mulheres e a representação de suas festas, cerimônias e reuniões dentro das casas, além de detalhes sobre os ofícios. Ao longe era ouvido o som das músicas iemenitas de suas diversas regiões.

Era grande o número de mulheres entre os visitantes, a maioria com filhos, muito poucas com o véu cobrindo o rosto, mas todas com os cabelos cobertos. Tanto as mulheres como as meninas, ainda que bem pequenas, tinham os olhos sempre sublinhados pela fórmula de antimônio usada para protegê-los. Crianças pequenas e até bebês de olhos pintados não eram novidade para mim. Além de tê-las visto na véspera na cidade antiga, nos últimos 40 anos as via sempre, tanto no Egito, como na Índia, no Nepal e em muitos países do Oriente Médio. O que me chamou muita atenção foram as mulheres jovens e esguias com belíssimos *sharshafs* negros da cabeça até os pés, mas com o rosto inteiramente à mostra. Esta vestimenta originária do Irã chegou ao Iêmen há cerca de 50 anos, e geralmente é coberta com uma capa preta, a *abaya*.

— Em geral, as mulheres são um dos pólos de observação privilegiados pelos estrangeiros, não só os turistas, mas mesmo aqueles que vêm aqui com propósitos científicos — disse Layla, ao ver meu olhar curioso.

— Creio que esta curiosidade se deve ao fato de os homens ocidentais ainda hoje continuarem fascinados por um vago conhecimento do gineceu das famílias principescas turcas — respondi.

Continuei dizendo que, na minha observação, para grande parte dos homens ocidentais o conceito de harém ainda é alimentado por um imaginário erótico que freqüentemente é um obstáculo para um conhecimento objetivo. Esta experiência tenho sempre que volto do Oriente, principalmente devido ao questionamento sobre o assunto que recebo de colegas, alguns deles homens de cultura e viajantes experimentados. No entanto, o que vejo é que a nova proposta feminina no mundo árabo-muçulmano de hoje difere e alija este tipo de alusão que a meu ver demonstra um conhecimento vulgar.

Layla, parecendo aliviada com a minha opinião, complementou dizendo que nos dias de hoje é muito raro que um homem iemenita mantenha um harém mesmo que tenha mais de uma esposa legítima ao mesmo tempo, como a lei corânica autoriza. Aqui, são cada vez mais numerosos os casais monogâmicos, e são muitas as mulheres que deixam o andar que outrora lhes era reservado nas casas para ir trabalhar fora. Vejo minhas colegas que trabalham na universidade. A maior parte delas podia ficar em casa, mas optaram por um trabalho fora, sem esquecer as obrigações domésticas.

— As tarefas domésticas não deixaram de ser exclusivas? Os maridos as ajudam?

— Em muito poucos casos. Talvez para isto ainda seja cedo. Falta maior maturidade. Mas existe certa liberdade que está sendo instalada, sobretudo para as mulheres originárias de Aden ou pertencendo à burguesia de Sana'a. A maior parte já sai nas tardes geralmente com uma amiga para sessões de música e poesia, e até mesmo de *qât* e de danças improvisadas. Minha mãe na *medina gadine,* isto é, na cidade antiga, organiza umas reuniões de música e poesia em sua casa, e o número de mulheres que participam é cada vez maior.

Minha curiosidade ancorou no uso de véus, quando atravessávamos novamente a praça e nos sentamos no Waddah, um restaurante escondido entre lojas de fotocópias, e com um entorno bem barulhento. Mas valeu a pena, pois lá dentro a acolhida foi calorosa, a comida deliciosa e a ausência do barulho permitiu que voltássemos ao assunto sobre os véus.

— Este hábito de usar véus no rosto não faz parte das tradições iemenitas e de modo algum são ditados pela lei. Hoje ele é uma ilustração do endurecimento religioso. É preciso saber que o primeiro véu deste tipo apareceu no Iêmen no século XVII, quando da colonização otomana, e as iemenitas mais ricas quiseram imitar as belas turcas. Aqui, no Iêmen, antes dos anos 1960, só as mulheres das grandes cidades se cobriam. No campo elas sempre usaram trajes coloridos e jóias, além de viver e trabalhar com os homens com muita naturalidade. No sul, e particularmente em Aden, devido à colonização britânica, as mulheres eram bem mais livres e, até 1990, as saias podiam ser muito curtas. Hoje, no entanto, para numerosas mulheres jovens o véu negro que dissimula todo o rosto, o *Makhmukh*, pode ser interpretado como símbolo da sua fé, o que eu prefiro não colocar em questão; porém, muitas vezes ele é imposto por certos homens que foram trabalhar na Arábia Saudita, e ao voltar querem que suas mulheres sigam os costumes de lá. Neste caso eu fico muito zangada.

O assunto era fascinante, e gostei quando ela prosseguiu dizendo que em Aden, Taiz, na Tihama e no Djebel Saber, as mulheres não são em geral ocultadas. Layla continuou tocando em sua colega, a socióloga Fatema Mernissi,[80] da qual sou grande admiradora.

— Minha colega marroquina em seu livro sobre as mulheres chefes de Estado do Islã tem um capítulo chamado as *Petites reines de Sabah,* no qual ela analisa as diversas mulheres que chefiaram Estados, principalmente na Arábia do Sul, seguindo os caminhos lendários ou não de Bilqîs, a sua, aliás, nossa, bem-amada Rainha de Sabah. Fatema sugere que embora esta rainha fosse do tempo da *Jahilyia*, isto é, dos tempos anteriores à conversão ao Islã, muitas antigas dirigentes dos estados sudarábicos se consideravam verdadeiras rainhas de Sabah.

— Como assim?

— Na linha da Rainha de Sabah, a Bilqîs como nós iemenitas a interpretamos. Uma mulher bela, forte, inteligente e amorosa, como foi o caso de Asma bint Chihab ac-Çulayhiya, que como comprovam os historiadores, quando o marido assumiu o governo, freqüentou os conselhos de Estado ao lado dele *la tastiru Wajhaha,* isto é, com o rosto descoberto, e o marido a fez assumir o governo junto com ele.

Layla citou ainda Malika Urwa bint Ahmad aç-Çulayhiya também verdadeira chefe de Estado, e que ambas tiveram a *khotba* (o sermão) lembrando seus nomes nas mesquitas do país e levaram o título real: "As-Sayida al Hurra", ou seja, a "Senhora livre" ou "nobre a senhora livre independente".[81]

[80] Mernissi, Fatema, *Sulltanes oubliés, femmes chef d'Etat en Islam,* Albin Michel, Paris 1990. p. 191-218.
[81] Mernissi, Fatema: op.cit. p.192.

Eu queria saber ainda mais sobre as pequenas Bilqîs como eu chamava as mulheres iemenitas, e continuei perguntando e Layla respondendo, creio que contente de poder contar a verdade sobre as mulheres de seu país num tempo em que os véus parecem causar medo no Ocidente.

— A constituição do Iêmen reunificado atribuiu os mesmos direitos políticos para os dois sexos: direito de voto e de serem eleitos. São numerosas as mulheres que votam desde as eleições legislativas de abril de 1993, várias delas também foram candidatas nas fileiras do Partido Socialista Iemenita e do Partido Modernista do Congresso. Algumas foram eleitas como membros do Parlamento, e trabalharam muito bem.

— Mas como os homens daqui aceitaram estas inovações?

— Os historiadores iemenitas e mesmo os homens das ruas afirmam sem embaraço que o país já teve mulheres como principais dirigentes. Talvez a superioridade feminina nos cultos e nas religiões antigas do nosso povo ou a lembrança da Rainha de Sabah facilite esta aceitação, daí temos uma relação mais fácil entre homens e mulheres, desconhecida em alguns países muçulmanos.

"No entanto, se é fácil responder a todas as suas perguntas, para outras muitas vezes não é, pois o estrangeiro, quem quer que ele seja, precisa ser conveniente e vigilante quando aborda o estatuto das mulheres no Iêmen; nunca deve demonstrar um julgamento *a priori*. Uma abordagem saudável, como você está fazendo, é a fonte de uma reflexão enriquecedora.

"Infelizmente, muitos jornalistas ocidentais ou mesmo turistas deixam o país com suas cabeças cheias de pré-julgamentos, confundindo a realidade com a aparência, não hesitando em qualificar certas tradições como medievais, baseados em pequenos detalhes que ainda precisam ser corrigidos. A sociedade iemenita hoje conhece um período de transição decisivo para as mulheres, pois são confrontadas com dois movimentos contraditórios: a liberalização política efetuada pelo Estado, que lhes atribui numerosos direitos, e que é amparada por certas figuras da história e pela força das tradições milenares, e a das tradições principalmente dos países vizinhos reforçadas pela subida do fundamentalismo, que as fecha na esfera privada. É o momento de usar as oportunidades que oferece a democratização para se imporem inteiramente como cidadãs.

"Desculpe a minha empolgação, mas este assunto me interessa e acho ótimo que possamos trocar idéias com espontaneidade. Amanhã você conhecerá algumas mulheres iemenitas na casa de minha mãe, que mandou convidá-la para a sua *tufrutah*, e todos esperamos que você aceite."

Tufrutah, *uma reunião de mulheres*

Uma *tufrutah* tem lugar à tarde, na hora em que os homens voltam para casa para o *magyal*, sua sessão de *qât* cuja participação é privativa ao sexo masculino. Da mesma forma, as mulheres têm as suas próprias reuniões — as já mencionadas *tufrutah*, nas suas casas, reunindo amigas para celebrações, conversas divertidas, conselhos e inúmeras trocas de informação. Muitas vezes os noivados são decididos ali, novos conhecimentos são aprendidos, além de distribuição de receitas de tudo que se pode imaginar, desde comida, aos cuidados de beleza e às superstições, sendo que as melhores *tufrutah* geralmente incorporam uma apresentação de música.

Ambas as reuniões são obrigatoriamente restritas apenas a um sexo, tanto o *magyal* como a *tufrutah,* e tanto uma como a outra são práticas sociais importantíssimas nas cidades iemenitas, e embora possam ser realizadas na mesma casa, nas mesmas horas do dia, os lugares precisam ser inteiramente diferenciados.

Quando uma *gharîb*, como foi o meu caso, é convidada para estas reuniões, que visam um convívio entre as mulheres da comunidade, além das trocas de informação e celebrações, muitas vezes é prevista uma audição musical, incorporada a uma declamação de poesias, na mais pura tradição local. As reuniões são extensas, caminham pela tarde, porém, ao contrário das *magyal*, a obrigação com a família impõe um horário para terminar.

Bilqîs me recebeu com um largo sorriso e me apresentou Aycha, sua outra filha, botânica, especializada em resinas e atares, sua nora Amina, além de amigas da vizinhança, algumas delas escapadas do escritório para a reunião, outras apenas mães de família. Interessadas em ouvir Amina recitar poesias cantadas acompanhada dos sons de alaúde, estavam também curiosas para conhecer uma mulher que tinha vindo de muito, muito longe. Era a primeira vez que viam não apenas uma brasileira, mas também uma pessoa da América do Sul, mas senti que a curiosidade avançava pelo interesse que eu tinha sobre o dia-a-dia delas ali em Sana'a tão longe do meu país. Daí a conversa ter começado com muitas perguntas, a minha agenda sendo tirada da bolsa e um pequeno mapa-múndi em que eu mostrava o Rio de Janeiro, na imensidão do Brasil, e o Brasil em relação ao mundo, ter passado de mão em mão.

A princípio elas pensavam que eu era francesa ou italiana, pois nas casas iemenitas era freqüente ter convidadas da França e da Itália, países muito interessados na cultura local, e altamente participativos, instalando centros de estudo, enviando pesquisadores e muitos turistas. Logo perceberam que eu era *nasrani*, isto é, nazarena ou cristã, um nome que também pode englobar os ocidentais estrangeiros. Descobri no fundo da bolsa um cartão com uma vista do Rio, ainda bem que sem as famosas garotas de Ipanema, que estarreceriam e na certa colocariam caraminholas naquelas mulheres vestidas até os pés com suas *zannah* de diversas cores, mas que ao sair certamente se cobririam com suas capas negras.

Foram servidas bebidas quentes, chá de ervas, um delicioso *qishr*, de escolhidas cascas de grãos de café habilmente temperado com um pouco de cardamomos, além de bebidas gasosas feitas localmente com frutas e soda. Grandes travessas prateadas continham muitos *dâmûl,* um pequeno bolo seco, e certa quantidade de pastelaria (*halawiyyât*), que foram provados com grande alegria, juntamente com verdes pistaches e sementes de abóbora torradas.

Terminada a comilança, injustamente assim chamada, pois as mulheres foram bem parcimoniosas, chegou a vez do incenso preparado por Aycha. O *bhûr,* que saía da incensadeira em fumaças espiraladas e tinha delicioso aroma, deixando escapar nuances de olíbano, mirra, benjoim e rosas, era passado de uma mulher para a outra para que as nuvens perfumadas envolvessem as belas *massarat*, e dessas echarpes chegassem aos cabelos.

— São nossas riquezas do sul — disse Aycha —, o olíbano veio do Hadramawt quase fronteira do Dhofar, a mirra, apesar da produção aqui ser muito boa, esta eu trouxe de minha recente estada na Somália, e o benjoim, que em sua origem veio do sudeste asiático, hoje buscamos no Chifre da África, bem mais perto para nós.

— E as rosas — perguntou Bilqîs olhando para mim. — De onde você pensa que são?

Resolvi arriscar:

— De Taez, não?

Ela aquiesceu, e me convenceu a tomar um avião e dar um pulo em Taez. Seria minha chance de também conhecer Aden e Moka, e ver as maravilhosas plantações de rosas que ocupam as terras mais elevadas nas vizinhanças de Taez, entre *al-Hada* e *al-Shafa*.

No mês de abril, a região parece um tapete de rosas de uma única espécie — a damascena *trigintipetala*, que possui um aroma esplendoroso. Elas são processadas para produzir o atar de rosa, a água de rosas e muitos botões e pétalas, que além de suprir o país são exportadas em grande quantidade para Mecca.

Mesmo não sendo abril, nos meus dias em Taez percebi que o perfume não desaparece, pois de forma mais sutil, a produção de atares também perfuma a região dos roseirais.

As perguntas sobre como viviam as mulheres no meu país foram muitas, algumas delas mais pessoais, mas todas num convívio alegre. Depois me passaram amuletos para uma boa viagem de retorno a Sana'a com minha família inteira. O assunto da posição da mulher iemenita foi tratado de forma aberta e construtiva. A linha de pensamento que a maior parte demonstrava ter era sadia como a de Layla.

Amina se levantou e tomando em suas mãos o alaúde começou a tocar e cantar. O Iêmen possui uma forma de poesia cantada que, embora seja praticada e provada em diversas regiões do país, é chamada geralmente "canto de Sana'a" (*ghinâ'san'ânî*); e, de fato, foi de Sana'a que ela se irradiou e foi ali que durante os últimos séculos adquiriu a forma que hoje se conhece.

— Porém se sabe que estes cantos na verdade mergulham suas raízes em todo o Iêmen — me explicou Amina depois de embevecer a todos com sua linda voz, exprimindo estes cantos.

Numa segunda parte, ela cantou um *humaynî,* o tipo de música que há 400 anos surgiu na região das Terras Altas. Enquanto o canto de Sana'a contemporâneo se dedica mais à poesia amorosa da competência do *ghazal,* o *humaynî* pode tratar também de temas satíricos ou religiosos como explicou Layla.

Ao bisbilhotar o assunto, na minha volta li "que para apreciar melhor a poesia *humaynî*, o leitor ocidental moderno deve quebrar seus hábitos, por ser este tipo de poesia uma opção inteiramente diferente daquela com que são interpretados os poetas ocidentais conhecidos desde sua infância". Percebi então a sorte que tive em conhecê-lo no Iêmen, pois este tipo de poesia não é feito para ser lido, é melhor ser ouvido recitado e principalmente cantado. Sendo uma arte que exige, sobretudo, uma execução vocal, própria para ser integrada numa música onde concorrem diferentes instrumentos entre eles o alaúde, considerei que Amina teve uma brilhante performance, pois conseguiu fazer sua apresentação apenas com o acompanhamento do alaúde.

Antes de minha partida do Iêmen, uma outra ocasião se apresentou e pude conhecer o belo canto poético de um desses poetas muito antigos, Mohamed ben Sharaf al-Dîn, e também um poema cantado em árabe clássico de acordo com o estilo de Sana'a, igualmente acompanhado por alaúde, tendo como tema o amor, o *Raka Taruban*. Neste o cantor descreve a beleza do ser que ele ama, simbolizado por um pássaro.

Para terminar a reunião, Amina cantou: "Tu és como a Lua, todos a vêem, mas ninguém a pode tocar...".

Já estava na hora de partir. Umm Bilqîs me convidou a voltar para conhecer com detalhes a casa, ver as comidas sendo feitas, aprender a fazê-las além de também conhecer os preparados de beleza da Rainha de Sabah, que como ela disse sorrindo "sua filha Aycha era mestra em saber".

A casa — da bayt à tarha

A arquitetura do Iêmen fascina tanto pela forma de suas construções, como pela variedade dos materiais utilizados, sempre com profundo entrosamento em relação ao meio ambiente de cada uma de suas regiões. Esta conjugação de fatores fez nascer estilos diferenciados, que associados ao gênio dos construtores iemenitas deram ao país construções extraordinárias, únicas no mundo. Ainda menina, ouvia meu pai, arquiteto, falar da genialidade árabe e principalmente iemenita tanto no urbanismo, como na composição e construção arquitetônica, que permitem a agregação harmônica de cada casa num todo — o bairro, a cidade.

Atualmente, três cidades iemenitas foram classificadas pela Unesco como Patrimônio Cultural da Humanidade: Sana'a, Shibam e Zebid.

Em Sana'a as casas-torre chegam às vezes a nove andares, com sua base de pedras basálticas, superada por tijolos decorados com estuque branco. As janelas anteriormente obstruídas por placas de alabastro opacas, que deixavam passar um mínimo de luz, desde o início do século estão sendo substituídas por *gamarîya-s* com vitrais coloridos, que trazem para a noite uma visão feérica. Nas montanhas, as casas são construídas apenas com pedras; graças às muitas proezas dos construtores, suas localizações, freqüentemente no flanco dos penhascos, impressionam. Tomando um mínimo lugar do solo, estas casas proporcionam uma maior superfície cultivável em regiões onde só as culturas de terraços são possíveis. A posição estratégica das aldeias sobre os picos rochosos também proporciona segurança aos seus habitantes, e juntamente com a solidez das construções forma um refúgio ideal.

Ao norte, onde se estende a grande planície aluvial, a terra substitui a pedra. A técnica de construção é específica, com casas construídas em faixas de terra devidamente preparadas e sobrepostas ligeiramente em declive para seu escoamento, como também em Zabur, no Jawf, onde são utilizadas vergas de diferentes cores em redor das janelas e da porta da entrada. Já no Hadramawt, a principal técnica usada é a taipa, um amálgama de barro e palha com uma estrutura de madeira, que foi muito usada no Brasil nos tempos coloniais. Shibam é a jóia deste estilo de construção, com suas janelas de madeira esculpida e seus muros coloridos.

Uma das surpresas que tive foi encontrar na Tihama choças arredondadas de palha e barro, similares às casas do País do Ponto, representadas no grande mural egípcio de *Deir el-Bahari*. No entanto, mais ao norte, nesta mesma planície, Zebid faz exceção com sua arquitetura de tijolos embranquecidos, única no país.

As casas-torre, a grande paixão dos urbanistas e dos visitantes estrangeiros, qualquer que seja a região e a técnica usada, têm interior basicamente subdividido da mesma forma.

O rés-do-chão abriga animais, forragem e instrumentos utilitários, seguido dos andares superiores que abrigam o vestíbulo e o *dîwân*, o espaço feminino, o espaço dos homens, a grande cozinha, e ao chegar ao andar mais alto o *mafraj*, a sala de convívio masculina onde os homens e seus convidados mastigam o *qât*.

É difícil comparar a beleza e julgar cada uma dessas moradias, pois a inclusão ambiental faz todas inesquecíveis, mas mesmo assim é preciso reconhecer que o grande estímulo vem de Sana'a: a cidade mágica, em que o meio ambiente harmônico faz com que tudo funcione como uma boa orquestração.

Tentando interpretar a medina desta cidade, escalando os diferentes graus da sua intimidade urbana, percebi que de suas portas até o mercado é o lugar de abertura para o mundo exterior, e também o da atividade individual primordial de seus habitantes, a venda e a compra de mercadorias. Entre o final do mercado e o bairro residencial, sobretudo através da produção e estocagem de bens, são tecidas as relações de parentesco e de vizinhança. Finalmente o bairro residencial é o lugar onde a vida privada se torna densa.

A paisagem e a luz que banha Sana'a, sua estrutura e decoração, os modos de vida da comunidade local e daqueles que a povoam se fundiram num cadinho de elevada carga simbólica. Ali emerge um sentimento de profunda coerência entre o espaço urbano e a unidade moral que o protege, fundada sobre a honra, a dignidade e o necessário recurso ao divino, como real proteção da residência.

Dentro da análise do espaço urbano, social e administrativo, a identidade que constitui o bairro, incluindo a casa, é receptadora. Os dois tipos de jardins urbanos desempenham um papel essencial na estruturação do espaço da cidade. Para delimitar a definição de "bairro" em Sana'a, se faz necessário incluir sua estrutura, sua composição e a importância das relações de vizinhança, as quais são sempre governadas por práticas sociais que o costume tornou obrigatórias. Fazendo parte destas práticas, as sessões de *qât*, as *tufrutah-s*, a ajuda entre si dos moradores, a troca de visitas, o comportamento ético entre vizinhos, enfim todas as regras a serem respeitadas quanto ao comportamento dos moradores, e das construções, que tecem a cidade como uma oposição ao mundo exterior.

Não é colocada em dúvida, sendo aceita por todos, a grande importância do papel que têm os notáveis na gestão do bairro e da urbe, pois em ambos eles contribuem atentamente para o bem-estar e equilíbrio entre as diversas famílias, provocando um bom entrosamento entre as diversas comunidades.

Quando cruzei o limiar da primeira casa que visitei atentamente, a de Umm Bilqîs, seu percurso interior tomou o aspecto de uma subida iniciadora. Do rés-do-chão para cima, da sombra para a luz, partindo da vida fundamental, animal, sexual, digestiva, à vida intelectual, espiritual e social. Esta passagem da natureza para a cultura culmina no *mafraj*, a peça de recepção situada no cume da residência, lugar essencial da sociabilidade e urbanidade.[82]

Após a *higra*, o vestíbulo, o *dîwân* é um lugar de recepção utilizado por homens e mulheres para celebrações familiares. Continuando a subida encontrei andares com pequenos quartos usados pelas mulheres e crianças, e a *dayma*, uma grande cozinha onde a família almoça junto ao grande *tannûr*, o forno cilíndrico de cerâmica imprescindível mesmo com a possível existência e uso de um fogão a gás, moderno e com seu próprio forno.

Ligados à casa estão todos os aspectos de sua história, não apenas sua arquitetura, mas também seu espaço-jardim, a relação da casa com a cidade, com seus moradores, e o estudo do bairro, e dentro dela a distribuição e as funções dos diferentes espaços.[83]

Quando voltei da *tufrutah* na casa de Bilqîs imaginei como seria exatamente o espaço interior daquela casa. Na segunda vez que fui lá, al-

[82] De acordo com Paul Bonnenfant in "Hiérarchie et symbolique de la demeure", Paul Bonnenfant (ed.), *Sana'a, Architecture domestique et société*, CNRS Éditions, Paris, 1995 (lançado em 1996), 583 p.
[83] Visão concordante com a de Paul Bonnenfant, na op.cit.

guns dias depois, ao sair passei horas reconstituindo com detalhes o itinerário que fiz ao visitá-la, sentindo os limites, materializados ou não, e a hierarquia simbólica instaurada no exterior e no interior, além de uma densa observação da periferia e dos núcleos principais daquela *bayt,* uma casa ancestral. Vi a dicotomia de seus espaços masculinos e femininos, das peças da vida social e das de recesso para a intimidade familiar, além dos lugares reservados a cada um dentro dessas peças, e por último os seus limiares, pois nessas casas o ato de penetrar faz parte de um ritual.

Como seria o trabalho daquela e de outras donas-de-casa? Quais teriam sido as transformações no espaço provocadas por detalhes tais como o abandono e a troca dos antigos elementos auxiliares do trabalho? Pias *versus* bacias, interferência de novos fogões e fornos, outros tipos de móveis, caçarolas e panelas. Quais as mudanças que se processaram na mentalidade de seus moradores produzidas por estas alterações? E o que aconteceu com os objetos, testemunhas de épocas passadas?

Prestando atenção, percebi que o almofariz e o pilão tradicionalmente imprescindíveis para bater as especiarias, o antigo moinho de café, assim como a antiga bacia, a *sâhil,* conservavam seu lugar, porém um moinho mais moderno e ágil e uma bacia mais alta e inoxidável com encanamentos metálicos ali também estavam como opção. O uso da *ma'ida,* uma mesa de cerca de meio *dirâ* de altura, isto é, 33cm, e de tamboretes, provavelmente substituíram a toalha estirada no chão, onde eram colocados os pratos de comida, o que tornava obrigatório o sentar de pernas cruzadas. Outros diferenciais visíveis eram a possível troca da lenha pelo gás engarrafado, bem como a presença de lâmpadas para iluminação. Dando mais atenção, vi penduradas a grande peneira para passar a farinha e a *mahbaza*, o suporte geralmente de vime que ajuda a colocar a massa redonda do *khubz* no *tannûr.* Estes ainda não tinham substitutos.

Mudanças provocadas por equipamentos através dos tempos na utilização do espaço são visíveis também em uma série de outros elementos. Entre eles as atitudes corporais, a adaptação das vestimentas, além das novas atividades possibilitadas pela reorganização do tempo doméstico, como a recomposição das formas de sociabilidade, e uma maior individualização da vida. Entre os exemplos do uso deste tempo adquirido está a maior duração de uma *tufrutah,* a disponibilidade para aprendizagem de um instrumento musical, a freqüência a uma nova atividade, enfim um tempo que pode ser usado para um melhor descanso e o enriquecimento cultural.

Segundo Layla tudo que foi modificado também enriqueceu o léxico relativo à habitação, sobrepondo um vocabulário recente ao antigo, tornando obrigatório orientar as crianças no conhecimento dos novos sem esquecer os nomes e deixar de reconhecer os antigos equipamentos. Um modo de prestigiar os *'adât* isto é, os ancestrais, usos e costumes dos antepassados.

Em função do clima, certos lugares desde longa data já tinham ambivalência em seu uso, como os quartos de dormir que buscavam os espaços mais frescos no verão e mais quentes no inverno. Com a modificação da vida, muitos desses locais passaram a ter outros destinos, definitivos ou sazonais, em virtude de um maior movimento na dinâmica contemporânea do habitar. Até o próprio *mafraj*, no verão, muitas vezes assume o quarto do casal, porque o *makân garbî* onde eles dormem no inverno fica muito quente.

A *bayt* iemenita, geralmente a casa da família estendida, se exalta tanto em sua verticalidade e em suas decorações que me deslumbraram desde que as vi pela primeira vez numa reprodução ambiental de Sana'a realizada em Londres, em 1975.[84] Apesar de tê-las perseguido sempre, através de fotos e filmes, vê-las pessoalmente em toda a sua dimensão

[84] *City of Sana'a, nomad and city exhibition,* Museum of Mankind, Department of Ethnography of the British Museum, Word of Islam Festival, 1975.

apagou e substituiu as imagens antigas que eu julgava inesquecíveis. Foi um encantamento descobrir, quase dedilhando as belas incrustações dos muros, paredes e janelas. Motivos florais ali representados evocam e chamam a fertilidade das mulheres e dos campos, enquanto as serpentes, os chifres contorcidos, os polígonos estrelados e as "clavículas de Salomão", que conjuram as calamidades naturais e os maus espíritos, estão ali para afastar os invejosos e proteger a *bayt* e seus moradores do mau olhado.

Tudo faz crer que o desenvolvimento vertical das casas sudarábicas remonta à Antigüidade, porém, seguindo técnicas de construção variadas. As escavações arqueológicas mostram que as fundações já eram de pedra, enquanto os andares eram montados em tijolo ou madeiras, sendo estas hoje raras. Influências da comunicação com o exterior integraram novos materiais de construção, que juntamente com as necessidades diferenciadas nascidas no fio da história resultaram numa pluralidade de modelos que se harmonizam nessas casas em que se procura decifrar a antiguidade através de diversos critérios. Muitas vezes as inscrições esculpidas sobre pedra, madeira, ou no branco *qadâd,* me fizeram analisar cuidadosamente suas formas para poder entender seu conteúdo. As frases geralmente relacionam o nome de Allah à proteção da casa, são bênçãos e fórmulas de hospitalidade, além do elogio ao dono da casa. Sua data de construção às vezes é codificada numa linguagem que se poderia chamar de esotérica.

O sociólogo Paul Bonnenfant, um dos maiores estudiosos sobre as casas de Sana'a,[85] usa quatro temas para classificar estas figuras decorativas: "a glorificação do dono da casa, a exaltação da vida, a defesa simbólica da casa e sua sagração". Estes motivos são apresentados de modo bastante funcional no seu papel contra a conspiração do mal, em que a

85 "Hiérarchie et symbolique de la demeure", Paul Bonnenfant, (ed.), *Sana'a, Architecture domestique et société,* CNRS Editions, Paris, 1995 (lançado em 1996), 583 p.

serpente aparece como talismã contra os relâmpagos ou as serpentes vivas, sem que nenhum significado cosmológico mais abstrato as liberte."[86] No entanto, em todo o simbolismo que vi representado, encontrei muitos significados ligados às crenças e ao universo do pensamento pré-islâmicos, alguns deles reinterpretados no domínio do esoterismo muçulmano.

"Um outro tipo de moradia é a *tarha*, uma individualização do habitat, que modifica intensamente o conceito da *bayt,* isto é, da casa familiar, parcelando a família cósmica, a isolando da habitação familiar conjunta, e a trocando pela família nuclear, apta para morar num espaço mais reduzido. Nesta, a participação de múltiplas gerações é substituída pela da família imediata, pai, mãe e filhos".[87]

Layla, pouco depois do nascimento do seu filho, optou por uma *tarha*, para que ela e o marido pudessem ser mais assíduos em suas obrigações acadêmicas se liberando das responsabilidades de uma casa maior. Esta escolha permitiu uma atenção mais pessoal na educação dos filhos, e também evitou constrangimentos e coações que seus horários e necessários contatos com especialistas estrangeiros trariam, por mais harmônica que fosse a relação com a grande constelação familiar. Um dos problemas que encontrou, segundo ela própria me disse, foi privar as crianças de um benéfico contato com os avós. "Mas isso foi resolvido com uma maior assiduidade nas visitas, e a possibilidade de hospedagem das crianças nas pequenas férias como minha sogra propôs", explicou ela.

A casa que eles haviam morado ainda recém-casados era uma propriedade comum de uma dezena de membros da família do marido. Embora o casal e seu filho tivessem seus aposentos privativos, havia sempre participação conjunta nas refeições, nos tempos de lazer, além

[86] Ainda Paul Bonnenfant, em sua proposta.
[87] Cf. Paul Bonnenfant.

de certas intromissões comuns a um convívio diário. Além disso, sendo a mais antiga das noras, recebia uma grande sobrecarga de problemas familiares. Foi analisando tudo isso que ela e o marido compraram um terreno na periferia e construíram uma casa com as mesmas paredes grossas das casas tradicionais, colocaram um *tannûr* cilíndrico de cerâmica, de herança ancestral, que mesmo acompanhado de um fogão moderno a gás seria sempre imprescindível. Instalaram também certas facilidades como água encanada, chuveiro e outras regalias dos banheiros e cozinhas atuais. Se a sala de estar, isto é, o *dîwân*, da nova residência inovou absorvendo a grande biblioteca do casal, seus almofadões e tapetes e a aparência geral da casa, interna e externamente, não deixaram de atender esteticamente à tradição local.

Depois de visitar a *tarha* de Layla, seu jardim e seu bairro, voltei à cidade murada. Rever às vezes é mais importante do que ver. Pude olhar detalhadamente seus menores recantos, desta vez, como repetiria outras vezes, inteiramente só, remexendo impressões, verdades, sonhos e pensamentos. Breve eu voltaria à casa de Umm Bîlquis, que me convidara para no dia seguinte participar da confecção de um *ghada*, e conversar sobre as comidas da Rainha de Sabah.

Das comidas

Ibn Rustah, viajante persa do século X que conheceu bem a Arábia, foi um dos primeiros a descrever a cidade de Sana'a:

> *É uma cidade que não se encontra nem nas montanhas, nem na Tihama ou no Hijaz uma que seja maior, mais populosa ou mais próspera, de origem mais nobre ou que tenha uma comida mais deliciosa do que a dela... Sana'a é uma cidade populosa com belas habitações, umas sobre as outras, e a maior parte entre elas é decorada de estuque, tijolos queimados e pedras elaboradas.*[88]

Entretanto, nos dias de hoje, o Iêmen, incluindo a capital Sana'a, não é considerado um país de grande tradição gastronômica. Sua comida é simples, saborosa, e tem uma característica admirável: seus habitantes são geralmente saudáveis, magros e cheios de energia. Mulheres peque-

88 *Ibn Rustah, Kitâb al-A'lâk an-Nafîsa*, ed. M. J. De Goeje, Bibliotheca Geographorum Arabicorum [BGA], Leiden, E.J. Brill, 1892.

ninas e esguias no modelo geralmente atribuído à figura de Bilqîs, a Rainha de Sabah, homens também esguios e bem proporcionados, que podem facilmente usar os largos cintos tradicionais com suas *jambiyas* neles atravessadas.

Fica então a pergunta:

Como será que neste país as pessoas conservam esta figura sempre leve e harmônica? Será a influência alimentar de suas hortas e pomares? Ou damos o mérito ao uso intensivo do feno-grego, que impede uma série de doenças, inclusive a obesidade e a diabete?

Será que tem influência a alimentação sadia com seus pães cotidianos de bons e puros cereais, suas carnes bem-cuidadas, ambos geralmente assados nos fornos cilíndricos, encapados de alvenaria, os *tannûr*, que dali até à Índia são responsáveis pelos melhores cozimentos?

E os bons e bem escolhidos vegetais produzidos pelas hortas e pomares regidos pelas mesquitas, terão eles participação?

Como na Turquia e em outros países muçulmanos, ali também as populações menos favorecidas têm sempre um apoio alimentar, decorrente da atuação religiosa. No Iêmen, através de doações específicas, as mesquitas controlam os *maqsama* que produzem legumes e frutas para abastecer as mesas populares dos seus bairros.

Varei o país de um lado a outro, montanhas, planícies costeiras ou não, grandes e pequenos *wadis*, além dos desertos e do Jawf, e sempre tive boas surpresas ao buscar a alimentação local, encontrando por toda parte a *hilbeh*, preparada com feno-grego, prato imprescindível para os iemenitas.

O café-da-manhã tradicional é composto de favas e ovos, *qishr* e um macio *khubz*. Tanto os hotéis maiores como os *funduqs* atendem os hóspedes estrangeiros também com geléias, o excelente mel local, diversos pães, e as *bint as sahan*, crepes cobertos com mel. Mas esta não é a tradição do país!

Levei apenas dois dias para me acostumar com a idéia das favas e ovos, já calejada por uma missão na América Central onde foi preciso mais tempo para me habituar com *los plátanos com frijoles*,[89] às cinco horas da manhã, antes de começar a trabalhar. Mas, mesmo assim, seguidamente burlei as favas e comi apenas os *bēd* (ovos) com um *khubz* bem quentinho e um pouco do queijo branco local. Layla e diversas outras pessoas que conheci me contaram que há muito tempo tinham feito a mesma escolha, abandonando as "favas do amanhecer", os grandes feijões verdes muito amados também no Egito, onde o prato mais popular é o *foul medames*, de favas temperadas com especiarias.

Tanto em Sana'a como no interior a principal refeição do dia é aquela do meio-dia, *al-ġadâ,* que geralmente comporta duas qualidades de pão à base de farinha de trigo e de farinha de cevada, *malûž bērr* e *malûž šayr*, a imprescindível *hilbeh*, o molho feito com feno-grego, vegetais cozidos e o caldo de carne — *marag*. A estas comidas às vezes se juntam outros tipos de pães, guisados de legumes (*tabîh*) e pratos mais elaborados que integram as farinhas (*dagîg, tahîn*) com *ṣamn* (manteiga clarificada similar à *ghee* indiana), os *bēd* e o *asal* (mel).

Na casa de Bilqîs a preparação do almoço se faz na *dayma*, a cozinha maior, onde foi instalada uma boa pia de água corrente, e onde está o grande *tannûr*, e a maior parte dos utensílios. Ali também está o novo fogão a gás engarrafado, cuja disseminação na velha medina, por ser de fácil combustão, é motivo de preocupação para os que prezam a conservação da cidade. Layla me explicou que naquela casa apenas sua mãe o usa, e assim mesmo com atenção, pois sendo a casa bastante antiga e preciosa, como o são muitas outras casas das proximidades, juntas formam um bloco residencial de grande beleza na cidade agregada ao patrimônio universal.

Logo que cheguei vi que Bilqîs iniciava a segunda sessão diária para preparar o *khubz*, amassando uma farinha muito branca e cantarolando baixinho. Os *luhuh*, panquecas macias feitas de farinha de painço ou

[89] Bananas com feijões.

sorgo fermentado, absorvidas da cozinha da África Oriental, estavam a cargo de Amina, que os assaria também para o almoço, mas usando uma placa quente.

Mais tarde, nas aldeias, vi fazerem com grande destreza um outro pão, o *ma'louf*, que leva três farinhas na mistura: sorgo, painço e trigo. A massa deste pão se torna pesada, tendo que ser bem socada e receber um pouquinho de feno-grego antes de ir ao forno. Seu tamanho varia, podendo ter 20, 40 e até 80cm de diâmetro, dependendo do número de candidatos a comê-lo e da dimensão do *tannûr* que o assará. Já o *jahin*, um pão de tamanho comum, feito de painço ou/e sorgo, é mais compacto e espesso, e seu gosto é mais forte. Nas aldeias o vi sendo comido no café-da-manhã mergulhado no leite ou no iogurte.

Estes são apenas alguns dos pães comuns nas casas iemenitas, além disso, ainda existem muitos outros feitos das mais diversas farinhas, algumas delas de legumes.

Quando os *luhuh* ficaram prontos, Amina colocou um em um prato fundo, cobriu de coalhada, aromatizou com menta picada e me deu para provar ainda quente. A aparência era de um mingau, em que o iogurte fresco e o geladinho da menta em cima da massa quente davam uma gostosa sensação. Por falar em mingau, o uso deles é sempre uma das minhas muitas curiosidades. Entretanto, no Iêmen só os encontrei na zona rural, onde conheci o *harich*,[90] feito com água e sêmola de cereais pré-cozidos e quebrados como o *bulghur*, e a *'asida*, um mingau de farinha de trigo, no qual se faz um buraco no centro que é preenchido com *ṣamn* ou com mel.

A composição do menu quotidiano se modifica em função das estações e do clima. *Fi-l-bard,* o inverno, remete mais aos guisados e sopas, enquanto *Fi-l-hama*, o verão, apela para os pratos *bawardi*, isto é, frescos. Entre esses a *zahāwig*, uma mistura de *tamādī* (tomates) picados com

[90] Similar à harissa turca e algeriana.

ervas como *kibdara* e *na'na'ah*, coentro e menta, temperados com *tûah* e milho, alho e sal, e um pouco de *hawāyīž*.

Umm Bilqîs abriu uma das mãos mostrando um punhado de cheirosas pimentas-negras, e na outra o cominho, pois ela ia usar ambos na mistura de especiarias.[91] Desde que eu comi esta salada pela primeira vez, passei a querê-la sempre, não só na Arábia, mas também em minha casa no Rio, onde ela está sempre na mesa do almoço, depois dos tomates pelados e sem sementes serem deixados durante algum tempo "dialogando a sós com" o coentro, antes de receber os outros componentes.

Abobrinhas, berinjelas, juntamente com rábano branco, rabanetes e alho-poró, são muito usados sozinhos ou acompanhado da insubstituível *hilbeh*. No verão, entre os laticínios, estão o leite ou o iogurte líquido, *laban*, e também os *luhuh* banhados em leite e polvilhados com menta e especiarias, além do *muhallabī*, o pudim de creme de arroz com cardamomos e pedaços de canela, possivelmente de influência turca. Mas o grande mestre é sempre o *khubz* que acompanhado da *hilbeh* atravessa o ano como senhor absoluto, elemento estável em todos os menus.

O molho de feno-grego também pode temperar a *saltah*, o ragu de carne com legumes e arroz, que se torna ainda melhor quando coroado com sua espuma quente, enquanto que, ao ser preparado com vinagre, sal e açúcar, passa a ter o nome de *hilbeh haminah* e é comido frio com rábano branco no final das refeições.

Ponha o feno-grego moído, *yibillihā*, me disse Bilqîs naquele dia quando eu quis aprender a fazer a *hilbeh*. Completando, ela estalou os dedos como se dissesse há muito tempo, e prosseguiu fazendo um sinal de três ou quatro. Percebi que ela queria dizer que os grãos precisam ficar de molho durante três ou quatro horas.

91 O *hawayîz*.

Yidribhâ bi-i-yadd, com um novo sinal ela tomou a tigela e a vi começar a bater o feno-grego com firmeza até formar uma espuma branca. Tem que ser batido com muita arte para não amargar, me segredou Layla. Nas festas e solenidades são chamadas mulheres experientes para bater por ser necessário uma grande quantidade.

Contando as maravilhas atribuídas à *hilbeh*, estão o alívio no desempenho do corpo e o auxílio à digestão, além de dar força, uma sensação de conforto e tornar a pele sedosa. Os iemenitas carinhosamente consideram o molho de feno-grego como mulher e o chamam de *al-umm al-daninah al-hanûm,* mãe cuidadosa e afetuosa.

Quando Bilqîs acabava de bater e a espuma estava grossa e da cor do mar, vi que ela tinha acrescentado ervas, principalmente coentro, daí a *hilbeh,* além de muito cheirosa, ter tomado o belo tom de verde.

Quanto à *saltah*, vi sendo feita de carne de cordeiro com legumes, e depois envolvida com a espuma de feno-grego. Este prato só não é o último a ser servido na refeição, se tiver um prato de carne, geralmente um assado, ou grelhado, sobretudo de boi, carneiro ou galinha. Um dos melhores é o *shawayuh*, um bife grelhado e temperado com *hawayil*.

Entre as misturas para tempero, o *hawayil* junta pimentas-negras e/ou cominho, sementes de alcaravia, poucos estigmas de açafrão, grãozinhos de cardamomo, e um pouco de curcuma em pó; enquanto no *zhug*, tomates sem peles encontram cravos-da-índia, pimenta-negra, pimenta-de-caiena, cardamomo, sementes de coentro e sal, alguns esmagados, mas todos misturados. Ambas as misturas temperam lindamente muitos pratos. Mas uma *hilbeh* com *zhug* será sempre lembrada.

No meio dessas comidas não pode faltar o *fatuch* iemenita, feito com ovos mexidos e *khubz* picado, uma boa *shoubra,* a sopa de carne com legumes aparentada das *çorbas* de influência otomana, servida bem quentinha, as salada de ovos, de feijões, de berinjelas, as falafel também de receita iemenita, e o guisado de lentilhas, só para citar algumas outras.

Mas de todas as comidas, a que eu mais tenho saudades é do *moukbassa*, um peixe (*samak*) grande, do tipo dourada, aberto ao meio e assado no *tannûr*, servido na companhia de uma *zahāwig* bem fresca e temperada e de dois *khubz* bem quentinhos. Apesar de ser uma especialidade da Tihama, a planície costeira, este peixe pode ser encontrado fresco por todo o país, e eu ainda diria, sobretudo em Sana'a. Um amigo que trabalhou durante muito tempo no Djibuti, do lado africano do mar Vermelho, me contou que freqüentava quase diariamente um dos três restaurantes locais cuja especialidade era o *moukbassa,* o *Sabah*, o *Sept frères* e o *Chez Yussuf Mukbassa*, onde o dono e o peixe se confundiam até no nome.

Quanto às *lahm* (carnes) de diversas qualidades, vitela, carneiro, cordeiro ou cabrito, podem ser cozidas, assadas, mas principalmente grelhadas, como também o *dajaj*, ou *dažaž*, um delicioso frango de criação caseira. O uso do arroz veio com os persas e os turcos, e hoje é comum principalmente nos restaurantes. Para os tradicionalistas o obrigatório, o eterno acompanhamento, é sempre o *khubz*.

Nas cidades maiores e nos portos principais vi mercados ricos em frutos, e pequenas mercearias bem sortidas, entre outras coisas com suculentos iogurtes, grãos de todas as qualidades, e até latas de leite condensado, esperando que um estrangeiro as tirasse das prateleiras. Nas aldeias a agricultura de subsistência e os mercados semanais resolvem o abastecimento. Estes lembram muito as feiras livres do Brasil, pois os vendedores alegremente se faziam conhecidos quando me reencontravam durante seu rodízio de aldeias.

Apesar de grandes produtores e exportadores de café, o consumo iemenita do *qahwa* da maneira como é tomado no ocidente não é muito corrente. O que eles gostam é da insubstituível decocção da cascas dos seus grãos, o tão citado *qishr*. A hospitalidade iemenita geralmente é manifestada através do chá, sua bebida tradicional, preto ou verde, perfumado de cardamomo, de cravos-da-índia e de canela, e raramente com folhas de hortelã, muito mais usada como tempero. O chá em saquinho é oferecido em muitos lugares, sendo apelidado de *libtun*, que apesar de ser uma corruptela do inglês Lipton pode indicar qualquer marca. Para sossego dos grupos turísticos, as águas minerais existentes, como a Shamlan e a Hadda, são vendidas em garrafas plásticas em todo o território, mesmo nas aldeias mais remotas. Também são de muito boa qualidade os sumos de frutos frescos vendidos em muitas esquinas das cidades maiores, principalmente os de uvas, limões verdes, mangas, cenouras, mamões e, o mais recente deles, o inesquecível sumo de morangos, que eu provei em primeiro lugar no Taj Sheba de Sana'a. As plantações de morangos incrementadas pelo reaproveitamento das canalizações antigas em Omã e no Iêmen conseguiram muito bom resultado. Os estrangeiros ao chegarem não imaginam que se podem encontrar estes saborosos sucos de fruta tão perto do deserto.

Continuando com os líquidos, as bebidas gasosas açucaradas, estilo Pepsi ou Coca-cola, são disponíveis, como em todas as partes do mundo, mesmo nas aldeias mais isoladas. Apesar de as uvas e os cereais serem da melhor qualidade, não existem bebidas alcoólicas em venda livre, sendo excluídas mesmo dos grandes hotéis de bandeira internacional. Para os bebedores incondicionais, parece existir um pequeno tráfego que cidadãos cuidadosos poderão indicar, contanto que haja muita discrição! Em contrapartida, a cerveja sem álcool é muito usada e de excelente qualidade.

Nas minhas andanças de um lado para o outro provei também a comida das casas de pasto, inclusive das aldeias, que apesar de seu aspecto muito rústico servem um alimento de muito boa qualidade. Como em todos os países muçulmanos, mesmo na menor das aldeias, a carne consumida deve provir de um animal que foi morto, estrangulado, no mesmo dia, e tratada de modo limpo e cuidadoso, seguindo exatamente a tradição islâmica. Os legumes geralmente são frescos e de boa qualidade, e o pão sempre caprichado.

Numa dessas casas de pasto em Taez, fui surpreendida com o convite para que, enquanto esperava o meu prato, compartilhasse o prato com uma cliente já servida. Minha sorte foi que eu tinha lido que esta é uma das tradições locais de hospitalidade. Apesar de estar comendo com os dedos, seguindo o costume local, minha anfitriã rapidamente mandou buscar talheres para mim. Achei que não seria gentil, e antes que fossem buscá-los agradeci muito e graças a antigos aprendizados comi satisfeita com os dedos da mão direita.

Os *funduqs* têm uma cozinha mais familiar do que a dos hotéis e restaurantes maiores. Uma refeição ali me custava em média o equivalente a 3 euros nos dias de hoje, nas casas de pasto no máximo 1 ou 2. Segundo amigos iemenitas, e outros que lá estiveram recentemente, os preços quase não mudaram. Custava muito mais apelar para os restaurantes estrangeiros que existiam em Sana'a e Taez, onde os preços eram bem maiores, e o sabor bem menor. O mesmo aconteceu com as pequenas lanchonetes com pizzas e hamburgers, que estavam começando a se espalhar. Passei ao largo de todos eles, salvo de um restaurante etíope na Tihana que me mostrou que a verdadeira comida das adeptas da Rainha Makeda não é tão ruim como a que comi faz muitos anos num sofisticado restaurante de Washington D.C. Quanto à *fast food*, espero que ela nunca seja adotada pelas esguias iemenitas!

Penso muito se em sua origem a culinária do Iêmen de hoje não teria sido marcada pela cozinha dos grandes e importantes reinos de outrora, principalmente Sabah, Ma'in e Himiar. De certo modo, a cozinha iemenita é diferente da culinária árabe da região sírio-palestina e da do Magreb, que conta com grande influência berbere. Fica claro também que o uso de cardamomo, coriandro, cominho, cúrcuma e outras especiarias marca fortemente as ligações que eles sempre tiveram com a rota asiática das especiarias que aportava no Hadramawt. Depois da descoberta da América do Norte diversos chiles ou pimentos, provavelmente trazidos pelos portugueses, também se tornaram imprescindíveis. Recentemente a cozinha iemenita passou a influenciar cada vez mais a cozinha israelense, através de sua poderosa intervenção nos restaurantes, principalmente de Tel Aviv e Jerusalém, alternando com as centro-européias e de outras partes do mundo.

Viajando, tenho observado como através da comida são estabelecidas relações. Seja entre os homens e mulheres, seja entre as mulheres e outras mulheres. Ela se transformou numa linguagem entre as pessoas: os homens se relacionam com sua própria mulher através da comida que ele provê, e ela faz, e que juntos a consomem, provocando as mais diferentes reações de alegria, conforto, desconforto e aborrecimento. Uma relação longa e em etapas.

Nesta viagem, informações sobre a expansão da figura da Rainha de Sabah foram obtidas através da comida, não só na casa de Umm Bilqîs, e em outras casas em que fui convidada, mas também nos *funduqs*, hotéis, restaurantes e nas casas de pasto que freqüentei. Acrescentaria ainda a contribuição que veio das feiras semanais das pequenas aldeias. Trata-se de uma relação sempre harmônica em que você aprende e ensina as muito queridas pequenas coisas que constroem a vida.

Memórias de um casamento

No dia seguinte ao que tentei aprender a fazer as comidas, estava passeando com Layla pelas ruas da medina quando ela me mostrou um rapaz frágil, de rosto sombrio e barba nascente, e contou que ele tinha 18 anos e ia se casar em breve, no dia de Arafat.

— Seu casamento será um dos mais belos a serem realizados até o próximo Ramadan, pois ele é filho de um sheik, um grande chefe tribal do norte do Iêmen, e vai se casar com sua prima, filha do seu tio materno, que também é meu tio. Gostaria muito que você me acompanhasse a esta cerimônia, uma boa experiência para conhecer os mais diversos *adat*[92] de nosso país.

Meu olhar duvidoso deve tê-la feito continuar:

— Para as cerimônias que devem durar cerca de oito dias, virão os montanheses do norte, os dançarinos e cantores de Sana'a, e você verá não apenas muitas danças, mas principalmente o ritual.

92 Tradição, costume.

— O que é o dia de Arafat?

— Um dia durante a festa da peregrinação escolhido para esta cerimônia, pois sendo sagrado traz muita sorte para a união. Ele é também consagrado ao ato de impedir que alguma coisa continue, desde que se pronuncie a solicitação através de uma prece.

Aos poucos Layla me contou outros detalhes sobre o casamento.

— Fuad, este é o nome do noivo, encontrou Selma na escola primária, e nunca esqueceu o seu rosto. Depois, não pôde mais nem vê-la nem falar-lhe, pois a família do meu tio segue a velha tradição que impõe uma estrita separação entre a vida dos homens e a das mulheres; e as moças devem se esconder dos homens estranhos à família. Conhecê-los então, seria um pecado! Para o casamento poder ser realizado, os noivos oficialmente nunca devem ter-se visto.

— Como então foi resolvido o casamento? Eles se encontraram escondido?

— Quando ela andava na rua, com a cabeça inteiramente coberta por um véu, Fuad a reconhecia no primeiro olhar. Mas nunca se aproximou. Queria se casar com ela a todo custo, e os chefes das duas famílias estavam de acordo. Isso foi a grande sorte que tiveram.

Fiquei pensando como Umm Bilqîs tão aberta, tão moderna, tinha um irmão e uma cunhada tão arcaicos em seus costumes. Layla me explicou que seu tio sempre criticou seus pais por mandar os filhos estudarem fora, e também pela modernidade que estes ao voltarem assumiram em todos os seus atos.

Voltando ao casamento, as duas famílias acertaram o noivado depois que o montante do dote foi fixado. Este é um modo de provar que o noivo pode sustentar a família que vai constituir, continuou Layla. Mesmo com o encantamento entre um casal como este, que vai realizar um casamento por amor, este *'adat* tem que ser respeitado. Para selar o acordo, Fuad deve ter oferecido à noiva uma aliança e um bracelete de ouro. A família dele terá que prover não apenas a soma relativa ao dote em espécie, além do enxoval da noiva, presentes para a mãe e para o tio materno, e o *mahr*, a parte do dote que ficará para a noiva, geralmente estabelecido em jóias. Desta vez a festa do casamento será dada pelo pai do noivo, pois sendo ele filho único, o sheik quis aproveitar a ocasião para reunir sua tribo.

Enquanto esperava o dia do casamento a noiva viveu em reclusão, e os noivos não se encontraram. Uma semana antes do casamento, Fuad enviou a *hijba*, uma caixa contendo sabonetes, óleos aromáticos, ricos estojos para *khôl*, o mágico *sihri* verde que ao contato com os lábios se torna rosa, pedaços de açúcar, olíbano e mirra, além de pétalas de rosa.

Tudo isso eu soube não só por Layla, mas por outras mulheres da família que me faziam conhecer cada vez melhor os costumes do país. Porém o que me fazia muito curiosa era a noite da hena (*hinna),* a véspera do casamento na casa da noiva. E isto eu jamais teria coragem de pedir para assistir. Porém, Umm Bilqîs foi me buscar no meu novo hotel, perto de sua casa, e me levou para ver a parte final da toilete da noiva, sua sobrinha.

Encontrei Selma, com os pés mantidos no ar para fazer secar a hena. Não falava muito, e guardava um rosto impassível enquanto uma dezena de mulheres rodavam a sua volta. Ela tinha apenas 15 anos, estava perto de finalmente se casar com Fuad, que ela conhecia da escola, e que tinha visto na rua, várias vezes, através do seu véu. Desde menina ela tinha um grande amor por aquele primo, personagem das conversas secretas com as amigas há muito tempo.

Das outras dependências daquela *bayt*, saíam mais mulheres, de todas as idades, sendo que as mais velhas tinham no pescoço pesados colares de coral e prata, outras colares de prata e âmbar, e algumas até tinham colocado os dois juntos, para trazer sorte ao casamento. Entre as mais jovens algumas usavam roupas mais modernas, "estilo de Aden e Taez", me segredou Layla ao chegar, fazendo um muxoxo.

A cena era impressionante, Selma esperava com paciência que sua preparadora, a *muzzayyina,* continuasse a arrumá-la, como já fazia desde a véspera quando a tinha lavado, depilado, massageado com óleos aromáticos, e a incensado usando mirra, olíbano e *styrax*. Depois havia colocado hena na sola dos seus pés e nas palmas das suas mãos. Naquele momento começava a sessão de desenhar os símbolos de boa sorte com uma substância negra, o *khudab.* Assistida pela *muzzayyina,* uma especialista no assunto habilmente ornava os braços, antebraços e tornozelos da noiva com flores e arabescos. Uma música suave servia de fundo, e algumas amigas da noiva faziam passos de danças benfazejas.

O casamento prometia novas surpresas, mas para mim seria difícil tirar os oito dias previstos como duração da cerimônia, pois estava quase na hora de minha partida para o leste e o sul. Perguntei se eu poderia ir por menos tempo assistir apenas a uma ou duas partes do ritual. Layla aquiesceu, dizendo que eu poderia ir e voltar quando quisesse, pois a cerimônia seria nas vizinhanças de Sana'a, e as estradas, ditas chinesas por terem sido feitas com a ajuda da China, são excelentes.

E assim lá fui eu com Layla e Aycha muito lindas, vestidas com suas belas roupas bordadas de prata.

Partindo de Sana'a, deixamos o anel rodoviário nas vizinhanças da faculdade de medicina e continuamos em linha direta até chegarmos à Wadi Dhar, parando na estrada apenas um minuto para ver do alto a paisagem que já definia o lugar do casamento. Descemos para o *wadi*, giramos à direita, e passando na vizinhança do antigo palácio do Imam, o Dar Al Hajjar (palácios do Rochedo), uma proeza arquitetônica dos anos 1930, prosseguimos até a residência do pai do noivo, um palácio no estilo norte-iemenita.

A festa durou oito dias. Membros de tribos, líderes, políticos, embaixadores e muitas famílias da sociedade iemenita chegaram de diversos pontos do país. No meio da multidão, eles esqueceram a política, intrigas e conspirações, inteiramente tomados pelo espetáculo da festa, envolvidos pelos cantos, pela batida dos tambores, pelas rajadas ensurdecedoras das metralhadoras e de outras armas de repetição, uma demonstração de alegria para saudar os noivos, carregando o casamento de *baraka*, ou seja, os votos de muita sorte.

De madrugada o pátio do palácio tinha recebido uma centena de carneiros conduzidos pelos homens das tribos, para serem estrangulados dentro dos preceitos religiosos, e depois assados para a festa daquele dia. Algumas horas depois eles começariam a ser servidos aos milhares de convivas em gigantescas bandejas prateadas, acompanhadas de outras menores com um arroz muito branco formando uma montanha, além de pilhas de cheirosos *khubz,* muitas saladas de tomate com coentro, grandes jarras de um *hilbeh* muito verde e cestas de frutas secas e cruas.

O pátio, já sem os carneiros, recebeu uma multidão de montanheses, com seus fuzis no ombro, portando na cintura sua adaga em forma de jota, atravessada no *hizâm*, que num dado momento descarregaram suas armas. Durante dez minutos, foi um crepitar intenso, vi os cartuchos vazios voando e o pátio ficar enfumaçado.

Os empregados trouxeram para o pódio já armado uma poltrona dourada, de estilo barroco, coberta de tecido adamascado carmesim, onde Fuad tomou lugar para receber as homenagens dos *qabili* de sua tribo. Entre estes homens de rostos queimados, barba cerrada e aspecto rude, o jovem noivo contrastava com sua palidez citadina, seu ralo bigode e seu olhar sonhador. Durante toda a duração desta cerimônia, ele projetou sua timidez num rosto impassível, no qual raramente surgiu um leve sorriso, pois a tradição faz com que não deixe transparecer nenhuma emoção. Tudo isto me explicou Layla, depois que o som dos fuzis seguido pelo concerto dos tambores e das flautas parou. Ali não precisavam de fogos, pois tanto os kalachnikovs como os antigos fuzis e metralhadoras produziam forte sonoridade.

Alguns homens tiraram suas *jambiyas* e começam a dançar a *ba'ra* brandindo as lâminas acima da sua cabeça. Os *sayyd-s* se aproximaram com suas *dhumas* na cintura, muitas delas com cabo de filigrana de ouro e de prata. Neste momento no alto dos degraus surgiu o sheik, cuja figura imponente dominou a multidão ruidosa.

Aquele era o seu feudo, aqueles homens seus guerreiros, e as pessoas de Sana'a e de outras regiões e também os membros do governo, da sociedade e estrangeiros estavam ali para o cumprimentar. Esta foi a impressão que ele me passou naquele instante.

Apesar de toda esta pompa ele parecia extremamente simpático, sorrindo, desestressado, magnífico, com um grande casaco preto bordado de fios de ouro, jogado nas costas de uma veste branca, tendo na cintura a *dhuma* mais fabulosa que eu já vi. Seu cabo de ouro finamente cinzelado era incrustado de pérolas azuladas, uma admirável obra de ourivesaria.

Quando da chegada do sheik, os montanheses se ajoelharam, levantaram as mãos, para a saudação respeitosa. O engraçado é que pouco depois, apartados daquele espírito solene, eles iniciaram uma discussão animada, a festa foi esquecida, o grande chefe estava ali, e eles aproveitaram para lhe apresentar os litígios que poderiam ser resolvidos pelo julgamento do soberano. Esse "tribunal de pequenas causas" durou por toda manhã até o almoço.

Estava chegando a hora do *qât,* que seria ofertado a todos pelo sheik. Os homens foram encaminhados para um salão com amplas janelas dando para um grande jardim. Descalçando-se à entrada, eles se sentaram nas almofadas ao redor da sala, guardaram seus fuzis e suas metralhadoras em ganchos existentes nas paredes, enquanto os empregados traziam os narguilés e as bandejas com folhas de *qât*.

Enquanto eles consumiam a erva todas as portas foram fechadas, isolando a sala inteiramente. Fiquei imaginando a quantidade que estava sendo consumida, e cheguei à seguinte conta: uma boa dose de *qât* nas ruas de Sana'a custa cerca de meio euro, podendo chegar até a um pouco mais dependendo do dia e hora. O sheik deve ter gasto naquele dia cerca de seis mil euros para satisfazer seus convidados. No final da *mangyal*, quando Fuad a suspendeu, o chão estava repleto de folhas despencadas dos ramos.

A noite caía quando ele partiu ao encontro do *qadi,* o juiz, para assinar o contrato de casamento. Fiquei surpresa ao saber que a noiva fora representada por um homem, mas Layla explicou que o noivo ainda não poderia vê-la. Logo depois ele se dirigiu para a mesquita para a oração da noite.

Foi próximo das oito horas da noite que Selma chegou com seu pai e as mulheres da família, entre elas Umm Bilqîs, num belo traje violeta bordado de prata. Sua figura esguia, seu rosto moço para a idade contrastavam com seus cabelos inteiramente brancos, escondidos num véu cor de malva bordado com fios de prata. Seu rosto, como os de suas filhas e nora, não estava coberto. Quanto a Selma, só dava para ver sua silhueta, andando rápido para o andar do palácio reservado às mulheres. Do lado de fora, Fuad retornava da mesquita vagarosamente. Creio que ele levou uma hora para percorrer a pouca distância que separava a pequena mesquita do palácio, seguido pela procissão de jovens que portavam dádivas em grandes potes contendo pétalas de jasmim, outros cheios com pequeninos botões de rosa, muitas velas, e os tradicionais ovos, elemento benfazejo para a fertilidade.

No primeiro andar do palácio, já na câmara nupcial, Selma o esperava, e enquanto isso a *muzzayyina*[93] vestiu-a com uma camisola de cambraia branca muito simples, e por cima um vestido bem largo de seda vermelha.

93 Em certas regiões usam o nome de *mukhathiya.*

Por cima dessas duas roupas vestiu um casaco de brocado dourado, cujo tecido a tradição manda que venha da Índia. Layla chamou minha atenção para a *sirual*, bordada com fios de prata e de seda vermelha formando os *mekawkab kebir*, motivos estelares, ligados de longa data à tradição sudarábica. Estas calças são usadas por baixo das vestes e apenas são visíveis quando a pessoa se movimenta.

As amigas da noiva que assistiam ao "vestir a noiva" se entusiasmaram com a bandeja de jóias a serem usadas por Selma. Braceletes filigranados, belos *shumlaylat*, um em cada braço, acrescentados de outros incrustados com pedras, colares de ouro e de *dugag* — esferas filigranadas —, alguns fios de coral, pois os *'agd mirjan* como ali o chamam trazem sorte por virem do mar, como também as pérolas, que ao serem colocadas em volta do pescoço da noiva foram saldadas pelas participantes com sorrisos e palmas, além de gritinhos *ma'nageh lu'lu'! ma'nageh lu'lu'!* (as pérolas! as pérolas!). Nos cabelos foi colocado um véu de musselina branca, muito fina, bordada com fios pérolas, de prata e ouro.

A noiva apenas beliscou os pratos apresentados como jantar, que teve como convidadas algumas primas e amigas íntimas, e com muita gentileza novamente me acolheu. As conversas foram muito animadas, ora Aycha ora Layla me traduziam algumas, e rindo contaram que o que elas todas mais falavam era que a beleza da noiva estava sendo muito comparada à da Rainha de Sabah, que Selma tinha os olhos e os cabelos de azeviche iguais ao de Bilqîs. Cheguei a pensar que ela tivesse este nome agregado ao seu, de tanto que o usavam, mas me foi explicado que era de praxe utilizar o nome da rainha como um verdadeiro "estalão" de beleza.

Na conversa que Layla estabeleceu com uma mulher mais velha, creio que tia paterna da noiva, e que falava um bom inglês, foi puxado meu assunto preferido, e obtive muitas informações. Entre as melhores, uma comprovação que o mito de Bilqîs, juntando inteligência e beleza, intimamente ligado com a história pré-islâmica, era muito forte entre as mulheres iemenitas de hoje, e que a figura desta rainha da forma como aparece tanto na Bíblia como no Corão fora substituída pela imagem provida pelos poetas, mais aproximada das *malikas* (rainhas) iemenitas, belas, inteligentes, corajosas. A senhora para encerrar o assunto sorriu dizendo que da história antiga apenas a poupa foi conservada por ser a mensageira do amor.

Pela conversa, como já tinha acontecido na casa de Umm Bilqîs, percebi que a Rainha de Sabah era mais um elemento de força diante do aumento dos movimentos para uma maior emancipação da mulher que vem sendo desenvolvido no país. Uma outra mulher se expressando também em inglês se aproximou e deu boas informações sobre o uso tradicional dos comésticos e perfumes que poderiam ter sido usados no tempo da Rainha. Era parte de um trabalho que vinha desenvolvendo no sul, e garantiu que não se esqueceria de me mandar a direção de "uma maga hadramawti que compunha perfumes". Deixaria o contato no dia seguinte na *Umm Bilqîs Bayt*.

Estas conversas ao pé da noiva foram uma boa aquisição para minha busca da contemporaneidade da figura da Rainha de Sabah, como vinham sendo minhas tomadas de opinião entre mulheres e homens em Sana'a e provavelmente seriam nas outras regiões do país.

Fogos estouraram no pátio e interromperam nossa conversa. O noivo finalmente chegara ao palácio. Segundo me contaram ele percorreu rapidamente a escada de entrada se apressando a encontrar a jovem noiva para a sua primeira noite juntos. Ela já estava sentada numa das duas grandes poltronas colocadas no centro da câmara nupcial. Seria a primeira vez depois da infância que o primo-cônjuge a veria sem véu! Foi muito lindo o modo sensível como ele se aproximou dela, tomando sua mão e falando bem baixinho algumas palavras como saudação. Selma ficou em silêncio, de olhos baixos, sem o olhar nos olhos.

Soube que, como é de praxe, a noiva para se fazer desejar naquele momento guarda esta atitude afastada do marido, recusando até seus presentes. Mas no dia seguinte da noite do casamento, logo que eles se encontraram com seus pais e amigos, ela se mostrou uma jovem alegre, e animada, muito admirada pelos convidados. Soube que durante todos os festejos, cada dia ela usou um novo traje bordado com fios de ouro ou de prata, e exibiu as jóias que seu marido lhe oferecera, e ela enfim aceitara.

A festa durou oito dias, infelizmente não pude estar lá nos dias que se seguiram ao primeiro, e tive que me contentar com o que me foi relatado. Muitas danças, sessões de *qât*, jantares magníficos onde centenas de homens se serviam de deliciosos *khubz*, muita *salta*, grande quantidade de *hilbeh,* além dos assados, panquecas de mel, mas sempre sem esquecer de ter seu fuzil à mão, como se fosse uma espécie de identificação como guerreiro. Cada dia tinha uma dedicação especial, foram homenageados chefes de tribos e oficiais, e num dos dias especialmente consagrado às mulheres nenhum homem teve o direito de entrar no pátio do palácio. Foi um dia divertido, de muitas risadas, trocas de confidências e de ensinamentos, principalmente sobre cuidados com a beleza e conselhos sobre o amor, mas também de longas conversas sobre as novas atividades da mulher iemenita.

Antes que eu saísse de Sana'a recebi da mulher que estudava os aromas o endereço da velha perfumista do sul, que poderia me mostrar pessoalmente suas mágicas.

Em busca do país de Sabah

O caminho de Ma'rib

Estava na hora de partir para o país de Sabah. Deixar Sana'a onde com inglês, francês, um pouco de árabe e muitos gestos tudo se tornava mais fácil. De agora em diante o mais importante seria a linguagem gestual, que os iemenitas usam bem, e que não difere muito das utilizadas principalmente no mundo mediterrâneo e sua descendência sul-americana. Porém, mesmo assim seria preciso acrescentar mais criatividade.

Antes que eu partisse, Ahmad, marido de Layla, lingüista e professor na Universidade de Sana'a, me explicou que anteriormente, no tempo dos reinos caravaneiros, havia quatro línguas na Arábia do Sul, mas que a língua mais bem representada era o sabeano. No início como língua da tribo de Sabah, ocupava apenas a região de Ma'rib, mas com as conquistas sabeanas ela se estendeu até o século IV da era atual, quando passou a ser usada apenas nas regiões de Ma'rib e Sana'a. A língua dos comerciantes mineanos se tornou franca e com o nome de mineano ou madhâbiano se prolongou pelas rotas e entrepostos por eles estabelecidos, tendo porém desaparecido no século I d.C. O qatabanita tem inscrições de difícil interpretação, e do hadramawti, língua que foi falada em toda sua região, sobreviveram poucos documentos. Fiquei interessada em saber mais sobre a pronúncia de certas palavras antigas, e Ahmad explicou que tiveram que ser providas convenções, porque não tinham vogais.

Quanto aos dias de hoje, as seis línguas sudarábicas modernas são: *mehri*, *hobyot, harsusi, bathari, jibbali, soqotri,* faladas por cerca de cem mil pessoas, numa área geográfica restrita ao sul da península, isto é, no Iêmen e no Sultanato de Omã. O *mehri,* falado na província mais ao leste do Iêmen, a Mahra, e também no Omã e no Dhofar, assim como o *hobyot*, a língua de uma pequena comunidade que vive nas montanhas na fronteira entre os dois países, seriam as duas línguas das populações que eu teria mais contato. Além delas eu provavelmente entraria na região das línguas omanenses: o *jibbali* e o *bathari*, também faladas no Dhofar.

Até o meio do século XIX, estas línguas sudarábicas modernas eram desconhecidas, muitos viajantes estrangeiros tinham que apelar para guias locais, "mas você não se preocupe", disse o simpático lingüista, "pelo que tenho visto você se ata bem com os gestos".

As diferenças na gesticulação que necessitei entre Sana'a e Taez, incluindo Moka, Aden e a Tihana, tinham sido facilmente contornadas. Nestes lugares ainda pudera contar com certo auxílio de inglês, francês, e do meu ainda remanescente linguajar árabe-palestino. Mas o forte mesmo tinha sido a linguagem de gestos que estava se tornando habitual. Não seriam, pois, as novas línguas que me impediriam de remexer nas histórias de Sabah, o país mágico que me aguardava na região de Mar'ib, nem nas extensas zonas do Hadramawt e do Dhofar.

O itinerário entre Sana'a e Ma'rib cruzaria a barreira montanhosa oriental, antes de atingir as primeiras areias do Rub al Khali, território sem fronteira onde transitam os beduínos entre a Arábia e o Iêmen. No limite do deserto, Ma'rib e suas ruínas testemunham um passado glorioso. Ainda que as ruínas não relatem muita coisa sobre o grande reino de Sabah, vale a pena fazer a viagem. Além do interesse histórico, a aproximação do maior deserto de areia do mundo me levaria a conhecer cada vez mais a história de Sabah e o que hoje ela representa na memória das populações locais.

Deixei a capital iemenita num táxi coletivo rumo à antiga capital sabeana, o qual, ao deixar os subúrbios de Sana'a, atravessou as plantações de *qât* e os parreirais que fazem dali um dos principais lugares de produção de uva seca do Iêmen. Sua produção alimenta os mercados de todo o país, e os de exportação, porém há muito tempo ali não se fabrica mais vinho.

Após o posto de controle, umas tendas vendiam *qât*, luzerna, passas e diversas frutas frescas, além de legumes e ervas, que muito me tentaram, mas que, como o táxi coletivo não parou, ficaram apenas na vontade. Prosseguimos viagem, subindo lentamente o colo de Ibn Ghaylan (2.270m), onde a majestosa paisagem vulcânica antecedeu o retorno da estrada para um platô árido e rochoso, que nos seus intervalos basálticos dava lugar a algumas entremeadas parcelas de *qât*. Um pouco antes do controle de polícia, onde tive que mostrar não apenas o passaporte, mas também a licença para viajar na região, vi do lado direito outras plantações de *qât*, desta vez maiores e mais homogêneas, além de construções de adobe. A garganta seguinte, Al Fardah, era mais baixa, cerca de 1.900m, e a partir dela a estrada desceu para um profundo *wadi* antes de se juntar à Al-Jawf. Uma mulher sentada ao meu lado fez sinal para que eu olhasse a bela vista sobre a planície que surgia e a bifurcação para Al Hazm que permite prosseguir para o sítio arqueológico de Barraquish, já meu conhecido, e que ficava a cerca de 30km de boa estrada asfaltada.

Fundada pelos mineanos antes do século V a.C., a então denominada Yathil tinha sido durante algumas dezenas de anos a primeira capital do reino que procedeu ao desmantelamento de Sabah, antes que Qarnaw (a atual Ma'in) tomasse definitivamente o lugar de metrópole. Rivais dos sabeanos, os mineanos viram seu apogeu surgir entre o século III a.C. e o primeiro da era atual, tendo enriquecido com os impostos pagos pelas caravanas. Yathil foi uma etapa caravaneira importante e obrigatória da Rota do Incenso. Na época, seu povo como os demais mineanos eram muito considerados, não só por sua experiência em planejamento e organização das caravanas, mas também por seus amplos conhecimentos de astronomia. Sua fama ia até a bacia mediterrânica.

Prosseguindo para Ma'rib, a paisagem tomou um aspecto lunar, pois o negro do rochedo basáltico ali se associa aos tons claros das primeiras dunas até chegar a importante cidade sabeana.

Todo este caminho desde Sana'a até Ma'rib vem sendo muito controlado nos últimos tempos, mas apesar de não ser recomendado para os estrangeiros eu não podia deixar de percorrê-lo. Fazia muito pouco tempo dos seqüestros e do caso do *Cole*, o barco norte-americano que teve problemas no porto de Aden, mas por outro lado era a chance que eu tinha de prosseguir meu trabalho e não me arrependi. Além das autoridades locais compreensivamente terem me dado a permissão necessária de viajar para ali, mesmo usando o transporte popular, minha tranqüilidade era absoluta quando penetrei pela paisagem lunar em busca da capital do antigo reino sabeano.

Desde longe já se podia ver no alto de um promontório a antiga acrópole da velha capital situada numa elevação, um *tell* de 10 a 30m de depósitos arqueológicos não escavados, que esconde não apenas sua história, mas também uma parte da de Sabah. Bombardeada pelos egípcios durante a revolução (1962-67), hoje quase totalmente abandonada e parcialmente arruinada, ela apresenta ainda alguns bonitos vestígios da arquitetura de adobe e de *zabur* (camadas de terra sobrepostas). Ao pé da Velha Ma'rib, do lado esquerdo, logo na entrada se situa a velha "mesquita de Salomão", edificada sobre o lugar de um antigo templo cujas colunas e capitéis como sempre foram reutilizados na construção.

Os sabeanos elaboraram sua capital com fórmulas arquiteturais e uma arte de estatuária que serviu de exemplo aos outros reinos. Situada no desembocar do *wadi* Dhana, cuja abundância e freqüência das suas cheias explicam bem a extensão — quase 10 mil hectares — de terras férteis, a riqueza deste oásis transformou Ma'reb na época do reino de Sabah na maior cidade da Arábia do Sul.

Os relatos contam que a capital era circundada por uma muralha de aproximadamente 4,5km, porém até hoje o *tell* medieval ainda não foi objeto de escavação. Somente os santuários extramuros foram libertados das areias: o *Mahram Bilqīs,* o trono de Bilqîs, ou templo de Awwâm, através de trabalhos iniciados em 1951 pela missão norte-americana, que o abandonou e mais tarde o retomou. Já o *Arsh Bilqīs* ou templo de Barân, foram os arqueólogos de uma missão alemã que nele trabalharam de 1988 a 1997.

No início dos anos 1950, quando as escavações norte-americanas começaram no templo de Awwâm, foram liberadas mais de 24 estatuetas, porém muitas estavam fragmentadas. A maior e mais completa delas, uma estátua de bronze de 93cm de altura, datando do século VI a.C., foi a que eu vira com Layla no Museu Nacional em Sana'a. Conhecida como o *Ma'adkarib* (Mukarib), ela é considerada uma das mais importantes e mais bonitas peças já encontradas no Iêmen, mas também uma das mais enigmáticas e ainda sujeita a controvérsias.

O táxi coletivo me deixou no centro da Ma'rib contemporânea. Depois de alguns anos a pequena cidade evoluiu muito graças à descoberta de petróleo na região vizinha, que vem sendo explorado desde 1986, além de ter sido construído um oleoduto entre a cidade e as-Sali ao norte do porto de Hodeida. O governo ainda construiu ali uma nova barragem, imprescindível para o projeto de revitalização agrícola estabelecido na região, e com isso a cidade se tornou bem animada mas também poluída.

Meus companheiros de viagem ao descer na estação central de táxis foram recebidos por parentes e amigos com fortes abraços, outros se encaminharam para os *funduqs* que começaram a se multiplicar em todas as regiões petrolíferas.

Eu prossegui para as margens do deserto, dando preferência ao hotel Bilqîs, onde encontrei por um preço razoável uma boa solução para "esvaziar" minha exaustão. O quarto era agradável, a piscina repousante, o ar condicionado não funcionava, mas os grandes ventiladores de teto me faziam sentir como a própria rainha abanada por pajens com grandes folhas de palma.

A comida estava excelente, e a folia de correr para os vestígios da capital sabeana teve que ser retardada, devido ao avançado da hora que me obrigou a deixá-la para a manhã seguinte, quando eu veria o nascer do sol nas colunas do grande templo. Naquela noite, apesar do céu estrelado do deserto, não tentei mais uma vez tocar nas estrelas e optei por repensar tudo que eu tinha armazenado esperando que Ma'rib e o reino de Sabah se tornassem tangíveis.

Mexendo nos cadernos de anotações, reparei que eu sublinhara:

Os reinos caravaneiros: nascimento de uma grande civilização sudarábica, a verdade constantemente desconhecida.

A partir do II milênio antes da nossa era se inicia o período histórico do Iêmen considerado antigo. Entre os séculos IX-VIII a.C. foi o tempo em que ali se desembaraçaram a escrita e a organização das caravanas, porém a Arábia há muito tempo já era uma encruzilhada entre a Índia e os mercados do Ocidente, conhecendo uma atividade comercial intensa, iniciada bem antes do início do I milênio a.C., isto é, desde o tempo das comunicações entre Dilmun, a Índia harapiana, a Mesopotâmia e Omã. Em Sabah, as mercadorias provenientes da Índia (arômatas, têxteis e pedras preciosas) ou produzidas no lugar (mirra, incenso e outros arômatas) eram seguidamente escoltadas através do deserto até a bacia mediterrânica. Por esta razão, certo número de cidades prosperou ao longo destes itinerários comerciais, cujos monumentos mais antigos se situam principalmente em Sirwah e Ma'rib, no Jawf, e no Hadramawt. Mas de todas as cidades caravaneiras ao longo das estradas comerciais, somente Ma'rib, capital de Sabah, foi uma verdadeira cidade.

O primeiro estado sabeano, no entanto, apareceu em 1500 a.C., e se estendia do Jawf ao atual Hadramawt, tendo sido constituído ao redor de um culto e língua comuns, de um conceito de centralização, e que logo adotou uma escrita. A língua, mais próxima do árabe do que as outras línguas sudarábicas, e também do guez, o etíope antigo, é atestada nas mais antigas inscrições.[94] As primeiras inscrições sabeanas foram encontradas no oásis de Ma'rib, nas vizinhanças do Jabal Balaq, em Amûd, e mais longe no *wadi* Dhana até Sirwâ, e nos afluentes deste *wadi*. Mas é importante lembrar que o reino de Sabah era uma comunidade unida por um culto dedicado a um deus maior, mas que também agregava divindades complementares, todas honradas por seu dirigente. As primeiras menções referem que "... *mukarrib* de Sabah comemora a *dedicace* de certos monumentos".

Sabah foi de fato um conjunto de grupos sociais formando uma coletividade e com ela um território que na origem foi a região de Ma'rib, sua capital. Esta comunidade era fortemente estruturada em volta do culto de Almaqah, deus da Lua, da agricultura e da irrigação, e seus membros se julgavam descendentes desta divindade de panteon bem

[94] Como cita Jean-François Breton *in "L'Arabie hereuse au temps de la Reine de Saba VII-I a.C."*., Hachette, Paris, 1998, p.48.

definido. Apesar disso, na lista dos hipônimos, os termos Sabah e união levam ao conjunto de populações também reguladas pelo deus Athar, um deus geral de toda a região do atual Iêmen, vinculado às tempestades e à irrigação natural pela chuva, e que como deus dos raios também é conhecido com o nome de Sharîqân, o Oriental. Apesar de ser parte desta comunidade regional, os sabeanos, povo instalado no oásis de Ma'rib e ligado por práticas culturais antigas, eram conscientes de sua própria unidade. Unidade esta controlada pelo *mukarrib*, aquele que estabelece e comanda a federação ou o federativo, uma exclusividade sabeana entre os séculos VIII e VI a.C., até que a partir desta data os qatabanitas também adotam a mesma titulação.

Uma inscrição assíria datada de 715 a.C. se refere ao direito aduaneiro que pagou o rei sabeano Yita Amar a Sargão II para que fosse permitido o trânsito das suas mercadorias pelo porto de Gazza, na época controlado pelos assírios. Uma outra inscrição datada de 685 a.C. traz que o rei sabeano Karibilu enviava presentes ao seu correspondente assírio em sinal de amizade e de aliança. Mas o que marca muito o período sabeano é a presença da Rainha. Narrativas da Bíblia e versículos do Corão focalizam a Rainha de Sabah, que há muitos séculos mantém a presença forte deste reino, embora havendo dúvida de sua existência. Ainda assim existem documentos do século VIII a.C. mostrando que uma rainha da Arábia pagou tributo a Teglath-Phalasar III, que reinou entre 747-726 a.C., e um outro mostrando que após uma derrota, pagou tributo ao Rei Sargão II (722-704). Entretanto, nenhuma inscrição sudarábica antiga conhecida até bem pouco tempo confirmava a existência de uma rainha em Sabah.[95]

Entre os primeiros *mukarrib*, foram Karib'il, o Karibilu, e Yathîamar Bayan os mais citados nos documentos mesopotâmios. Teriam sido os primeiros *mukarrib*, e mandaram construir os primeiros templos, mura-

[95] Ver capítulo Tecelagens.

lhas, e também trabalhos de hidráulica. Sabe-se que eles presidiam cerimônias religiosas, banquetes e pactos rituais.

A história da expansão do reino de Sabah, no entanto, se inicia com o reino do soberano Karib'îl Watâr, filho de Dhamar'Alî, na primeira metade do século VII a.C. quando ele teve êxito em unificar a maior parte da Arábia do Sul, ao fim de oito campanhas vitoriosas consignadas em duas inscrições em grandes pedras no recinto do templo de Almaqah, em Sirwâh. Estas duas inscrições relatam como ele conseguiu expandir seu domínio até as franjas do deserto, com o objetivo de controlar as rotas do incenso. Os sabeanos difundiram o culto deste deus por todos os lugares que dominaram, incluindo as margens do deserto onde erigiram uma série de santuários. No fim do seu reino, Sabah dominava todo o Iêmen ocidental, e os dois reinos de Qatabân e do Hadramawt passaram sob o seu controle indireto.

As razões deste sucesso são difíceis de apreender. Supomos uma unidade tribal prévia, uma prosperidade agrícola que provocando um excesso demográfico deu a eles uma superioridade militar perante os inimigos divididos, mas são simples hipóteses.

O que se sabe ao certo é que o poder do reino de Sabah era baseado no controle das rotas caravaneiras. Os sabeanos eram naquele tempo mestres do comércio, e caravanas imensas mantinham um tráfego incessante para o mar Mediterrâneo e para a Mesopotâmia, transportando as resinas do Iêmen, e os têxteis, especiarias, atares e pedras preciosas da Índia. Tudo isto nos leva a pensar que sendo Sabah um dos lugares mais importantes da época, nada impediria que uma rainha deste país tivesse chegado aos reinos do norte.

Um outro grande sucesso de Sabah residia na instituição cada vez mais apurada de técnicas de irrigação que permitiram o desenvolvimento da agricultura em vastos oásis, tendo como uma das mais notáveis realizações a construção da barragem de Ma'rib, edificada no século VI a.C. Com um comprimento de 650m e uma largura de 60m, seus vestígios foram encontrados pelo explorador Arnaud em 1843. Compondo o quadro de avanços da sociedade sabeana, acrescenta-se que nas cidades maiores eles já construíam elevadas casas, com bons materiais locais, e que as aldeias tinham pequenas casas anexadas formando grupos.

Sedentários e bem estruturados, depois de certo tempo passaram a ser governados por um rei ou uma rainha e o povo passou a poder designar seus representantes. O Estado era constituído por uma confederação de tribos cuja união, como anteriormente citado, era o culto ao deus Almaqah, divindade oficial do panteon sabeano com características próximas das divindades babilônias. Sua língua, o sudarábico, era semítica de filiação ugarítica, e seu primeiro vestígio de escrita é datado do século VIII-VII a.C. A hegemonia política de Sabah sobre os reinos vizinhos transparece na língua e no panteon, pois quando do seu apogeu, antes do crescimento destes reinos, eles construíram templos dedicados à Almaqah em todos os lugares conquistados. Não apenas esta, mas as principais divindades sabeanas eram igualmente invocadas nos reinos sudarábicos com os quais Sabah tivesse concluído uma aliança. A língua sabeana serviu de modelo às outras línguas da região, como ilustram as inscrições redigidas em sabeano descobertas em antigos territórios dos reinos vizinhos. Por último, a influência sabeana é igualmente perceptível na onomástica em geral, sendo possível encontrar em toda a Arábia do Sul inscrições redigidas em sabeano, invocando divindades também sabeanas, datadas deste período. É nessa época que se pode determinar a implantação na Etiópia de uma população originária de Ma'rib.

Mais tarde eles instalaram entrepostos do outro lado do mar Vermelho, controlaram a Eritréia, subiram o Tograi ou Tigrai, fundaram a cidade de Axum (onde se encontra a influência sabeana na arquitetura) e assim criaram o primeiro estado africano. No século VI a.C., já haviam penetrado na Etiópia e na África Oriental e fundado as-Saba, o atual porto de Assab na Eritréia.

Enquanto isso uma tribo estrangeira à região, os Ma'in, provavelmente oriundos da Arábia Central ou do Norte, e de língua árabe, cujo deus nacional era Wadd, o amor, se instalou definitivamente em Qarnaw no Jawf, e fundou um novo reino. Dominou as cidades de Yathill (Barâqish) e Nashan (as-Sawdâ). Especializados no comércio caravaneiro, a princípio eles ainda reconheceram a superioridade de Sabah, mas pouco a pouco criaram uma estrutura sólida de organização de caravanas e adquiriram poder.

Outros dois estados também tinham-se constituído em redor de Sabah: Qatabân, tendo como capital Tam'na, e o Hadramawt, com Shabwa como capital. Estes três estados periféricos continuaram por certo tempo vassalos ou aliados de Sabah. Mas a partir do século V a.C. se tornaram rivais do seu poderoso vizinho. Inquietos com estas notícias, os habitantes de Ma'rib em 400 a.C. construíram as muralhas em redor da cidade, porém começaram a perder o controle absoluto sob o efeito destas forças centrífugas por volta do século I a.C., quando Ma'in, Qatabân e o Hadramawt aproveitaram para se emancipar. Os três novos estados desejaram controlar as rotas caravaneiras e afirmar a sua independência de Sabah, porém este reino retomou o controle sobre estes estados vizinhos a partir do século II a.C. Assim continuou a existir, às vezes com mais, outras com menos poder, até o século VI da era atual, data da coincidente destruição da barragem de Ma'rib.

Além das forças locais que buscavam o controle das rotas, em 24 a.C., Aelius Gallus, então governador do Egito, por ordem de Augusto, imperador romano, tentou dirigir uma expedição na Arábia do Sul. Seu interesse era tentar o controle das lucrativas estradas comerciais, visando ao controle total da produção e do comércio de arômatas, um sonho de Alexandre que chegara a eles passando pelos selêucidas e lágidas. Com um exército de 10 mil homens, guiados por nabateus, os romanos, no entanto, exaustos com as dificuldades trazidas por seu desconhecimento diante de uma rota difícil, encalharam em frente a Ma'rib, onde foram atacados por um exército que unia sabeanos e hadramis. Segundo consta, os nabateus teriam traído e abandonado os romanos — a maior parte dos soldados morreu, outros se extraviaram e uns poucos voltaram ao Egito. Os nabateus, porém, como veremos, passaram a compartilhar dos lucros da rota caravaneira ainda que de uma parte pequena, relativa ao percurso entre Hégra e Gazza.

Alguns anos depois da tentativa romana, em 50 da nossa era, os sabeanos mais uma vez tiveram que enfrentar outros povos que cobiçavam sua riqueza, desta vez os himiaritas, dinastia cada vez mais poderosa, oriunda das Terras Altas. Estas lutas enfraqueceram o reino que passou a ser controlado por esse povo, a partir do século II da nossa era, porém não perdeu suas características de reino até a destruição da grande barragem.

A Lua descia lentamente pelas altas colunas do templo. Eu saíra muito cedo do hotel, em direção ao templo da Lua ou de Almaqah (*al Ama'id* para os iemenitas, ou ainda *Arsh Bilquis*, o trono de Bilquîs), a 15km ao leste de Ma'reb, na direção de Safer. Bem trabalhado pelos arqueólogos alemães, o templo, cuja atividade data de 700 a.C. até 300 d.C., foi consagrado ao deus Almaqah. Além dos seis pilares (sendo um quebrado), as escavações permitiram libertar uma vasta escada ao pé das colunas que dava acesso para o interior do templo, onde encontraram uma mesa de sacrifícios. Conhecido como Templo do Senhor de Barân, comporta uma construção central formada por quatro santuários sucessivos ajustados uns aos outros. Pelos vestígios se pode perceber que este conjunto arquitetônico, destruído no início da nossa era, tinha sido alterado um pouco antes de ter sido definitivamente abandonado.

O anteriormente citado templo conhecido como *Mahram Bilquîs*, antigo Awwâm (*Awwām)*, fica na mesma direção de Safer, mas a 15km ao leste de Ma'rib. Conhecido como templo do Sol, ou Templo de Bilqîs, provavelmente data do século V a.C., porém hoje é difícil imaginar como ele teria sido originalmente. A entrada era feita por um pátio retangular do qual ainda são conservados oito pilares, únicos vestígios visíveis. As escavações efetuadas pelo norte-americano Philips entre 1950 e 1952 mostraram que o templo era de forma oval, com 300m de comprimento, cercado de um muro de 9m na parte superior. No seu centro se estendia o santuário de Awwâm, vasto pátio limitado por 32 pilares com 14m de altura. Tudo leva a crer que este santuário, também consagrado à Almaqah, possuísse apenas uma função religiosa, mas se imagina que fosse considerado como *Hijra*, lugar de refúgio onde os bens e os homens, mesmo os assassinos, eram protegidos.

Se pensarmos de um ponto vista comparativo, podemos ver que ele foi anterior ao Parthenon e a qualquer construção ocidental, só podendo ser comparado a estruturas egípcias e mesopotâmias, sem falar no sonho de Evans em Creta. Mas mesmo levando em consideração a plataforma de Cnossos em Creta, vemos que esta é menor. O segundo templo de Jerusalém, o único na Palestina que deixou vestígios, é posterior.

Do templo segui para a velha barragem, a 12km a leste da cidade, ainda na direção de Safer, pouco depois do dique. Citada no Corão, ela por muito tempo fez a fama e a riqueza do reino de Sabah, contudo nos dias de hoje dela só permanecem as ruínas das duas comportas laterais. No entanto, ao vê-las, foi muito fácil tomar consciência da monumental construção e do engenho dos seus projetistas. Com 650km de comprimento, ela cortava o *wadi* Dhana em sua amplitude.

A origem da barragem é desconhecida. Obras hidráulicas com datas anteriores ao primeiro milênio antes de Cristo também foram encontradas no leito do *wadi* Dhana e nos *wadis* vizinhos, mas tudo faz acreditar que a primeira construção da barragem de Ma'rib, um simples dique de terra batida, data do século VIII a.C. Mais tarde, esse dique foi coberto por um pequeno pavimento de pedras planas. A invasão permanente dos limos na barragem carregados pelo *wadi* (+ 0,7cm/ano) obrigou os sabeanos a aumentar regularmente sua altura que assim atingiu 14m na parte superior. Entre os séculos V e IV a.C., a velha barragem cedeu e foi reconstruída antes de se romper e ser abandonada definitivamente no século VI da nossa era — episódio relatado no Corão.[96] Durante mais de um milênio, a barragem irrigou quase 9.500ha divididos em duas partes, uma ao norte (5.700ha) e uma ao sul (3.750ha), transformando o deserto em oásis.

A destruição total dessa barragem em 572 marcou a extinção do reino Sabah e provocou a dispersão dos seus habitantes. A potência deste reino, além do comércio de arômatas que nesta época já tinha novos participantes, se baseava no controle das técnicas de irrigação. Seu abandono e a consecutiva invasão etíope marcaram definitivamente a morte do oásis de Ma'rib. O povo de Sabah se dispersou por toda a península, a maior parte se dirigiu para Sana'a e para as Terras Altas, outros emigraram mais para o norte e o leste. Mas a figura da Rainha continuou a ser venerada e se expandiu para as mais diversas partes do mundo.

A nova barragem, 3km ascendente da antiga, foi construída em 1986 por 400 trabalhadores turcos, e deu um novo impulso agrícola à Ma'rib e a sua região. O dique, elevado de 40m e longo de 760m, foi uma doação do sheik Zayed do Abu Dhabi, cujos antepassados são originários da região de Ma'rib e emigraram para as costas do golfo Pérsico quando da ruptura da antiga barragem. Retendo 500 milhões de metros cúbicos de água, esta nova barragem foi concebida para irrigar 15 mil hectares do vale.

[96] Surata 34, versículo 14-21.

Comércios e lendas do Hadramawt

Conhecido também como a terra dos Reis Magos, o Hadramawt é uma região com horizontes infinitos, onde se iniciava a Rota do Incenso, que a transformou numa região poderosa de tesouros inestimáveis. Há milhares de anos, ali já eram construídas altas casas de adobe com belas decorações, e seus habitantes cuidavam primorosamente de uma paisagem magnífica onde cresciam palmeiras, além das comíforas e boswelias de cujas resinas se obtinha a mirra e o olíbano. Região muito ligada às narrativas sobre a Rainha de Sabah, se acredita que também teria sido dali que os Magos levaram as dádivas para o menino que nasceu nas montanhas da Judéia.

Para chegar àquele grande *wadi* cujas extremidades costeiam o Índico, preferi usar uma parte da antiga rota que, partindo de Ma'rib, atravessa o deserto de *Ramlat al Sab'atayn*, vinculado ao grande *Rub-al-Khali*, o "deserto dos desertos", conhecido também como Crescente (de Lua) Vazio.[97]

[97] A tradução quarteirão vazio, às vezes usada, foge da realidade.

Parti para a travessia às quatro horas da manhã, na companhia de Massoud, um beduíno simpático que, por imposição das autoridades, além de ser meu motorista e guia, estava armado com um kalachnikov para proteger uma "estrangeira de cabelos brancos muito ousada", como entendi dizerem.

A brisa do deserto era benfazeja, o carro não poderia ter seu ar-condicionado ligado durante a travessia; toda a força seria necessária para a tração nos 300km de subidas e descidas das dunas do deserto.

Juntamente com a aurora, vi surgir o deslumbrante mar de dunas harmoniosas, muito claras e salpicadas com as chamadas geadas de sal,[98] que depois se misturaram com caminhos semeados de rochas vulcânicas até chegar às ruínas de *Shabwa*, antiga capital do reino de Hadramawt, lugar de agrupamento das antigas caravanas. Servindo como verdadeira alfândega, ali era paga, para o sacerdote do templo, a taxa de 10% do preço das cargas. Acredita-se que eram muitos templos a serem mantidos e que qualquer tentativa de burlar a fiscalização, ou de se desviar da rota preestabelecida, era severamente punida.

Nos dias de hoje consta que as únicas tribos beduínas do Iêmen habitam a região de passagem das antigas caravanas. Seus membros sempre tiveram uma atitude firme, muitas vezes comprovada por sua tenacidade férrea diante das autoridades, em relação às suas prioridades. Seu espírito hospitaleiro se estendeu até a estranhos, tachados ou não de pertencer à al-Qaeda.

Tudo isso terminou porque não é do nosso interesse, assegurou Massoud, com um grande sorriso, no volante do seu 4 x 4, pouco antes de chegar a um dos acampamentos beduínos da região onde repousaríamos um pouco. Procedente de uma das tribos locais, ele me explicou que doravante eles preferem proteger os estrangeiros a tomá-los como reféns. Este beduíno confiante, que possui e sustenta 16 filhos, foi quem me guiou por toda a viagem no Hadramawt.

[98] O sal sobre as areias parecendo geada.

A prática da tomada de reféns faz parte das tradições tribais nesta região há muito tempo. Com o aumento do turismo, certas tribos do norte e do nordeste do país encontraram nesta prática secular um meio para fazer pressão sobre as autoridades governamentais, com o objetivo de obter resposta às suas reivindicações.

Perguntei a Massoud qual seria ou teriam sido os motivos que levavam aos seqüestros que vinham sendo comentados na imprensa estrangeira. Liberação de prisioneiros e construção de poços de água, na maior parte dos casos, foi a resposta que obtive.

Enquanto eu viajei pelo nordeste e pelo sul e depois prossegui tranqüila para o norte, voltando pelo norte do Jawf, foram pelo menos quatro seqüestros de estrangeiros nas mesmas regiões, mas isto nunca me amedrontou nem passou pela minha cabeça que pudesse ocorrer comigo. Como os demais iemenitas, os beduínos tinham me acolhido com tanta simpatia, que mesmo o zunzum sobre este tipo de ocorrências que Massoud às vezes deixava escapar mascarando como se elas tivessem ocorrido muito tempo antes não modificava minha disposição.

Quando paramos junto às tendas beduínas do acampamento, aproximaram-se duas mulheres com o rosto descoberto, usando bonitos colares de prata, além de braceletes, anéis de cavilhas e pingentes nas orelhas. Todas as jóias eram finamente cinzeladas e trabalhadas com coral. Fiquei interessada em saber se eram jóias de família, e o meu simpático motorista contou que provavelmente eram jóias antigas, ganhas no casamento, que as mulheres usam sempre por serem prova que pertencem a duas famílias, a sua original e a do marido, e também assim demonstram seu patrimônio individual.

As moças chegaram muito perto e mostraram as mãos protegidas do Sol com hena, fazendo com que as pulseiras e anéis se tornassem ainda mais fascinantes. Lembrei das beduínas da Judéia com seus vestidos de veludo finamente bordados, e como as jóias por elas usadas também faziam parte do seu patrimônio. Em ambos os lugares, as jovens usam o rosto descoberto, e apenas o cabelo protegido por um lenço. Ali naquela tribo apenas duas mulheres mais velhas ainda usavam o rosto escondido por uma *burka*.

Minha curiosidade era imensa, mas minhas perguntas foram interrompidas pela chegada de um chá bem quente perfumado com gengibre e um *khubz* que lambuzei com *laban*. Deixei todas as outras perguntas para mais tarde. Enquanto eu descansava dos solavancos da travessia depois de tomar o chá, tentei refrescar minha memória voltando ao caderninho de anotações:

> Os mineanos, habitantes do reino de Ma'in — aquele que eu havia atravessado em parte no caminho entre Sana'a de Ma'rib — haviam controlado uma boa parte das rotas caravaneiras, cujos traços são encontrados em todos os reinos vizinhos, e tinham tido seu apogeu por volta do século II a.C., antes que Sabah restabelecesse sua autoridade na região. O reino de Quatabân (VII a.C. — 175 d.C.), com sua capital em Tam'na (atual Hajar Kuhlan), era estabelecido no *wadi* Bayhan, no sudeste de Ma'rib, e viveu seu apogeu entre os séculos III e II a.C., e o do Hadramawt, que era o meu destino, durou do século V a.C. ao V d.C., tendo sua capital ali em Shabwa, e portanto a oeste do Wadi. Este reino não viveu apenas do controle das caravanas, pois era também grande produtor de olíbano, que eles chamavam de *libnay* e de *murr* (mirra), e teve seu apogeu no século I d.C.

Com um clima muito árido, higrometricamente muito fraco e de temperatura elevada, os agricultores *hadramis* de longa data tiveram a arte de recuperar as águas vindas das raras e distantes cheias, que procediam das chuvas ocorridas nos altos platôs, para reparti-las por seus campos. No início do segundo milênio, um primeiro estabelecimento se ergueu no mesmo lugar da atual Shabwa, que evoluindo se tornou capital do Hadramawt no século VII a.C. Aliados durante um tempo ao reino de Sabah, seus soberanos afirmaram sua autonomia e sua dominação sobre a parte oriental da Arábia do Sul.

Do século VII ao II a.C., o Hadramawt tirou o essencial da sua riqueza da organização do comércio do incenso até as margens do mar Mediterrâneo oriental, porém mais tarde se beneficiou também de sua dupla abertura terrestre sobre o deserto, e marítima sobre o oceano Índico, o que proporcionou grande desenvolvimento a sua capital. Durante muito tempo Shabwa estendeu sua dominação no oeste ao deserto de *Sab'atayn*, para leste a Mahra, e na direção sul ocuparam as margens do oceano Índico, servindo de cabeça de ponte para as caravanas que partiam para o mar Mediterrâneo e provavelmente se associando também à Ma'in na organização do comércio do incenso. É curioso que nenhuma inscrição local mencione estas atividades. Porém se sabe que os primeiros reis de Shabwa construíram uma vasta muralha, um primeiro palácio real e um templo dedicado ao deus Sayin. A cidade, que os romanos chamavam Sabota, foi saqueada pela primeira vez no século III, porém conseguiu sobreviver até o século V.

Toda a região do Hadramawt também tirou proveito da inclusão do comércio dos mesmos produtos através das vias marítimas graças ao porto de Qana' (atual *Bir Ali*), quando o conhecimento do sistema das monções abriu a possibilidade de incrementar as navegações. O mesmo não ocorreu com os outros reinos de Qatabân, Sabah e Ma'in, ainda limitados ao transporte terrestre. Sabah, no entanto, por ser mais poderoso, mais famoso e ter seus deuses reconhecidos devido aos templos espalhados por toda parte, continuou prestigiado nas rotas de comércio. Mesmo com a entrada do judaísmo e do cristianismo na Arábia do Sul, os deuses cósmicos tinham seu lugar, até que, com a chegada do Islã, foram vencidos.

Com Massoud no volante atravessei mais 200km de dunas e deserto rochoso, para chegar a Habban e Azzan, onde no final do século III e início do século IV os enviados de Helena, mãe do imperador Constantino, acreditaram poder encontrar relíquias dos Reis Magos. Segundo as antigas narrativas, os Magos, como muitos viajantes, haviam usado a rota comercial que ia do Hadramawt ao Mediterrâneo. Esta narrativa era persistente como as que demonstravam a forte presença da figura da Rainha de Sabah, durante toda minha estada na região, por mim ouvida várias vezes. Graças ao auxílio do guia, pude fazer perguntas e receber boas respostas, algumas delas até surpreendentemente elucidativas sobre a relação do povo com o passado da região.

Habban compartilha com Azzan e com outras cidades do Hadramawt seus arranha-céus de adobe, que surgem próximos aos verdes campos de cultivo e em frente das cristas montanhosas que marcam o *wadi*. Ainda que a história destas cidades remonte há mil anos, e seus edifícios sejam permanentemente restaurados seguindo os métodos tradicionais, elas têm uma aparência moderna, tal o arrojo de suas formas. Sua população é muito apegada a seus costumes e tradições, porém, além dos vínculos muito fortes com um islamismo fervoroso, os tem também com certos costumes anteriores, oriundos das crenças pré-islâmicas: corpos celestes e a figura de uma soberana, uma mulher intemporal, são constantes.

Shibam, declarada em 1984 Patrimônio Cultural da Humanidade, é a cidade mais visitada do vale. Sua parte mais antiga, situada no meio de uma área frondosa do *wadi,* é uma das imagens do país mais comuns. Contudo, para conhecer um belo interior de época recomendo as povoações do vizinho Wadi Do'an, que, apesar de sua acessibilidade impor um caminho ainda mais complicado, vale a pena o esforço.

Porém, breve uma estrada resolverá o problema, avisou Massoud, propondo-me imediatamente uma nova visita à região no ano seguinte.

Esta parte da Rota do Incenso, ou seja, o Wadi Hadramawt e os outros que a ele se agregam, se alarga para o oeste, perto das ruínas de antigas cidades caravaneiras. Na sua parte central, o vale, de cinco quilômetros de largura, congrega as fabulosas cidades de Shibam, cognominada a "Manhattan do deserto", por suas torres elevadas, Seyun, também antiga capital, e Tarim, famosa por seus mestres em ciências religiosas. Sua elevada arquitetura de adobe fez sensação quando da sua descoberta, em 1893, pelos britânicos, então estabelecidos na costa, no porto de Aden. Mas estes primeiros exploradores, que se consideravam soberanos, e que eram na verdade apenas hóspedes dos sultões locais, somente puderam efetuar furtivas incursões nas estreitas ruelas destas cidades, pois seus habitantes compartilhavam, com agrado, da hostilidade de alguns *sayyids*, descendentes do profeta, aos infiéis que procuravam estabelecer colônias.

Os hadramis, insatisfeitos com a presença estrangeira que nada trazia para sua terra, apenas dela usufruía, emigraram densamente para a África oriental, a Índia, e seguidamente para a Malásia e a Indonésia, contribuindo para islamizar as duas últimas, e ao voltar trouxeram idéias de reforma. Com eles vieram também bens materiais e modificações no gosto, como móveis e madeiras preciosas para construir casas e palácios no estilo chamado "barroco javanês", que foi então modelado e construído sempre com tijolos crus, os únicos disponíveis em quantidade.

É este luxo que ainda hoje testemunham em Tarim os 23 palácios, freqüentemente centenários e mais ou menos decrépitos, de uma só família, os Al-Kaff.

No início, até automóveis divididos em partes, peças e lataria, também foram conduzidos nas costas de dromedários para serem ali montados. Mas esses denominados "milionários de Cingapura" pelo seu afluxo de riquezas perturbaram a economia tradicional. Com isso, eles tiveram de salvar da fome seus numerosos compatriotas que haviam se tornado indigentes, antes de eles próprios deixarem o país, com todos os seus semelhantes, quando da partida dos britânicos de Aden, em novembro de 1967, e da instauração do regime marxista que se seguiu.

Caso único no mundo árabe, este regime, no entanto, durou uma vintena de anos no Iêmen do Sul, até a sua derrota perante o Iêmen do Norte, capitalista, num tempo de modificações, como a presença das idéias de Gorbatchov e a reunificação da Alemanha. Mas este marxismo apenas tinha tocado de leve a sociedade hadramita. O seu primeiro e último "Comitê de mulheres liberadas" não tinha reclamado a anulação da proibição da poligamia? Isto aconteceu devido à importância da emigração, sempre masculina. A união dos dois países, o Iêmen do Norte e o do Sul, formando um país unificado, demonstra ter sido profícua para ambos.

Prosseguindo viagem, nos aproximamos de um pontilhão da estrada e de repente vi surgir, cerca de 300 metros mais abaixo, emergindo do bege da região, uma faixa verdejante de rara intensidade, semeada de pequeninas aldeias, onde as casas-fortaleza ocre e brancas eram agregadas contra os flancos do cânion. Olhando bem pude distinguir até certos detalhes das mais próximas.

Era a hora da sesta e nada se movia, o silêncio era total, o que fazia a aparição ainda mais irreal, uma miragem que me fez pensar numa terra esquecida, que teria emergido do fundo do *wadi*.

A vista era do Wadi Do'an, um vale-oásis cujo curso de água é um daqueles que se lançam no grande Wadi Hadramawt, que dá seu nome a toda região.

Parecia um mundo quimérico, separado do resto do Iêmen e da própria Arábia pelas elevadas mesetas desérticas, cujo paradoxo seria poder conjugar este isolamento extremo com uma muito antiga abertura sobre o mundo, através de seus comerciantes e mais tarde de seus emigrados. São tristes as reviravoltas do mundo de hoje; os outrora ricos hadramis precisaram encontrar complementos para os rendimentos das suas terras, apesar de ali serem bem irrigadas pelas chuvas da monção e águas subterrâneas.

Continuando a viagem descemos pela estrada que, saindo da meseta para o Wadi Do'an, desemboca nas proximidades da aldeia de Al-Khurayba. As elevadas casas de argila com terraços e andares superiores ali são embranquecidas com uma cal particularmente lisa e brilhante, por ter pó de casca de ovo e ser bem misturada com um bastão, formando uma espécie de estuque, especialidade local que se expandiu pelo país.

Contam que foi um pedreiro que partiu deste vale, nos anos 1930, que deu nascimento a Osama bin Laden. Ali ainda habitam seus primos, na antiga "*madrasa Ben Laden*", na aldeia Al-Ribat, a última daquele *wadi*. Nos dias de hoje, segundo amigos iemenitas me informaram recentemente, evita-se este assunto que durante um tempo provocou queda do turismo e ameaçou os investimentos esperados no vale da parte dos emigrados que hoje enriquecem, não mais na Ásia, mas na Arábia Saudita e nos países do Golfo.

Um dos aspectos tocantes da região é que os hadramis que emigraram, embora não permaneçam ali, fazem questão absoluta de zelar sobre sua terra, construindo no Wadi Do'an casas e até verdadeiros palácios com pinturas muitas vezes surpreendentes.

Os mais antigos vestígios do homem no Iêmen, datados de 700 mil a.C., foram encontrados ali no Wadi Do'an. Vários sítios arqueológicos da época dos reinos caravaneiros e do reino do Hadramawt foram ali escavados, sendo que o mais conhecido é o sítio de Raybun, perto de Al Hajjarin. Os objetos encontrados nestas escavações estão parcialmente expostos no museu do Palácio de Seyun. No século VII, a tribo dos Kinda, árabes do norte, veio se instalar no *wadi*. Opostos às querelas intestinas dos primeiros muçulmanos, muito rapidamente espalharam na região a doutrina kharaijita ibadita, primeira dissidência do Islã e atual religião oficial do Sultanato do Omã. Durante séculos, o Wadi

Do'an viveu isolado do mundo, porém vagarosamente foi se abrindo para o turismo a partir do início dos anos 1990.

Desci do carro para ver com detalhes Al-Khurayba, o lugar que parecia mágico, e irreal. Tanto as casas como a população me despertaram um profundo interesse, porém infelizmente não pude fotografar as mulheres que levavam rebanhos de cabras ao pasto. Pequeninas e frágeis, muito lindas, com seus altos e pontiagudos chapéus de palha, mas, como me avisou Massoud, apesar de seu aspecto suave, ao verem uma máquina fotográfica sendo empunhada, elas poderiam lançar pedras, com uma mira bem ajustada. Provavelmente, como primeira advertência, elas as fariam cair aos seus pés, mas depois, bem certeiras, atingiriam a máquina.

Este temor deve fazer parte da superstição sobre a retenção da imagem e o mau-olhado. Foi bem mais fácil pedir licença e fotografar os velhos que jogavam dominó e cartas, e que posaram sorrindo, e também os grupos de meninos e meninas que brincavam em bandos nas ruelas vizinhas, e se aproximaram prazerosamente, muito limpos e perfumados, com seus vestuários coloridos e alegremente pediram para serem fotografados.

Uma grande calma parece inundar todas as aldeias do Hadramawt mesmo com as antenas de satélites ferindo a paisagem.

Optei para ficar aquela noite num *funduq* de Al Khurayba, pois a viagem até Al-Mukala deveria durar cerca de sete horas no 4x4, e já se fazia muito tarde. Pedi um quarto com direito a banho e lençóis, pois pitorescamente no Iêmen se pode pedir uma cama sem lençóis, ou com apenas um lençol, o que implica economia. A comida era simples e gostosa além do meu amado *khubz*, comi um *hilbeh* de belo tom de verde. O encarregado do *funduq* me assegurou que uma boa estrada não demoraria a substituir a pista pedregosa que corre ao longo dos caminhos arenosos, no meio do palmeiral, pois o petróleo descoberto pouco antes da reunificação já faz sentir os seus efeitos por toda a parte. No entanto, em nenhum lugar haveria tantas modificações quanto no velho porto de Al-Mukala, tão usado desde priscas eras tanto pelos indianos como pelos locais, e que depois de 20 anos de certo abandono se tornou um porto de grande movimento.

As novas construções de Al-Mukala não me entusiasmaram. Ele fora a segunda cidade do antigo Iêmen do Sul após Aden, mas cresceu demais nestes últimos anos com a chegada das companhias petroleiras. As construções modernas proliferaram como cogumelos entre o oceano e a montanha ao longo da costa, o que desnaturou consideravelmente o perfil da cidade. Porém seu velho porto de pesca e o ativo mercado de peixes ainda são cativantes.

Foi de Al-Mukala que a partir da Idade Média numerosos hadramis voluntariamente emigraram para a África, e mais tarde para a Ásia, onde muitos deles fizeram fortuna. A lenda diz que a cidade foi fundada em 1100 pelo sheik Yacoub e seus familiares, que eram provenientes da Mesopotâmia. Mais tarde entre 1229 e 1454 o porto foi aumentado e parcialmente reconstruído pelo rei rasulida Al-Muzaffar. No século XVI, os turcos chegaram e o desenvolveram. A dinastia dos Catirídas, que controlava o Hadramawt, conservou sua autoridade ali até 1967.

As bonitas casas brancas da cidade infelizmente ainda não puderam ser todas restauradas, o que provoca certa melancolia. Entretanto, perto do porto de pesca, a cidade velha se torna borbulhante. No mercado de peixes, vi gordos atuns sendo cortados com perícia, e no *sûq*, frutos, ervas e especiarias, além de *libnay* em belos e grandes pedaços que até hoje estão guardados na minha estante, juntamente com translúcidos pedaços de mirra. Para gozar de umas vista melhor sobre o porto e a velha cidade, Massoud contornou a costa para o lado esquerdo, mas eu estava ansiando para chegar a Qana', pois seria lá que, como me indicaram, ainda havia as antigas fazedoras de perfumes.

Os aromas de Qana'

Os estudos e as investigações do terreno enriqueceram o conhecimento da antiga rota, sobretudo a das etapas compreendidas entre o atual porto de *Bi'r 'Alî,* antigo *Qana',* e *Shabwa*. Dali ela passaria por Tamna', Ma' rib e Ma'în, ganhando Najrân, para além da fronteira setentrional do atual Iêmen.[99] De Najrân segue para Yathrib (atual Medina), sendo que a estrada para Mecca é apenas um desvio para uma parte das caravanas. De Yathrib continuava o seu périplo para o norte, por Dedam (Al-Ula), Al-Hijr (Mada'in Sâlih) antes de atravessar o Wadi Rum para chegar a Pétra, ambos situados na atual Jordânia, última etapa antes do porto de Gazza em terras palestinas. Lá, os navios carregados desses preciosos perfumes os distribuíam pelos países mediterrânicos. No entanto, de Najrân a Hégra, e mesmo até Pétra (ou Ma'ân após a queda do reino nabateu), a rota, embora relativamente longa, não foi descrita

[99] Groom, N. St. J.: *Frankincense and Myrrh: A Study of the Arabian Incense Trade* (Arab Background Series), Longman Group, United Kingdom, 1981, p. 165.

com detalhes pelos autores clássicos, mas está sendo detalhada pelos especialistas atuais.

O olíbano e a mirra vinham principalmente de uma região da Arábia do Sul, mais próxima da antiga Megan, isto é, bem a leste, na hoje chamada Al-Mahra no Iêmen, e sua vizinha Dhofar no Sultanato de Omã, onde fica Al-Balid, o sítio da antiga cidade de Zafar, capital himiarita. O Dhofar e Al-Mahra são as únicas regiões diretamente expostas ao *khareef,* à monção do sudeste que sopra do meio de agosto ao final de setembro.

Era dali que grande quantidade de arômatas seguia em direção a Qana', onde eram adicionados os produtos que vinham da Índia e chegavam a uma baía próxima denominada pelos gregos Syagros, hoje Ras Frataq, em frente à Ilha Dioscorides, ou seja, Socotorá.

O antigo porto de Qana', a 3km ao sul da cidade atual, ao pé do vulcão, foi o porto principal do reino do Hadramawt. Dominado pelo pico vulcânico, *Husn Al Ghurab* (Forte do Corvo), é citado no Novo Testamento e alguns pretendem que teria sido exatamente dali que Melquior partiu para Belém da Judéia. Outros ainda afirmam que este Rei Mago nascera na região. O fato é que embora algumas ruínas ainda sejam visíveis, não bastam para imaginar a importância que anteriormente o porto teria tido.

Desde o tempo em que os navegadores dominaram as monções, Qana' se tornara um porto extremamente ativo, e exportava diretamente para o Egito os arômatas produzidos não só ali, mas também no Omã e na Somália, e ainda intercambiava muitas outras mercadorias como trigo, vinho, têxteis, além de resinas e aromas, importados da Pérsia, Abissínia, Índia e Egito. Depois de certa época, quando o mar Vermelho e o da Arábia se tornaram mais fáceis para a navegação, os negociantes de todo o mar Mediterrâneo, fossem eles nabateus, sírios, gregos, palestinos, egípcios, sicilianos ou romanos, se habituaram a vir ali comerciar diretamente, interferindo no comércio das caravanas entre o Hadramawt e Gazza.

Entre o final do século II e o início do III este porto foi incendiado provavelmente quando Sabah invadiu o Hadramawt, mas no início dos séculos III e IV, devido à dominação himiarita na região, ele tornou a florescer e aumentou sua extensão. Ativo durante quase mil anos, aumentado no tempo do reino de Himiar, no entanto sua idade de ouro foi por volta do ano 50 da nossa era. Contudo não se pode negar seus outros dias de glória até ter sido abandonado em torno do século VII.

As primeiras inscrições sudarábicas foram encontradas ali, reconhecidas e publicadas pelos ingleses. Apesar de o primeiro plano do sítio que ocupava Aden, feito sob a direção britânica, datar de 1961, foi necessário esperar mais 11 anos para que as primeiras escavações arqueológicas fossem iniciadas, e mais 11 para que elas fossem realizadas de modo sistemático, o que só aconteceu quando foram assumidas por uma equipe russo-iemenita.

Foi ali em Qana', graças à indicação da parenta de Layla, que encontrei Umm Nedjma, Mãe Estrela, a "fazedora de perfumes", uma mulher bem idosa, que vivia nas vizinhanças do *sûq*.

Na vida cotidiana do Iêmen, até hoje os perfumes têm múltiplas funções, porém a essencial é seu papel na arte da sedução, foi o que mais ou menos afirmou Umm Nedjma, enquanto habilmente manejava resinas, madeiras e atares usados para preparar perfumes, ungüentos e misturas que provocam as fumaças mágicas. No seu diminuto refúgio que se poderia chamar de ateliê, cozinha ou laboratório, ela me exibiu amostragens de deliciosos aromas e de odores menos agradáveis, segundo ela todos necessários para uma boa composição. Delicadamente ela me fez uma festa na mão e depois me deu um pequeno beliscão no mesmo lugar. Por seu sorriso creio eu que ela mostrou a alternância das sensações, já que logo depois me fez provar um chá quente e um copo de água fria, e fazia um sinal como se fosse uma interrogação.

Uma caçarola já escurecida foi colocada no fogo, e ela começou a juntar: água de rosas, um pouco de açúcar, almíscar branco em pó (*misk'abyad*), âmbar (*'anbar malbûkh)* e a tintura negra similar à hena conhecida como *khidâb* ou *koudab*. Pouco a pouco outros ingredientes em pedaços foram juntados, tais como noz-de-galha (*'afs*), opérculos de conchas (*zifrī*), madeiras de agara *('ūd*) e de sândalo e cardamomos (*hayl*). Como num passe de mágica, para acabar adicionou umas gotinhas de essência que tirou de um vidrinho misterioso que tinha pendurado no pescoço e que exalou um aroma de jasmim. Mexeu bem e despejou num prato em que ela passara um pouco de essência pura de rosas-chá, *'atr ward ash-shâhî*. Colocou para esfriar na janela, e quando endureceu quebrou em pedaços e colocou numa caixinha. O *bukhûr* estava pronto e seu perfume inundava a sala, segundo ela, trazendo bons presságios.

O costume de fazer seu próprio perfume em casa é um dos desafios da mulher iemenita, sendo que o mais usado é uma mistura de almíscar branco, âmbar-gris e essências fluidas esquentadas no carvão e guardadas numa caixinha com um pedaço de madeira aromática. O almíscar e o âmbar-gris são muito presentes. Quanto ao almíscar branco é extraído das sementes da planta *Hibiscus abelmoschus* e não do animal das montanhas himalaias, o que tornaria a mistura bem mais dispendiosa. No entanto as mais ricas às vezes usam uns tons de civeta ou gato-almiscareiro, conhecido como *zabād habashi*, procedente da Etiópia, e também deste mesmo lugar a *'ansif*, essência de flores de *Felicia abyssinica.*

Pedaços de âmbar-gris podem ser encontrados boiando nas vizinhanças do Chifre da África e no mar da Arábia, o que torna mais fácil sua obtenção. Outras essências muito usadas são a de *kâdhî,* a flor de *kewra*, *Pandanus amaryllifolius Roxb.,* a de açafrão, além de uma feita com aloés, sempre socotrino, o melhor de todos.

Deixei a casa da velha senhora pensando na beleza de seus gestos compondo o perfume, misturando os ungüentos, falando baixinho palavras que imagino mágicas e tirando da panela uma mistura de aromas tão deliciosa que se torna indescritível. Ainda me lembro de seu gesto largo apontando o mar quando perguntei pelo âmbar-gris, e do cuidado com que tirou do pescoço o vidrinho com a essência misteriosa e com delicadeza espalhou no prato as diminutas gotinhas do atar de rosa.

As incenseiras e os achados do Dhofar

Seria impossível deixar de conhecer uma das mais importantes regiões em que as incenseiras são endêmicas. Assim tomei um pequeno avião que, saindo de Al-Mukala e costeando as margens do mar da Arábia, sobrevoou o porto de Al Ghaida no estado de Mahra e prosseguindo pela longa costa do Dhofar pousou na pequena Salalah.

O Dhofar, no Emirato de Omã fronteira do Iêmen, mostra uma paisagem bem diferente da do resto do país. Uma região quase tropical que a asa benéfica da monção roça cada ano, cobrindo as colinas de hortaliças. É ali, ao redor dos vales, principalmente no Wadi Dawkah, que cresce grande parte das boswelias, razão de minha visita, a famosa árvore do olíbano, conhecida como incensadeira, que fez a riqueza não apenas do Omã, mas como vimos de toda a Arábia do Sul da Antiguidade à Idade Média.

Sua resina cultivada e exportada há milhares de anos é colhida em maio e junho, porém o grande mercado do incenso se realiza mais tarde, em setembro, quando o clima se torna mais ameno e a primavera é saudada com grandes festejos.

A costa *dhofari* oferece uma grande variedade de paisagens, rochedos, planícies tanto verdejantes como pedregosas, angras com grutas de aparência misteriosa, baías grandes e pequenas e também de diáfanas montanhas. O mar pode ser calmo, suave, mas também tempestuoso, como quando as chuvas da monção de verão regam a planície costeira de 8km de largura que cobre 130km da costa do mar da Arábia.

Assim que o bimotor pousou em Salalah, olhei para o leste e vi os rochedos de cor ocre juntos ao deserto que se expandia a perder de vista. Um pouco antes, do alto, eu pudera vislumbrar os jardins tropicais, trechos da magnífica estrada que liga os dois países e as planícies do interior cercadas pelo maciço montanhoso, o Djebel Dhofar.

Meu tempo era muito pouco, apenas três dias, mas eu não queria deixar a visita para uma outra viagem. Como eu poderia sair das terras de Bîlquis sem me aproximar das árvores de incenso do Wadi Dawkah? Dos vestígios do oásis caravaneiro de Shisr/Wubar (Ubar) e das ruínas de Khor Rori e Al-Balid, que ilustram tão bem como o comércio do incenso deu seus primeiros passos para depois prosperar nesta região. Ali, ficava Zafar, a capita himiarita, e tudo faz lembrar que durante muitos séculos eles foram profundamente dependentes de uma das mais importantes atividades comerciais do mundo antigo e medieval — o comércio das resinas aromáticas, ou seja, do incenso.

Os sítios arqueológicos de Omã e de Salalah trazem muitas informações sobre a produção e o início da distribuição desta resina tão requestada pelo comércio do mundo conhecido de então. Tanto o oásis de Shisr como os entrepostos de Sumhuram-Khor Rori, e também o de Al-Balid, são exemplos antigos de estabelecimentos fortificados nas margens do golfo de Omã.

Além do estudo profundo que equipes internacionais de arqueologia vêm fazendo, há todo um poderoso legendário envolvendo estes lugares. Os remanescentes de Sumhuram-Khor Rori seriam da residência portuária da Rainha de Sabah, as ruínas de Shisr-Wubar, de Ubar, a famosa cidade perdida, considerada por alguns como a antiga Atlântida, e por outros como 'Ad, uma interpretação vizinha à da Gomorra bíblica, que se conhece através do Corão.

Talvez nada disso seja exato, talvez seja apenas a parte sonhadora de uma história verdadeira, pois no Omã, desde a noite dos tempos, história e lenda se misturam. Fazendo parte do patrimônio mundial da Unesco, estes lugares atestam a riqueza do passado daquele emirato: Omã, "uma história longa, complexa e apaixonante" de acordo com os especialistas que ali se encantaram como também se encantam todos os apaixonados das velhas pedras que registram a cultura do passado da humanidade.

O sítio do Khor Rori é adjacente às lagoas da faixa costeira da região de Taga, 40km a leste de Salalah. Os recursos históricos e as explorações arqueológicas que vêm sendo realizados pela universidade italiana de Pisa indicam que esta cidade se expandiu durante muitos séculos, algumas partes entre os séculos I a.C. e III d.C., outras anteriores ao século IV a.C. Inscrições usando o alfabeto sudarábico demonstram que a cidade foi construída para reforçar o controle daquele povo sobre a Rota do Incenso. Sumhuram teria sido fundada pelos hadramis no século IV a.C. Moedas encontradas levam a crer que o sítio era referido, juntamente com o porto de Moka, em dois textos gregos datando dos século I e II da era atual. A ligação marítima dos omanitas é antiga; eles sempre se distinguiram não apenas como navegadores, entre os quais Sindbad é interpretado como símbolo, mas também como importantes construtores de barcos.

Ainda no primeiro milênio, a região do Dhofar acrescentou ao comércio de arômatas o de cavalos árabes, e aumentou o de especiarias da Índia, além de incrementar a construção de barcos, atividades que lhe trouxeram grandes benefícios.

A fortaleza de Sumhuram teria sido construída pelo rei Elaus no século I d.C. Ao lado, acima do Khor Rori também sobressaem as poucas pedras de um templo dedicado à Lua, além de sepulturas, o que dá sinais de ali ter sido outrora uma cidade importante. Foram muitos os navios que a partir de certa época passaram a transportar, a cada ano, quase 3 mil toneladas de olíbano, produzido nas montanhas afastadas da cidade. A resina transportada em couros de cabra era levada para o porto de Qana', no Iêmen, de onde seguia nas grandes caravanas que, cortando a Arábia, chegavam a Pétra e dali a Gazza, de onde a carga era enviada para Alexandria a bordo de navios. Muitos jarros decorados, ainda contendo a resina preciosa, foram descobertos em Sumhuram, não sendo portanto surpresa que Heródoto tenha escrito que toda a região era com ela perfumada, exalando um doce aroma.

Mais tarde os romanos, bastante motivados com a possibilidade de descer o mar Vermelho em busca dos centros de produção, desenvolveram por mar o comércio internacional do olíbano. Assim puderam abastecer melhor a recém-tomada Alexandria, transformando-a no principal centro de distribuição de arômatas do Mediterrâneo. Primeiro haviam tentado capturar o porto de Qana', também no mar da Arábia, mas foi em vão. No entanto, conseguiram habilmente resolver o problema passando a usar o porto de Sumhuram, o atual Khor Rori no Dhofar.

Sumhuram deveu sua fortuna política e econômica à boswellia, a árvore do olíbano. Ali, ela tem as condições climáticas ideais graças a uma elevada aridez do solo associada a um nível de umidade constante e equilibrado. Nos seus arredores cresce a melhor qualidade de boswelia, a *Boswellia sacra*, orgulho da região. Sendo um importante assentamento pré-islâmico no Wadi Dawkah, a 35km de Salalah, este porto faz parte da cadeia de sítios ligados à produção e comércio do incenso.

No périplo do mar da Eritréia e no mapa ptolomaico o porto de Sumhuram figura como uma importante escala da Arábia junto com

Ocelis, Eudaimon Arábia e Qana'. Durante a campanha de escavações arqueológicas foi colocada à luz do dia uma imponente estrutura amuralhada como de um sistema de fortificações com porta monumental, além de templos e edifícios públicos e privados. Estas estruturas testemunham a riqueza e a atividade da antiga cidade, pois a grande porta confirma que a cidadela tinha uma grande muralha e mais três portas, e que a entrada principal era protegida por torres quadradas. Ela continha uma estrutura interna que poderia ter sido um templo ou castelo e grandes entrepostos para incenso, o que originou possivelmente as narrativas que o ligam a Bilquîs.

Seus numerosos achados também provam que, como importante etapa na rota de comércio, Sumhuram teria tido contatos com o leste da Arábia, o golfo Pérsico, a Índia e o Mediterrâneo. Entre os objetos que documentam os vários aspectos da vida quotidiana, predominam, pela quantidade e o valor: as incensadeiras de formas, dimensões e materiais diferentes que podiam ser usadas tanto nos ritos privados como nas cerimônias religiosas públicas. Sempre ligados ao incenso estão também os vestígios de numerosos prédios identificados como armazéns, onde este produto era guardado, além de moedas, cerâmica sigillata, ânforas romanas, cerâmica indiana, pequenos objetos de bronze semelhantes aos da região do Golfo, como também moedas cunhadas em Maleia (Mleiha), hoje nos Emiratos Árabes Unidos.

Novamente num 4x4, desta vez do serviço de arqueologia local, cheguei a Thumrait e de lá ao sítio de Wubar, um florescente centro omanita de comércio de incenso, localizado ao lado da pequena aldeia de Shisr.

Sua história fascinante abraça ao mesmo tempo as lendas e o trabalho sério dos especialistas. No início dos anos 1980, um grupo de investigadores havia se interessado pela história de Ubar. Utilizaram dados que provinham dos satélites GPS e do Landsat da Nasa, bem como do satélite Spot para encontrar as antigas estradas cameleiras e seus pontos de convergência. As escavações que se seguiram, dirigidas pelos arqueólogos norte-americanos Hedge e Zarins, permitiram atualizar uma fortaleza que servia para proteger a estrada e sobretudo um ponto de água em forma de vasta caverna sob a fortaleza. Esta caverna teria desmoronado entre os anos 350 e 300 a.C., bloqueando assim o acesso à fonte, e talvez tenha sido a razão de abandono da cidade por seus habitantes.

Contudo, Ubar não foi descoberta pela simples utilização dos dados dos satélites, pois no início houve uma grande casualidade. Nos anos 1950, acredito que 1953, uma equipe dirigida por Sir Ranulph Fiennes, ao escavar as ruínas do forte de Shis'r, que datam do século XVI, encontrou por acaso os primeiros vestígios de Wubar (Ubar), interpretando como sendo o que T.E. Lawrence chamou pitorescamente de Atlantis das areias. Ubar, no entanto, não era o nome da cidade, mas o da região, pois, no século II, Ptolomeu em seu mapa a nomeia *Iobaritae* (Ubarite em francês, que daria Ubarita em português). Acredita-se que mais tarde a lenda sobre a existência de uma cidade perdida tenha usado o nome da região.

O sítio de Wubar fica ao sul do deserto de *Rub al Khali*, e a 170km ao norte de Salalah. Algumas fontes islâmicas se referem ao lugar como a terra do povo de *'Ad* e lembram que a rota interna de comércio do incenso passava por dentro do Crescente Vazio (*Rub al Khali*), mas a maior parte acredita que ela passasse às margens. O Comitê Nacional Omani de Supervisão das Missões Arqueológicas, em cooperação com uma universidade norte-americana, vem realizando no sítio um trabalho exploratório de pesquisa, tendo encontrado em princípio cerâmica, vidro, incensadeiras de diversos materiais e fragmentos de jogos de xadrez, geralmente datando do século I a.C. ao início e até o meio do período islâmico. Tudo leva a crer que teria sido um centro comercial florescente até quando perdeu sua importância por causa do colapso do comércio do incenso.

A datação mais antiga do local demonstra que ali houve estabelecimentos humanos desde a pré-história, por volta de 5 mil a.C, prosseguindo pelo neolítico e tendo uma solução de continuidade até o século II a.C. Os testes de carbono 14, porém, dão como sendo até o século V a.C. No entanto, a equipe exploradora considera que o reino estabelecido na região onde fica Ubar, que controlaria a extremidade oriental da Rota do Incenso, teria surgido 2.500 anos atrás. Mas ao lado os achados de *Shis'r*, onde trabalhou Sir Ranulph Fiennes, mostram datações muito mais recentes, do século XVI.

No legendário contemporâneo esta cidade é citada na obra de Howard Phillips Lovecraft como se fosse vizinha da Cidade sem Nome. Esta lenda provavelmente também deve ter inspirado Frank Herbert na sua novela as *Crianças de Duna* e, por último, a novela *Tempestade de Areia* de James Rollins, que situa a sua ação em redor de Iram (Ubar) e dos seus mistérios.

O terceiro dia foi intensamente dedicado às boswelias. Fui admirar as árvores que crescem sobre as inclinações mais baixas e nas escarpas do *Djebel Dhofar*, onde estão ao abrigo das chuvas da monção, recebendo apenas os ventos que refrescam a temperatura no verão. As incensadeiras são de altura mediana, porém as do gênero *Boswellia sacra* podem atingir 5m de altura. São elas que produzem exatamente ali o incenso mais raro de todos, o incenso branco azulado, denominado *Hujari*, que participa da composição de importantes perfumes, incluindo um dos mais caros, o *Amouage*.

Este perfume, cujo nome em árabe significa "ondas", foi criado pelo perfumista francês Guy Robert, e dizem que sua fórmula é guardada num cofre-forte na Suíça. São 120 essências, que dão a sua composição um aroma floral e frutado, com notas de rosa, jasmim e lírio do vale, misturadas com outras de abricó, lima e pêssego, sublinhado por meias notas de mirra, rosa de rocalha, além das do patchuli, da íris germânico-florentina, do sândalo, não esquecendo nunca do magnífico *hujari*. Além de tudo isso, excepcionais toques finais são dados através de notas de *âmbar-gris*, civeta e almíscar.

O *sûq* de Hafah, um *sûq al-mi'târa*, isto é, de perfumes, no Dhofar, que guardou seu aspecto tradicional, é um lugar excelente para comprar pedaços de olíbano e de mirra, especiarias, folhas de *becium dhofarense* para retirar do rosto a muito usada cobertura com índigo. O *Amouage*, no entanto, até há pouco tempo só era encontrado nos grandes perfumistas de Mascate, a capital de Omã, e no caso de Salalah, apenas nas lojas dos hotéis de luxo.

Deixei o Dhofar novamente no aviãozinho cujo amável piloto na volta ao Hadramawt subiu um pouco e sobrevoou um pedaço do grande deserto, o Crescente Vazio. Uma imensidão prateada, que me fez pensar em Almaqah, e nas várias interpretações sabeanas da Lua. Será que alguns dos caminhos caravaneiros o conseguia atravessar? Ou apenas o marginavam?

O incenso era transportado por terra ou por mar de Sumhuran e Taqah, no Dhofar, e da chamada "olfateria do Hadramawt", para Qana', no atual Iêmen, de onde as caravanas prosseguiam pela Arábia até o destino final.

A descoberta de alguns textos e inscrições e a exploração detalhada de locais arqueológicos e fotografias de satélite tornaram possível acrescentar cada vez mais ao estudo das rotas das caravanas.

Rumo à fronteira do norte

Minha primeira idéia foi tomar um táxi marrom, como são designados os táxis populares que ligam Sana'a a Saada, a cidade mais ao norte do país, quase fronteira com a Arábia Saudita. A viagem era menor do que as anteriores, e a experiência a caminho de Ma'rib mostrara que esse tipo de transporte permite uma deliciosa socialização com os outros passageiros, abrindo uma nova série de conhecimentos. Mas Layla me preveniu que seria impossível, pois para os caminhos do norte tanto seguindo pela parte setentrional do Jawf como diretamente em direção a Saada, eu necessitaria da presença de um guardião armado.

A experiência em Ma'rib me ajudou a convencer as autoridades que eu poderia optar por um motorista que também fosse segurança, com isso novamente eu precisaria ter a companhia de um simpático beduíno, desta vez chamado Amrulkais, armado com o seu *kalachnikov*.

Eu teria, portanto, mais uma vez um 4x4 com um guia armado, e uma bela paisagem pela frente.

A região entre Amran e Saada me mostrou um Iêmen diferente daquele das montanhas vizinhas a Sana'a. Os vastos terraços e as montanhas com rosados picos elevados deram lugar a platôs ocres e austeros. Amrulkais me explicou que a estrada marca mais ou menos a fronteira entre os territórios das duas principais confederações tribais do Iêmen, os Bakil (a leste) e os Hashed (a oeste), duas tribos aguerridas que continuaram fiéis ao Imã durante bastante tempo após a revolução de 1962. Seus membros ainda são muito unidos ao dogma zaydita e aos valores beduínos que governam o modo de vida dos seus habitantes, continuando bem independentes em relação ao poder central de Sana'a e intensamente devotadas aos seus sheiks, como eu tinha visto naquele casamento da sobrinha de Umm Bîlqis. Por isso, não tive surpresa ao encontrar homens armados com *kalachnikovs* em todos os cruzamentos.

Amran, a primeira cidade da etapa, se situa na encruzilhada entre a estrada do norte para Saada e a do oeste para Hajjah. Sua parte moderna cresceu ao redor da velha cidade medieval, mas contrariamente a Sana'a suas muralhas de 10m de altura e 3km de comprimento continuam quase intactas. Além de a paisagem ser inteiramente diferente da dos outros lugares que eu tinha visitado, meu interesse ali não foi apenas conhecer mais uma parte da Rota do Incenso, mas também penetrar no domínio zaydita.

Neste itinerário, Amran foi a primeira cidade construída de terra, característica da arquitetura do norte do país, sendo que a arquitetura local ainda parece ter um compromisso entre as construções de pedra das montanhas e o estilo de terra e taipa de Saada. Percorrendo a pé a velha cidade de ruelas estreitas, com suas casas de pequenas janelas, outras com vergas com magníficas inscrições em sudarábico, cheguei até o lado norte, onde as muralhas bem conservadas oferecem uma boa perspectiva. Dali fui até a porta ocidental, onde se estendia o animado *sûq* popular.

Ainda era bem cedo quando prosseguimos em direção a Raydâ, antiga aldeia judaica, onde Amrulkais me levou a encontrar alguns deles, velhos, mulheres e principalmente encantadoras crianças já com feições mais iemenitas do que hebréias, falando o árabe local com desenvoltura. A cidade estava animada com seu mercado semanal, o que me fez sentir bem sua população, e num antigo brechó comprei uma placa votiva de alabastro escrita em hebraico antigo. Talvez este encantamento em ter uma placa votiva naquele momento viesse de minha curiosidade despertada por uma outra placa que recentemente tinha sido encontrada no Jawf, e estava encantando o mundo arqueológico iemenita.

Não só em Raydâ, mas em diversas partes do norte ainda viviam algumas famílias judaicas, isoladas durante muitos séculos em pleno país muçulmano-xiita-zaydita. Dos muitos que ali tinham chegado há muitos séculos, hoje são apenas poucos que se congregam em Raydâ, outros em Saada e em aldeias ainda mais ao norte de Saada, mas também alguns ainda restam em Aden. Com a criação do estado de Israel, foram organizadas pelo governo do novo país partidas em massa de judeus iemenitas, principalmente das comunidades de Aden e outras regiões do sul, que ali estavam criando um fabuloso amálgama cultural e que hoje formam em Israel um grupo conciso, muito interessante, intimamente ligado à joalheria e à culinária.

Seguindo para o norte, os platôs se tornaram rochosos e secos, coloridos de mais acentuados tons de ocre. A cidade seguinte era Khamer, fortificada e a 2.600m de altitude, porém a estrada a evita. Entre Khamer e Huth está o coração do território da confederação tribal dos Hashed, dirigida pelo sheik Al Ahmar, presidente do Parlamento iemenita e que controla toda a região. Logo chegamos a Huth, uma aldeia mais aberta, ponto de apoio para a partida para a imperdível Shaharah.

Encarapitada a 3.000m de altitude, Shaharah é um verdadeiro ninho de águia, preservado do mundo, considerada como um dos sítios mais impressionantes do Iêmen. Anteriormente acessível apenas por uma velha ponte de pedra, datada do século XVII, recentemente foi aquinhoada com uma nova estrada de acesso. Como Saada, ela foi um dos lugares de refúgio dos resistentes quando das duas invasões turcas, devido à impossibilidade de desalojar os refugiados da sua praça-forte. Após a revolução de 1962, o imã Al Badr em fuga desde Taez ali se refugiou com o seu exército, e mesmo apesar de muitos meios modernos de ataque, o Exército egípcio não os pôde desalojar.

Logo na entrada da cidade, o visitante é acolhido por uma pequenina mesquita com um belo tanque de abluções. A cidade tem uma arquitetura medieval bem preservada, pois as poucas ruínas dos tempos de guerra vêm sendo restauradas primorosamente no perfil do conjunto.

Expliquei a Amrulkais que eu não poderia partir sem ver o entardecer. Em vez do hotel previsto em Huth, optei pelo Hotel Sari em Shaharah, um antigo palácio, ou grande moradia de uma família *sadda*, isto é, uma família de notáveis. O quarto era agradável, com traves de madeira no teto, almofadas e colcha em lindos tons de azul, nicho contendo um pequeno bule para chá, banheiro antigo mas, como tudo, muito limpo e confortável, e uma comida gostosa. Tudo por menos de 15 euros.

As grandes cisternas turcas, bem em frente ao hotel, me permitiram ver de manhã, muito cedo, mulheres vestidas de negro vindo buscar água com suas bilhas de cerâmica em tons de ocre, e com os pés e as mãos pintados com *naqsh*. Cheguei bem perto e elas não se incomodaram em mostrar com detalhes aquelas pinturas soberbas feitas com sulfato de manganês.

Um dos hóspedes, um francês muito entusiasmado, contou no café-da-manhã que viera a pé desde Huth. Cerca de cinco horas de subida, e como bom europeu estava muito contente por sua epopéia ter sido realizada em pleno sol. Eu subiria e desceria no 4x4, não só porque não teria fôlego para tal subida, nem para descida, porque mesmo que tivesse, ao contrário do entusiasmado hóspede, não deixaria de obedecer ao meu *laisse-passer* que não permitia que eu me afastasse do meu guardião e de seu *kalachnikov.*

Voltando a Huth, prosseguimos para Al Harf, onde uma estrada à esquerda partia para o Jawf. Eu tinha pensado em vir para o norte saindo de Sana'a pelo Jawf, mas por mais boa vontade que eu tenha sempre encontrado nas autoridades locais, desta vez eles me informaram que naquele momento, por ali, seria impossível.

Foi a partir de Al Harf que vi as primeiras habitações feitas com o chamado *zabur*, típico da arquitetura local do norte do país. São magníficos exemplos de construções em superposição de faixas de terra com níveis de diferentes cores, também existentes no muito próximo Jawf. Gradualmente, a paisagem se alargou, dando lugar a um grande platô rochoso, seguido de paisagens montanhosas vulcânicas. As aldeias de *zabur* se sucedem ao longo da estrada até Saada, e pude ver incríveis celeiros, altos e cilíndricos, também feitos de terra.

Saada, a mais setentrional das cidades do país, a 1.800m de altitude, é a última antes da fronteira saudita, o que lhe dá uma boa vocação comercial, e também certo caráter independente no que diz respeito à capital Sana'a e ao resto do país. Embora cercada por um árido platô calcário entremeado de amostragens vulcânicas, é situada no meio de imensa região fértil, onde se estendem pomares e campos cultivados. Na pré-história e mesmo no início da história, foi um pólo importante de povoamento neolítico (8.000-3.000 a.C.), gravuras rupestres foram encontradas num maciço montanhoso a oeste da cidade, ao redor do que devia ter sido um lago. Uma fixação de datas pelo carbono 14 nos carvões ali encontrados estabelece a data em 4.250 a.C.

A cidade existia bem antes da chegada do Islã, já figurando como etapa das caravanas da Rota do Incenso, no entanto, foi citada pela primeira vez somente nos arquivos do século X, quando Al-Hamdânî escreveu sua *Descrição da Arábia do Sul.*[100] Nesta época, ela já gozava de certa importância e se revelava como capital do zaydismo.[101] De fato, em 892, Yahya bin Husayn bin Qasim ar-Rassi, dignitário religioso de origem mesopotâmia de acordo com o ensinamento de Zayd ibn Ali, fundador do zaydismo, foi convidado pelos iemenitas para vir a Saada a fim de regular as diferenças religiosas entre suas tribos, o que fez com brilho, tendo fundado em 898 um Estado unificado, e em 901 foi proclamado Imã. A doutrina zaydita, a seguir, se espalhou por todas as Terras Altas. Em 1597, enquanto os turcos ocuparam Sana'a, o imã Al Mansur Al Qasim refugiou-se em Saada e a cidade se tornou a nova capital dos iemenitas zayditas rebeldes até 1636, data em que os turcos deixaram o país e Sana'a voltou a ser a capital. Em 1962, durante a guerra civil, as tribos realistas do Norte, opostas aos republicanos, prestaram seu apoio ao imã Al-Badr que organizou uma rebelião a partir de Saada.

A criatividade e o alto nível arquitetônico das construções iemenitas chamam a atenção por suas interessantes e diferenciadas técnicas. Ali no norte, como já disse, empregaram e ainda empregam o *zabur,* mistura de terra argilosa e de palha, colocada em faixas alternadas. A moldura das janelas às vezes é aumentada com uma camada de gesso, além de ter óculos em alabastro, devendo a dimensão reduzida dessas aberturas ao clima e às guerras sucessivas. O conjunto é harmônico e tem o fascínio das chamadas arquiteturas de terra, ultimamente tão estudadas pelas instituições internacionais de pesquisa, trabalho que começou com o outrora chamado Centro de Roma, o ICCROM,[102] um dos mais reputados centros de preservação, cujos programas especiais treinam especialistas no assunto.

A grande muralha de Saada tem duas portas, uma virada em direção à estrada que vai para o sul do Iêmen, e a outra em direção a Najrân, na

[100] *Description de l'Arabie du Sud,* por Al-Hamdânî (século X).

[101] Lembrar que no Iêmen de hoje a percentagem entre os muçulmanos é: 50% xiitas zayditas e 50% sunitas shafeïtas.

[102] Centro Internacional para a preservação e conservação de bens culturais, filiado à Unesco.

Arábia Saudita, que tomaram os nomes de Bab El-Yemen e Bab El-Najrân. Comecei a visita pela primeira, que se abre sobre a estrada de Sana' a, e ao penetrá-la se atinge diretamente o centro do *sûq*, onde até os anos 1990 ficavam muitos comerciantes judeus, principalmente os fantásticos joalheiros. Um pouco mais distante, a Grande Mesquita do século XII tem 12 cúpulas caneladas, e protege os túmulos de Al Adeje Yahya Ibn Al Hussein e sua família, sendo o lugar mais sagrado dos zayditas iemenitas.

O percurso na velha cidade me encantou pela beleza das ruas, e a possibilidade que me trouxe de ver magníficas perspectivas do alto das amplas e ainda intactas muralhas de terra. Tanto para o oeste como para o norte, dali pode ser admirado o mais vasto e antigo cemitério zaydita do Iêmen, com seus mausoléus e suas estelas cuidadosamente esculpidas. A leste fica um imponente forte antigo, hoje prédio administrativo, porém não aberto à visitação.

O fraco e quase nulo turismo na região traz inconvenientes financeiros, porém é uma benesse para a proteção de uma cidade de terra esplêndida e profundamente frágil como Saada.

Mesmo sabendo que as fronteiras às vezes são elásticas, dependendo da boa vontade de ambos os lados, nós prosseguimos com cuidado para o norte de Saada, usando a estrada que atravessando a fronteira Saudi chega a Najrân (Al-Ukhdood). Ali está o antigo ponto nevrálgico das comunicações do centro e norte da Arábia com o sul, isto é, com a antiga Arábia Felix. A cidade é herdeira de uma longa história, como testemunha o sítio arqueológico de Al-Ukhdood, cuja ocupação data do século V a.C. e possui vestígios de um templo, mais tarde convertido em mesquita, e uma imponente estrutura, no coração fortificado da cidade, que talvez tenha sido um palácio, cujos muros mostram bonitas inscrições. Najrân foi igualmente a cidade das sete muralhas descrita pelos romanos que tentaram em vão tomá-la quando da sua infeliz campanha no sul da Arábia no século I antes da era atual.

Habitado durante 4 mil anos, o oásis de Najrân foi uma parada obrigatória da Rota do Incenso, tendo tido seu apogeu durante os séculos I e II a.C. Em 520 d.C. Apesar de os reis do Himiar terem abraçado o judaísmo, o cristianismo foi fortemente implantado naquele oásis, e também na ilha de Socotorá, além de ter estado presente em menor profundidade em Ma'rib e no Hadramawt. As igrejas de Zafar e do porto de Makhwân, hoje al-Makkha (Moka), que haviam sido criadas como conseqüência da missão cristã de Teófilo, o Indiano no século IV, deixam supor que nestes lugares na época também havia comunidades cristãs, tanto estrangeiras como autóctones.

Contudo o Iêmen era majoritariamente judaico quando os abissínios intervieram em 519 para instalar um rei cristão, cuja morte provocou a vinda de um príncipe judeu radical, Josefo (Yûsuf As'ar Yath'ar) que se lançou numa política antiabissínica e antibizantina, que se traduziu como anticristã. Com seu radicalismo absurdo, o rei judeu logo tomou Najrân e tentou converter os notáveis locais. Não tendo conseguido seu intento os condenou à morte, entre eles Arethas, depois santificado, a figura mais importante do cristianismo himiarita local.

O número de mártires cristãos, segundo algumas fontes, foi de algumas centenas, e a perseguição a eles se estendeu por outras terras, como o Hadramawt. No entanto, por instigação das autoridades eclesiásticas, o rei cristão abissínio, Kaleb Ella Asbeha, preparou a resposta e, tendo triunfado, durante cerca de 40 anos o cristianismo se tornou a religião oficial de Himiar, caso único na península arábica. Nesta época foi construída a bela catedral de Sana'a.

Uma das curiosidades que eu tinha era saber como o cristianismo teria penetrado no Iêmen, principalmente ali no norte. Eu sabia que a presença dos judeus naquelas terras vinha de longa data, e que a conversão da dinastia himiarita ao judaísmo tinha acontecido no século I, quando houve um primeiro anseio de um de seus reis pelo monoteísmo. De acordo com as considerações do bizantino Philostorgos, Teófilo, o Indiano, cuja missão (339-344) designada pelo imperador romano do oriente, Constâncio II, era a conversão dos antigos sudarábicos à doutrina do Cristo, encontrou muitos judeus no ambiente do rei himiarita. Além disso, o religioso citou que os cristãos da população local seguiam preceitos judaicos.

Os fragmentos de uma inscrição em grego, descoberta nas escavações arqueológicas de Qana', e datada da segunda metade século I, isto é, bem anterior ao testemunho de Teófilo, invoca um deus único e faz menção a *agiou topou,* designação corrente para sinagoga.

O mesmo historiador bizantino relatando a missão de Teófilo, o Indiano, cita que apesar disso ele teria conseguido que o rei himiarita construísse igrejas, dando partida a um caminho para a cristianização.

Durante muito tempo a preocupação himiarita tinha sido buscar um monoteísmo, sem definir qual. No entanto, numa análise mais profunda, isto mostra uma coerência com a proposta centralizadora que tinham em mente, pois assim poderiam dobrar o individualismo religioso dos antigos reinos. Na corrida da busca deste monoteísmo, foi a proposta judaizante que prevaleceu. Mas no norte, no grande oásis de Najrân, o cristianismo de forte feição nestoriana tinha penetrado com muita força. Para esta introdução a tradição árabe oferta duas versões, com pequenas diferenças, trazidas até nós por Ibn Hishâm e por Tabarî, ambas citando um cristão denominado Faymyûn e seu discípulo Sâlih como sendo os iniciadores da pregação cristã aos habitantes de Najrân. Estas duas versões árabes, no entanto, não são datadas pelos autores,[103] mas curiosamente em Najrân, quando souberam que eu era "nazarena", a mesmíssima versão me foi contada com entusiasmo, uns a atribuindo a Tabarî outros a Ibn Hishâm.

[103] Ver em Tabari *op. cit.*, I, vol. 2, p.920-925; ou então em J.W. Hirschberg, "Nestorian Sources of North-Arabian Traditions on the Establishment and Persecution of Christianity in Yemen", *Rocznik Orientalistyczny*, 13 (1939-49), 1949, p.321-324.

Hoje, como há mais de cem anos, o oásis de Najrân é povoado pela forte e brava tribo dos Yam, tribo esta que o rei Abdulaziz, na época da fundação da Arábia Saudita, teve dificuldades em controlar. Dali é fácil o acesso ao sítio arqueológico de Qaryat Al Faw, onde, além das construções ainda visíveis, com suas torres e hipogeus, em um penhasco próximo, gravuras rupestres proto-históricas confirmam a antiguidade da vida humana na região. Porém esta escapada era interditada pelo meu *laisse-passer*, já tendo sido muito bom conhecer Najrân, com seu aspecto suave e calmo, apesar do entusiasmo das visitantes no *sûq* das mulheres, um dos poucos deste tipo na região, e o dos homens no *sûq* das pratas, onde são encontradas bem confeccionadas *jambiyas*, tradicionalmente usadas também pelos homens saudi.

No sábado que eu estava em Saada, como em todos os outros, o *sûq* Al Tahl realizou seu impressionante mercado de armas. Vi surpresa que ali se pode comprar *kalachnikovs*, pistolas, munições, enfim tudo que provém de mercados ilegais.

Nas vizinhanças da fronteira e distante da capital, as tribos ditam a lei! Os limites fronteiriços são tênues, como se tivessem sido traçados a lápis.

Os muito antigos caminhos do Al Jawf

Amrulkais recebeu este nome por causa de Imru Al Qays, o maior dos poetas pré-islâmicos, cuja obra ainda hoje vem sendo estudada, tanto no Oriente como no Ocidente. Mas ele ainda não escreveu uma poesia para sua noiva foi o que ele me disse, encantado com minha lapiseira que acabou sendo dele, naquela manhã em que me levaria de volta a Sana'a. O planos, no entanto, foram inteiramente modificados quando Layla telefonou contando que Umm Bîlqis tinha ficado muito aborrecida ao saber que eu havia sido impedida de passar pelo norte do Jawf, e resolvera tomar providências.

"Não é possível que uma pessoa que veio de tão longe, para percorrer a nossa Rota do Incenso e conhecer mais a nossa Rainha, tenha que pular uma etapa importante dos seus planos, ao deixar de passar por essa parte do Jawf". Foi muito engraçado, pois enquanto Layla me contava esta história, eu também ouvia a voz de sua mãe falando ao lado sem parar e eu só entendia ela dizer: *Baraka! Baraka!*

Graças à ajuda de Umm Bîlqis, eu teria que partir o quanto antes para Al Harf, e de lá poderia enfim prosseguir para o Jawf, comboiada por um carro da segurança militar, que também acompanharia membros de uma missão arqueológica que trabalhava na região. Mais tarde, já de volta a Sana'a, eu soube com detalhes tudo que Umm Bîlqis havia feito para conseguir aquela chance para mim. As palavras que ela tinha dito — *Baraka!* — eram pelo bom resultado que teve.

Tudo tinha sido tão bem organizado que quando cheguei ao ponto de encontro já estavam providenciadas novas licenças para Amrulkais e para mim, além de garrafas com água e uma echarpe preta.

— Não, não é para você cobrir o rosto, mas sim para protegê-la do sol forte do Jawf, disse rindo um dos arqueólogos do grupo que viajaria na mesma "expedição".

Os três 4x4 viraram em direção ao leste, e vi que volta e meia apareciam outras belas construções em *zabur*. O carro da escolta tinha quatro homens armados, o da missão arqueológica mais um que, com Amrulkais, faziam seis para defenderem cinco estrangeiros em busca da Rainha de Sabah.

Recentemente tinha havido alguns problemas naquela região, supunha-se que criados pela insatisfação de certas tribos, cujos sheiks, considerando-se donos de um poder absoluto, eram hostis aos estrangeiros. Com isso, estavam suspensas as excursões turísticas e até as missões arqueológicas que não tivessem alta prioridade.[104]

O Jawf ou Djawf, uma vasta depressão tectônica a mais de uma centena de quilômetros a nordeste de Sana'a, é formado pelo Wadi Madhâb, ligado pelos Wadis Khârid e Majzir, que escoam suas águas para o leste-sudeste na direção do vale do Hadramawt. Foi nesta região que apareceram diversos pequenos reinos, entre os quais o de Nashshân e o de Ma'in.

104 Segundo recentemente me informaram, nos dias de hoje cessou o perigo de rapto que poderia ter existido.

Eu sabia que a região possui um bom número de sítios arqueológicos e que os mais importantes estão na faixa que vai do sudeste ao noroeste, sendo que Barâqish, a antiga Yathill, Ma'în, a antiga Qarnaw, capital deste reino, eu já havia visitado. Além destas, outras, inclusive Kamna, a antiga Kaminahû, a antiga Nashq, hoje al-Baydâ, e al-Sawdâ, a outrora importantíssima Nashshân, que eu passei então a conhecer.

O arqueólogo-arquiteto chamou minha atenção para as obras arquiteturais e as realizações artísticas do Jawf, excepcionais tanto por sua originalidade como pelo seu alto nível de execução.

"Isto transparece, sobretudo, nos templos conhecidos como *Banât'Âd*, ou seja, das jovens de 'Âd, com os seus pilares de decorações entalhados e seus relevos, que também são encontrados em diversos outros lugares além do de Ma'în que você já conhece".

Tive muita sorte em ter dividido a escolta com o grupo de colegas arqueólogos que gentilmente me transmitiram muitas informações e entre elas as novidades mais recentes. Um deles, creio que o que me entregou a echarpe preta e brincou, era epigrafista e eu já o tinha visto de longe no centro de estudos franco-iemenitas de Sana'a.

Ao longo do primeiro milênio antes da era atual, os sítios do Jawf trouxeram um número importante de inscrições, textos estes que ao serem decifrados ajudam muito a reconstituição da história política, religiosa e social destas cidades-estado ou pequenos reinos, cada uma delas com seu panteon específico e uma organização política e social própria.

A maior parte das inscrições era redigida em madhâbiano, língua que tira o seu nome do Wadi Madhâb, o curso de água do vale do Jawf ao longo do qual se repartiam as populações que o utilizavam assiduamente.[105]

105 Arbach, Mounir: 1993: *Le madhâbien: lexique, onomastique et grammaire d'une langue de l'Arabie méridionale préislamique*, tese de doutorado, Universidade de 'Aix-Marselhal. 2000: "Les langues sudarabiques épigraphiques préislamiques. Traits communs et spécificité", *Travaux 16 — La sémitologie aujourd'hui*, Cercle linguistique d'Aix en Provence, Publications de l'université de Provence.

Foram também encontradas em outros sítios do Jawf inscrições cientificamente datadas como sendo dos séculos VIII e VII a.C., redigidas em sabeano, e de um período ulterior — a partir do século VI a.C. em lugares como Kharibat Hamdân, al-Baydâ' e al-Sawdâ'. Além dessas inscrições em madhâbiano e sabeano, foram encontradas outras em mineano, que hoje adquiriram uma grande importância.

Novas descobertas — infelizmente oriundas de pilhagem —, o que leva ao desconhecimento de certos dados importantes, também enriquecem incessantemente um *corpus* já variado.

A datação foi um dos assuntos prediletos quando nos encontrávamos, principalmente para beber água.

A opção atual em datar os primeiros reinos sudarábicos em geral e os do Jawf em especial no século VIII a.C., considerada por alguns como "longa", que aliás eu prefiro considerar "extensa", descansa, em primeiro lugar, nos sincronismos entre os reinos de alguns soberanos neo-assírios e soberanos sabeanos. Yalâ, a antiga al-Durayb, localizada a sudoeste de Ma'rib, ao ser escavada trouxe textos provavelmente do século VIII a.C., que mencionam soberanos sabeanos citados nos textos assírios, confirmando suas identificação e datação. Esta cronologia, chamada longa, também é confortada por outras descobertas arqueológicas e epigráficas, principalmente em al-Sawdâ' (Jawf) e Raybûn (Hadramawt), que levam a pensar que a escrita sudarábica teria sido fixada de maneira definitiva por volta do século VIII a.C., isto é, na mesma época que outras escritas, inclusive a dos hebreus.

"No entanto, suas mais antigas atestações, como os fragmentos com inscrições descobertos sobre vários sítios (Yalâ, Raybûn, Hajar e Humayd), remontam aos séculos XII e XI a.C., sendo que nenhum deles é um texto verdadeiramente significativo. Não deixo de ter sempre em mente que a ordem alfabética utilizada na Arábia do Sul é de raiz ugarítica", continuou ele, "tendo portanto sido atestada anteriormente na Síria, a partir do século XIV a.C., contudo a forma definitiva da escrita sudarábica hoje estamos certos que foi elaborada aqui no Iêmen."

As palavras de Jean-Michel, o arqueólogo epigrafista, demonstravam um grande entusiasmo, ele há muitos anos se dedicava ao assunto, e tinha voltado a morar em Sana'a e trabalhar no Jawl há seis meses. Não pensava em partir tão cedo, pois para sua pesquisa fundamental aquele trabalho era essencial.

No estado atual dos conhecimentos se considera que o último quarto do II milênio a.C. corresponde à transição entre a idade do bronze e o período proto-sudarábico. Este período é caracterizado pelo início da utilização da escrita alfabética e o aparecimento de cidades dotadas de obras defensivas, como Yalâ. Mas tomando como base as inscrições do século VIII a.C. observa-se que são elas que marcam um momento decisivo, caracterizado pelo estabelecimento dos reinos sudarábicos e pela fixação de sua escrita. Atualmente, a documentação existente ainda é insuficiente para descrever com exatidão a situação política da Arábia do Sul no início do período dito sudarábico. Os conhecimentos disponíveis muitas vezes se limitam a alguns textos, na maior parte sabeanos, mencionando nomes de soberanos cujo título exato não aparece, e cujos reinos seriam situados no século VIII a.C., na região do Jawf.

Algumas inscrições desta época encontradas pela missão arqueológica francesa[106] e descobertas clandestinas, como as de al-Sawdâ'[107] e Kamna, são inequívocas provas da existência das entidades políticas — as cidades-estado — no século VIII a.C. Como em certa época no reino de Sabah, também os soberanos ali atestados,[108] pelas inscrições do século VIII a.C., não levavam o título *mkb* se tratando provavelmente de reis.

Foi nessa época que o comércio entre a Arábia do Sul e o Médio Oriente iniciou o seu maior desenvolvimento. O comércio do incenso e

106 Robin, Christian: 1992: *Inventaire des inscriptions sudarabiques. Tome 1: Inabba', Haram, al-Kâfir, Kamna et al-Harâshif,* Paris, Académie des inscriptions et belles-lettres / Rome, Istituto Italiano per il Medio ed Estremo Oriente.

107 Garbini, Giovanni & Francaviglia, Vincenzo M., 1997 : "I troni dei re di Nashan", *Atti della Accademia Nazionale dei Lincei — Rendiconti,* série IX, vol. VIII, fasc. 2, p. 239-252.

108 Em al-Sawdâ', Kamna e de Kharibat Hamdân.

outros aromáticos, cobiçados pelas grandes potências, sobretudo pelo império assírio-babilônio, foi uma fonte de riqueza essencial para o grande desenvolvimento dos reinos sudarábicos.

No início do século VII a.C. a região do Jawf estava dividida em pequenos reinos, dos quais os mais importantes era o de Nashshân (atual al-Sawdâ'), seguido de Haram (Kharibat Hamdân), Kaminahû (Kamna), Inabba' e provavelmente Ma'în, cuja mais antiga referência também remonta a essa época. Uma inscrição[109] cita as vitórias do soberano sabeano Karib' îl Watâr sobre os diferentes reinos sudarábicos, sobretudo os do Jawf.

Durante o seu reinado, este soberano sabeano tentou controlar o conjunto do território da Arábia do Sul, tanto pelas conquistas militares, como fez no Jawf e em Markha, ou ainda por alianças, como fez com os reinos de Hadramawt, Qatabân, além de outros.

Situadas sobre a rota caravaneira que ligava Ma'rib a Najrân, as cidades do Jawf ocupavam um lugar estratégico no controle do comércio dos aromáticos. Para dominar este comércio, nos século VIII-VII a.C., os sabeanos construíram duas cidades fortificadas sobre o Wadi Raghwân, além de terem o controle de Barâqish e dos seus arredores, implantados na cercadura meridional do Wadi Jawf, como é atestado por algumas inscrições sabeanas ali encontradas e que datam desta época.[110] A cidade de Nashq (atual al-Baydâ'), na época dependente do reino de Nashshân, foi tomada por Karib' îl Watâr, que ali estabeleceu uma comunidade sabeana. Só o centro do reino de Nashshân, apesar de ser a parte mais importante do Jawf, parece ter escapado da ocupação sabeana, mesmo tendo sido alvo de duas campanhas militares efetuadas pelo exército de Karib' îl Watâr.

[109] Inscrição RES 3945.

[110] Robin, Christian: 1993: "Trois inscriptions sudarabiques trouvées aux environs d'al-Baydâ' du Jawf (Yémen)", *Egitto e Vicino Oriente*, n° XVI, 173-81.

Procedentes do século VII a.C. novos textos inéditos deixaram aparecer que o reino sabeano mais tarde passou a ficar em bons termos com os principados do Jawf. Por uma inscrição sabeana,[111] deixada por seu *mukarrib* Karib'îl Watâr, se soube que ele era contemporâneo de Sumhuyafa', filho de Labu' an Yada, soberano de Nashshân, já conhecido de textos anteriores.[112] Duas novas inscrições idênticas, deixadas por este Labu'an Yada, empregam a fórmula de fraternidade *'ikhwat* em relação à Almaqah, a Karib'îl e a Sabah. As relações de Nashshân com Sabah parecem ter sido boas nessa época. Quanto a Karib'îl, trata-se de Karib'îl Watâr, filho de Dhamar'alî Dharih (fim do século VIII — início do século VII a.C.), que se identifica com Karib'îlu, rei de Sabah, mencionado nas fontes assírias. É por conseguinte possível concluir destes dois novos textos que não somente o reino de Sumhuyafa, mas também o de seu pai Labu'an foram contemporâneos do de Karib'îl Watâr.

Cito isto para mostrar as ginásticas que os arqueólogos e historiadores muitas vezes têm que fazer para que os dados multipliquem suas informações. É um trabalho cuidadoso, demorado, para alguns tedioso, mas para outros como para mim delicioso.

A viagem ao Jawf, e o contato com Jean-Michel, o epigrafista, foram essenciais na montagem do cenário que eu buscava no meu trabalho. A visão sobre o desenvolvimento do Jawf e a ancoragem que traz suas inscrições demonstravam que o avanço dos reinos sudarábicos era maior do que o de outras terras do Oriente Próximo, e que apesar de seu poderio bélico a comunicação com seus vizinhos regionais demonstrava uma visão amadurecida sobre a importância do comércio. Tanto nas inscrições, como nos documentos assírio-babilônios também não consta

111 RES 3945.

112 Inscrições do trono, Garbini & Francaviglia 1997. 1997: "I troni dei re di Nashan", *Atti della Accademia Nazionale dei Lincei — Rendiconti*, série IX, vol. VIII, fasc. 2, p. 239-252. "A dinastia de Labu'an filho de Mada'ab foi precedida do reino de Abbî'amar Sadiq, fundador do templo extramuros de al-Sawdâ."

que os reinos sudarábicos impusessem às mulheres os cerceamentos como faziam outros povos do Oriente Próximo.

Até então as diversas referências às rainhas da Arábia do Sul eram provenientes principalmente dos documentos assírio-babilônios. Não havia uma prova arqueológica, um documento tangível sobre sua existência. No entanto, de repente as coisas mudaram e um novo caminho para uma rainha sudarábica foi aberto quando numa prospecção arqueológica ali mesmo, no Jawf,[113] habitantes locais trouxeram para os arqueólogos centenas de peças encontradas nos arredores.

Estas peças provinham de diferentes sítios, principalmente de al-Sawdâ', Ma'în, Barâqish e seus arredores.[114] Entre elas figurava um grosso bloco de pedra calcária comportando uma inscrição de duas linhas,[115] que foi assim descrito:

> O bloco de pedra calcária esquadrejada tem 18cm de altura, 72cm de largura e 11,5cm de espessura, tendo a face anterior alisada e pintada de vermelho, comportando uma inscrição de duas linhas, com letras de l7,5cm de altura, com os seguintes dizeres, que traduzido para letras latinas daria:
>
> 'bwtn bnt Ys3q'l d-Sn' s3l=
> 't Nkrhywm mlkt Nt'htn

113 Arbach, Mounir: 2002: "La reine de Saba' entre légendes et réalité historique d'après les inscriptions sudarabiques préislamiques", Paris, *Graphè, n° 11: La reine de Saba*, p. 69-82.
114 Todas essas peças, atualmente depositadas ao Museu Nacional de Sana'a, vêm sendo devidamente tratadas, catalogadas e numeradas.
115 Arbach & Audouin — 2004 a e b — a): "Nouvelles découvertes archéologiques dans le Jawf (République du Yémen). Opération de sauvetage franco-yéménite du site d'as-Sawdâ' (l'antique Nashshân). Temple intra-muros I". *Rapport préliminaire*, Cefas-Fonds social de développement, Sana'a (em francês e em árabe). 2004 b): "Un panthéon de l'Arabie du Sud en images. Le temple I d'as-Sawdâ'. Découvertes archéologiques dans le Jawf (République du Yémen). Opération de sauvetage franco-yéménite du site d'as-Sawdâ' (l'antique Nashshân). Temple intra-muros I." *Rapport préliminaire*, CEFAS-Fonds social de développement, Paris (em francês e em inglês).

A inscrição mostra que o autor foi uma mulher que quando reinou sobre ***Nt'htn*** fez sua *dedicace* ao deus ***Nkrh***. Oriunda de escavações clandestinas no Jawf, o que atrapalha um pouco a exatidão da sua procedência, esta inscrição embora curta é de grande importância. Pela primeira vez é mencionada uma mulher que reinou na Arábia do Sul em região que, apesar de não ter sido exatamente identificada, sabe-se que foi um dos reinos caravaneiros.

Sua datação paleográfica se refere ao meio do século VII a.C., sua língua é a mineana, falada em Ma'in, que se expandiu nos reinos caravaneiros e por toda a rota.

Assim, a descoberta de certa maneira relançou o debate sobre a história legendária de Bilqîs, a Rainha de Sabah.

Para os curiosos, vamos mexer um pouco com epigrafia para vermos como chegaram a algum resultado:

'bwtn: nome próprio feminino é teóforo,[116] composto de ***'b* + *Wtn***, já atestado anteriormente; e é igualmente usado por homens. Conhece-se também ***S***, nome de homem.

Em todos os nomes teóforos, isto é, de origem divina, o elemento divino está de acordo. ***Wtn***,[117] que fazia parte do panteon sudarábico, como atesta uma outra inscrição que cita um rito anual de sacrifício efetuado junto a Wathan, e num outro texto, em que Almaqah, o deus nacional do reino de Sabah, é qualificado de "Senhor do Wathan de *dhû-Qadam*". Por último, a deusa *Shams*,[118] "Sol" é qualificada igualmente de "senhora dos Wathan".

Quanto ao elemento ***'b***, "pai", encontra-se na onomástica sudarábica dos nomes teóforos nos quais ***'b*** é o elemento divino, como em *byd*', ***'b'*** etc.

Ys3q'l: é um nome de homem já conhecido por uma inscrição sabeana.

[116] Vinculado à divindade.

[117] *Wathan.*

[118] Masculina ou feminina.

d-Sn': nome de linhagem, atestado pela primeira vez em ***S3l't***: verbo na terceira pessoa do feminino singular, que significa "dedicar, oferecer", empregado unicamente nas inscrições mineanas.

Nkrh: é o nome de divindade venerada principalmente em Ma'în, a antiga Qarnaw, e em Barâqish e seus arredores, onde vários templos intra e extramuros lhe foram consagrados.

ywm mlkt: "o dia em que reinou", ou então o tempo em que reinou, ou ainda o dia que foi eleita. Esta fórmula aparece aqui pela primeira vez; esperar-se-ia-se "a ***b-ywm*** + nome do soberano (ao tempo...)", ou "***b*** + nome de soberano".

No sudarábico epigráfico, o verbo ***mlk*** é exclusivamente utilizado no sentido "reinar, tornar-se rei"; forma facultativa em sabeano ***hmlk***, em mineano ***s1mlk*** "investir dos poderes certamente elevados, ou seja: tomar o poder sobre". O substantivo ***mlk*** tem em contrapartida um duplo sentido "rei/rainha" e "propriedade, bens, domínio". "Este duplo sentido do substantivo sudarábico ***mlk***, se encontra em árabe no verbo malaka, reinar; possuir e também no substantivo malik, mâlik, mulk" rei; proprietário; propriedade, ou também *malika* = rainha. Em sudarábico é o verbo ***qny*** que tem o sentido de possuir, adquirir; ter uma criança é também uma forma facultativa para oferecer, dedicar. A forma intensiva ***mllk***, árabe *mallaka*, "investir cerca de um dos poderes certos"; render uma propriedade a alguém, não é atestado em nenhuma língua sudarábica.[119]

A interpretação do verbo ***mlkt*** mencionado na nova inscrição depende da palavra que o segue, ***Nt'htn***. Tentamos traduzir o verbo ***mlkt*** no sentido "reinar"; esta interpretação exclui o sentido "possuir, adquirir", para que se possa deduzir com certeza que este verbo teria sido usado, como em árabe, no duplo sentido "reinar e possuir".

[119] A forma verbal intensiva f''l, nome da ação tf'l, é bem atestado em mineano, 'lly "elevar", z "avançar", Cf. Robin 1983, p. 171-2.

Nt'htn: a forma — em ***htn*** recorda a do feminino plural determinado em mineano, como, por exemplo, **'nthtn** — as mulheres.[120] Conhece-se um nome próprio, a linhagem, ***'mnhtn***, que tem a mesma forma de ***Nt'htn***.

A tradução então é:

Abîwathan, filha de Yasaq' îl, da linhagem de Sana', ofereceu à Nakrah, no dia em que ela reinou sobre Nat'ahatân.

Para Jean-Michel, apesar do grande número de escritos que evocam a figura da Rainha de Sabah, nenhuma prova arqueológica ou epigráfica tinha apontado diretamente para a sua existência na Arábia ou no Oriente Médio. Falou ligeiramente sobre os textos sagrados onde ela permaneceu sem nome próprio. Seu entusiasmo era, sobretudo, ligado aos cronistas e narradores do Oriente, que a haviam finalmente interpretado melhor e lhe dado um nome: Bilqîs. As ligações abissínias de Makeda segundo ele não tinham sabor de verdade.

Até então, os especialistas que trabalham sobre a Arábia do Sul, principalmente com a arqueologia e outras ciências interpretativas, haviam encontrado apenas uma menção do termo "rainha", figurando numa inscrição sabeana datando do início do século III da era cristã. No entanto, esta alusão é decepcionante pois se tratava apenas da esposa do rei do Hadramawt, *Malikhalak*, e de modo algum de uma mulher verdadeiramente reinante.

A inscrição inédita a que nos atemos, e que só recentemente teve seu estudo aberto ao público, é uma nova peça no que eu chamaria de processo "Bilqîs". Certamente, ela não dá resposta definitiva à procura mítica da Rainha de Sabah, mas poderia bem ser a primeira comparação de uma rainha que teria reinado na Arábia do Sul no século VII a.C.

[120] M 293 A/3, 300/5.

O tempo era pouco e não dava para rever Ma'in, pois a escolta nos alertou sobre o horário rígido a cumprir. Eu deveria partir de Sana'a no dia seguinte, prosseguindo minhas buscas fora daquela Arábia tão feliz.

No carro, já descendo para Sana'a, Amrulkais me passou um *khubz*. Lembrei como nas horas que se passaram entre eu deixar a mesa do café-da-manhã e o momento que enganei o estômago com aquele pãozinho, tantas coisas aconteceram e, sobretudo, um novo espaço fora aberto para minha busca sobre a Rainha de Sabah.

Como eu poderia agradecer a Umm Bîlqis este grande encantamento que me proporcionou? Aliás, como eu poderia agradecer a ela e a família inteira começando por Layla, o auxílio que me deram para penetrar em Sana'a profundamente, e conhecer um pouco da cultura sudarábica. O carinho com que me trataram será inesquecível, e desperta saudade cada vez que relembro aqueles dias maravilhosos. Tive dois motoristas guardiões, sempre munidos de *kalachnikovs*, mas pessoas amigas, suaves, alegres, e ao mesmo tempo silenciosas e discretas que me ajudaram a rodar de cima a baixo a terra da Rainha de Sabah.

Prosseguindo na Rota

A participação dos nabateus

Um encontro com os nabateus

Hégra foi o lugar em que os nabateus, a partir do século IV-III a.C., passaram a participar da Rota das Caravanas. Até então as cáfilas que saíam do sul da Arábia prosseguiam até o porto palestino de Gazza, com a composição e direção dos próprios reinos caravaneiros, apenas com um pequeno apoio aqui e lá de outras tribos do deserto. Aos poucos certas tribos nômades que esporadicamente ajudavam a travessia no norte da península passaram a se organizar a partir de Hégra, tendo sido nesta época que a participação nabatéia se tornou visível.

Mas quem foram eles?

Deste povo árabe, durante muito tempo, se conhecia apenas simples menções, em especial de Flávio Josefo, e também dois textos mais detalhados, de Diodoro e Estrabão, contemporâneos de César e Augusto. Mesmo com apenas uns 50 anos os separando, apoiados sobre testemunhos diferenciados, estes dois últimos deram imagens opostas aos nabateus. A cronologia que seguimos[121] conta as fases primordiais do lugar, mencionando as ocupações das comunidades neolíticas na região, e mais tarde a instalação dos edonitas, que a abandonaram em busca de outras terras.

Em 312 a.C., imediatamente depois das conquistas de Alexandre, os nabateus formavam uma tribo nômade, hábil em tirar partido dos magros recursos do deserto, que se opusera às invasões macedônias agrupando mulheres, crianças, velhos e tesouros em um refúgio escarpado. No início da era atual, os vemos já confortavelmente instalados numa cidade luxuosa, capital de um reino vasto, e logo após como potência regional que Roma, senhora do Oriente Próximo, não demorou a cobiçar, dominar e a seguir transformar a Nabatéia numa província da Arábia cuja capital escolhida foi Bosra, no sul da Síria.

Não é muito fácil relatar a origem exata deste povo que construiu um mito fantástico e deixou uma herança cultural fabulosa. Aliás, nisso são mestras as civilizações arábicas, tão desconhecidas do Ocidente em suas verdades e propostas.

Na sua origem, os nabateus foram apenas mais uma tribo árabe de origem geográfica imprecisa, mas que de acordo com a Bíblia teria tido como antepassado Nebayot, o mais velho dos 12 filhos de Ismael. No entanto seu nome se aproxima de *nabata* em hebraico, que no tempo do rei assírio Teglath-Phalasar III designava os homens de fala aramaica, e a seguir passou a designar as tribos árabes nômades que pagavam tributo a Assurbanípal. Outras fontes afirmam que o nome seria um derivativo de vários nomes antigos, todos similares e que parecem ter o mesmo significado. No entanto, apesar do significado do nome estar ainda em discussão, se chega até a palavra árabe *nabata,* que quer dizer "tirar água de um poço" ou "cavar um poço", o que evoca um ponto

[121] Ver nos anexos Cronologia dos Nabateus.

essencial da civilização nabatéia e típico das chamadas civilizações caravaneiras: o controle da água, num meio ambiente subdesértico.

Para o nosso sossego, ficaremos então com um significado mais fácil ao defini-lo como "a tribo originalmente de fala aramaica, que passou a fazer nabata, ou seja, tirar água do poço".

Através de uma infiltração pacífica estas tribos foram progressivamente ocupando o antigo reino de Edom, abandonado por seus habitantes, e a partir do século VI a.C. começaram a se instalar com firmeza na região no sul da antiga fortaleza edomita de Sela, já nas terras da Arábia, se estendendo até Hégra, hoje na Arábia Saudita.

Assaltantes de caravanas no início, aos poucos eles foram se tornando seus protetores, evoluindo mais tarde para co-proprietários destas mesmas caravanas. Exigiam uma taxa em troca da sua proteção a todas aquelas que atravessavam o seu território, equivalente a um direito aduaneiro percentual sobre o valor das mercadorias. O que construíram no início não se tratou de um reino no sentido administrativo do termo, seria melhor definir como uma zona de influência, compreendida entre Damasco ao norte, Wejh (sobre a costa da atual Arábia Saudita) no leste, Hégra no sul, bem ao norte da atual Medina, indo do sudoeste até o delta do Nilo. Compreendia também santuários religiosos como Khirbet ed-Dharih e Khirbet ed-Tannur.

O saber e a engenhosidade tinham sido os únicos recursos que os primeiros nabateus puderam explorar. Este saber foi adquirido durante séculos de vida nômade, no curso dos quais sua sobrevivência era centrada na investigação da água e dos pastos para as suas pequenas manadas de dromedários, carneiros e cabras. Encontraram fontes no deserto e aprenderam como conservar a água da chuva do inverno e a das cheias dos *wadi* que guardavam em cisternas escondidas, escavadas nos próprios rochedos da região. Buscaram caminhos para atravessar cadeias de montanhas e desertos que outros acreditavam insuperáveis. Como os sudarábicos, além da engenhosidade do abastecimento de água, também detectaram a capacidade do dromedário de percorrer grandes distâncias em terrenos inóspitos e perceberam quais cuidados eles deviam receber de modo que dessem o melhor rendimento possível.

Graças a esta soma de conhecimentos adquiridos, os nabateus transformaram a seca e o caráter hostil da sua região em vantagem, se impondo sobre os que não possuíam sua experiência e compreensão do meio ambiente. Quando o incenso da Arábia do Sul se tornou um produto cada vez mais procurado nos mercados do Egito e do sul da Europa, eles estavam prontos para tirar proveitos das estradas destinadas às caravanas, que atravessavam seu território. Devotados inicialmente à pilhagem, passaram então a recolha de postagens trabalhando como guias e mais tarde como mercadores, e assim transformaram seus conhecimentos numa fortuna que lhes permitiu construir Pétra, e outras cidades.

Desde época muito antiga, eles utilizaram o aramaico em seus escritos, porém as melhores inscrições encontradas se escalonam do século I a.C. até o século IV d.C. Entre elas estão inscrições monumentais, e milhares de grafites, sobretudo no Sinai. Não há certeza absoluta sobre a língua falada, sendo provável que o aramaico fosse anteriormente utilizado no norte da Nabatéia, e o árabe na região de Hégra, isto é, no sul do seu território, porém, que tanto uma como a outra fossem num certo tempo indiferentemente faladas na capital, Pétra.

Pouco se sabe sobre sua vida quotidiana além dos túmulos cortados na rocha, e do interessante panteon que segue a mesma linha de adoração dos betilos, através de preces e oferendas, característica dos povos pré-islâmicos da península arábica. Neles encontram-se laivos de influência de outras crenças, como quando passaram a juntar, principalmente em Pétra, a deusa arábica al-Uzza com a fenício-cananita

Atagartis.[122] O estudo das moedas de prata e de bronze emitidas durante dois séculos abriu caminho para autenticar os nomes de seus reis e rainhas, mas curiosamente foram os sítios nabateus fora de Pétra que mais fizeram progredir os conhecimentos sobre o assunto, principalmente o sítio de Hégra, o primeiro dos lugares nabateus na Rota do Incenso.

Se eles foram mestres das pistas caravaneiras a partir de Hégra, não exerceram controle das pistas das caravanas de incenso além dali, isto é, depois de cerca de 500km de sua capital, não mais distante, porque Al-'Ulâ, a antiga Dedan, bem próxima, demonstra nunca ter sido nabatéia. Para estabelecer o comércio dos arômatas eles entraram em comunicação com outras tribos, principalmente as caravaneiras de Ma'in e outras da região sudarábica que mais tarde tentaram seguir, sem muito comprometimento, até os reinos produtores de arômatas a mais de 2.500 km de distância. No entanto, tudo leva a crer que mais tarde eles chegaram até o porto de Gerrha no golfo Pérsico onde aportavam certos produtos indianos.

O que demonstra tudo que se viu até agora é que indiscutivelmente eles tinham um grande tino comercial, mostrado através da maneira rápida e desenvolta como estabeleceram seu ganho enriquecendo num tempo relativamente curto.

Para assegurar o controle parcial sobre as estradas que sulcavam o norte da península, a partir de Hégra, além das alianças com outras tribos nômades, os nabateus instalaram guarnições militares nas redondezas daquela cidade que marcava o limite sul da sua influência. Leukê Kômè, o Porto Branco, naquelas imediações, tido como seu apoio sobre o mar Vermelho, foi apenas um empório exportador, e mais tarde importador, pois eles nunca se lançaram diretamente sobre as rotas

122 Existente em Pétra o importante templo dedicado a Al-Uzza-Atagartis, conhecido popularmente como Templo dos Leões.

marítimas, apesar de Estrabão acreditar, mas não comprovar, que eles ocasionalmente foram piratas.

Visando atender principalmente à rota de Gazza e de Alexandria eles estabeleceram no meio do deserto do Negev as cidades de Oboda (Avdat), Elusa e Mampsis que desempenharam o papel de encruzilhadas das vias de comunicação entre Pétra e a Palestina, o Sinai e o Egito. Reconfortadas nas cercanias de Pétra, e nas cidades do Negev, as caravanas repartiam para o Egito ou para os portos mediterrânicos, especialmente Gazza, o grande porto de exportação dos arômatas, especiarias e trigo. As mercadorias a serem encaminhadas por embarcação eram entregues nesse porto, para dali partirem rumo à Grécia e à Itália. Quanto à passagem pelo deserto do Sinai rumo a Alexandria, é bem marcada pelas abundantes inscrições nabatéias, cerca de 4 mil grafites, gravadas sobre os rochedos, nos oásis, ao longo das pistas caravaneiras e nos lugares mais elevados.

A única direção para a qual os nabateus provavelmente não se dirigiram foi a Mesopotâmia, sem dúvida porque, a partir do século I a.C., os árabes da Palmirênia já controlavam o comércio desta zona. Em contrapartida, foram encontrados bem mais tarde alguns vestígios dos nabateus tentando se imiscuir mais para o sul da Arábia, ao longo das pistas para Najrân e Qatabân, em especial em Qaryat al-Faw, como demonstra a grande escavação saudiana que está em curso. Para o oeste, eles tiveram estabelecimentos no delta egípcio, e em direção ao nordeste sua moedagem irrigou durante certo tempo a Síria, onde foram encontradas até Antioquia, enquanto eles marcavam culturalmente através de seus monumentos religiosos as zonas do Hauran. No mar Mediterrâneo, passaram a possuir entrepostos em várias ilhas e cidades: na ilha de Cós, e também em Kourion e Amathonte na ilha de Chipre, além de estabelecerem ao menos um entreposto na Itália, o que comprovou uma pequena comunidade florescente em Pouzzoles, o grande porto de abastecimento de Roma até o reino de Trajano.

Nenhuma destas comunidades expatriadas, no entanto, parece ter sido muito numerosa. Se por um lado eram grandes caravaneiros, incontestavelmente não foram nem grandes, nem bons marinheiros. Tanto no mar Mediterrâneo como no mar da Eritréia, parecem ter descarregado em outros, especialmente nos navegadores gregos, a importação-exportação através do mar. Assim se explica, por exemplo, porque não se conhecem até agora entrepostos nabateus nos portos da costa do sul da Arábia, ou na costa ocidental da Índia.

Sempre foi via Pétra que eles encaminhavam as mercadorias raras e preciosas reclamadas pela vida faustosa da corte ptolomaica, que muito influenciaram seu gosto, e como decorrência sua arte. Para facilitar as trocas eles também instauraram empórios em território egípcio, como atestam descobertas arqueológicas do Tell el-Shuqafnya, a 28km ao leste de Hieronpolis (Pithon), onde foram encontradas duas inscrições nabatéias, e no norte do Sinai em Qasr-awît, uma verdadeira cidade nabatéia, contemporânea do início do Império Romano, que compreende vestígios de templos e habitações nabateus.

A partir de certa data eles passaram a controlar cada vez mais o comércio do incenso e da mirra provenientes da Arábia Felix e o das especiarias, outros aromáticos (principalmente a canela), madeiras preciosas e animais raros (macacos e pavões) provenientes da Índia. Ou seja, o monopólio comercial sobre mercadorias de grande valor que toda a bacia mediterrânica era cada vez mais requerente não deu lucro apenas aos reinos sudarábicos, mas também consideráveis lucros foram retirados pelos intermediários, o que mais uma vez explica o rápido enriquecimento dos nabateus, tão visível nas construções de Pétra.

Durante muito tempo, os historiadores haviam reduzido o papel de Pétra a necrópole e santuário, pois os numerosos sismos ocorridos nos primeiros séculos da nossa era haviam contribuído para apagar as realizações humanas, exceto as realizadas diretamente através da escavação do rochedo: túmulos, escadas, cisternas, betilos e inscrições. Porém o número elevado de outros vestígios e a importância e requinte dados aos ordenamentos hidráulicos, sendo alguns possivelmente de aprendizado sudarábico, justificam muito bem uma presença urbana mais conseqüente e duradoura. É provável que o sítio, do qual apenas uma muito pequena parte da superfície foi realmente escavada, no futuro revele novas construções, ainda invisíveis a olho nu, como muito tempo o foram a igreja bizantina e o templo de al-Uzza, conhecido como dos Leões Alados.

Sob o ponto de vista cultural, os nabateus anteriormente faziam parte daquelas culturas que os gregos e os romanos chamaram de bárbaras e que os historiadores do mundo clássico, com um pouco mais de condescendência, consideraram culturas de povos periféricos. No entanto, seu conhecimento é bem diferente das numerosas povoações, vizinhas ao mundo greco-romano, que em geral conhecemos apenas graças às curtas e talvez incompletas menções dos autores gregos ou latinos, como Diodoro da Sicília, Estrabão, e também Tácito e Dion Cássio. Os nabateus logo se diferenciaram, talvez por sua ligação com os romanos, que passaram a buscar com muita intensidade os caminhos da Arábia a partir do reinado de Augusto. Hoje a herança cultural deixada por eles é bem conhecida e procurada de forma mais ampla, graças a Pétra, sua capital, suficientemente bela, o que a torna muito requisitada não apenas pela visitação turística mas também como cenário de filmes e tema para grandes vinculações internacionais de propaganda.

No entanto, muitos desconhecem a origem deste povo, sua história e sua participação na cultura oriental. Um fator muito positivo é o desenvolvimento da atividade arqueológica, que se poderia crer dependente das incertezas políticas, mas que, ao contrário, não cessa de crescer, particularmente desde o início dos anos 1990, não apenas em Pétra, mas também sobre os outros sítios nabateus, alterando muito rapidamente o que se sabia desta civilização e sua proposta.

Estes estudos demonstraram que a instalação dos nabateus naquela região não correspondeu à sedentarização de uma tribo anteriormente nômade, pois só muito mais tarde é que eles desenvolveram a agricultura. A ocupação do sítio de Pétra lhes permitiu sobretudo dispor de armazéns certos e bem protegidos, que pudessem conter e organizar as mercadorias vindas através da rota das caravanas, para serem remanejadas para outros lugares. A beleza de Pétra se aliou à magia da rota dos arômatas para alimentar a fascinação que este povo exerce. A estas qualidades se somou a importância de vestígios materiais às vezes explícitos, como moedas e inscrições. A importância do rochedo é a razão de seu nome em grego: Pétra, a rocha, o rochedo, a pedra. Anteriormente à chegada dos europeus era conhecida como *Reqem,* que quer dizer em aramaico exatamente "matizada", o toponímio inspirado pelas misturas das cores do grés cujos matizes buscam os tons que vão do amarelado ao rosa e ao vermelho.

A cidade abandonada depois do sismo do século IV foi redescoberta em 1812 pelo explorador suíço Johann Ludwig Burckhardt. Documentos mais antigos, porém, mostram que ela já tinha sido visitada na Idade Média, em 1217, pelo peregrino germânico Thetmar — que a identificou como *Archim*, ou seja, a palavra Reqem deformada, e em 1276 pela caravana do sultão mameluco Baïbars.[123]

Os remanescentes arqueológicos demonstram que outras cidades nabatéias se desenvolveram bem, como Bosra, no sul da atual Síria, certamente a segunda cidade nabatéia por ordem de importância; Hégra, *Meda' în Sâlih*, hoje na Arábia Saudita, por sua grande necrópole rupestre, e, além disso, por ser uma cidade cuja importância vem sendo cada vez mais avaliada no estudo da Rota do Incenso como o lugar em que os nabateus passaram a intervir nas rotas que vinham de Qana'. Além das já citadas povoações no Negev, há uma multidão de pequenas aldeias e

[123] *Le Roman de Baïbars*, anônimo, Actes Sud, 1999.

santuários rurais, identificados, e às vezes propostos para serem escavados, sobretudo, com a disposição que tem a atual rainha jordaniana, palestina de origem, para incrementar um melhor conhecimento das culturas de raiz árabe.

Esta atitude contribui para que a imagem histórica que hoje temos dos nabateus se torne mais precisa, e seu destino surpreendente, pois as origens árabes geograficamente obscuras do seu início foram seguidas de um pequeno reino estabelecido nas vizinhanças de estados helenísticos; depois transformado num importante reino-cliente e por fim província na orla do mundo romano, atravessando assim a época dos imperadores Julios-Claudios e Flávios. No entanto, mesmo como povo integrado no Império Romano ele nunca perdeu sua própria civilização; hoje, se tornou uma referência importante do mundo árabe na história das origens do arabismo.

Este último ponto é justificado de modo documental, pois uma inscrição datando do século I da era atual, descoberta em Nemara, no deserto da Síria, e hoje exposta no departamento das antiguidades orientais do Louvre, é ao mesmo tempo um dos textos mais tardios em escrita nabatéia ou aramaica, e um dos mais antigos em língua árabe. Baseados neste documento, entre outros, cientistas cada vez mais numerosos pensam que a escrita nabatéia teria contribuído para a escrita árabe por evolução gráfica. Os famosos papiros descobertos em 1993, na grande igreja de Pétra, datados como do século VI, mostraram que embora os nabateus da época bizantina utilizassem muitas vezes o grego para redigir os seus arquivos, falavam o árabe entre si, dado que os nomes de lugares neles contidos são árabes.

Enfim... Pétra

O *Sîq*, imenso desfiladeiro que serve de misterioso condutor para a descoberta de Pétra, causa um grande impacto no visitante que nele penetra em busca da cidade mágica. Ao sair de sua semi-escuridão ele vê surgir uma grande construção incrustada em rochas coloridas por uma miríade de tons que vão do branco ao vermelho, percorrendo todos os tons possíveis desde os primeiros róseos e em certos locais chegando ao magenta, além de receberem esporádicos espaços amarelos e traços negros.

Michaela Corelli — diário de viagem

Antes de partir, uma vista no caderninho de anotações:

Antiga cidade troglodita e hoje um sítio arqueológico na Jordânia, situado na bacia entre as montanhas que formam o flanco leste de Wadi Araba, o grande vale que vai do mar Morto ao golfo de Aqaba.

Criada pelos edomitas, que dominaram a região do século VIII a.C ao século V a.C. ela passou depois a ser controlada pelos nabateus. Segundos estes últimos, ela era protegida pelo deus Dushara e pela deusa Al-Uzza. Foi conquistada pelos romanos em 106 da nossa era. A cidade atingiu seu apogeu entre o século I a.C. e o século I d.C. quando teria abrigado até 30 mil habitantes, e deveu a prosperidade à sua posição estratégica no caminho das rotas das caravanas, entre a Arábia, o mar Vermelho e o mar Mediterrâneo. Além disso, era bem protegida por uma fenda profunda, onde a água era abundante.
Foi a abertura das rotas marítimas na época romana que deu o golpe de graça a Pétra e aos seus habitantes. Ocupada pelos romanos, conquistada pelos cruzados, ela foi completamente esquecida até sua redescoberta em 1812. A cidade é famosa principalmente pelos seus monumentos escavados na rocha e que apresentam fachadas de tipo helenístico e foi inscrita na lista do Patrimônio Mundial da Unesco em 6 de dezembro de 1985.

Situada no antigo leito do Wadi Musa, para chegar a Pétra é preciso atravessar este *sîq*, a garganta estreita, que atinge cerca de cem metros de altura nas partes superiores de sua dupla muralha natural que corre lado a lado formando o desfiladeiro de 1.200 m de comprimento que desemboca em frente ao rosado Khazneh.

Esta quase trincheira não se formou apenas pelos movimentos do *wadi*, mas principalmente pela erosão eólica que acentuou uma fratura orientada de leste para oeste num rochedo gresífero particularmente friável. Como ali os ventos dominantes são orientados para o oeste, foi o choque dos grãos de areia, transportados pelo vento, que pouco a pouco deu novas formas às rochas, um fenômeno de erosão provocado pelos ventos também conhecido em Tassili e Tibesti no Saara, ameaça discreta, porém irrevogável para seus monumentos.

Caminho de fácil acesso para os pedestres, o desfiladeiro também foi a única entrada possível para as caravanas. A preocupação com a extensão deste acesso, e o perigo que o escorrer da água expunha à entrada das caravanas e carros, fez com que, com a chegada dos romanos, o *Sîq* fosse inteiramente pavimentado.

Ao penetrá-lo pude ver que de um lado e do outro das paredes de pedra, mais ou menos na altura de meus olhos, passavam estreitas canalizações para recolher as águas de escoamento e dirigi-las para as cisternas da cidade. Quando o atravessei pela segunda vez, mesmo ainda impactada com o grande espetáculo que ele provoca, pude reparar com muita atenção as esculturas gravadas nas paredes. Um altar maciço cortado na rocha, cuja decoração bem complexa mistura um friso dórico com triglifos e rosáceas que superam duas colunas de capitéis nabateus que ladeiam dois betilos, sendo que o maior dos dois é superado por uma face humana estilizada que leva a crer ser uma obra posteriormente acrescentada aos betilos iniciais. Ali já estava uma amostragem do ecletismo religioso que aos poucos se apossou da cidade.

Mais distante, uma escultura maior do que o tamanho natural representa uma cena do antigo quotidiano da região: cameleiros em pé, vestidos com uma túnica drapejada, com os pés nus, cuja postura dá a entender que atravessavam o desfiladeiro puxando seus dromedários apoiados em grandes cajados. Ao longo das paredes do desfiladeiro ainda apareciam esculpidas estelas votivas, betilos e outros relevos ligados aos deuses venerados em Pétra.

Disposto ao longo do percurso, este conjunto de obras parece ter um significado religioso talvez necessário para as caravanas que entravam ou saíam do lugar, como se fossem etapas espirituais antes de penetrar na cidade santuário.

Este primeiro trajeto em busca da cidade nabatéia é o mesmo que no verão de 1812 seguiu Burckhardt — o primeiro europeu desde a

Idade Média que ali penetrou. Travestido em árabe, usando o pseudônimo de sheik Ibrahim, ele se serviu de uma cômoda *hâtif* (charrete) para atravessar o frio desfiladeiro, e se deslumbrou ao perceber que estava numa cidade citada em textos antigos, de que até então se desconhecia o paradeiro. Graças a sua intuição a identificou e a trouxe para o mundo de então, muito interessado sobre o Oriente.

Com essa descoberta, foi aguçada a curiosidade do inglês William John Bankes e seus companheiros que partiram para Pétra em 1818, e dez anos depois para ali também seguiram os franceses Leon de Laborde e Louis-Maurice Linant de Bellefonds, que passaram um tempo maior e trouxeram uma descrição dos monumentos juntamente com magníficos desenhos.

Deve-se muito a estes primeiros viajantes que contaram suas peripécias, entre elas o medo não só que sentiram mas também que parecem ter despertado entre os habitantes do lugar, persuadidos que eles tinham vindo roubar seus tesouros. O que em parte não deixa de ser verdade, pois assim foram construídas grandes coleções européias, principalmente inglesas, e mais ainda as coleções americanas dos grandes museus e universidades.

Esses primeiros e entusiasmados visitantes também contaram como tiveram que combinar certo tipo de proteção com os chefes locais. Apesar da satisfação do achado, a mentalidade retrógrada do século XIX fez com que mostrassem suas reservas de julgamento perante a arquitetura, considerando-a como bárbara, e a vista dos túmulos os fez pensar que aquele povo só pensava na morte. Assim nasceu o mito do "vale misterioso" e a fama da existência de uma cidade vermelha, velha como o tempo.

Quanto aos cientistas — arqueólogos, historiadores e especialistas em línguas orientais —, a história das suas investigações não ofereceu apenas surpresas, mas também permitiu um bom conteúdo de interligações com outras culturas da região. Se os primeiros descobridores descreveram e desenharam os principais monumentos, seus sucessores completaram a exploração, fazendo relatos, copiando e decifrando as inscrições encontradas, como é visível na descrição da missão do duque de Luynes, em 1864.

Na entrada do século XX, face às muito importantes descobertas feitas em outros lugares da antiga Nabatéia, entre a Síria meridional e o Hedjâz, ocorreram muitas missões em Pétra, que conduziram às grandes publicações em francês e alemão, muitas delas ainda hoje utilizadas. A elas se juntaram publicações em italiano e inglês, e todas aos poucos foram enriquecidas ao incorporarem os lugares de culto, os ordenamentos públicos, a cidade romana e suas ligações com as antigas rotas de comércio que vararam a península arábica.

Em 1929, com as primeiras escavações britânicas, foram abertas as escavações de perfil verdadeiramente científico, prosseguidas a partir dos anos 1950, com a colaboração entre o Departamento das Antiguidades da Jordânia e missões estrangeiras cada vez mais numerosas.

Tudo isso veio a minha lembrança enquanto eu lentamente atravessava o desfiladeiro pela primeira vez.

Minha chegada à região tinha sido na noite anterior. Acordei bem cedo e vi do jardim do meu hotel, o Taybet Zamam, cuidadosamente instalado numa antiga aldeia nas alturas, o amanhecer das montanhas rosadas de Sharah. Mais alto do que essas montanhas que abraçam Pétra, dali eu poderia seguir o ritual do Sol e depois da Lua iluminando a região. Eu ficaria ali alguns dias aproveitando para organizar meus papéis e anotações, e principalmente tentar responder aos novos questionamentos que a travessia me trouxera.

Logo que o Sol passou a clarear bem a paisagem, desci os dois quilômetros que separam o hotel do Wadi Musa, e atravessando o *Sîq* penetrei na cidade que nasceu vinculada à rota que eu acabara de percorrer.

Meu primeiro contato com uma cidade nabatéia não foi com Pétra, nem tinha sido com Hégra, poucos dias antes, mas com Oboda, hoje Avdat, em pleno deserto do Negev, quase 30 anos atrás, quando percorri as escavações com os professores Avraham Negev e Trude Dothan, da Universidade Hebraica de Jerusalém.

Mas Pétra é diferente das duas. É uma cidade-sonho como as antigas cidades caravaneiras do Iêmen. Cidades que passam profundas emoções e trazem para o visitante a sensação inesquecível de penetrar num mundo antigo recebendo sensações inteiramente novas, diferentes de quase tudo que foi anteriormente imaginado.

Pétra, "a Rocha", é antes de tudo um mundo mineral, que impressiona mesmo antes de escalar suas cimeiras, apenas se intrometendo pelos arredores, entrando nas cavernas formadas por suas rochas que vão do grés ao caos dos mais incríveis pórfiros. Para definir, prefiro seu antigo nome semítico, *Reqem*, a matizada, ou a policroma, que demonstra as cores dessas rochas se embrenhando numa miríade de tonalidades.

Ao vê-la, se compreende com rapidez como suas cimeiras abruptas puderam servir de refúgio — possivelmente a partir da época edomita, mas que se tornaram verdadeiramente imprescindíveis no tempo dos nabateus. Nelas eles buscavam um lugar confiável para a guarda dos tesouros trazidos pelas caravanas antes de os encaminhar para outros destinos. O lugar seguro também se fazia muito necessário para guardar suas próprias riquezas, produto do trabalho árduo que faziam desde Hégra, principalmente até Gazza e Alexandria, sem esquecermos das possibilidades de Gerha no Golfo.

A riqueza e o esplendor que durante muito mais tempo e a partir de datas mais antigas marcaram os reinos sudarábicos, ali também demonstram o porquê de uma aglomeração importante ter sido estabelecida no fundo de um círculo árido, no desvio das grandes rotas, desprovido de bons recursos de água e de terreno cultivável, tão necessários para desenvolver uma população. Não se deve duvidar que para esta escolha também tenha influenciado a possibilidade de construírem santuários sobre os lugares elevados, possivelmente já conhecidos pelos nômades, porém se acredita ter prevalecido a possibilidade de escavar as paredes para que além de guardar seus mortos pudessem proporcionar habitações, abrigo para seus animais e imprescindíveis lugares para entesouramento de mercadorias.

As escavações, durante muito tempo limitadas a alguns monumentos, recentemente trouxeram precisões como a passagem tardia do habitat temporário para a casa construída, representada por uma primeira residência nabatéia modesta em comparação com uma outra suntuosa, cujo plano e decoração misturam influências orientais e mediterrânicas. Esta diferença de status é balizada pelo sucesso da introdução dos nabateus no comércio das rotas. Seus últimos reis, principalmente Arethas IV (9 a.C. — 40 d.C.), que governou no apogeu da cidade, na sua idade de Ouro, entre os século I a.C. e I d.C., parece ter suscitado um espetacular desenvolvimento nas construções, inspirando modelos com detalhes helenísticos, entre os quais o *Khazneh*, híbrido em estilo, e belíssimo como forma, que ocupa um dos lugares principais da cidade. Este entusiasmo nabateu pelas construções prosseguiu no início do período de ligação com os romanos, quando grandes túmulos foram esculpidos, o antigo teatro nabateu aumentado, mercados e santuários edificados e/ou reconstruídos no centro da cidade, sendo ordenados em redor da larga rua de colunatas que conduz ao templo principal, o *Qasr el-Bint*.

No entanto, no período que se seguiu Pétra parece ter paulatinamente conhecido o destino banal de algumas cidades romanas do Oriente, determinado principalmente pelas injunções políticas que, embora não impedissem o comércio, impunham certa continência nas construções. Esta reação, contudo, foi breve e logo Pétra novamente assumiu certa liderança na região. Nesta mesma época o que passou a chamar a atenção junto das magníficas e criativas construções já existentes, datadas dos tempos de Arethas IV, foram as modificações urbanas que os romanos trouxeram em suas várias tentativas de entrosamento com a cidade nabatéia:[124] abertura de ruas, pavimentação de áreas de maior tráfego, além do aumento do teatro e de termas.

A escavação recente de uma igreja ornada de belos mosaicos causou uma nova surpresa, demonstrando que a época bizantina, contrariamente ao que se acreditava, não foi um período de declínio, apesar de ter sido um tempo em que a cidade sofreu vários tremores de terra. O *Deir*, cujo nome em árabe traduz um mosteiro, é uma das fortes assinalações de continuidade numa época cristã, porém faltam informações mais detalhadas sobre os períodos seguintes. O que se sabe é que mais tarde a construção das fortalezas pelos cruzados naquela região, não apenas a grande fortaleza de Kerak[125] mais afastada, mas a presença do *li Vaux Moysi, al-Wu'eira*, não impediu que o sítio fosse quase abandonado a partir do século XIII. Neste mesmo século, porém, Pétra recebeu as já citadas visitas do peregrino germânico Thetmar, e do sultão mameluco Baïbars, vencedor da sétima Cruzada, como foi descrito em sua crônica.[126]

O *Sîq*, magnífico, perturbador, termina em frente ao *Khazneh Firaoun*, que desde a última parte do desfiladeiro aos poucos começa a se tornar visível, exercendo grande contraste e admiração por sua cor rosa e sua forma que influenciaram vários outros monumentos. A mais famosa das esculturas arquiteturais da cidade, em sua decoração e dimensão simbolizam a grandeza e o mistério de Pétra. O nome pelo qual é conhecido se traduz por "tesouro do faraó", originário de uma lenda

124 Seria interessante ver nos anexos a cronologia de Pétra e dos nabateus.
125 No local da antiga fortaleza edomita (moabita) de Sela.
126 *Le Livre de Baybars* (*Le sîrat Baybars*), Sindbad-Actes Sud, Paris 1996.

beduína sobre a urna colocada em seu cume, onde estaria guardado o tesouro de um riquíssimo faraó egípcio. Esta crença firmemente ancorada porém o prejudicou, pois a urna foi fortemente danificada pelos impactos de tiros destinados a perfurá-la em busca do seu conteúdo. A data exata da construção do *Khazneh* ainda é sujeita a certa controvérsia, mas tudo leva a colocá-la entre as edificações realizadas no tempo do rei Arethas IV, isto é, entre o século I a.C. e o século I d.C., declinada como um túmulo real, que se acredita ser desse próprio rei.

A incrível fachada do *Khazneh* cortada no grés rosa da montanha, uma forma híbrida, porém de inspiração helenística clássica, tem em sua decoração marcas do estilo coríntio mais elaborado como o que foi concebido em Alexandria, na época ptolomaica, quando os nabateus mantinham estreitas relações comerciais com os egípcios. Seu simbolismo traz uma série de mensagens, com grandes incursões na mitologia grega e nas formas helenísticas, onde se destacam os Dioscuros, ligados aos rituais da morte, o que faz com que muitos historiadores confirmem o *Khazneh* como um túmulo. A influência grega e helenística também é visível nos frisos e principalmente no *tholos* da parte superior da fachada, onde são esculpidas em alto relevo divindades, sendo a central Isis Tyché, deusa da Fortuna,[127] cujos atributos também constam do frontão do andar inferior. Nas laterais, painéis mostram amazonas que brandem seus machados acima de suas cabeças, enquanto que entre as colunas painéis em baixo-relevo são decorados com vitórias aladas, e cada meio-frontão superior termina nos ângulos da fachada por um acrotério em forma de águia.[128]

Numa leitura interpretativa do conjunto de símbolos, podemos ver a fortuna vencedora através da deusa e seus atributos, que mostram a

[127] Isis-Tyche, ou, em um palavra, *Isityche*, que reúne sobre a sua pessoa os atributos de uma e da outra, isto é, da deusa Isis e da deusa Fortuna.

[128] Alguns dos principais monumentos estão descritos no Glossário e Apoio informativo anexo — em Pétra-*Khazneh*, etc.

luta com os amazonas, e com a águia, a segurança de sua missão. A ausência de lóculos em seu interior não defende a tese de túmulo, levando a pensar que o *Khazneh* pudesse ser, na verdade, um mausoléu comemorativo, possivelmente um cenotáfio a um rei divinizado. Porém alguns pensam que a alcova do fundo pudesse inicialmente ter contido um sarcófago, mais tarde pilhado e destruído, o que é muito pouco provável. Em contraste com a fachada, o interior do monumento surpreende por sua sobriedade monacal, as paredes são nuas, mas não se sabe se teria tido uma decoração de estuque fixada nas paredes. A descrição deste monumento fala por si quanto a sua datação, o colocando na época de ouro do enriquecimento dos nabateus com o comércio caravaneiro.[129]

Os muitos monumentos de Pétra, alguns deles já bem estudados outros ainda não, numa visão de conjunto iniciam um melhor conhecimento da prática religiosa vinculada ao desenvolvimento comercial na região. Os deuses estrangeiros aparecem geralmente como ornamentos, alguns deles produzidos pelo verdadeiro *mix* religioso que surgiu da iconografia helenística ptolomaica e romana numa interpretação nabatéia, unindo também deuses com atribuições similares de diversas regiões e crenças. Por outro lado, continua a existir uma grande fidelidade às devoções propriamente nabatéias, como o grande deus Dushara e a grande deusa Al-'Uzza, adorados através dos betilos, pedras erguidas ao céu simbolizando a idéia de divindade, uma porta aberta para a comunicação com ela e não uma representação da própria divindade.

Sobre este plano, a religião nabatéia profundamente árabe demonstra em Pétra, com o culto através das pedras, sem representação de figura humana, um imenso respeito pelos seus próprios deuses. Mais tarde, para defender a sua crença de outros cultos que se anunciavam,

129 Uma descrição detalhada deste e de outros monumentos de Pétra é encontrada no Glossário-suporte.

eles se opuseram, inclusive militarmente. No entanto, em 420-423 d.C. foram convertidos com vigor e a ajuda de "milagres" pelo taumaturgo Barsauma, e seus betilos foram destruídos.[130] Nos séculos V e VI d.C., o mundo nabateu, tendo se tornado cristão, perdeu, se não a sua população, pelo menos sua unidade político-administrativa, o que seria revertido muito mais tarde quando da conversão ao Islã.[131]

Uma escada de 800 degraus cortados na própria rocha conduz ao *Deir*, construído em 27 a.C., também sob o reino de Arethas IV. Precedido de uma vasta esplanada, leva a acreditar que se tratasse de um importante lugar de peregrinação. Da mesma forma que, para o *Khazneh*, a escolha do lugar parece destinada a compor um cenário, porém, ao contrário do que durante muito tempo foi sustentado, não se trata de um túmulo real, mas de um monumento de culto, usado para a adoração nas alturas. O nome árabe atual, *El Deir,* que significa "o mosteiro", e as cruzes gravadas sobre os muros internos fazem pensar que o edifício nabateu posteriormente teria sido usado como mosteiro e/ou igreja de cristãos.

A devoção a Dushara é presente no maior templo de Pétra, o *Qasr el Bint Firaoun*, cujo nome árabe significa "o castelo da filha do faraó", construção que por uma inscrição foi datada em 30 a.C. Este templo traduz os bons conhecimentos arquiteturais dos nabateus, demonstrados em vários de seus vestígios, e mais uma vez confirma a época do apogeu da Pétra nabatéia. Uma porta de madeira marcava sua entrada na extremidade da rua das colunatas, por onde se acedia a um grande pátio pavimentado, de 180m de comprimento por 65m de largura, constituindo o temenos. O altar monumental, que corresponde a uma

130 420-423 d.C.: Episódios de Barsauma, conversões forçadas em Pétra; 446 d.C. — 24 de julho: Consagração do antigo "túmulo da urna" como igreja.

131 600-700 d.C.: Transição para a dominação islâmica.

construção atualmente ainda visível, de 23m de altura e 28m de largura, foi construído com uma montagem de bloco formado de grés e vigas de madeira, e assim se opôs aos desgastes do tempo. No seu seio, uma escada de 22 degraus de mármore branco conduz ao pronaus delimitado por quatro colunas. Acede-se então à sala alongada da *cella* que se compõe de três câmaras unidas. Sendo que a do meio protegia o betilo de Dushara, uma pedra retangular, duas vezes mais alta do que larga, apoiada sobre uma base de ouro. Esta pedra era destinada a receber libações de sangue do pequeno gado ou dos dromedários sacrificados. A presença eventual de um terraço superior destinado às cerimônias religiosas ao ar livre ainda não foi comprovada. Supõe-se que a câmara oriental devia ser a sala de descanso dos sacerdotes oficiantes.

Como podemos sentir, o arquétipo religioso dos nabateus é similar a todos da Arábia pré-islâmica, os betilos, que evoluíram para a interpretação da pedra negra de Mecca.

O trabalho sobre a cidade nabatéia que vem sendo feito pelos arqueólogos é da maior qualidade. Os que foram realizados no templo de Dushara despertaram não apenas a curiosidade, mas principalmente a necessidade de ser encontrado o templo da grande deusa Al-Uzza. Conhecido como templo dos Leões Alados, o templo da grande deusa Al-Uzza-Atargatis recebeu este nome devido às esculturas ornamentais que coroam os capitéis coríntios das colunas.

A descoberta e as escavações deste templo devem ser inteiramente creditadas aos colegas arqueólogos norte-americanos, pois, estando o templo inteiramente escondido sob o entulho, foi descoberto por uma exploração preliminar de resistividade elétrica do solo, teste que hoje ocupa um bom lugar na prospecção geofísica de sítios arqueológicos. Um dos monumentos mais originais do sítio, tudo leva a crer que este edifício, precedido de colunatas, arcas e pórticos, como o *Deir*, também buscava o caminho do Wadi Musa e o transpassava. Construído em 27 d.C. também sob o reino de Arethas IV, foi no seu recinto que se descobriu o mais famoso betilo de Pétra. A *cella*[132] que o contém é composta de um grande podium cercado de dez colunas, o que permitia o rito da circumambulação[133] em redor do grande betilo. Este sistema de honrar a Deus através destes movimentos é também usado em diversos outros ritos, principalmente orientais.

A observação dos monumentos, levando em consideração a história e a motivação da construção da cidade, me obrigou a repensar seu percurso. A rua das colunatas, majestoso alinhamento central, onde se desenvolveram os grandes monumentos de influência greco-romana, sem dúvida cortou ao meio a cidade nabatéia anterior, de tipo oriental, que justapõe núcleos de habitação mais ou menos densos, sem limites e sem espaços públicos claramente definidos, onde o habitat troglodita e as tendas por muito tempo conservaram seu lugar.

Este desenvolvimento urbano, adaptado ao terreno, me conduziu à interrogação se aquela sociedade era composta de grupos diferenciados, como também leva a sugerir os lugares de culto desigualmente dispersos. O estudo profundo da distribuição destes vestígios, confrontado com dados epigráficos, provavelmente permitirá precisar como e quando se formou a identidade social, política e religiosa dos habitantes de Pétra.

Nos dias de hoje, o que se vê melhor é a rua das colunatas que constituiu numa época a artéria central da cidade. Da mesma forma que o cardo máximo romano, também aberto em Jerusalém como recurso para estabilização da população nativa quando da chegada dos romanos, ela era margeada de tendas e alojamentos. A pavimentação datada da época romana fez com que, ao longo deste eixo, paralelo ao curso do *wadi* e com cerca de

132 O coração ritual do templo, equivalente ao temenos.

133 Significa andar (*ambulate*) em torno (*circum*) de algo. O rito da circumambulação é um ritual que requer andar em torno de algo.

6m de largura, fossem edificadas novas construções. Num passe mágico de urbanismo, ao redor dessas novas construções continuou a ser processada a vida diária da população sem descompensar, mas, ao contrário, completando a permanente cidade oriental. Ali foram identificadas três praças ou mercados, que deviam servir às operações ligadas ao tráfego caravaneiro, e um ninfeu, ou fonte de ninfas, de influência helenística do lado direito. Um pouco mais distante à esquerda foram instaladas as termas.

Uma visita a Pétra oferece uma série de informações sobre o crescimento e enriquecimento que as caravanas teriam trazido aos nabateus, e também sobre a evolução que eles tiveram em sua arquitetura, provavelmente por influência dos lágidas — helenizados Ptolomeus do Egito. Seus mais importantes monumentos são visivelmente pré-romanos, portanto, anteriores à época de Trajano, possivelmente nas imediações do tempo em que Arethas IV construiu suas criativas edificações.

Entretanto, o que mais me surpreendeu foi a extraordinária soma de trabalho que se tornou necessária para criar uma cidade num ambiente difícil, assegurando a subsistência, a ligação e a proteção para as rotas caravaneiras em toda a região. Para resolver o problema do abastecimento de água, como citamos, tudo leva a crer que tenha havido certa influência da experiência sudarábica e persa, os primeiros utilizadores do sistema. Para substituir o fraco débito das raras fontes do sítio, os nabateus passaram a desviar através de um túnel não apenas as cheias do *wadi*, mas também a água da chuva recolhida sobre as superfícies rochosas, que escoava por canais em centenas de cisternas e tanques. Pequenas barragens e uma vasta rede de canalizações com base em fontes distantes de vários quilômetros são ainda visíveis nos dias de hoje, bem como partes dos terraços, jardins e campos que esta água supria.

Fora dos eixos pavimentados, tanto as colinas da cidade baixa como as alturas são percorridas por uma meada de caminhos, de planos inclinados e escadas escavadas na rocha. As cimeiras mais remotas ainda são coroadas por pontos fortificados, postos de vigia e de sinalização, que formavam um sistema de defesa sem dúvida herdado do período nômade, quando dominavam aglomerações periféricas, como *Beidha*, que ofereciam mais lugares para o estacionamento das caravanas, e onde se podem ver ordenamentos e mesmo monumentos semelhantes aos da capital.

Depois do *Sîq*, para além do *Khazneh*, sobre o lado direito do antigo leito do *wadi*, um conjunto de túmulos-torre sobrepostos sobre quatro níveis fez meu pensamento voltar aos de Hégra, opostos em sua simplicidade, talvez por ser uma cidade apenas preocupada com as fartas mercadorias trazidas pelos caravaneiros. Em Pétra, cada um destes túmulos, além de mais ricos, são superados por um ou dois alinhamentos de meriões, que mostram uma belicosa influência assíria.

A diferença entre as duas principais cidades nabatéias, Pétra e Hégra, acentua-se ainda mais ao ver o teatro entalhado na rocha pelos nabateus por volta da época de Cristo, do qual apenas restam as fundações, e suas colunas posteriores, já de influência romana, introduzidas por uma reforma que permitiu um aumento da freqüência de três mil para quatro mil pessoas. Em Hégra a estrutura é mais simples e funcional. A visão do teatro também mostra uma triste realidade: pois embora tenha sido iniciado pelos próprios nabateus, ao serem estabelecidas, suas fundações provocaram a destruição de um grande número de cavernas e de túmulos preexistentes, e com eles uma documentação histórica perdida para sempre.

Isto pôde ter sido decidido apenas por razões sociopolíticas, em época muito importante e não apenas com o objetivo de realizar uma obra destinada ao lazer da população, pois é pouco provável que o teatro, nos primeiros tempos, fosse destinado à representação de obras líricas ou cômicas. Este tipo de espetáculo nunca conheceu grande sucesso junto à população local, mesmo após a conquista romana, deixando pensar que o teatro devia antes de tudo servir de lugar de reuniões cívicas e comemorativas, substituindo a ágora grega ou o fórum romano cujos vestígios não foram encontrados em Pétra.

Sob um ponto de vista mais abstrato, a história de Pétra permite constatar a vulnerabilidade que caracteriza as sociedades florescentes e avançadas no plano técnico. Com seu vigor verdadeiramente nabateu ela existiu durante 500 anos, um período equivalente ao que hoje nos separa do tempo do povoamento da América do Norte por europeus. Como os habitantes do nosso mundo moderno, as pessoas de Pétra não teriam podido encarar a possibilidade que um dia sua cidade fosse abandonada e que o seu povo se dispersasse. Não era possível prever os efeitos catastróficos de um tremor de terra sobre as construções e a rede de seu aqueduto, como nos dias de hoje não se podem prever os cataclismos que nos podem alcançar. Aos nabateus, teria sido impossível predizer a progressão brusca de uma religião nas suas vizinhanças, destruidora de suas crenças, e as mudanças que aquilo ia provocar na estrutura do comércio da época.

Voltei pelo longo *Sîq* pensando na tristeza da destruição dos sonhos nabateus e nos enigmas que eles ainda nos propõem. O conhecimento de seus templos mostra que a representação humana na maior parte das vezes ou sempre é apenas ornamental, pois os betilos prepararam aquelas povoações para receber um conceito de divindade superior que não aceitaria ser visível. Entre os enigmas a desvendar provavelmente este é um deles.

Um outro seria tentar saber como apesar da possível capacidade de buscarem caminhos baseados em suas experiências com o meio ambiente, a quais tradições tecnológicas eles recorreram?

Só a continuação dos trabalhos arqueológicos e históricos poderá responder.

Para o levantamento sobre a Rota do Incenso seu testemunho foi essencial, pois confirmou o vigor deste comércio e sua atuação em toda a península e como dali partiu para o resto do mundo tangível naqueles velhos tempos.

Entardecia e lá do alto eu percebi que Pétra muda lentamente suas cores quando o Sol dá lugar à Lua, a bem-amada deusa dos povos do deserto. Olhei as montanhas rochosas e as terras desérticas e me perguntei: Se aquela região tivesse sido coberta de florestas de juníperos, de carvalhos, amendoeiras e ameixeiras, acrescentados de abundantes animais para caça, será que eles teriam construído algo tão belo como Pétra?

Será que eles teriam participado tão atentamente da rota que uniu a península arábica através de suas fumaças mágicas?

A rota estava terminada. O caminho para Gazza já era muito meu conhecido numa época em que o porto era de fácil acesso. Na época dos caravaneiros, Gazza, cidade que um dia fora filistéia e depois passou a ser palestina, foi um fascinante e trepidante centro multicultural.

Tecelagens

Revendo a Rota

Nos dias de hoje, ao lembrar o percurso da Rota, é muito difícil separar o que estava nas minhas anotações, as memórias e aprendizagens das minhas andanças, além das coordenadas recebidas de antigos textos. A tudo isso se acrescenta o que penso ao descrevê-la. Cada vez acredito mais naqueles que em grande parte atribuem o desenvolvimento avançado das antigas civilizações mediterrânicas às relações estreitas que elas mantinham com as da grande bacia marítima do mar Eritréia, que incluía o atual mar Arábico ou mar de Omã, o golfo Pérsico, o mar Vermelho e as franjas dos países que margeiam o oceano Índico. Foram documentadas importantes trocas comerciais realizadas durante os períodos recuados[134] no seio das populações costeiras estabelecidas entre o oeste da Índia, as franjas sudarábicas e a África do Leste. As relações comerciais entre a mesopotâmia sumeriana e Dilmun, Magan e Meluhha,

[134] Desde aproximadamente o III milênio a.C.

são exemplos conhecidos, enquanto que o aparecimento da escrita e de civilizações amadurecidas nas cidades-estado é a conseqüência mais notável de importantes e duradouras trocas.

Tudo isto precisa ser pensado na análise sobre a Rota do Incenso e sua capacidade de atravessar a grande península. O trabalho é e foi difícil, pois escrevo no presente relatando coisas que aconteceram em diversas épocas do passado, algumas mais próximas quando percorri parte da Rota e outras muito mais longínquas, quando a rota das caravanas levava principalmente as resinas para incenso, da Arábia do Sul para as margens do Mediterrâneo e do golfo Pérsico.

O trabalho de recuperação do verdadeiro caminho ao qual muitos vêm se dedicando é difícil porque esta Rota, ao percorrer a Arábia, não acumulou marcadores arqueológicos. Ela se tornou uma linha quase imaginária que ligava as cidades antigas tornadas sentinelas de grandes extensões muitas vezes devolvidas ao deserto. Não existe nenhuma obra de arte marcando lugares nevrálgicos, nem marcos de estrada cifrando as distâncias, nem tampouco arrumações para facilitar as passagens mais difíceis. Esperando novas descobertas é preciso apresentar em certos aspectos um quadro flutuante sobre a progressão das caravanas iniciadas nos entrepostos de Qana', depois das coletas de olíbano e mirra na chamada "aromatiferia sudarábica", as terras do Dhofar (Zafar), Mahra e Hadramawt. A estas resinas de grande importância, se juntaram em épocas imprecisas as produções do País do Ponto, possivelmente a hoje Somália, e da ilha de Socotorá, a *dvipa sukhatara*, ilha das felicidades dos antigos indianos e ilha Dioscorides dos gregos. Além disso, outros atares, gomas e resinas também ali desembarcaram procedentes da Índia, do sudeste asiático e do Extremo Oriente.

Antes de partir eu tivera acesso a mapas e documentos que mostram que Shabwa, no Hadramawt, onde as cargas eram obrigatoriamente inspecionadas e taxadas, era tangida pelo Wadi Hajr, e com isso teria sido necessário um cuidado especial, obrigando as caravanas a ultrapassarem de poço em poço. Também detalhavam como depois de vencer o desafio das dunas do Ramlat as-Sabah'ataym, antes de chegar à importante Mar'ib, atravessavam a vasta depressão do Jawf passando por Barâqish (Yathill), Maïn (Garnaw), para depois chegar a Narâj (Nagrân), hoje na Arábia Saudita, mas na época mercado aberto com o Mediterrâneo oriental. Ali cessava a verdadeira singularidade da Rota do Incenso que podia desde logo drenar toda a mercadoria, cortando o meio e o norte da península por Tathlith, Tabala, Medina (Yatrib), Mada'in Saleh (Hégra, al-Hjr), Pétra e enfim Gazza, o principal ponto de distribuição de incenso para o conjunto mediterrânico.

Muitos desses lugares se tornaram meus conhecidos e permanecem até hoje na minha memória com muitos detalhes.

Há bastante tempo o possível itinerário da Rota vem sendo estudado cientificamente e aos poucos comprovado. Há mais de mil anos Al-Hasan b. Ahmad al-Hamdânî,[135] cognominado *Lisân al-Yaman* (a língua ou a fala do Iêmen), evocou nos seus escritos o ofício exercido por membros da sua família, que consistia precisamente em criar camelídeos e organizar a passagem de caravanas desde o Iêmen até Mecca, Basra, Kûfa e Bagdá, e também até a Síria e o Egito. Segundo consta, ele mesmo teria praticado esta atividade.[136]

Os membros da sua família teriam sido, pelo menos desde a época de seu bisavô Yûsuf, devotados à criação desses animais, ao transporte das mercadorias e ao encaminhamento dos viajantes. No décimo Livro da Coroa (*la Couronne*), ele se vangloria dizendo que "seus antepassados tinham um golpe de olho para avaliar esses animais que nenhum árabe

[135] al-Hamdânî (280 Hégira. /893 d.C — 334 Hégira/945 d.C).

[136] Abû Muhammad al-Hasan b. Ahmad b. Ya'qûb al-Hamdânî, al-Kitâb al-'âshir min al-Iklîl ("Le livre X de la Couronne"), edição e comentário de Muhibb al-Dîn al-Khâṭib, Cairo, 1950 (1368 H.)

possuía similar",[137] uma observação que conduziu Muhibb al-Dîn al-Kha'îb a pensar que Sulaymân dhû-l-dimna[138] — o avô do avô de al-Hamdânî — já se entregava ao comércio dos dromedários. Poder-se-ia mesmo dizer que a fim de fornecer condições para a manutenção dos animais, ele teria adquirido terras nos *marâshî*,[139] chamados por ele *al-dimna*, o acampamento.[140]

Um dos aspectos interessantes, recentemente pesquisado e que mostra o tino comercial dos habitantes da península, é relativo aos gerheus, fundadores de uma cidade próspera na margem ocidental do golfo Pérsico. Sendo aptos comerciantes tanto por mar como por terra, e tendo como cliente principal a Mesopotâmia, eles conseguiram abrir uma via transversal para encurtar o itinerário entre Tathlith e Shabwa. Por este atalho, e com a colaboração dos expertos caravaneiros da Arábia do Sul, conseguiram economizar não apenas 60 dias de viagem na ida e na volta, mas também agilizaram o comércio fornecendo-lhes na própria Tathlith, em troca de uma soma apreciável, mercadorias convenientemente isentadas de impostos alfandegários.

Muitas vezes penso se essa rota dos gerheus não seria uma seqüência tardia das rotas entre Dilmun e as regiões do sul, pois a circulação entre esta cidade, e mais tarde Tylos, com a região sudarábica é uma realidade que não pode ser esquecida ao ser pensado o desenvolvimento destes reinos do sul. Para averiguar basta um olhar para os objetos-testemunho existentes nos museus da região, cujas ligações estéticas são bem visíveis.

Na circulação terrestre não apenas na Arábia, mas em todas as vizinhanças de desertos em que trabalhei, vi que o papel dos dromedários foi e ainda é imprescindível no desenvolvimento não apenas das rotas, mas da vida quotidiana. Sem eles, as grandes travessias teriam sido, como

137 Ibidem, p. 199.

138 Ou Sulaymân dhû-l-dumaynâ.

139 Os marâshî são extensões inundáveis no *jawf* onde a erva cresce em abundância.

140 A palavra *dimna* designava, de início, excremento ou estrume e, por extensão, acampamento, onde são parados numerosos animais. Muitas designações próprias levam este nome.

ainda são, muito difíceis, além do transporte no dia-a-dia e de muitos trabalhos agrícolas que se tornariam impossíveis. Observando-os nas longas travessias do deserto, reconhecemos muita similitude com os tempos antigos. Podemos vê-los seguindo seu faro, sua visão, percebendo em seu contato com o solo se a terra ainda é virgem, ou se é marcada pelos traços de caravanas precedentes; tudo isso sem hesitar em seu percurso, onde o guia da caravana tanto os segue como os guia.

Da mesma forma como nas antigas travessias da Arábia, sob uma aparente monotonia, sua marcha se acelera nos planaltos, quando o Sol não se faz muito agressivo, porém se arrasta lentamente na passagem das altas dunas, cuidando para que as patas não atolem. Nas partes mais altas, eles hesitam antes de decidir atravessá-las, mas nas terras suaves como no *jawf* iemenita se inundam de leveza e animação. Ainda hoje, como nos tempos antigos, as dificuldades do caminho são registradas pelos homens, que, ao repousar sob o céu estrelado após a viagem diurna, alimentam suas noites imersos em narrativas e sonhos.

Depois de muito tempo, cerca de um milhar de anos, a rota terrestre do incenso entrou em declínio. Um século antes da era atual, a descoberta do regime dos ventos, na área do oceano Índico, as chamadas monções que no inverno sopravam do noroeste da Índia para a Arábia, e no sentido contrário partindo do sudoeste do Decão indiano no verão, provocou um melhor conhecimento e controle das navegações favorecendo a rota marítima. Desde o século III a.C., os nabateus, um povo árabe do norte, já vinham descendo pelas terras da Arábia, até Hégra, buscando cada vez mais participar das caravanas. Tiveram sucesso nesta participação, e mais tarde se associaram aos romanos e, juntos, passaram a ter um desempenho intenso no transporte e comercialização dos produtos sudarábicos.

A navegação do mar Vermelho e no oceano Índico, que despontou como solução para o transporte, também não era isenta dos perigos trazidos pelos recifes, por ventos irregulares e também pelos piratas. No entanto, o transporte marítimo das mercadorias apresentava a vantagem de cortar despesas incontroláveis relativas às etapas, oriundas de taxas, subtaxas, acomodações, além das que provinham de acontecimentos suscitados ao longo do caminho por turbulências de tribos nômades, que progressivamente haviam minado a autoridade das cidades-estado florescentes no apogeu do comércio caravaneiro.

Mesmo somando tudo isso, o comércio movimentado pelas cáfilas de dromedários que atravessavam o deserto continuou sendo o que animava os pequenos povoados do deserto, e também o mais romântico, o mais enriquecido de lendas, e ainda é usado em pequenos trechos que somados completam a rota até os dias de hoje. Foi nesta rota que o mito da Rainha de Sabah se expandiu ligado ao amor e à beleza.

Entre os documentos mais antigos, uma das menções interessantes sobre esta rota é um texto assírio do rei de Sukhu, que apreendeu no médio Eufrates uma caravana de 200 camelos carregados de lã matizada, púrpura, ferro e alabastro. O texto remonta ao século VIII a.C., e mais uma vez prova a antiguidade da rota comercial da Arábia do Sul, que neste caso preciso tinha passado por Taymâ' e provavelmente por Dûmat al-Jandal, a caminho da Mesopotâmia.

As fontes sobre a rota das caravanas provenientes dos autores clássicos são bem conhecidas. O primeiro a fazer menção ao transporte de incenso, e a duração da viagem, foi Eratóstenes de Cirene (225-195 a.C.). Sua obra desaparecida no entanto é citada pelo historiador Estrabão, que transmitiu: "os mercadores viajavam de Ælana (al-Aqaba) à Minæa (Ma'in), no *jawf* iemenita, em 70 dias".[141] Entre os textos posteriores como o de Agatharchides de Cnido (132 a.C.) se encontra uma outra interessante anotação: "As populações que vivem na proximidade (...)

[141] Estrabão, *Geografia*, XVI, 1, 11.

recebem uma constante contribuição de cargas de aromáticos e a distribuem pouco a pouco até a Síria e a Mesopotâmia".[142] Já Plínio, o antigo (23-79 da era cristã), citou que o incenso era transportado de Sabota (Shabwa, capital do Hadramawt) em direção ao território dos gebanitas e depois de Tomna (Tamna'), sua capital, até Gazza, em 65 etapas. Ele ainda acrescenta que "os mineanos, cujo país é atravessado pela estreita Rota do Incenso, constituem o povo que iniciou este comércio e que o pratica majoritariamente".[143] Da mesma maneira que eles, um perfume com estes aromas foi denominado "mineano".[144]

Plínio também inventariou as 28 etnias e cidades encontradas entre a fronteira nabatéia e o atual Iêmen.[145] Supõe-se que a ordem dos nomes desta lista foi marcada pelo itinerário de retorno da Rota, isto é, do norte ao sul. Apesar destas informações, para um estudo mais aprofundado deste caminho foi imprescindível a consulta ao catálogo dos toponímicos de Cláudio Ptolomeu (150 nomes aproximadamente), que se destaca como única fonte topográfica considerada como verdadeira em relação ao interior da Arábia durante o período clássico.

Mesmo assim, no entanto, as dúvidas ainda afligem principalmente em relação a certas regiões que necessitariam de maior precisão dos dados de longitude. Acredito, porém, que os novos estudos que vêm sendo realizados, principalmente pelos franceses, evoluíram muito, trazendo uma visão bem extensa e profunda sobre os habitantes locais e suas ligações passadas,[146] ultrapassando o que escreveu Sprenger caracterizando os habitantes locais no final do século XIX.[147]

[142] Ver na Geografia de Estrabão (XVI, 4, 19) in Conti Rossini (K.): *Chrestomathia arabica meridionalis epigraphica*, Istituto per l'Oriente, Roma. 1931.

[143] O mais exato seria "um dos povos".

[144] Plínio, História Natural, XII, 30, 54.

[145] Plínio, História Natural, VI, 157-8.

[146] Através das missões arqueológicas francesas e do CY, o centro francês de estudos iemenitas com sede em Sana'a.

[147] Sprenger, A.: *Die alte Geographie Arabiens als Grundlage der Entwicklungsgeschichte des Semitismus*, Berne, 1875.

Refazendo os caminhos e medindo os dias[148]

Os novos estudos e as investigações no terreno, principalmente iemenita, que vêm sendo efetuados enriquecem cada dia mais o conhecimento da antiga rota, sobretudo a das etapas compreendidas entre a antiga Qana' (atual *Bi'r Alî)* e Shabwa. De lá, passando por Tamna', chegavam a Ma'rib e Ma'în prosseguindo pelo Jawf para Najrân, além da fronteira setentrional do atual Iêmen.[149] De Najrân a Pétra ou a Ma'ân, que após a queda do reino nabateu a substituiu, a rota, embora relativamente longa, não foi descrita pelos autores clássicos nem reconstituída com detalhes pelos especialistas locais, sobretudo a porção que vai do oásis de Najrân a Medina.

148 Para os que querem informações detalhadas sobre o antigo itinerário das caravanas proponho continuar a leitura deste capítulo. Para os que buscam outros méritos proponho pular esta parte e prosseguir no capítulo seguinte.

149 Groom, N. St. J.: *Frankincense and Myrrh: A Study of the Arabian Incense Trade* (Arab Background Series) Longman Group United Kingdom, 1981 p. 165.

Sobre o itinerário seguido pelas caravanas pré-islâmicas que ganhavam o mar Mediterrâneo a partir do citado oásis, preferi me deixar tentar por uma hipótese com base nos dados geográficos atuais, como citou o especialista A. de Maigret baseado em seus estudos, uma das muito boas informações disponíveis nas fontes históricas.[150]

De Najrân, antiga al-Ukhdûd, a rota caravaneira tomava a direção do norte, abandonando o *wadi* Najrân seguindo o traçado aproximativo da rota que até hoje vem sendo usada. Cruzava o *wadi* Habawna e, lá, contornando o djebal al-Qâra pelo leste, juntava-se à região de Bi'r Himâ. Os numerosos grafites e a celebrada inscrição do rei himiarita Dhû-Nuwâs,[151] visível sobre as inclinações do djebal al-Qâra e do djebal Kawkab, confirmam a presença desta antiga via.[152] Todas estas indicações muito me ajudaram durante a viagem, não apenas as citadas por Maigret, mas também as do estudo de Ryckmans sobre os traços dos sabeanos na Arábia Saudita.

Após passar Bi'r Himâ, a rota antiga continuava na direção do djebal al-Wajîd, onde se dividia em duas, uma delas tomando a direção do nordeste, seguindo para o oásis do *wadi* al-Dawâsir, e chegando a Gerrha, nas proximidades do golfo Pérsico, e do outro lado, para noroeste, em direção a Bîsha. Esta última não tinha outra alternativa do que a de contornar o vasto djebal al-Qahr até a sua extremidade, passando provavelmente por Bi'r Murayghân, onde o rei abissínio Abrahâ, perseguiu as tribos árabes do norte em 547,[153] e mandou gravar uma inscrição, e a seguir rumo ao oásis de Tathlîth, *Laththa* na nomenclatura de Ptolomeu.[154] Atingiam então Bîsha, indicada como *Thumala* também pelo

[150] De Maigret, A. : "The frankincense road from Najrân to Ma'ân: a hypothetical itinerary", *in Avanzini* 1997, p. 315-331.

[151] Ryckmans G.: 1: "La trace de Saba en Arabie séoudite", *Reflets du Monde*, n° 5, p.10.

[152] Grohmann A.: Expédition Philby-Ryckmans-Lippens en Arabie. Textes épigraphiques. Arabic inscriptions, Bibliothèque du Muséon 50, Londres, 1962.

[153] Ryckmans 1952, op.cit. p. 8-9.

[154] Este caminho oficial e mais longo fugia do atalho já citado entre esta cidade de Shabwa.

grande geógrafo, nas proximidades do djebal al-Thamala. Medindo o percurso da rota caravaneira desde Najrân até ali, se aprende que ela cobria quase 435km em nove etapas, atravessando as terras que hoje pertencem à Arábia Saudita.

Thumala ultrapassada, as paradas seguintes eram principalmente na *Tabala* de Ptolomeu (atual Tabâla), antes de prosseguir por uma longa passagem sedimentar até ao *wadi* Karâ e ao *wadi* Turba.[155] Depois, novamente a rota antiga e a atual são similares, pois contornam pelo lado esquerdo as montanhas desta outra parte do Hedjaz. Após Harrat Hadan, a caravana outrora ganhava os poços de Bi'r Ân (ou *Hâthin*), chegando a seguir a Ukâz. Este lugar era bem conhecido como centro da reunião anual das tribos pré-islâmicas que ali acorriam para debater questões comerciais, políticas e sociais, mas também para as suas magníficas justas de prosa e de poesia, como narrou Doughty, em *Travels in Arabia Deserta*, publicada na Inglaterra no final do século XIX.[156]

Mecca, a *Macoraba* de Ptolomeu, se encontrava a três dias de marcha mais para oeste, sendo muito difícil que as caravanas que seguiam para o mar Mediterrâneo, com sua pressa, tempo e gastos, desviassem para ali fazer uma etapa. Assim, só os comerciantes que estavam a caminho de Mecca deixavam a rota principal para seguir aquela que mais tarde tomariam a partir da Idade Média, e hoje ainda tomam uma multidão de peregrinos.

A rota caravaneira que seguia na direção de Gazza e tinha passado por 'Ukâz geralmente percorria cerca de 260km em seis dias de marcha. A partir dali, de Ukâz, a caravana penetrava no vale de Sahl Rukba, um largo corredor delimitado, no oeste, pelas vastas e elevadas mesetas vulcânicas de Harrat Rahât e, no leste, pelos vazamentos basálticos de

155 Citando Al-Hamdânî, in Forrer, L.: Südarabien nach Al-Hamdânî' schreibung der arabischen Halbinsel, *Abhandlungen für die Kunde des Morgenlandes*, n° 27,3, Leipz, p. 323.
156 Doughty C. M.: *Travels in Arabia Deserta*, Cambridge 1888, II, p. 535.

Harrat Hadan e de Harrat Kishb. Durante o período islâmico, este vale também passou a ser usado pelas caravanas provenientes de Kûfa no Iraque. As duas rotas compreendiam provavelmente as mesmas paradas até Mahd al-Dhahab. Dali, a rota caravaneira ganhava Yathrib (atual Medina), contornando as franjas setentrionais de Harrat Rahât. A distância de 'Ukâz à Yathrib (425km) era coberta em dez dias.

Estes números são fatigantes, mas ajudam muito a dar uma idéia exata do tempo que estas caravanas levavam de um lugar a outro e as muitas noites que tinham para suas narrativas e ampliação de um mundo legendário intimamente ligado ao meio ambiente atravessado.

Medina, a antiga Yatrib, que se tornou *Madinat al-Nabi*, cidade do profeta, hoje é um ativo centro religioso islâmico, o que não acontecia outrora. Antes do nascimento do Islã ali viviam judeus e árabes que haviam abraçado a fé judaica, artesãos e agricultores, e ainda os povos adeptos das religiões ligadas ao culto dos betilos. Além da influência judaica, Yatrib também recebia influência cristã proporcionada pela presença de pequenos estados cristãos na região, como foi o de Najrân.

No caminho direto das caravanas, tudo leva a crer que a primeira parada após Yathrib seria no oásis de Buwât, onde ainda hoje existem vestígios da via férrea de construção otomana posterior, que ligava Medina a Damasco. Esta via férrea, implantada ao lado da Rota, deixa transparecer que nenhum itinerário alternativo seria possível. Após duas ou três etapas suplementares, as caravanas chegavam a al-Dulay'a, onde as ruínas de Umm Darb podem ser associadas ao Dhû Marwa medieval, provavelmente o lugar que Ptolomeu denomina *Mochura.*[157] Este centro era importante como ponto de partida da rota que seguia para o mar seguindo o *wadi* al-Hamd[158] até Ra's Karkumâ, possivelmente o

[157] Groom, op.cit., p. 194.

[158] Como é citado na p. 63 de Ingraham, M.; Johnson, T, Rihani, B e Shatla, I: "Preliminary report on a reconnaissance survey of the Northwestern Province", *Atlal, journal of South Arabian Archaeology, nº 5, p. 59-84, 1981.*

antigo e importante porto Leukê Kômê ou Porto Branco, que assumiu importância maior na rota marítima. A Rota, sempre buscando os *wadi*, continuava até o djebal Nahr, e logo depois novamente se aproximava, desta vez pela esquerda, da antiga via do caminho de ferro Medina-Damasco, prosseguindo até Dedân, atual al-Khurayba, cerca de 10km ao norte de al-Ulâ.[159] Yathrib ficava, pois, a cerca de 330km de distância de Dedân. Esta distância era coberta pelas caravanas, provavelmente, em sete dias de marcha.

Com o crescimento do poder dos nabateus, a Dedân lihianita perdeu suas prerrogativas políticas e comerciais e Hégra,[160] atual Madâ'in Sâlih, se tornou o centro principal da região de Al-'Ulâ, verdadeira placa rotativa sobre a antiga rota do comércio caravaneiro, que entre os séculos II a.C. e IV d.C. passou a ter a participação ativa desses árabes do norte da península. Junto a Hégra, o lugar hoje conhecido como Mabrak al-Nâqa (literalmente "o lugar onde a camela se ajoelha") era o ponto de convergência da Rota que levava ao golfo Pérsico (Gerrha) passando por Taymâ' (Thaima),[161] e da que se dirigia e ainda se dirige à Ra's Dahakân (Zugana) sobre o mar Vermelho, e de lá atingia o porto de *Elana.*[162]

Tomando a direção norte a partir de Mabrak al-Nâqa, a Rota caravaneira seguia até Tabûk, provavelmente a *Thapaua* de Ptolomeu,[163] outro nó comercial importante, de onde partia uma rota suplementar para *Elana,* a atual Aqaba. As etapas para atingir Ma'ân e anteriormente Pétra, partindo de Tabûk, porém, deveriam corresponder mais uma vez às usadas parcialmente ainda hoje pela rota islâmica de peregrinação, sendo porém desviada para Ma'ân, o último posto e a última junção

159 Nasîf, A. A.: Al-'Ulâ. An Historical and Archaeological Survey, with Special Reference to its Irrigation System, Riyad, 1988.
160 *Egra* como citam Estrabão, Plínio e Ptolomeu.
161 Passando ainda por Dûmat al-Jandal (Dumaitha) e Hâ' il (Arre).
162 Segundo alguns autores seria Eilat, mas tudo leva a crer que seria mais certo Aqaba.
163 Musil, A.: 1926: op.cit, p. 221.

para as caravanas com destino ao mar Mediterrâneo após o sismo que destruiu Pétra. Vindo de Dedân, se chegava ali com dez dias de marcha, após ter coberto cerca de 300km. A seguir era possível virar para o norte, para Udhruh (*Adru* de Ptolomeu), Amman e Damasco, ou ganhar o belo porto de Gazza em três dias de marcha suplementares, cerca de uma centena de quilômetros.

Assim, a distância a ser coberta para chegar a Ma'ân ou Pétra, partindo de Najrân, num total de cerca de 1.750km, levava quase 42 dias de marcha. Acrescentando a distância para chegar a Najrân desde Shabwa — via Tamna', Ma' rib, Qarnaw —, cerca de 710km a serem cobertos em 17-21 dias e, para ganhar Gazza, vamos colocar mais 100km em três dias, se chegando a um total de 2.560km a serem percorridos em 62-66 dias. O que não se distancia do número de 65 etapas, que de acordo com Plínio seriam necessárias para cobrir a distância entre Tamna' e Gazza.

Na parte examinada, a distância média percorrida num dia de marcha é de 41,6km, o que de acordo com viajantes e exploradores corresponde à velocidade média de uma viagem nas costas de um dromedário na Arábia.

É certo, portanto, que a rota caravaneira do incenso foi citada em antigos documentos orientais e também pelos autores clássicos a partir do século III a.C., mas desde quando esta rota realmente começou a ser usada?

Esta é uma pergunta cuja resposta é sujeita à discussão, mesmo sendo ela considerada como dependente da domesticação do dromedário, e seu uso na região.

O professor W.F. Albright, especialista em Oriente Médio, propôs como postulado que o início da utilização do camelo nas caravanas se situou no século XII a.C.[164] Esta data, que busca uma legitimação bíbli-

[164] Albright, W. *Bulletin of the American Schools of Oriental Research*, nº 114, p. 12-19, 1949.

ca, no entanto, no estado dos estudos atuais é considerada demasiadamente recuada para ser aceita como contemporânea de uma utilização regular da Rota do Incenso. Uma modificação de datas atende à cronologia reestruturada com base em novos e profundos estudos de mais sólida estrutura científica. A análise dos dados arqueológicos disponíveis, provinda dos monumentos cananitas e israelitas, e das antigas cidades-oásis situadas ao longo do itinerário da via caravaneira, conduz a reduzir um pouco esta data: mesmo se ainda são tênues os testemunhos arqueológicos de Najrân, de Dedân e, sobretudo, os de Taymâ' demonstrando que o desenvolvimento destas cidades se produziu no início do VIII século a.C., como cita De Maigret, considerado nos tempos atuais como sendo um dos mais avançados estudiosos do assunto.[165] Enquanto isso, como ele também menciona, as trocas de resinas odoríferas e de outros produtos do sul da Arábia, ou deles oriundos com o comércio do Índico, passaram a recuar em suas datas.

Tudo leva a crer que foi no VIII século a.C. que se produziu um desenvolvimento cultural brusco, tanto na Arábia do Sul como na Mesopotâmia. Isto poderia confirmar — embora de maneira indireta e geral — que foi neste período que passou a ter lugar uma utilização regular da rota caravaneira.

Como vimos, o período qualificado como proto-história sudarábica, considerado como iniciado durante o XII século a.C., terminou no sul principalmente com o aparecimento de grandes ordenamentos, e grandes inscrições lapidares, além de uma estatuária em pedra e de uma confecção de cerâmica característica. Os estudos estratigráficos situam o início desta fase de maior avanço no século VIII a.C. Neste período, os reinos se transformaram em verdadeiros Estados. Temos que ter sempre em mente que por volta de 700 a.C. o rei Karib' îl Watâr b.

165 De Maigret, A.: "The frankincense road from Najrân to Ma'ân: a hypothetical itinerary", in *Avanzini* 1997, p. 315-31.

Dhamar'Alî — identificado com o *Karibilu* mencionado nos anais de Senaqueribe — já estava à frente de um verdadeiro "império sabeano", cujas fronteiras se estendiam das margens do oceano Índico até ao 'Asîr, englobando também os elevados platôs etíopes. Pareceria lógico encontrar, durante este período, alguns pólos comerciais sudarábicos já estabelecidos no norte, na região de Dedân e de Taymâ'. Isto explicaria também os escritos do rei de Sukhu e de Teglath-Phalasar III quando se referem ao povo sabeano.

Neste mesmo período os Estados do norte da península arábica também tiveram os benefícios da introdução das riquezas econômicas e culturais provenientes das distantes regiões meridionais. A ligação comercial dos sudarábicos com a Mesopotâmia é inegável, não se devendo esquecer o imenso poder político e comercial que havia tido o Império Assírio nos séculos VIII e IX a.C. A grande via comercial arábica não teria podido existir se cada um dos seus protagonistas, tanto os Estados do norte como os do sul, não tivessem acreditado na necessidade de um comércio internacional. A Arábia Felix e o Crescente Fértil talvez também não tivessem atingido o seu muito elevado nível de civilização sem a contribuição ao mesmo tempo socioeconômica e cultural da rota caravaneira do incenso.

A tecelagem de uma história

Seguir a Rota do Incenso à procura da Rainha de Sabah, buscando através de seu legendário ver florescer as sementes plantadas de sua imagem, tentando descobrir seu traçado na história, me ensinou a ver muitas coisas que se passam além do olhar, das leituras, e que mostram os perigos das verdades absolutas. Mas também me mostrou a necessidade de uma transparência total para que da mesma maneira que não devemos matar nossos sonhos, devemos também descobrir as grandes belezas da realidade.

Estava na hora de começar a tecer minhas memórias, juntar tudo que absorvi nesta busca, como se fossem meadas de lã colorida que participariam da grande tecelagem desta história. Seria preciso combinar as matizes antes de colocá-las no grande tear — o livro.

Foi assim que há muito tempo aprendi a fazer, tomar as cores-memórias usando seus diversos tons, desde os mais fortes, passando pelos intermediários, aos mais tênues para gerar as nuances que trazem a harmonia.

É o momento que me recordo muito das tecelãs de Kandahar, no Afeganistão, separando as cores que usariam em seus tapetes, e eu ali sentada no chão aprendendo a misturar os tons, com essas grandes mestras, que me passaram uma experiência de vida. Faz tanto tempo! 34 anos! Onde será que elas estarão? Será que os grandes teares ainda estão armados no deserto junto a Kandahar?

Retorno a minha tecelagem e começo pelas nuances que lembram a Rainha de Sabah e o longo caminho que percorri nos desertos da Arábia, procurando suas pegadas.

O mito sempre gera uma descoberta que, por sua vez, o autentica ou o reinventa. Foi assim desde os primeiros tempos da humanidade. Volto a pensar que, durante séculos, os homens transmitiram seus sonhos, suas próprias quimeras, fábulas maravilhosas que encantaram o mundo. Mas os cientistas tentaram ordenar estes sonhos loucos. Será que fizeram bem? Ou será que os modificando diminuíram a felicidade?

Sobre a Rainha de Sabah, o que eu posso dizer é que sua busca não cortou meus sonhos. O cartesianismo arqueológico que sempre me inunda até contribuiu para fazer crescer sua imagem que também se povoou com o narrar de pessoas que constroem sonhos sem fugir da realidade — iemenitas e beduínos do deserto.

Embora hoje a concepção de história difira muito daquela concebida pelos homens dos tempos antigos, aqueles dos sonhos loucos, para quem o passado era um mito e os mitos eram assimilados como realidade. Hoje a realidade muitas vezes tenta buscar os mitos para nos ajudar a sobreviver.

Atualmente, principalmente através da arqueologia e de outras ciências baseadas na análise e na pesquisa, procuramos traçar a realidade sobre os antigos mitos com métodos de investigação e instrumentos modernos que permitem medir o tempo e o espaço, com técnicas de alta tecnologia que até o meio do século XX não eram conhecidas. A esses métodos, são juntados um conhecimento e principalmente uma interpretação diferenciada da história que além de mais extensa e abrangente é motivada por uma nova visão do mundo.

Uma pesquisa interdisciplinar, através da associação com outras ciências da investigação num diálogo muito mais intenso e extenso, vem produzindo uma visão comparativa entre o passado e o presente que se torna obrigatória, já estando afastado o tempo em que os especialistas nas culturas antigas não tinham interesse nos acontecimentos contemporâneos, desprezando a evolução destas mesmas culturas.

Mas mesmo assim muitos mitos sobrevivem através da memória de populações imensas. Ou quem sabe da sua, da minha e de outras memórias?

Como enxergar a realidade sem destruir os mitos que povoaram nossas vidas?

Durante os últimos 30 anos venho estudando e percorrendo rotas, caminhos sugeridos pelo comércio, pela fuga, ou pela expansão das religiões, todos eles transformados em rotas de cultura, caminhos importantes para o desenvolvimento cultural e o diálogo entre os povos. Foi com este pensamento que refiz os longos caminhos da rota das especiarias, também os da rota seda, e desta vez busquei a Rota do Incenso, o belo caminho dos arômatas, na qual o mais persistente personagem demonstrou ser a Rainha de Sabah.

Nesta busca percebi que não seria possível encontrar a historicidade desta mulher apenas em possíveis remanescentes tangíveis, em objetos-testemunho, me senti interpelada a também procurar toda a memória intangível, que encontrei através das narrativas populares e da influência que ela sob a forma de Bilqîs não apenas exerceu mas exerce sobre o povo em torno da Rota. E eu ainda diria pelo mundo afora.

Meu percurso demonstrou que da mesma forma que os povos contam a vida dos seus grandes soberanos, nos caminhos mais obscuros da

Rota, muitos ainda concebem sua história através de mitos e lendas. Assim, no meu caminho, surgiram os *djins*, as mágicas e as criaturas fantásticas, povoando muitas histórias, principalmente entre as populações do deserto, e das muito pequeninas aldeias das montanhas iemenitas. Mas, por outro lado, a Rainha em nenhum desses lugares é uma alegoria, e sim uma mulher com características que influenciam o comportamento das mulheres, como acontece entre as populações citadinas.

Pude constatar que, até hoje, Bilqîs como personagem penetra no cotidiano dessas mulheres, através da cozinha, dos cuidados com o corpo e com a pele, das mágicas, mas também na tenacidade, na busca das poesias e na interpretação da música, além de influir poderosamente nos movimentos que visam prestigiar a mulher, abrindo-lhe um lugar de cidadã no Iêmen atual.

Muitas vezes me questionei se a figura de Bilqîs, num país que se moderniza sem destruir suas tradições, e que cuida intensamente do passado, não seria uma forma de velar e revelar algumas tradições puramente sudarábicas. Não seria uma forma de prestigiar um passado que só a eles pertence e de que são soberanos.

Layla, que se tornou minha amiga em Sana'a, me contestou quando perguntei se este encantamento pela Rainha não seria recente, ligado aos movimentos femininos. Ela e depois sua mãe me mostraram que ele é constante e antigo, pois há muitos séculos tem inspirado músicos, escritores e poetas e também os mestres do sufismo como Jalal Din Rumi, que escreveu: "Apresentar-se não significou cair sob o poder do rei Salomão, mas de apresentar-se à vontade de Deus (Allah) e a sua autoridade divina."

Também o místico andaluz Ibn Arabi, no século XII, declarou que a Rainha de Sabah simboliza o infinito feminino. Em sua obra ela aparece como "um personagem total"; que procedia da ligação entre "o saber e a sabedoria". Ela serviu de guia espiritual deste grande mestre sufi ao citar a luz desta *Sophia* (a *Salma*, que ele também identificou com a compaixão de Jesus na sua caridade amorosa). Assim, de certo modo, Ibn Arabi fez da Rainha de Sabah a Beatriz de Dante por sua inspiração mística e poética.[166]

Rainha do Iêmen ou da Etiópia? Foi um dos questionamentos que recebi de alguns amigos interessados nos antigos reinos do incenso, bem como de todos os que mencionavam o Négus, o último imperador da Etiópia, sua majestade Haïlé Selassié, que até 1973 se reclamava descendente da Rainha de Sabah e, por conseguinte, pertencente a uma dinastia salomoniana.

O conhecimento da Arábia, e de sua história e também da história da Etiópia, me impediu de continuar cogitando sobre a possibilidade de Bilqîs ser a Makeda celebrada pelos etíopes. No tempo do apogeu de Ma'reb, os sabeanos estabeleceram colônias na região que hoje é a Etiópia. Mais tarde, os reinos sudarábicos, principalmente o Himiar, foram invadidos pelos abissínios. Acredita-se que foi através desses contatos que a história ou lenda da Rainha repassou para o lado ocidental do mar Vermelho.

O Corão contém uma passagem que, apesar de obscura, poderia jogar a favor da tese que a Rainha seria a soberana-símbolo de duas terras, ao citar: "dois jardins, um à direita e o outro à esquerda". Mas esta passagem também poderia ser interpretada em relação aos tempos em que os sabeanos controlavam a atual Etiópia, ou vice-versa, ajudando uma possível datação da soberana.

O mar Vermelho, em certos lugares, não tem 100km de largura, e sete séculos antes da nossa era, jangadas e barcos já o cruzavam. O

166 Pilorge, Jean-Pierre: "Au cœur de la transmission, la reine de Saba", Reine de Saba: soirée poétique et philosophique*: Le symbolisme dans les légendes de la rencontre du roi Salomon et de la reine de Saba*, organizada por Budhaline.

Iêmen se povoava também de pessoas de pele sombria, como até hoje mostram os habitantes da Tihama, e os sabeanos que se estabeleceram sobre a outra margem levaram muitas vezes a uma iconografia de Makeda como uma mulher clara. Respeitamos a interpretação do poeta Senghor, que escreveu belas poesias louvando a Rainha de Sabah como uma rainha negra, se baseando no Cântico dos Cânticos de Salomão.

Mas quem terá escrito o Cântico dos Cânticos?

No tempo atribuído a Salomão não existia escrita corrente no seu reino. Apenas os mesopotâmios e os egípcios conheciam a arte poética.

As escavações arqueológicas também colocam um problema de fixação das datas dos vestígios arqueológicos de Axum na Etiópia. Tudo leva a crer que a datação do palácio de Dongur, cujos fundamentos foram postos ao dia pelo arqueólogo Francis Anfray, nega a tradição oral que o atribui à Rainha.

Até pouco tempo atrás nos confrontaríamos também com um problema análogo no Iêmen, abrangendo a cronologia e a fixação de datas dos vestígios de Mar'ib e mais particularmente do monumento conhecido como Mahram Bilqîs. Ali, embora as construções com imensas pedras atestem a potência de um reino, certa parte do mistério ainda permanece. As cidades caravaneiras, no entanto, marcam a Rota desde Qana' no Hadramawt, até a chegada a Pétra, e daí seguindo até Gazza, ou pelo Sinai até Alexandria. No entanto as datações entram novamente em cena, desta vez de forma positiva, através das grandes inscrições sudarábicas que teriam sido feitas a partir do século VIII a.C., época em que os documentos assírios assinalam a existência de rainhas na Arábia. É também por volta desta época que a escrita se desenvolveu na Palestina.

Vê-se que as suposições e lendas que demonstram Salomão acolhendo a Rainha de Sabah em Jerusalém no século X antes da nossa era são bombardeadas de ambos os lados pelas datações relativas ao início da escrita, e, além disso, pelo fato de nos últimos tempos a descrição do reino de Salomão vir sendo profundamente modificada.

Sobre a imagem da Rainha de Sabah, anterior aos tempos corânicos, é a de uma rainha muito inteligente e bela, que teria governado o riquíssimo reino de Sabah, imagem que nos dias de hoje prevaleceu sobre a imagem mais obscura com que ela foi pintada no Corão. Sem desrespeitar o livro sagrado, os iemenitas falam sobre a Rainha, a quem chamam sempre de Bilqîs, de forma honrosa, excluindo das conversas qualquer interpretação religiosa, seja ela bíblica ou corânica. Como se a Rainha ficasse retida num espaço diferenciado do religioso, ultrapassando as considerações temporais da *Jahiliya*.

Apesar de sua popularidade pelos caminhos que percorri, de sua presença permanente, ainda que abstrata, e do grande número de escritos que a evocam, me entristecia não ter encontrado nenhuma prova arqueológica ou epigráfica que desse a um caminho sobre sua existência real. Contudo, nos últimos dias antes de partir do Iêmen, tive a chance de ver a inscrição, até bem pouco tempo inédita, encontrada no al-Jawf, provavelmente proveniente de Barâqish e seus arredores. A placa votiva que vi, e cito no capítulo referente ao Jawf, embora tenha uma inscrição curta, apenas duas linhas, sua importância maior é que ela comprova pela primeira vez o reinado de uma mulher sobre aquela região, e assim foi relançado o debate sobre a história da lendária Rainha de Sabah, que já vinha sendo alimentado por escritos em tabletes mesopotâmios.

O resultado das escavações em toda a região da Arábia que vai até Pétra demonstra claramente a existência da estrada caravaneira, que chegava ao Egito e ao porto de Gazza. Se Pétra demonstra a riqueza que as caravanas distribuíram numa certa época, as cidades caravaneiras iemenitas mostram seu avanço e poderio durante muito mais tempo, não levantando dúvidas sobre seu esplendor, principalmente a partir do século VIII a.C.

Tudo que vi contribuiu para cimentar a certeza sobre este poderio, além de demonstrar o contato permanente de suas caravanas com os países de toda a região.

No entanto, a datação sobre o encontro da Rainha com Salomão traz sérias dúvidas, como também traz o verdadeiro perfil deste rei e seu reino.

Como seria Salomão verdadeiramente?

O rei ardiloso e preconceituoso, como relata o Antigo Testamento com referência ao episódio do encontro com a Rainha, ou o rei poeta e sensível que durante muito tempo se supôs ter escrito o Cântico dos Cânticos?

O povo de Israel nunca teria sido tão rico como no tempo de Salomão?

Nem antes, nem após este povo não teria conhecido tal paz, unidade e riqueza?

O Livro dos Reis do Antigo Testamento tentou legar à eternidade a lembrança deste esplendor. Dentro desta visão o reino de Salomão podia ter realmente se aproveitado muito da sua situação na encruzilhada das grandes estradas comerciais e o rei se esforçado em assegurar a prosperidade ao seu reino através de boas relações com os reinos vizinhos, entre outros com o fenício Hiram que proporcionava as toras de pinheiro para a construção do templo de Jerusalém.

Disporia mesmo o rei judeu de tanto ouro que cobriria o templo?

O ouro teria vindo de onde? De Ophir? Onde seria este lugar que se tornou um dos segredos mais cobiçados, cuja localização parece estar no Zimbábue, na Líbia, ou até na imaginação de cada um.

Segundo o relato bíblico, diversos governantes lhe enviavam presentes e todos da terra queriam vê-lo. O relato do casamento de Salomão com uma filha de faraó e o encontro com a Rainha de Sabah demonstram preocupações de troca, de bom acordo e uma relação diplomática com os vizinhos. No entanto, já deixa entrever certa crítica aos casamentos mistos, que será sempre um tema perseguido e finalmente realizado.

Mas por que a história reteve a visita da Rainha de Sabah?

Teria sido porque foi uma destas raras mulheres soberanas, de uma terra riquíssima muito afastada do centro do mundo judaico, considerada mais bonita e inteligente que todas as outras, uma mulher ideal, que teria se ajoelhado em frente ao rei em Jerusalém?

Esta subjugação tanto pode ser interpretada como uma tentativa de diminuir a posição de um estado que na época assumira um lugar de maior importância, como o da mulher numa sociedade do tipo patriarcal, e ao mesmo tempo a estigmatizar por ser estrangeira e adoradora de outros deuses.

Segundo Jacques Briend, exegeta da Bíblia, os cientistas e historiadores estão de acordo que a Bíblia não é um relato histórico no sentido rigoroso como o entendemos agora, mas um texto teológico que agrupa, altera, reconstrói diversos fatos [...] para emitir um ensino sobretudo espiritual.[167]

O texto bíblico foi concebido em duas ou três gerações, por volta do fim do século VII a.C, no pequeno reino israelita de Judá, ao redor da corte de Jerusalém, com intenções teológicas e políticas, num clima de medos e de esperanças ante os seus poderosos vizinhos, os egípcios, os povos da mesopotâmia e das regiões limítrofes. Sob o plano religioso, estes escritos tendem a fixar a ortodoxia do monoteísmo judaico, centralizando o culto de um Deus único num lugar único, o Templo de Jerusalém, sob a autoridade de um descendente da dinastia de David, primeiro soberano da monarquia unificada da história dos hebreus.

[167] Jacques Briend é professor do Instituto Católico de Paris e exegeta da Bíblia.

No plano político, parecia necessária a constituição de uma história nacional, partindo da origem gloriosa de Abraão, vindo de Ur, na Caldéia, na época um dos lugares de maior desenvolvimento cultural. A isso foram adicionadas a luta vitoriosa contra a escravidão no Egito, a epopéia de Moisés e a conquista de Canaan (Síria-Palestina), por Josué. Tudo justificaria plenamente as pretensões do rei Josias, neste período dramático do fim do século VII a.C., visando marcar sua independência em relação ao faraó Necao II, mas também sua soberania sobre o antigo reino rival, Israel, o reino do norte, cuja capital era Samaria.

Arqueólogos, investigadores e autores abalizados, ao confrontarem a Bíblia com dados procedentes das escavações e documentos egípcios e mesopotâmios, apreendem que muitos episódios citados na Bíblia não só não correspondem a nenhum dado arqueológico ou histórico, como também às vezes simplesmente não tiveram lugar.

Recordando que a maioria dos pioneiros da arqueologia bíblica eram sacerdotes ou teólogos, o indubitavelmente capacitado arqueólogo Israel Finkelstein e o historiador Neil Asher Silberman[168] defendem a tese que o Antigo Testamento teria sido escrito, essencialmente, na época do rei Josias, no século VII a.C., conduzido pelo desejo desse rei de servir a sua intenção política de um grande império centrado em Judá. Também mencionam que ali o reino dos hebreus é citado como um reino soberano unido em um único povo, em uma só capital e sob a proteção de um único Deus, Yahvé, o que as recentes descobertas demonstram que não passa de uma história com o objetivo de servir a ambições territoriais e religiosas daquele reino no século VII a.C.

Em relação à história dos patriarcas "repleta de camelos que transportam mercadorias", se sabe da impossibilidade, pois a arqueologia revela que o dromedário só passa a ser utilizado correntemente como

168 *The Bible Unearthed: Archaeology's New Vision of Ancient Israel and the Origin of Its Sacred Texts* por Israel Finkelstein, Neil Asher Silberman.

animal de carga a partir do ano 1.000 a.C, bem após a suposta existência dos patriarcas.[169]

No entanto, vamos nos ater ao reino hebreu sob a autoridade de David e Salomão, por ser o que nos interessa diretamente na caracterização do tema gerido pelo possível encontro do rei Salomão e da Rainha de Sabah.

Por volta do ano 1.000 a.C., época presumida do primeiro grande soberano hebreu, David, a sociedade israelita ainda era pouco desenvolvida, as cidades pouco povoadas, e certamente a capital não tinha a dimensão de uma cidade-estado alfabetizada, capaz de enquadrar grandes trabalhos sob o controle de uma burocracia de funcionários. "As escavações empreendidas em Jerusalém não trouxeram nenhuma prova da grandeza da cidade na época de David e Salomão", escreveram Finkelstein e Silberman, que pondo fim à idéia do famoso templo construído por Salomão também citam: "as escavações empreendidas em Jerusalém, ao redor e sobre a colina do Templo, durante os séculos XIX e XX, não permitiram identificar nenhum vestígio do Grande Templo de Salomão e do seu Palácio".[170] Numa Jerusalém que se assemelhava mais a uma aldeia de montanha que a uma capital prestigiosa, David e Salomão certamente existiram, mas a sua memória serviu, sobretudo, para construir o mito de um só povo, poderoso, de uma monarquia israelita unificada sob legítima dinastia davidiana. A realidade, demonstrada cientificamente pelos referidos autores, é muito diferente.[171]

Com base nas suas investigações arqueológicas, Finkelstein e Silberman introduziram, contra o mito de uma monarquia unificada original,

[169] In Israel Finkelstein, Neil Asher Silberman, op.cit.

[170] *The Bible Unearthed: Archaeology's New Vision of Ancient Israel and the Origin of Its Sacred Texts* por Israel Finkelstein, Neil Asher Silberman e *David and Solomon: In Search of the Bible's Sacred Kings and the Roots of the Western Tradition* por Israel Finkelstein, Neil Asher Silberman.

[171] O redator ou redatores da Bíblia, citando Meguiddo, Hazor e Guézer, cidades do reino do norte, importantes no século VII, queriam sem dúvida "promover a ideologia panjudaica de um grande reino salomônico com Jerusalém como capital".

a nova idéia da existência original e duradoura de duas entidades israelitas, de duas sociedades distintas, ao sul e ao norte das terras altas, cujas rivalidades e destino histórico provocaram a escrita da Bíblia. Ao sul, o reino de Judá, mais pobre, menos povoado, governado desde Jerusalém pelos herdeiros de David, sendo o Deus nos territórios do sul chamado YHWH (se pronuncia Yahvé). Ao norte, estava o reino de Israel, muito mais próspero, mais povoado, mais influente, do qual a capital, Samaria, foi um grande centro administrativo, dotado de um palácio e do seu próprio templo para honrar El, ou Elohim.

Todo o propósito do Livro dos Reis, segundo eles, é o de mostrar que só o reino do sul, na sua legitimidade davidiana, tinha vocação para governar o conjunto dos territórios israelitas, a partir de um culto centralizado no Templo de Jerusalém. Mas o que se comprova é que Israel, reino do norte, era bem mais influente, com poderosas cidades como Samaria ou Megiddo.[172] Porém, de acordo com o texto bíblico, este reino foi destinado à destruição devido à descrença dos seus soberanos e à composição multiétnica da sua população: a história, entretanto, conta que em 720 a.C. os assírios destruíram este reino, isto é, o do norte, de Samaria, e anexaram a região; com isso o reino de Judá se encontrou único, porém delimitado por um mundo não controlado por judeus. Foi o momento em que seus dirigentes sentiram a necessidade imperiosa de possuir um documento escrito que o definisse e o fundamentasse. Este texto foi o núcleo narrativo que se tornou o Antigo Testamento, compilado em Jerusalém provavelmente sob o comando do rei Josias durante o século VII a.C.

A destruição do reino de Israel teria sido a ocasião de articular para todos os israelitas, ou seja hebreus, a exigência de um monoteísmo radical — o do Deuteronômio, o quinto Livro do Torá (o Pentateuco), que prescreve o cumprimento das festas nacionais (a Páscoa, os Taber-

[172] Cujas escavações arqueológicas da Universidade de Tel Aviv demonstraram não pertencer a Salomão e sim ao reino do norte.

náculos), a proibição dos "casamentos mistos",[173] e a proteção dos fracos e dos indigentes.

Até esta época, muitos cultos, como o das divindades domésticas, os dos corpos celestes (Sol, Lua e estrelas, principalmente Vênus), assim como os de Baal e/ou de sua esposa Ashteroth, comuns na Samaria, muito receptivos em toda a região, coabitavam com o culto de YHWH, tanto no seio do templo, como também em santuários do campo. Ao mesmo tempo, o herdeiro de David, o rei Josias, é apresentado como messias, encarregado de restaurar a monarquia unificada e a autoridade davidiana sobre todos os hebreus, na mesma época que os assírios se retiravam das províncias do norte.

Em 609 a.C., o rei Josias foi morto pelas tropas do faraó Necao II, porém não foram os egípcios e sim os babilônios comandados por Nabucodonosor que destruíram o reino de Judá, incendiando Jerusalém e destruindo o templo em 586 a.C.[174] Uma parte dos israelitas, sobretudo a elite, foi deslocada para Babilônia. Este exílio, relativamente curto no tempo, dado que os persas de Ciro destruíram o império babilônico em 534, foi essencial na organização da forma final do Pentateuco.

Se, como conta a Bíblia, o destino prestigioso de Abraão escolhido por Deus para oferecer uma terra próspera à sua nação teria sido uma mensagem de esperança, da mesma maneira que uma preocupação efetiva de marcar a separação entre o povo judaico e os seus vizinhos, a reconstrução do Templo permitiria a conservação da identidade hebraica ao redor dos sacerdotes. Estes haviam tido sua importância reafirmada durante o exílio, e assim os territórios dos hebreus a partir de então não foram mais governados pelos descendentes de David, a monarquia estava fora do jogo, pois depois dos persas vieram os gregos de Alexandre,

[173] Onde se vê nitidamente a rejeição à Rainha de Sabah, e mais tarde ao próprio Salomão por ter escolhido uma mulher estrangeira.

[174] As escavações arqueológicas restituíram pontas de flechas e vestígios deste incêndio.

depois seus diadoques, a seguir os romanos, os bizantinos, os árabes, os turcos e os ingleses. A Samaria e a Galiléia também se diferenciaram profundamente da Judéia, o que hoje ainda se pode perceber. Mas a epopéia bíblica se tornou suficientemente coerente para permitir a sobrevivência da identidade do povo judaico, e o seu prolongamento no cristianismo.

O professor Israel Finkelstein, do Instituto de Arqueologia da Universidade de Tel Aviv, um dos autores já citados, e responsável por grande parte da análise sobre a falta de coerência entre os textos bíblicos e a comprovação científica através da arqueologia, é um arqueólogo de reconhecida capacidade. Sua experiência em escavações e análises de material nos principais lugares sobre os quais emitiu sua opinião é farta. Percorrendo sua vida profissional, vemos que seu trabalho se mostra na altura das sérias opiniões que emite, além de muitas delas poderem ser comprovadas por outros especialistas, também da mais alta consciência profissional. Durante muito tempo a arqueologia palestina foi tumultuada pelo que alguns chamam de Arqueologia Bíblica, o que muito a atrasou. Misturar religião com arqueologia, e com a história de um país ou região como já aconteceu muitas vezes foi sempre um fator negativo para a tentativa de um bom e transparente resultado.

Um dos problemas que se põem na relação entre o contexto bíblico, a arqueologia e a epigrafia reside nas datações e suas correlações. Se David e Salomão tivessem vivido no século X antes da nossa era — o que possivelmente pode ter acontecido —, nesta época os hebreus ainda não usavam a escrita, sua história, portanto, não pode ter sido escrita antes dos séculos IX, principalmente VIII a.C., período em que a narrativa pode ter recebido pela primeira vez uma tentativa de escrita, mas ainda baseada em lendas que durante muito tempo haviam sido embelezadas e repassadas oralmente.

Por diversas razões o relato bíblico é controverso, como a ausência de escrita no reino de Judá antes do século VII a.C., a coincidência perfeita entre a epopéia do pequeno pastor David, transformado num *Apirou* — um herói a serviço dos camponeses oprimidos — e os relatos relativos a estes encontrado em inscrições no Egito, e por último as escavações em Jerusalém que permitiram identificar ali, no século X a.C., apenas um burgo rural. Além disso existe o fato que o faraó Sheshonq I não menciona a cidade na estela comemorativa de suas vitórias na terra cananita.

A mudança a partir do século VII, com a política expansionista assíria, provocou a decadência do reino israelita do norte, enquanto o de Judá, tendo escolhido colaborar, se enriqueceu, e assim Jerusalém pôde enfim se desenvolver. As narrativas sobre um passado semilendário são então reunidas de modo que este pequeno reino possa cimentar a nova sociedade por meio de uma lenda fundadora comum — que deu um bonito papel à dinastia autóctone.

Com Salomão, a parte de incerteza é muito maior. A lenda idílica de um monarca sábio e pacífico que reina numa corte prestigiosa, na Jerusalém do século X a.C., não tem o mínimo fundamento histórico nem arqueológico. A história de um rei sábio dirigindo um reino de largas fronteiras e muita riqueza evocaria muito mais "a visão imperial assíria como ideal absoluto".[175]

A figura de Salomão tomou dois rumos. Enquanto no Antigo Testamento ele no fim da sua vida assume a imagem negativa de um homem corrompido e dominado pelos deuses pagãos, no Novo Testamento e mesmo no Corão ele continua sendo venerado. Sua imagem também atravessa os séculos se vinculando à magia e à ciência através do selo e da clavícula de Salomão. Seu prestígio é grande entre os cabalistas, enquanto que o Templo e a Rainha de Sabah o são entre os maçons.

Quanto a sua decadência na narrativa bíblica, Finkelstein e Silberman consideram que a pretendida impiedade teria como meta demonstrar,

[175] Op. cit. *David and Solomon:* In *Search of the Bible's Sacred Kings and the Roots of the Western Tradition,* por Israel Finkelstein, Neil Asher Silberman.

a posteriori, que o povo eleito perdeu a sua prosperidade quando esqueceu Yahvé. Mas que historicamente tudo leva a crer que a verdadeira razão do empobrecimento do reino de Judá teria sido decorrente da retirada assíria do antigo reino nortista de Israel e da perturbação causada pela chegada maciça dos filisteus nas costas cananitas.

As desarticulações entre o tempo em que a história se passou e sua transcrição leva a uma série de interpretações.

O relato sobre a Rainha de Sabah, chegando com sua caravana pela Rota do Incenso a Jerusalém, pode não ter sido no tempo de Salomão, isto é, no século X a.C., quando o reino de Judá que incorporava Jerusalém era pequeno e a escrita não era usada. Ainda que as rotas caravaneiras já existissem na época, não tinham tanto esplendor como tiveram depois, portanto não comportariam a história que lhes foi atribuída.

A outra hipótese é que ela teria se passado mais tarde, no tempo do rei Josias, quando o reino de Judá progrediu, mas o de Sabah era muito mais rico e bastante prestigiado pelo Egito e pela Mesopotâmia. Nesta época, a visita de uma inteligente e bela rainha, vinda dos ricos reinos do sul, trazendo produtos de grande procura, os aromas para o incenso e as especiarias, tendo ficado deslumbrada com a sabedoria de um rei, ao qual se subjugou, seria mais um elemento de louvor na criação do conceito de Grande Reino.

A Bíblia, ou melhor, o Antigo Testamento, conseguiu difundir uma interpretação da Rainha de Sabah que no Ocidente tomou as vestes muito mais suaves neotestamentárias, às da Rainha do Sul ou do Meio-dia. No Oriente árabe, ela se expandiu como uma mulher ideal, sendo esquecidos os atributos indesejáveis das narrativas testamentárias e mesmo corânicas, guardando sua beleza e sabedoria. Construíram Bilqîs, que pelo que constatei pessoalmente é uma das mulheres mais amadas da Arábia. Apenas nos meios religiosos de forte aspiração monoteística ela não conseguiu deixar o negativo carisma dos seus escritos.

No Vale da Lua

Uma despedida

O hotel Taybet Zaman tinha se tornado minha casa temporária. Foram esplêndidos os dias que passei ali relendo e incorporando mais lembranças às minhas anotações da viagem, e que me permitiram fazer a tecelagem final sobre o que rendera a minha busca.

Do alto da pequena aldeia transformada em hotel eu podia ver o amanhecer e o anoitecer das montanhas de Pétra, e o início das terras que se estendem por toda a Arábia, pelas quais passou a Rota que eu tanto busquei. Noites frias e estreladas, dias quentes e tardes mornas, muitos gerânios em flor na minha janela, e junto deles alecrins, tomilhos e manjericões bem verdes me faziam um bem enorme. Breve eu teria que deixar as terras da Rota que havia guiado até ali os incensos tão perfumados como aqueles que no fim de tarde eu acendia no meu quarto.

Mas eu não queria me despedir das terras de Bilqîs sem rever o deserto ainda uma vez. Em todo caso eu partira de um deserto e teria que terminar a viagem, que chamei de minha Caravana da Lua, num deserto iluminado por uma Lua crescente magnífica como era prometido para as noites seguintes.

Foi assim que deixei minhas coisas no hotel e parti, com meia mochila apenas, para o Wadi Rum, o chamado Vale da Lua.

A porta do deserto é marcada por um arco de pedra, que separa o centro turístico do Wadi Rum. O cameleiro-guia me tinha sido especialmente recomendado. Eu acamparia numa tenda nas vizinhanças da que ele dividia com sua família e, assim, além de atravessar uma parte do vale, eu poderia conhecer pelo menos por uns dois ou três dias o cotidiano dos *badiah*. Eles também me forneceriam um pouco de suas refeições.

— Nada de mudanças na comida, disse eu, e o cameleiro contente fez um não com as mãos em direção ao pequeno armazém cheio de latarias de conserva para abastecer os estrangeiros que optavam por ficar no acampamento turístico.

O nome, ou apelido, do meu novo amigo era Órens, com uma ênfase especial na vogal inicial. Só no último dia, ao querer anotá-lo, percebi de onde vinha o nome, quando ele me mostrou na entrada do *wadi* uma grande figura do coronel Lawrence, "Órens, o protetor de todos os beduínos", disse ele se referindo a Lawrence da Arábia.

Meus pés se meteram na bela areia rosa do deserto enquanto meu olhar foi atraído pelas altas cimeiras descarnadas. Os poucos arbustos e giestas secas que vi e irmanavam a paisagem com outros desertos desapareceram quando o ambiente começou a se modificar adquirindo características únicas, logo que eu subi no dromedário, que junto com o de Órens foi penetrando no interior do *wadi*.

Naquela manhã a caça ao oryx estava aberta, mas vi apenas suas pegadas na areia, e logo depois com alegria eu soube que naquele dia ninguém os caçou! Pequenas cabras negras, uma salamandra azulada e uma serpente minúscula cruzaram nosso caminho. Mas os fiéis dromedários continuavam a dar seus passos sem dar atenção ao que se passava em volta. Montar um deles é diferente de montar um cavalo ou um elefante. Não adianta qualquer opinião ou comando que não seja o deles, são independentes em seu desempenho, e lembrando disso me deixei embalar pelo balanço do seu passo. Seguindo o seu ritmo, minha metamorfose em princesa do deserto havia sido rápida, cheguei a pensar que dominava aquele mundo, no entanto, quando vi o olhar do animal, percebi que o poder seria apenas dele, do dromedário, pois é ele que reina nos desertos.

Logo o calor se tornou mais forte, porém seco, não havia a umidade pegajosa do trópico; o sol brilhante me obrigou a cobrir a cabeça com o grande lenço vermelho e branco que eu já usava em Sana'a, motivo de risada de Órens e também dos beduínos que passaram por nós pelo caminho.

As dunas do Wadi Rum são poucas, porém são muitos os picos e falésias cortantes magnificamente desoladas, iguais às descritas por Lawrence como "sendo de ecos ressonantes e marcados pela presença do divino".

Contrariamente a outros desertos de dunas que impressionam por seu horizonte remoto, aquele se torna inesquecível, sobretudo, pela verticalidade de suas rochas, por seus djebels de grés que variam do preto ao amarelo-claro, com predominância das várias tonalidades do vermelho, como eu vira em Pétra, mas que ali, poderosos e em maior número, acrescentam algo sublime aos lugares.

Essas rochas, que parecem ter sido plantadas nas dunas, brotaram há cerca de 30 milhões de anos, e desde então vêm sofrendo o peso do tempo e da erosão. É o mais antigo entre os estratos geológicos da crosta terrestre até agora conhecidos. Hoje, após milhares de acidentes tectônicos e de trabalhos do vento, as rochas são escavadas, polidas e estratificadas, ascendendo até a 1.854m de altitude. Ao vê-las compreendi a paixão que desperta nos que as conhecem.

— Gosto e cor não se discutem, passe uma semana no Wadi Rum e nós voltamos a falar; ali entre as cores, quanto maior é o contraste, mais bonito é seu matiz, fazendo de cada rocha uma obra de arte.

Isto me disse um amigo um pouco antes de minha partida quando eu, completamente fascinada pela ausência de cores, tecia considerações sobre a brancura sem fim das montanhas himalaias.

Vi que ele tinha razão, pois as rochas das montanhas do Vale da Lua, como em Pétra, me mostraram mais uma vez o poder da natureza em matizar as cores com padrões inimagináveis.

Há muito tempo, por experiências anteriores bastante queridas, eu sabia que andar no deserto nunca é monótono, mas ali a atenção também é surpreendida com as novas formas, sempre diferenciadas, que as perturbações geológicas deram à paisagem. Uma emoção atrás da outra neste universo mineral, que eu atravessei deslumbrada até encontrar a tenda de Órens no acampamento beduíno, onde um chá escaldante me esperava com bolos secos. Logo me convenci que tinha necessidade de me conceder a reabilitação de uma curta sesta, um hiato para poder continuar a absorver a beleza mutante do lugar.

—Você deve descansar até as salamandras saírem novamente ao sol — recomendou Aysha, mulher de Órens, e ele logo traduziu.

Lembrei do meu mais antigo amigo beduíno que há muitos anos me ensinou a jamais sair de casa sem a companhia de minha sombra. Um belo modo de expressar o que também dizia minha avó Zulmira:
— Não sair com o sol a pino.

Minha pequena tenda tinha sido montada nas proximidades da área dos beduínos, bem perto da tenda da família do guia. A tarde se iniciava, tentei dormir e chegava às bordas do sonho quando um raio de luz indiscreto forçou a entrada na tenda; mais longe vi que outros acariciavam uma pedra de muitas cores — a cena parecia irreal.

Quando o Sol amenizou, o dromedário me levou até a ponte de pedra do djebel Kharaz, um arco natural que, visto de baixo, parecia muito elevado.

— Precisa ter muita atenção na descida, avisou Órens.

Durante a subida as maxilas do animal ficaram apertadas, mostrando sua tensão e concentração enquanto subia lentamente buscando o melhor caminho. Para mim, no entanto, foi fácil. Mas na descida, as coisas se complicaram, tendo sido necessário que eu me firmasse bem na sela, e que auxiliasse o equilíbrio apertando minhas pernas nas laterais e me equilibrando com os braços enquanto o animal descia lentamente quase deslizando a rocha íngreme. Tal foi meu esforço que os meus músculos dos braços e das pernas ficaram dormentes e eu custei a poder pôr meus pés no chão.

As grandes tendas negras beduínas reapareceram no caminho, Aysha me esperava na entrada da sua anunciando que breve traria o jantar, que poderia servir na minha própria tenda, ou então ao ar livre. Mas antes disso eu quis olhar o Sol que se punha inflamando o deserto.

Ele desceu demasiadamente rápido, por mais que eu quisesse não pude reter a corrida daquela bola de fogo, impedindo que ela desaparecesse por de trás das montanhas apagando suas cores. Num minuto os vermelhos começaram a desaparecer. Com a noite principiando a cair, o Wadi Rum se tornou uma paisagem fantástica. Suas imponentes massas rochosas pareciam se elevar para o céu formando uma barreira horizontal, debruada de formas estranhas. Os tons de vermelho foram sendo substituídos pelo desenho escuro das rochas que pareciam recortados sobre a abóbada ainda não estrelada, mas que guardava alguns fios do esplendor do pôr-do-sol.

Quando voltei Aysha me trouxe um frango grelhado, que comi com um *khubz*, usando as mãos, e os reguei com um chá de tomilho muito quente.

Vênus apareceu no céu, e logo depois entrou a noite com uma Lua crescente que me lembrava os deuses da Arábia.

Fui dar uma volta e meu olhar se perdeu no céu, dando nome às estrelas e admirando o crescente. Estava na hora de reganhar minha tenda solitária e repensar a viagem pela Rota do Incenso até ali, em busca da Rainha de Sabah.

O Wadi Rum é chamado de Vale da Lua. Como em toda a Arábia, antes da chegada do Islã, suas tribos tinham sido adoradoras dos corpos celestes, e ainda guardavam muitas ligações. Eram eles que regulavam a vida das caravanas, que eu chamo de Caravanas da Lua. Entre esses deuses, Wadd, o amor, era o deus de Ma'in e também um dos deuses bem-amados dos desertos da Arábia. É um deus lunar, cujo epíteto geralmente é "a Lua", porém também aparece evocado como ancestral mítico na fórmula mágica: *Wadd-'Abb* (Wadd é pai) que aparece nos amuletos acompanhado de uma Lua crescente e do disco de Vênus.

Tudo isto eu fui lembrando até cair no sono. No dia seguinte eu tentaria descobrir entre as beduínas se elas lembravam de Bilqîs, e qual a relação delas com os arômatas.

Não precisei me esforçar. Acordei com as fumaças perfumadas de olíbano e mirra. O chá de tomilho era forte e o *khubz* quentinho era despregado de uma chapa arredondada de ferro bem quente que parecia um grande champignon. Um pote de queijo branco de cabra foi colocado na minha frente, em volta da pequena fogueira usada para esquentar o chá. Crianças de todas as idades foram chegando e viram meu pequeno amuleto do Wadd. Uma delas foi buscar a mãe e a trouxe com seu medalhão de prata com o mesmo símbolo da meia-lua e a marca de Vênus. Pouco a pouco muitas mulheres das redondezas vieram mostrar seus colares e pulseiras sempre de prata, cujo contraste era muito lindo com suas roupas negras adornadas com bordados geométricos em vermelho.

Perguntei o que achavam da Rainha de Sabah, usando seus vários nomes e uma gesticulação arrojada para me fazer entender, e percebi que ao ouvirem o nome batiam palmas. Logo me mostraram suas pinturas com hena, e depois me trouxeram seus pequenos tesouros: as maquilagens do dia-a-dia. Mais tarde minhas mãos e pés foram pintados com grandes arabescos de hena, meus olhos com khôl, o que foi uma vantagem, pois amenizou o clarão do Sol do deserto.

Parti na manhã seguinte, depois de provar novamente o café gostoso e de receber retoques na maquilagem. Deixei com as mulheres minhas amostrinhas de perfume francês, e os sabonetinhos e cremes que o hotel me dera. Além do pagamento, um chaveiro carioca para Órens e uma echarpe colorida para Aysha. Para as crianças distribuí minhas canetas, e quando me afastei elas me acenaram sorridentes dizendo:

Malika! Malika!

— Ah! Ninguém esquece a Rainha de Sabah.

Gávea, Rio de Janeiro, 14 de setembro de 2006.

Álbum de receitas

As comidas de Umm Bilqîs — Receitas da Arábia feliz

O indispensável khubz ou khobz

Khubz em árabe quer dizer pão, o acompanhamento básico de todas as refeições. Quando não é seguido por um outro nome identificador se refere à pita, o pão chato árabe. Muitas vezes ele é substituído pelo chapati ou o nân indianos.

KHUBZ

1 xícara de chá de farinha de trigo integral • 1 xícara de chá de farinha de trigo • ½ colher de chá de sal • 3/4 de xícara de chá de água morna • 3 colheres de sopa de *samn*, manteiga purificada semelhante a ghee indiana

Numa tigela, misture as farinhas e o sal. Adicione a água e trabalhe bem a massa até que não grude nas mãos. Se estiver muito seca, acrescente aos poucos mais água morna para que a massa fique bem fofinha. Polvilhe uma superfície lisa com farinha de trigo e trabalhe bem a massa até que fique elástica. Faça uma bola, coloque numa tigela ligeiramente untada com óleo e cubra com um pano úmido.

Deixe descansar por 30 minutos. Novamente polvilhe com farinha uma superfície lisa, trabalhe a massa mais uma vez e divida em 10 a 12 bolas. Abra as bolas em discos bem fininhos com um rolo de macarrão. Aqueça uma chapa antiaderente grande, coloque os discos, um por vez, e asse até que inche, cerca de 1 minuto. Vire e cozinhe mais uns segundos, até dourar. Espalhe Samn *num dos lados do pão, e coloque numa cestinha. Cubra com um pano para mantê-lo aquecido até a hora de servir.*

KHUBZ (sem muito trabalho)

280g de água morna • 30g de fermento biológico • 450g de farinha de trigo • 1 colher (chá) de sal • 1 colher (chá) de açúcar (optativo) • 1 colher (sopa) de azeite ou manteiga clarificada

Dissolva o fermento na água morna e acrescente 100g de farinha. Deixe o fermento desenvolver por 20 minutos. Peneire a farinha restante, o sal e o açúcar. Junte todos os ingredientes e sove até formar uma massa lisa e macia. Coloque em uma vasilha para crescer. Depois que dobrar o volume amasse e sove novamente. Divida em 30 pedaços e forme bolas lisas da massa. Deixe crescer novamente, abra a massa em discos achatados bem finos (1mm de espessura), passe em farinha de trigo. Asse em forno pré-aquecido a 280°C (muito quente) ou sobre uma chapa de ferro grossa também muito quente. Deve demorar menos de 1 minuto para assar.

HILBEH

Os iemenitas empregam hilbeh *temperado com* zhug *como molho para saladas e como molho para carnes, legumes e outras comidas; mas também como um molho apenas para mergulhar o pão. Se for temperado com coentro, fica delicioso.*

Coloque 2 colheres de sopa de feno-grego moído em uma tigela com 1 ½ xícaras de água. Deixe de molho pelo menos 3 horas (melhor ainda será deixar de um dia para o outro). Escoe completamente, depois vá somando um pouco de água de cada vez e batendo bem até borbulhar. Refrigere e use como necessário. Deve ser consumido em menos de uma semana.

ZHUG um molho picante

Utilizado como tempero para todos os tipos de comida

1 e ½ xícara de tomates pelados • 6 cravos-da-índia esmagados • 1 colher de chá de sal • 1 colher de chá de pimenta-negra esmagada • 1 colher de chá de sementes de alcaravia esmagadas • 1 colher de chá de semente de coriandro esmagadas • 1 colher de chá de sementes de cardamomo esmagadas • ½ colher de chá de pimenta-caiena em pó

Combine todos os ingredientes, misture bem, refrigere e use como necessário.

HAWÂYÎZ Mistura de especiarias para acompanhar várias receitas

3 colheres de chá de pimentas-negras • 1 ½ colheres de chá de sementes de alcaravia • ½ colher de chá de fios de açafrão • ½ colher de chá de sementes de cardamomo • 1 colher de chá de cúrcuma

Instruções:

Usando um morteiro ou processador de comida, moa todos os ingredientes com exceção do cúrcuma. Misture a cúrcuma e armazene em um jarro hermético até usar.

FATUCH OU FATOUCH Ovos mexidos com pão *4 a 6 porções*

É um bom prato para o café-da-manhã.

4 colheres de sopa de manteiga • 2 xícaras de pedaços pequenos de pão árabe, *khubz,* chapati ou nân (pães indianos) • 5 ovos, batidos com 2 colheres de chá de *zhug,* 1 colher de chá de *hilbeh* e 1/8 colher de chá de sal

Derreta a manteiga em uma frigideira, frite os pedaços de pão mexendo sempre até que eles comecem a dourar. Coloque os ovos batidos em cima do pão. Mexa durante poucos minutos até que os ovos estejam cremosos. Sirva quente.

SHOUBRA Sopa de várias carnes *8 a 10 porções*

2 colheres de sopa de manteiga • ½ kg de galinha, carne de boi ou cordeiro, com ossos, cortado em pedaços • 4 batatas médias, descascadas e cortadas • 2 abobrinhas médias cortadas • 2 cebolas médias cortadas • 2 colheres de chá de sal • 8 xícaras de água • 4 colheres de sopa de folhas de coentro finamente cortadas • 3 colheres de sopa de *zhug* • 2 colheres de sopa de *hilbeh*
Khubz torrado e cortado em pedaços

Derreta a manteiga em uma caçarola, refogue a carne durante 10 minutos. Some batatas, abobrinha, cebola, sal e água, e deixe ferver. Cubra e deixe cozinhar com fogo médio durante 1 hora ou até que a carne fique tenra, somando mais água sempre que for necessário. Misture o coentro, o zhug *e o* hilbeh. *Sirva imediatamente com pão cortado.*

MOHKBAZAT SAYD Um peixe maravilhoso

Uma dourada (*Sparus aurata* de Linn) com cerca de 1,5kg • 4 dentes de alho • 1 colher de chá de feno-grego • 1 pequeno molho de coentros • azeite (2dl) • sal.

Limpe e lave o samak*, isto é, o peixe, tire a cabeça, e faça um corte de alto a baixo, depois uns pequeninos cortes no lombo. Coloque no almofariz o coentro grosseiramente picado, o sal, o alho, o feno-grego e 2dl de azeite, e soque bem com o pilão, até os ingredientes estarem bem misturados e formarem quase uma pasta. Barra-se o peixe com esta pasta e coloca-se numa travessa para ir ao forno. O ideal é colocar no tannûr ou similar. Sirva com* khubz *e* zahawig.

SALADA DE TAHINE COM OVOS

4 colheres de sopa de tahine (pasta de sementes de sésamo encontrada pronta em lojas especializadas) • 4 colheres de sopa de suco de limão • 2 cravos-da-índia esmagados • 1 colher de chá de sal • ½ colher de chá de pimenta-negra • 3 colheres de sopa de água • 6 ovos cozidos, finamente cortados • 4 colheres de sopa de salsa finamente cortada • 1/4 colher de chá de cominho

Coloque a tahine, com suco de limão, alho, sal, pimenta e água, em um liquidificador, e bata durante um minuto. Misture suavemente com ovos e salsa, coloque numa travessa. Salpique cominho antes de servir.

SALADA IEMENITA DE FAVAS *aproximadamente 8 porções*

2 xícaras de favas secas, enxaguadas e saturadas durante a noite, e depois escoadas • 6 colheres de sopa de suco de limão • 4 colheres de sopa de óleo de oliva • 2 colheres de sopa de tahini • 2 colheres de chá de sal • ½ colher de chá de pimenta-negra • 1/8 colher de chá de pimenta-caiena • 4 ovos cozidos, descascados e cortados • 4 colheres de sopa de folhas de coentro frescas finamente cortadas

Mergulhe as favas numa caçarola cobrindo com 2 polegadas de água, cozinhe até que elas fiquem tenras, mas não suficientemente macias para grudarem

entre si. Some mais água, se necessário. Escoe, transfira para uma tigela e deixe esfriar. Enquanto isso combine o suco de limão, o óleo de oliva, o tahine, sal, a pimenta-negra e a caiena. Misture as favas, some a metade dos ovos cortados e misture suavemente. Coloque em uma travessa. Guarneça com resto de ovos e o coentro.

SALADA IEMENITA DE BERINJELAS *4 porções*

Este prato é servido freqüentemente como entrada ou prato lateral.

1 berinjela de aproximadamente 454g • 1 cebola pequena, finamente cortada • 3 colheres de sopa de suco de limão • 2 colheres de sopa de óleo de oliva • 2 cravos-da-índia, esmagados • 1 colher de chá de sal • ½ colher de chá de pimenta-negra • ½ colher de chá de cominho • Folhas de hortelã • Um pedaço de tomate

Asse a berinjela em um forno aquecido a 180°C (350°F) durante 1 hora, remova e deixe esfriar. Descasque e num processador de comida, acrescente cebola, suco de limão, óleo de oliva, alho, sal, pimenta e cominho, e processe durante um minuto. Coloque em uma travessa, decore com folhas de hortelã e tomate, pouco antes de servir.

ZAHAWIG: SALATAT TAMADI Salada de Tomate
Também usada como molho *aproximadamente 4 porções*

4 tomates médios maduros, mas firmes, cortados em cubos pequenos • ½ xícara de folhas de coentro finamente cortadas • 1 cravo-da-índia, esmagado • 3 colheres de sopa de óleo de oliva • 3 colheres de sopa suco de limão • ½ colher de chá de sal • 1/4 colher de chá de pimenta-negra em pó • 1 pitada de pimenta-caiena

Coloque tomates em uma tigela de salada. Numa outra tigela, menor, junte os ingredientes restantes. Verta em cima dos tomates, deixando eles "conversarem um pouco" antes de servir.

HOR'I Carne de panela

1,5 kg de carne de boi com os ossos • 3 cebolas médias, descascadas e picadas em quartos • 8 dentes de alho • 2 xícaras de tomates, descascados e cortados • 2 colheres de chá de hawayij • 1 pimenta-chile vermelha (pimento ou *capsicum*) • Um pouco de pimenta-negra moída fresca • Sal

Peça ao açougueiro para cortar a carne, no osso, em fatias grossas. Coloque a carne em uma panela grande e cubra com água fria. Deixe ferver lentamente mexendo ocasionalmente. Quando a fervura subir junte as cebolas, os tomates, o alho, o sal e o hawayij. Junte a pimenta vermelha inteira. Cubra e reduza o calor. Deixe cozer aproximadamente 4 horas até a carne ficar tenra e o suco for reduzido a um molho grosso. Salpique a pimenta-negra moída e sirva.

FALAFEL DO TIPO IEMENITA *4 dúzias de pequenas empanadas*

2 xícaras de grãos-de-bico, saturados durante a noite e escoados • 4 cravos-da-índia, esmagados • 1 xícara de folhas de coentro frescas finamente cortadas • 1 xícara de salsa finamente cortada • 1 xícara cebolinhas verdes finamente cortadas • 1 ovo • 2 colheres de chá sal • 1 colher de chá de pimenta-negra • 1 colher de chá de cominho • 1 colher de chá de soda • 1/8 colher de chá de caiena • Óleo para fritar

Coloque os grãos-de-bico em um processador de comida e processe por um minuto. Acrescente os ingredientes restantes, menos o óleo, e processe até que seja formada uma massa. Faça empanadas pequenas, frite bem e sirva ainda quente.

Obs.: As falafel são gostosas quando comidas como sanduíches, colocando-as em um leito de purê de berinjela e salada de tomates dentro de um pão do tipo pita cortado pela metade, fazendo no meio uma bolsa.

GUISADO DE LENTILHA *8 a 10 porções*

4 colheres de sopa de óleo de oliva • ½ kg de carne de boi ou cordeiro, cortada em pedaços pequenos • 2 cebolas médias, cortadas • 4 colheres de sopa de folhas frescas de coentro finamente cortadas • 1 xícara de lentilhas, enxaguadas • 1 ½ colheres de chá de sal • 7 xícaras de água • 2 xícaras de tomates refogados • 1/3 xícara de arroz • 4 colheres de sopa de zhug • 2 colheres de sopa de *hilbeh*

Esquente o óleo em uma caçarola e quando estiver bem quente refogue a carne, com a cebola e o coentro num calor de médio durante 10 minutos. Acrescente as lentilhas, o sal e a água e deixe ferver. Cubra e cozinhe num fogo médio durante 1 hora. Misture os tomates e o arroz e cozinhe durante 25 minutos, mexendo de vez em quando e juntando mais água, se necessário. Misture o zhug *e o* hilbeh *e sirva quente.*

Nota: Se cozido sem arroz e com mais água, esta receita se torna uma sopa gostosa.

BINT AL-SAHN Bolo ou torta de mel *duas tortas*

Pode ser servido como um primeiro prato em ocasiões especiais, Bint al-Sahn *também pode ser comido junto com as refeições. Porém, é um prato gostoso para o café-da-manhã e é uma excelente sobremesa.*

4 xícaras de farinha de trigo peneirada • ½ colher de chá de sal • 1 pacote de fermento previamente dissolvido em ½ xícara de água morna • 5 ovos batidos • 3 colheres de sopa de leite • 1 xícara de manteiga clarificada derretida • 1 xícara de mel

Numa tigela misture bem a farinha com o sal e reserve. Combine fermento, ovos e leite, verta em cima da farinha e misture para formar uma massa, acrescentando mais leite ou farinha, se necessário. Cubra e coloque num lugar morno por uma hora, para que a massa cresça. Unte com manteiga duas formas de torta e reserve. Divida a massa em 12 pedaços e forme bolas, cubra novamente durante 30 minutos. Rode cada bola e abra para que fique do tamanho da forma, ou melhor, que pareça uma panqueca redonda do tamanho da forma. Coloque a panqueca na forma e aperte, pincele com manteiga. Continue o mesmo método, fazendo seis panquecas untadas para cada forma.

Misture a manteiga restante com o mel, passe uma boa quantidade desta mistura na última panqueca que ficará no topo de cada uma das formas. Asse em 180°C em forno pré-aquecido durante 25 minutos ou até que o topo fique marrom dourado. Remova do forno e despeje a mistura de manteiga-mel restante em cima dos topos. Deixe esfriar por cerca de 5 minutos, sirva, podendo cada um se quiser adicionar mais a mistura de manteiga e mel restante.

SOBREMESA DE BULGUR-MEL

1 xícara de *bulgur* (trigo para quibe) enxaguado • ½ colher de chá de sal • 4 xícaras de água • 1 colher de chá de canela • 1/4 colher de chá de cravos da índia esmagados • ½ xícara de mel.

Coloque o bulgur, *o sal e a água em uma caçarola e faça ferver. Cubra e cozinhe em fogo médio durante 40 minutos ou até que o bulgur esteja bem-cozido, acrescentando mais água, se necessário. Misture os ingredientes restantes e sirva quente.*

Bukhur e Bhûr — perfumes e incensos

Eu não ia escrever um poema, no entanto, ao acender minha incensadeira com mirra, jasmim e olíbano, o poema cresceu no meu coração como as flores no meu jardim.

Um aluno de Hafis, Pérsia, século XV

Os *Bukhur*

KYPHI A herança egípcia

É o mais célebre dos perfumes egípcios, cuja receita original está no muro do templo de Philae, assim como no de Edfu. Conseguimos fazer esta receita com bom resultado.

(Em medidas proporcionais)

4 olíbanos • 2 mástiques • ½ junípero • ½ calamus • ½ galangal • ½ cardamomo • 1 casca e flores de canela • 1 mirra • 1 capim-limão • ½ pétalas de rosa ou botões de rosa secos • 1 benjoim do Sião • 1 ½ sândalo branco • 1 pequeno pedaço de aquilária ('ûd) (*Aquilaria agallocha* Roxb) • ½ mel de floresta (líquido) • 1 colher de sopa de vinho tinto • 8 passas sultanas

Fazendo de modo mais fácil: Mergulhe as sultanas no vinho tinto e deixe uma noite. Pulverize as cascas e flores de canela, batendo no pilão individualmente, assim como o olíbano, o mástique, o junípero, o calamus, o galangal, o cardamomo (com sua baga), a mirra, o sândalo (que pode ser em pó). Amasse as pétalas ou botões de rosa. Misture tudo, primeiro com as resinas (olíbano, mirra, benjoim), e um pedaço de aquilária. Retire as passas do vinho e misture tudo no mesmo vinho batendo no liquidificador, drene bem num coador de pano, coloque num recipiente e deixe descansar no mínimo por 14 dias.

A INTRODUÇÃO DO ONFACIUM

À medida que o óleo de oliva foi introduzido no Oriente, começaram a aparecer perfumes feitos de pétalas de flores, madeiras perfumadas (de sândalo e de agalocha), sementes e essências, misturados com o óleo obtido das azeitonas imaturas de agosto (o famoso *onfacium*), deixando a mistura amadurecer no líquido, durante diversos dias, na temperatura de 30 a 40 graus. Depois o conteúdo era passado por uma peneira de fibra vegetal para ser extraída a preciosa essência como era feito na mais remota Antiguidade. O ideal seria que fosse sempre conservado em garrafas de alabastro e lápis-lazúli para lembrar a antiguidade do perfume que na época muitas vezes custava até mais do que o ouro.

3 partes de artemísia em pó • 3 partes de olíbano • 3 partes de mástique (resina de lentisco) • 3 partes de dictame de Creta em pó • ½ parte de *onfacium* • ½ parte de vinho • ½ parte de mel

Cyprinum: perfume de hena, um dos mais famosos da Antiguidade à base de óleo, feito com as azeitonas colhidas verdes no mês de agosto, misturado com cardamomo, cálamo aromático, hena, madeira de agalocha e resina de mirra. Existem receitas de Teofrasto, de Plínio e de Dioscorides. Era verde e seu aroma se mantinha inalterado por quatro anos.

UM BUKHUR DE QANA'

½ xícara de água de rosas • 1 xícara de açúcar mascavo • 1 colher de chá de almíscar vegetal ou almíscar branco em pó, isto é, *misk al abyad* • 1 pedaço bem pequeno de âmbar *'anbar matbûkh* • 1 colher de sobremesa de *khidâb* (tintura negra de noz de galha) • 1 colher de sobremesa de *zifrî*, ou zifra (opérculos de conchas) • 1 pedaço bem pequeno de *'ûd* (agalocha) • As sementes de 1 ou 2 vagens de *hayl* (cardamomos)

Esquentar o açúcar e a água de rosas numa caçarola de fundo grosso, mexendo sempre. Juntar os outros ingredientes e continuar a mexer até formar uma massa espessa, despejar ainda quente num prato revestido com essência de rosa-chá. ('atr ward ash-shâhô*) deixar esfriar ao ar livre e quando endurecer quebrar em pedaços e guardar nas caixinhas que deverão permanecer fechadas alguns dias antes de usar. O* bukhur *está pronto.*

BUKHUR DE TAIZ

Misturar 1/5 porção de almíscar, ou civeta, 1/5 de porção de âmbar-gris e 3/5 de atar de rosa damascena, também chamada rosa de Taiz. Colocar sobre um carvão incandescente e depois despejar num recipiente de terracota com um pedaço de 'ûd *aceso durante toda a noite. Ao amanhecer o perfume está pronto para ser colocado atrás das orelhas e nos cabelos.*

BUKHUR DE SANA'A

15g de tintura de benjoim • 1g de óleo de sândalo branco • 1g de óleo olíbano • 1g de óleo de mirra • 1 pitada salitre • 30g de carvão em pó • 1 pitada de assa-fétida seca • 1 pitada de cardo-santo seco • 1 pitada de hortelã-pimenta seca

Numa pequena tigela misture o benjoim e os três óleos. Adicione uma pitada de salitre e agite bem. Usando um almofariz e um pilão, reduza a pó o carvão e as ervas secas e, então, lentamente, junte-os à mistura de óleos e salitre. Continue agitando até que se forme uma massa grossa. Espalhe a mistura num prato de vidro ou de cerâmica bem untado com um pouco de óleo de jasmim. Deixe-a secar por 45 minutos. Quebre em pedaços e guarde numa caixinha, deixando descansar alguns dias antes de usar.

FÓRMULAS PARA O BHÛR incenso

Para refrescar o ambiente:

2 colheres (sopa) de olíbano bem picado e batido em pó • 1 colher (de sopa) de raiz de íris em pó • 1 colher (de chá) de cascas de limão verde

Misture o olíbano e a raiz de íris. Adicione as cascas de limão, sem a parte branca, agitando a mistura. Despeje na incensadeira em cima do carvão quente.

Para ocasiões muito especiais:

6 partes de olíbano • 6 partes de bálsamo de Mecca (terebintina da Judéia) • ½ de parte de açafrão • um toque de ambarino cinzento (âmbar-gris).

Junte no almofariz todos os ingredientes e bata com o pilão. Coloque na incensadeira e acenda o carvão. Este incenso é um dos mais perfumados e místicos.

BHÛR DE BILQÎS

15g de benjoim • 15g de canela • 15g de galangal • 15g de olíbano • 30g de mirra • 3 gotas de mel • 3 gotas de óleo de lótus • 1 gota de óleo de rosa • 1 pitada de semente de íris seca e em pó

Usando as mãos, misture o benjoim, a canela, a galangal, o olíbano e a mirra numa grande tigela não-metálica. Adicione o mel, os óleos de lótus e de rosa e a raiz de íris. Misture bem e coloque sobre o carvão incandescente. Enquanto a fumaça sobe, recite um pedido, envolvida no seu encantamento.

Para uma noite escura

Pétalas de rosa • 15g de mirra • 30g de resina de sangue-de-dragão • 15 flores de laranja • 15g de junípero • 15g de salva

Usando um almofariz e um pilão, reduza a pó e misture todos os ingredientes secos juntos numa noite de lua nova, enquanto visualiza as coisas de que precisa e que deseja. O incenso deve ser queimado sobre carvões em brasa.

NAS ALDEIAS: OS BHÛR PARA ADIVINHAÇÃO

Estas receitas de incenso contêm pelo menos dois ingredientes mercurianos, que ajudam as adivinhações através de mapas, encantação ou invocação. As misturas são realizadas em parte iguais, e depois de misturadas e bem batidas com o pilão no almofariz são colocadas no carvão incandescente:

Artemísia + linhaça + cardamomo + anis + cânfora + chicória

Raiz de íris + erva-doce + pele de romã + sândalo vermelho + semente de papoula

Raiz de valeriana + açafrão + artemísia + erva-de-são joão

Raízes de violeta + salsa

Anis + sementes de papoula + cânfora

Pó de cravo-da-índia + olíbano + mástique.

INCENSOS DA LUA E DOS DEUSES LUNARES

½ colher (de chá) de folhas secas de louro • ½ colher (chá) de folhas secas de menta • ½ colher (chá) de cardo seco • 1 pitada de resina de mirra • 1 pitada de resina de olíbano • 13 gotas de óleo de cipreste • 3 gotas de óleo de cânfora

Usando um almofariz e um pilão, amasse o louro, a menta e o cardo até quase reduzi-los a pó. Agite as resinas de olíbano e de mirra. Adicione os óleos de cipreste e de cânfora e misture bem. Guarde numa jarra coberta e bem tampada e deixe a mistura maturar por, pelo menos, duas semanas antes de ser usada numa incensadeira com uma brasa quente.
Queime esta mistura para purificar e promover consciência espiritual durante os rituais

3 partes de olíbano • 2 partes de mirra • 1 parte de canela

Para as noites de lua cheia:

2 partes de sândalo, 2 partes de olíbano, ½ parte de pétalas de violetas, 1/4 de pétalas de rosa, algumas gotas de óleo de âmbar-gris

BHÛR DAS ESTAÇÕES

Na primavera, para esperar as Plêiades:

3 partes de olíbano, 2 partes de sândalo branco, 1 parte de benjoim, 1 parte de canela, algumas gotas de óleo de patchuli

No outono, para se despedir das Plêiades:

3 partes de olíbano, 2 partes de mirra, 1 parte de coentro, 1 parte de cedro, 1 parte de zimbro

No verão, para refrescar:

3 partes de rosa, 1 parte de jasmim, uma parte de sândalo

No inverno, para sonhar:

3 partes de olíbano, 2 partes de mirra, 2 partes de civeta, 2 partes de âmbar-gris

Misturas diversas para relaxar e perfumar o ambiente:

3 partes de sândalo, 2 partes de limão, 1 parte de rosa, 3 partes de rosa, 2 partes de angélica, 1 parte de limão, 1 parte de palma-rosa, 1 parte de âmbar-gris, 2 partes de olíbano, 2 partes de canela, 1 parte de louro, 1 parte de alecrim, 1 parte de almíscar, 4 partes de olíbano, 3 partes de mirra, 1 parte de galangal, 1 parte de verbena, 1 parte de lavanda

INCENSOS IEMENITAS ESPECIAIS *Fórmula contra mau-olhado e inveja*

(Este não foi testado, coloco apenas como curiosidade)

É feito com alúmen, algumas cebolas, 7 grãos de pimentos-vermelhos reduzidos a pó e cominho negro.

Para tratar uma pessoa que foi atingida pelo mau-olhado é preciso seguir as seguintes etapas:

1. Carvão colocado na incensadeira.
2. Ter os ingredientes acima citados à mão.
3. Circular em volta da pessoa atingida lendo alguns versos sagrados.
4. Colocar os ingredientes citados na incensadeira. Isso deve ser feito durante 3 dias no pôr-do-sol. O alúmen toma um aspecto humano, mas se o mau-olhado vier de Satã esta matéria toma a forma de um rosto terrível (!).

INCENSO CONTRA O MAL

O uso de olíbano como incenso de manhã bem cedo ou no pôr-do-sol é usado para expulsar Satã das casas. O ideal é passá-lo bem nas portas e nas vizinhanças das portas e paredes de todos os quartos e salas.

INCENSO PARA O NASCIMENTO

Na hora do parto: olíbano, assa-fétida, mirra e aloés em porções iguais. Depois do nascimento, esta fórmula é usada para incensar particularmente a casa quando os visitantes chegam. O recém-nascido é perfumado com este incenso assim como a mãe durante o período pós-natal.

O INCENSO DO CÂNTICO DOS CÂNTICOS

"4:12 Jardim fechado é minha irmã, minha noiva, sim, jardim fechado, fonte selada. Os teus renovos são um pomar de romãs, com frutos excelentes; a hena juntamente com o nardo, o açafrão, o cálamo e o cinamomo, com toda sorte de árvores de incenso; a mirra e o aloés, com todas as principais especiarias."

Em partes iguais:

Nardo • cálamo • cinamomo ou canela • olíbano • mirra • sementes de romã • 'ud • aloés • cúrcuma ou fios de açafrão diluído em água de rosas

Anexos

Cronologia

Cronologia sudarábica – para conhecer a evolução do atual Iêmen

700.000 a.C.: Primeiros vestígios do homem no *wadi* Dowan (Hadramawt).

200.000-30.000 a.C.: Paleolítico médio.

30.000-10.000 A.C.: Paleolítico superior.

7000 a.C.: Mais antigas formas de arte rupestre em Saada; instrumentos de pedra, de características do neolítico no Rub Al-Khali Crescente vazio, deserto a nordeste do Iêmen. Domesticação do gado em Khawlan (noroeste do Iêmen). Cultura megalítica no Hadramawt.

3000-1200 a.C.: Idade do bronze. Início da agricultura irrigada. Primeiros ídolos. Imigração de populações de língua semítica. Burgos providos de muralha e aldeias nas Terras Altas; primeiros ídolos. Início da cultura de Sabr sobre o litoral. Provável influência de Magan (Arábia do sudeste, atualmente Omã) e de Dilmun, atual Barhein, e através destes, influência da Mesopotâmia e de Meluhha (situada no vale do Indus).

1500 (*circa*): Primeiro reino sabeano em Ma'rib.

1300-1000 a.C.: (do século XII a.C. ao século X a.C.): Aparecimento da escrita na Arábia meridional.

1200-700 a.C.: Sudarábico arcaico. Do século XII a.C. ao século X a.C.: Aparecimento da escrita na Arábia meridional. Primeiras inscrições monumentais.

Fim do século X a.C.: Legendário: possibilidade da visita da Rainha de Sabah ao rei Salomão.

800 (*circa*) VII século a. C.: A escavação de um sítio no rochedo da margem sul do *wadi* Dahna que se encontra hoje na comporta meridional do dique de Ma'rib; esta entrada de água constituiu talvez um dos primeiros elementos da barragem, o que faria desta última a primeira construída que foi conhecida no mundo.

750 a.C. (circa): Primeira menção de Sabah nos textos assírios; início da arquitetura de pedra no Iêmen; imediatamente depois, aparecimento do título de "mukarrib" (unificador). Segue-se a hegemonia sabeana.

716 a.C.: Ita'amra (= Yâchi'î'amar) o sabeano, paga tributo ao assírio Sargão II.

700 a.C. (*circa*).: O sabeano Karib'îl Watâr, filho de Dhamar'Alî, lançou duas campanhas contra Nashan para reduzir as veleidades de independência desta cidade; teve o apoio de Haram e Dekaminahû.

700-110 a.C. (*circa*): Sudarábico antigo. Reinos caravaneiros.

689-681 a.C.: Karibilu (Karib'îl Watâr), rei ou mukarib (mkr) de Sabah fundou o Império sabeano tendo como capital Maryab (hoje Ma'rib), após ter destruído o reino de Awsân. Tratou-se do primeiro estado iemenita unificado. O rei ofereceu aromáticos e pedras preciosas a Assur.

Elaboração da grafia regular do estilo clássico; colônias sabeanas no Tigray (Etiópia setentrional). Primeiras atestações de Qatabân (capital Tamna), do Hadramawt (capital Shabwat) e de Ma'in (capital Qarnaw).

650 (*circa*) meio do século VI a.C.: Curta dominação do Hadramawt, na qual dois soberanos tomaram o título de *mukarrib*.Uma tribo estrangeira da região, talvez de língua árabe, Ma'în instalou-se em Qarnaw e fundou um novo reino. Dominou as cidades de Yathill (hoje Barâqish) e de Nashan (hoje As-Sawdâ). Especializada no comércio caravaneiro reconheceu a superioridade de Sabah.

500 a século V a.C.: Rivalidades entre os reinos sudarábicos de Sabah, Qatabân, Maïn e Hadramawt. Abandono dos sítios de Kuhâl, Arârat, Kutâl, Inabba. Escrita sudarábica antiga e reinos caravaneiros.

500-110 a.C.: Hegemonia qatabânita.

400-300 século IV a.C. (metade): Início de cunhagem de uma moeda sudarábica. Apogeu da arte sudarábica em cerca de 200 a.C.: Fim do reino de Haram. A cidade foi ocupada por várias tribos árabes, sobretudo a de Amîr. Estas tribos estavam sob a tutela dos sabeanos. No principal templo de Haram, o culto de Matabnatiyân foi substituído pelo de Halfân, divindades dos recém-chegados.

300 século II a.C.: Reunificação dos reinos sudarábicos ao redor do reino sabeano de Marib. Penetração de tribos árabes no Jawf do Iêmen.

120 a.C.: Fim do reino de Ma'in. Doravante o Jawf inteiro tornou-se sabeano. A aristocracia sabeana apropriou-se das regiões de Nashan, de Nashq e de Manhiyat; o resto foi abandonado às tribos nômades.

110 a.C.: Himiar separou-se de Qatabân; início da influência himiarita; fim da hegemonia qatabânita

100 a.C.: Destruição do sítio de Raybûn no Hadramawt. Renascença de um pequeno reino de Awsân.

26 a 25 a.C.: Revés da invasão romana em Ma'rib efetuada por Aelius Gallus, apesar da tomada de Nashan e Yathill.

Cerca do ano 0: Abandono dos sítios de Barâqish e de Qarnaw.

I d.C.: Yashurîl Yuharish, *mukarrib* do Hadramawt, último *mukarrib* sudarábico. Curta hegemonia do Hadramawt que daí em diante se estendeu até ao Zafâr omanense. União de Himiar e de Zafâr que durou cerca de um século. No Jawf só os sítios de Nashan, Nashq e Manhiyat ainda eram habitados de maneira estável.

45 (*circa*): O "Périplo do mar da Eritréia". Colônias himiaritas na África Oriental.

74: Fundação do principado de Radmân.

100 (*circa*): O reino de Sabah restaurou sua independência. Abandono dos sítios de Haram e de Kaminahû.

200-400: Declínio dos quatro reinos sudarábicos e emergência dos himiaritas. Em 175, fim de Qatabân cujos últimos territórios foram anexados pelo Hadramawt.

218 (*circa*): Dahardah (Damadamis), embaixador indiano, passou por Al-Uqla, perto de Shabwa.

220 (*circa*): Apogeu do reino do Hadramawt sob o reino de Ilî'azz Yalut.

230 (*circa*): O rei sabeano Sha'r Awtar quebrou sua aliança com o Hadramawt e apreendeu-se de Shabwa e Qâni; lançou as primeiras expedições contra os Árabes do deserto.

200 a 275: Os abissínios ocuparam o Iêmen ocidental.

275 (*circa*): Os reis Himiaritas Yâsir Yuhan'im e seus filhos Shammir Yuharish anexaram Sabah.

300-700 (do III ao VI século): Reunificação do Iêmen pelo soberano himiarita, Shammir Yuharish, que conquistou o Hadramawt e unificou pela primeira vez a totalidade da Arábia meridional, formando assim o império himiarita. Fim da moedagem sudarábica.

328: Morte de Imru Al-Qays, "rei de todos os árabes".

339-344: Entre estas datas embaixada romana junto ao rei do Himiar, dirigida por Teófilo, o Indiano.

360 (*circa*): Primeira ruptura conhecida do dique de Ma'rib sob o reino do rei Tharan Yuhan'im e de seu filho Malkîkarib.

380: Abîkarib As'ad, filho de Malkîkarib Yuhan'im e seus co-regentes converteram-se ao judaísmo; abandono e destruição dos grandes templos pagãos.

440-450: Abîkarib As'ad e o seu filho Hassân Yuhan'im estenderam o poder de Himiar sobre a Arábia Central onde fundaram um principado confiado a Hujr, príncipe Kindita.

456, janeiro: Segunda ruptura do dique de Marib sob o reino do rei Sharahbi' îl Ya' far, filho de Abîkarib As'ad.

470 (*circa*): O cristão Azqir foi martirizado pelo rei Himiarita judeu, Sharahbi'îl Ya'far, filho d'Abîkarib As'ad.

500 (*circa*): Os sítios de Nashan, de Nashq e de Manhiyat foram abandonados.

519 (*circa*): O cristão Madîkarib Yafur foi instalado pelo abissínio Kaled Ella Asbeha no trono de Himiar.

521, junho: Expedição de Madîkarib Yafur na Arábia central; o kindita Al-Hârit reinou sobre o principado kindita.

522, junho: Ascensão ao poder, por um golpe de Estado, do judeu Yusuf (Josefo) As'ar Yath'ar, que perseguiu os cristãos.

523: Bloqueio de Najrân pelas tropas do rei Yusuf (Josefo). Em novembro do mesmo ano, martírio de Santo Arethas em Najrân ordenado pelo mesmo rei.

525: Invasão do Iêmen pelos abissínios a pedido do imperador bizantino. O rei Yusuf se suicida. Construção da catedral de Sana'a sob o reino do rei Abraha (Abraão), monumento cujo bairro de Sana'a, Ghurqat Al-Qalis (a igreja), ainda conserva. O abissínio Kaled Ella Asbeha instalou um himiarita cristão, Sumûyafa Ashwa, no trono. O cristianismo tornou-se religião oficial do Iêmen.

531, fevereiro: Fim dos trabalhos de fortificações sobre o forte do Corvo (Husn Al-Ghurâb) em Qâni, perto do atual Bir-Ali sobre o oceano Índico.

535 (*circa*): Abraha, chefe do corpo expedicionário abissínio, expulsou Sumûyafa e assumiu o trono de Himiar; transferindo a capital de Zafâr para Sana'a.

549: Recepção dos embaixadores da Abissínia, Pérsia, Roma e de dois príncipes árabes.

549, março: Novo reparo da barragem de Ma'rib sob o reino do rei do Abraha, rei abissínio do Iêmen.

558, novembro: Última limpeza do dique efetuada sob o reino do rei Abraha pelas tribos Dhu-Hamdan, Hachid e Bakil. O dique de Ma'rib cessou de funcionar alguns decênios mais tarde.

570: Um príncipe judeu iemenita, Sayf Ibn Dhi-Yaz'an, recorreu aos persas para expulsar os abissínios, o que se transformou na invasão persa-sassânida do Iêmen. O rei abissínio Masrûq foi destituído.

571 a 632: Dominação persa.

620: Ruptura final da barragem de Ma'rib; fim da agricultura irrigada em grande escala.

630: Início da islamização do Iêmen e fim da dominação persa. O Iêmen juntou-se ao Estado islâmico que Mohamed fundou em Medina (Hégira 622).

632: Morte do profeta Mohamed.

633: O Iêmen tornou-se uma província do império arabo-muçulmano.

750: Os abássidas do Iraque destronaram os omíadas da Síria na direção do império arabo-muçulmano (Só um emirato Omíada foi criado na Espanha em 756).

809: Morte do califa abássida, Harun Al-Rachid.

822: O governador abássida de Zebid tornou-se autônomo (dinastia dos ziyaditas)

800 século IX: Desaparecimento do cristianismo no Iêmen (exceto na ilha de Socotorá onde durou até o século XVI).

847-998: Período Yufirids.

897: Chegada a Sana'a de Yahya ben Hussein, descendente de Ali: proclamação em 898 do imamato zaydita por Yahya. (Fundador do movimento Zaydita, imã xiita persa, Zayd Al-Abidin, neto de Hussein, este neto de Mohamed.)

900 (*circa*), isto é, século X: Aparecimento das obras científicas do historiador iemenita, Al-Hasan Al-Hamdânî, que tratam da geografia detalhada das tribos, das línguas e de uma genealogia das confederações sudarábicas, Hamdan e Himiar.

1016: Dinastia dos Najahid em Zebid. Os Bani Najah sucederam aos Bani Ziyad.

992-1138: Uma parte do Iêmen passou para a obediência dos fatimidas do Cairo, os Sulayhides (1047-1088) se tornaram seus vassalos no Iêmen. (A dinastia dos Fatimidas 909-1171, reivindicou a ascendência de Fatimah, filha de Mohamed e esposa de Ali, bem como uma relação com Ismaïl.) A dinastia fatimida nascera em Kairouan, em 909, com o califa ismaïlita Obaïd Allah.

1173-1229: A maior parte do Iêmen passou a ser controlada por Turanshah, enviado pelos Ayubidas do Cairo, mas o imã zaydita impôs resistência. (O mais conhecido dos Ayubidas é Salah Eddin Yousouf Al-Ayyubi, Saladino para os europeus — irmão de Turanshah — (1138-1193.) Em 1208, os generais ayyûbidas, Sayf Ad-Din Sunqur e Alam Ad-Dîn Wurdashâr, tomaram Barâqish e massacraram todos os seus habitantes.

1217: Morte do imã Al-Mansur Abd-Allah, filho de Hamza.

1229-1454: Os rasulidas dominaram a parte meridional do Iêmen, Taïz e Zabid são as suas residências principais. Em 1263, tomada da cidade de Barâqish pelo general rasulida Alam Ad-Dîn Sanjar Ash-Shabî.

1321: Chegada ao poder de Mudjahid Nour Ad-Din, bisneto de Nour Ad-Din Omar, da dinastia rasulida.

1330-1331: Viagem de Ibn Batuta ao Iêmen onde este grande viajante marroquino visitou as cidades de Taiz, Sana'a e Aden e descreveu o país como um porto de paz.

1454-1538: Os tahiridas sucederam aos rasulidas, mas logo não controlaram mais a região de Aden.

1538: O último soberano tahirida foi enforcado por um almirante da frota otomana, a caminho para uma expedição na Índia contra os portugueses; foi o início da conquista otomana do Iêmen. (Dinastia otomana, 1281-1924.)

1547: Os otomanos tomaram Sana'a.

1598: Al-Mansur Al-Qasim ben Mohamed, fundador das dinastias de imãs zayditas qasimitas, lançou a revolta contra os otomanos.

1635: Partida do Iêmen dos últimos otomanos que controlavam apenas Zebid e sua região; o Iêmen reencontra a sua independência sob o imã Al-Muayyad Mohamed ben Al-Qasim.

1644: Pierre de La Roque foi sem dúvida o primeiro a fazer conhecer o café na França, mas proveniente da Turquia.

1644-1676: O imã zaydita qasimita, Al-Mutawakkil Ismaïl, reunificou o Iêmen que atingiu a sua dimensão máxima.

1676-1681: Al-Mahadi Ahmed b. Al-Hasan reinou tendo como capital Sana'a.

1700-1800, isto é, do fim do século XVI ao início do século XVII: O comércio do café, via porto de Moka sobre o mar Vermelho, enriqueceu o Iêmen. O café transitava pelo mercado de Beit Al-Faqi.

1681-1686: Reino em Sana'a de Al-Muayyad billah Mohamed b. Al-Mutawakkil Ismaïl; e de 1687-1718: de Al-Mahdi Mohamed b. Ahmed b. Hasan b. Al-Qasim.

1699: Publicação em Caen, pelo impressor J. Cavelier, "Da origem e o progresso do café", traduzido do árabe por Antoine Galland a partir de um manuscrito da biblioteca do rei.

1708, 6 de fevereiro: Luís XIV enviou de Saint-Malô, duas fragatas, "Le Curieux" e "Le Diligent" ("a Curiosa" e "a Diligente"), com 362 homens a bordo para negociar o comércio de café. Desembarcaram no Iêmen em 10 de setembro de 1708.

1713 (*circa*): Encontro entre Jean Roque, filho de Pierre Roque, e Godefroy Gollet de La Merveille, diretor comercial da primeira expedição malouina, isto é, de Saint Malô, para Moka. A partir do jornal de viagem e dos testemunhos do senhor de La Merveille, o Sr. Jean Roque redigiu um livro que tratou principalmente das origens e da descrição botânica do café, que foi publicado por volta de 1716.

1716-1727: Reino em Sana'a de Al-Mutawakkil ala Allah Al-Qasim b. Al-Husayn; e de 1727-1748: Reino de Al Mansur Al Husayn b. Al Qasim.

1728: Lahij e Aden reencontram a sua autonomia.

1737: Bombardeio do porto de Moka pela Marinha francesa de Luís XIV, para punir os mercadores iemenitas por não terem mantido os seus compromissos comerciais sobre o café. Foi o início do declínio de Moka.

1748-1775: Reino em Sana'a de Al-Mahdi Abbas b. Al-Hussayn b. Al-Qasim.

1761: Partida da expedição científica dinamarquesa para o Iêmen; somente o geógrafo Castern Niëburh retornou vivo, tendo publicado em 1774 um relato de grande interesse científico.

1775-1809: Reino em Sana'a de Al-Mansûr Ali Abbas; de 1809-1816: de Al-Mutawakkil ala Allah Ahmed b. Ali; e de 1816-1835: de Al-Mahdi Abdûllah b. Al-Mutawakkil Ahmed.

1839: Ocupação de Aden pelos ingleses. Viagem de Théodore Arnaud sobre o sítio de Ma'rib, acerca do qual publicou um relatório em 1845 no jornal asiático nº 4. O Sr. Arnaud trouxe igualmente 56 cópias de inscrições sobre o sítio de Sirwah.

1843, fevereiro: Assinatura do primeiro acordo entre o sultão de Lahedj ou Lahij e os ingleses.

1850: Os otomanos retomaram uma parte do controle da planície da Tihama, mas o imã refez a resistência. Início das guerras do Hadramawt. Constituição dos sultanatos Qa'itî e Kathirî.

1856: Ocupação pelos ingleses da ilha de Perim no estreito de Bab Al-Mandeb.

1868: Os negociantes marselheses, instalados em Obok sobre a costa do Somalis desde 1862, compraram em 1868 o território de sheik-Saïd, perto da ilha inglesa de Perim. O território deixa de ser ocupado em 1870.

1869: Pequeno Aden (Little Aden). Abertura do canal de Suez. Aquisição pelos ingleses do rochedo de Little Aden (Pequeno Aden).

1870: Descoberta da cidade abandonada, Barâqish, pelo explorador francês Joseph Halévy e por seu guia iemenita Hayîm Habshûsh. Cento e cinqüenta e quatro inscrições foram copiadas.

1872: Os otomanos instalaram de novo um governador em Sana'a. Um ano mais tarde, ingleses e otomanos delimitam as suas zonas de influência.

1879: Publicação do plano de Sana'a por Renzo Manzoni; a cidade era inteiramente contida em suas muralhas que contavam com 13 portas.

1890: Os italianos conquistam a Eritréia. O imã Mohamed ibn Yahia Hamid Ad-Din conduziu uma luta sem tréguas contra o ocupante otomano.

1890 a 1903: Os britânicos assinaram uma série de tratados de protetorado com os soberanos da Arábia do Sul.

1904: O imã Mohamed ibn Yahia Hamid Ad-Din organizou a revolta contra os otomanos. O imã Al-Mutawakkil Yahia b. Al-Mansur Hamid Ad-Din sucedeu a seu pai

1905: Acordo anglo-otomano sobre a delimitação das zonas de influência britânicas e otomanas

1906: O alemão Burkhardt fotografa a cidade de Sana'a.

1911: Segunda revolta iemenita contra os otomanos; os turcos reconheceram o imã como soberano do Iêmen sob suserania da Sublime Porta.

1918: O Iêmen reencontra a sua independência sob o imã Yahia seguindo o desmoronamento do Império otomano. Aden e províncias do sul permaneceram sob dominação britânica; o imã pediu a partida dos ingleses.

1929: Publicação de um plano de Sana'a por Rathjens e Wissmann; a cidade é inteiramente contida em suas muralhas.

1926-1934: Conflito entre o Iêmen e a Arábia Saudita a propósito do Assir e do oásis de Najrân: tratado de Taif entre o imã Yahia e o rei Abd Al-Aziz da Arábia, tratado entre o imã Yahia e a Inglaterra: Sana'a renunciou a qualquer reivindicação sobre o sul durante 40 anos. Em 1935, novembro: Assinatura de um acordo entre Sana'a e Riad sobre a delimitação das fronteiras.

1937: O interior de Aden foi agrupado em dois Protetorados da Arábia do Sul: o Protetorado Oriental e o Protetorado Ocidental. O antropólogo Jules Bartou filmou Sana'a, Moka, o imã Yahia, os judeus etc. (cinegrafista/operador René Clement).

1938: O sultão de Mukalla assinou o primeiro "tratado consulta" com a Inglaterra. Primeira escola secundária em Sana'a.

1934-1940: O imã Yahia tentou tirar partido da rivalidade das potências ocidentais (Grã-Bretanha, Itália, França) no mar Vermelho. Um tratado de amizade foi assinado com a União Soviética e a França.

1944: Visita da cidade abandonada, Barâqish, pelos egípcios Mohamed Tawfîq e Ahmad Fakhrî, depois novamente em 1947. Instalação do primeiro emissor público de radiodifusão.

1945-1948: Organização do "Movimento dos Iemenitas Livres".

1948: Série de greves em Aden. Assassinato do imã Yahia; seu filho Ahmed conseguiu retomar o poder.

1949: Emigração dos judeus do Iêmen para o novo Estado de Israel, por uma ponte aérea a partir de Aden.

1951: O geólogo norte-americano Philip Wendell escavou os templos de Ma'rib.

1952-1954: Construção da refinaria de petróleo de Little Aden.

1954: Motins entre "Aden Levies". Março de 1956: Criação do "Congresso da União de Comércio de Aden". Greves em Aden.

1958, 2 de fevereiro: O Iêmen anuncia o estabelecimento de relações federais com a República Árabe Unida (RAU Egito-Síria). Mandou para o exílio o sultão Ali Abd Al- Karim de Lahij, suspeito de ter querido aderir à RAU.

1959: Os britânicos organizaram seus protetorados do sul numa federação de emiratos da Arábia do Sul. Ao norte, o imã Ahmed denunciou este plano que visa consagrar a partição do Iêmen e incentiva a resistência ao sul.

1960: A corrente elétrica chega a Sana'a e o porto de Hodeidah é terminado pela URSS.

1961: Realização da estrada Hodeidah-Sana'a pelos chineses.

1962 (julho): No sul, criação do Partido Socialista Popular, dirigido por Abd-Allah Al-Asnaj.

1962, 18 setembro: Morte do imã Ahmed. E em 26 setembro: o Exército dos iemenitas livres expulsaram o novo imã Al-Badr. O coronel Al-Sallal proclamou a República. Início da guerra civil entre realistas e republicanos. Intervenção do Egito ao lado dos republicanos. Em setembro, Aden aderiu à Federação dos Emiratos da Arábia do Sul.

1963, junho: Constituição no sul da "Frente de Libertação Nacional". Em 14 de outubro, o FNL desencadeou a luta armada contra os ocupantes britânicos. Em dezembro, adoção pelas Nações Unidas de uma resolução que exige a autodeterminação para a Arábia do Sul.

1964, 5 de fevereiro: No norte, criação de uma moeda iemenita (o riyal) no lugar do táler de Maria-Thereza. Em 23 de abril, visita do presidente Nasser ao Iêmen.

1965, maio: No sul, criação "da Frente de liberação do ocupado Iêmen do Sul (FLOSY), (fusão de uma parte do FNL e o OLSO)." Em junho 1966: O FNL tem congressos em Djibla e Khamir, no Iêmen do Norte.

1967, 23 de agosto de 1967: Cimeira de Cartum. Acordo sobre a desobrigação do Exército egípcio ao Iêmen do Norte.

1967, 5 de novembro: Deposição de coronel Sallal, presidente do Iêmen do Norte; substituído por um Conselho republicano presidido pelo cadi Al-Iryani.

1967, 30 de novembro: Independência do Iêmen do Sul. Luta de influência entre os grupos marxistas, nasserianos e progressistas.

1967, 1º de dezembro a 8 de fevereiro de 1968: Cerco de Sana'a pelos realistas efetuado pelo imã Al-Badr. Início de funcionamento da fábrica têxtil de Sana'a montada pelos chineses.

1968, março: A ala esquerda do FNL triunfa no Iêmen do Sul quando do seu quarto congresso em Zenjibar, de 2 a 8 de março.

1969, 8 março: Fim das últimas operações militares entre realistas e republicanos.

1969, junho: No Iêmen do Sul, Qahtân Al-Shabi, presidente da República, é demitido em proveito de um Conselho composto Abdel Fattat Ismaïl, Salim Roubaya Ali e Ali Nasser Mohamed.

1970, março: Reconciliação nacional ao norte em redor de um governo republicano conservador; a República árabe do Iêmen é reconhecida oficialmente pela Arábia Saudita. Fundação da universidade de Sana'a.

1970, outubro: A Arábia Saudita lança um ataque contra o Iêmen do Sul. No mesmo ano, em 30 de novembro: O Iêmen do Sul torna-se a República democrática popular do Iêmen.

1972, setembro: Conflito transfronteiriço entre os dois Iêmen; o cessar-fogo é assinado no Cairo em 19 de outubro. Um primeiro acordo de unificação é assinado em Trípoli em 28 de novembro. A ilha de

Kamarân passa à soberania da República árabe do Iêmen (Iêmen do Norte).

1973: Construção da fábrica de cimento de Bajil pela URSS e o aeroporto de Sana'a pela República Federal da Alemanha.

1974, 13 de junho: Na República árabe do Iêmen, tomada do poder pelo coronel Ibrahim Al-Hamdi que destitui o cadi Iryani, primeiro-ministro Mohsen Al-Ayni.

1975, de 20 a 23 de março: Sexto congresso do FNL: decisão de abertura para os países conservadores da península.

1976, 10 de março: Normalização das relações entre a Arábia Saudita e a República democrática do Iêmen.

1977, 1 de maio: Nacionalização da refinaria petroleira de Little Aden.

1977, 11 de outubro: Assassinato do presidente Al-Hamdi. Tomada do poder pelo coronel Ahmed Al-Ghachemi. 1978, 24 de junho: Assassinato do presidente Ahmed Al-Ghachemi; chegada ao poder de Ali Abd-Allah Saleh.

1978, 28 de junho: Assassinato de Salîm Ar-Roubaya em Aden, onde os ultramarxistas instalaram-se no poder.

1978, 14 de outubro: Nascimento do Partido Socialista Iemenita (PSY)

1979, 28 de março: Fim da segunda guerra inter-iemenita pela assinatura no Kuwait de um novo acordo de unificação entre os dois Iêmen.

1979, 25 de outubro: Assinatura em Moscou de um "tratado de amizade e de cooperação" entre a URSS e o RDPY.

1980, 20 de abril: Tomada do poder em Aden por Ali Nasser Mouhammad, que substituiu Abdel Fattat Ismaïl.

1981, de 30 de novembro a 2 de dezembro: Cimeira de Aden: Ali Abd-Allah Saleh e Ali Nasser Mouhammad decidem reativar o acordo de Trípoli e terminar um projeto unitário de Constituição.

1982, agosto: Na República árabe, fundação do Congresso-Geral do povo por Ali Abd-Allah Saleh.

1986, janeiro: Crise no governo Aden; após um sangrento conflito (dez mil mortes numa semana) a extrema-esquerda expulsa o presidente Ali Nasser Mouhammad. Ali Salem Al-Bid é o novo homem forte de um país arruinado.

1988, 5 de julho: Na República árabe do Iêmen, eleição por sufrágio universal dos membros do Conselho consultivo.

1989, 30 de novembro: Proclamação conjunta da intenção de unificação dos dois Iêmen, pelos dois presidentes do norte e do sul, Ali Abd-Allah Saleh e Ali Salem Al-Bid.

1990, 22 de maio: Proclamação da reunificação em só uma República do Iêmen dos dois Estados do norte e do sul, pelos dois presidentes Ali Abd-Allah Saleh e Ali Salem Al-Bid.

1990, 2 de agosto: O Iraque invade o Kuwait. Guerra do Golfo. O Iêmen se abstém na ONU de condenar o Iraque.

1991, 15 de maio: Adoção por referendo de uma Constituição liberal e democrática.

1993, 27 de abril: Primeiras eleições legislativas do Iêmen reunificado por sufrágio direto e universal.

1994, de 5 de maio a 7 de julho: Tentativa separatista conduzida por Ali Salem Al-Bid e o partido socialista.

1994, 29 de setembro: Reeleição de Ali Abd-Allah Saleh à Presidência da República do Iêmen unificado.

1995, 15 de dezembro: Invasão da ilha iemenita da Grande Hanich pelas forças eritréias. Mediação da França.

1999, 25 de setembro: Reeleição por sufrágio universal do marechal Ali Abd-Allah Saleh à testa do Iêmen.

2000 (18 junho): Candidatura do Iêmen à Organização Mundial do Comércio (OMC).

Cronologia dos nabateus e da ocupação de sua terra

Cerca de 8.000 a.C.: Primeiros traços de instalações sedentárias neolíticas em Beidha, nas vizinhanças de Pétra.

Fim do século VIII ao VI a.C.: Instalações edomitas em Pétra.

Século VI a.C. (?): Nômades nabateus começam a se infiltrar no país de Edom, que fora abandonado pelos edomitas.

400-300 a.C.: Os nabateus são tribos nômades que vivem em tendas e possuem rebanhos de carneiros, cabras e dromedários.

312 a.C.: O Antígono Monoftalmos fracassa na sua dupla expedição contra Pétra.

Início do século II a.C.: Os ptolomeus (lágidas), reis do Egito, dominam a região. Os nabateus nômades no entanto parecem independentes, e começam a se fixar na região de Pétra. Durante o século II a.C. aparece a primeira atestação de um rei Arethas.

Século II, segunda metade: As relações entre os nabateus e seus vizinhos hasmoneus (macabeus), que a princípio eram boas, passaram a ser objeto de confrontações.

150 a. C.: Aparecimento do alfabeto nabateu.

120-110-96 a.C.: Arethas II.

100 a.C.: Os nabateus começam a dominar o comércio do incenso e as especiarias no norte da península arábica. Alexandre cerca e toma Gazza.

96-85 a.C.: Obodas I, filho de Arethas II. Primeira inscrição nabatéia datada em Pétra: "ano I de Obodas rei dos *nabatu*".

93-90 a.C.: Obodas vence Janeu e toma (ou retoma) o país de Moab e de Galaad, a leste do rio Jordão.

85 a.C.: O selêucida Antíoco XII é derrotado e morto pela cavalaria de Obodas I, que divinizado é sepultado em Obodas (Avdat).

84-62/60 a.C.: Arethas III Filheleno, filho de Obodas I.

84-71 a.C.: Arethas III reina em Damasco.

82 a.C. (*circa*): Ele derrota Alexandre Janeu. Logo o rei Hasmoneu retoma suas conquistas do leste do Jordão e de Gazza.

67 a.C.: Aliança entre Arethas III e o filho mais velho de Janeu, Hircano II, que destronado por seu irmão é acolhido em Pétra. Dois anos depois Arethas o ajuda a sitiar Jerusalém. Obrigados a desfazer o sítio pelos romanos, são derrotados no vale do Jordão.

64-63 a.C.: Pompeu cria a província romana da Síria e toma Jerusalém.

62 a.C.: O governador Scaurus dirige sem sucesso uma expedição contra Pétra, mas Arethas teve que pagar uma pesada indenização. Durante cerca de 40 anos o rei nabateu passa a ser considerado "cliente" de Roma.

62-60 a.C.: Obodas II, seu reino foi conhecido apenas através de moedas.

60-30 a.C.: Malichos I.

55 a.C.: Gabinus, proconsul da Síria, dirige um ataque contra os nabateus.

50 a.C.–50 d.C.: Pétra, capital do reino nabateu, está no apogeu e conta com 20 mil habitantes.

47 a.C.: Malichos envia reforços para César em frente a Alexandria.

40 a.C.: Malichos sustenta a invasão parta na Síria-Palestina que é malsucedida. Os nabateus recebem uma forte multa: uma parte da Arábia Nabatéia e os lucros do betume do mar Morto são dados a Cleópatra em 34 a.C. Herodes vence um exército nabateu.

31 a.C.: Quando da rivalidade de Antonio e Otávio (futuro Augusto) Malichos fica na dúvida, porém depois da batalha de Actium, consulta Otávio. A riqueza e o controle da rota norte do incenso dão uma posição boa para o reino nabateu.

30-9 a.C.: Obodas III.

30 a.C.: Os nabateus compram a Auranítida (Hauran), que guardarão até 23 d.C..

27 a.C.: Otávio torna-se Augusto, e o Império Romano é iniciado.

25-24 a.C.: A grande expedição romana dirigida pelo prefeito do Egito Aelius Gallus para a Arábia Felix possui um contingente nabateu, mas segundo conta Estrabão, o chefe deste grupo fez a expedição ser derrotada. O comércio no mar Vermelho se volta para o Egito afetando o tráfico caravaneiro.

9 a.C.-40 d.C.: O grande rei Arethas, que "ama seu povo, e constrói belos monumentos em Pétra". Suas esposas, como atestam os documentos, foram Huldu e depois Shaqilat ou Shuqailat.

4 a.C.: Morte de Herodes, os nabateus tomam parte na repressão das revoltas.

27: Antipas, um dos filhos de Herodes, repudia sua esposa, filha de Arethas, e invade o Gaulan e o Hauran, as possessões Sírias de um outro filho de Herodes, o Grande.

37: Herodes Agripa reconstitui o reino herodiano e o transfere a seu filho Antipas II.

40-70: Malichos II, filho de Arethas IV.

60-67: Início da revolta judaica contra Roma. Agripa e Malichos apóiam os romanos.

70-106: Reino de Rabbel II, filho de Malichos II, que salva seu povo.

70-76 d. C.: Reino da rainha-mãe Shaqilat que exerce a regência.

70-102: Rabbel II tem como esposa Gamilat.

102-106: Reina uma segunda rainha, Hagru, atestada desde 88 d.C. Bosra se afirma como segunda capital do reino.

106: Sob o reino de Trajano, Roma anexa o reino nabateu, aparentemente sem combate, após a morte de Rabbel, criando a província da Arábia, com Bosra como capital. Pétra recebe o título honorífico de *metropolis*.

111-114: Construção da *Via Nova Traiana*, ligando Bosra ao porto de Aqaba.

130-131: Visita de Adriano, imperador romano a Pétra, que toma o título de *Pétra Hadriané Metropolis*.

200-300: Pétra passa a ser dotada de pavimentação das ruas e arquiteturas típicas dos romanos.

218: Sob o reino do imperador Eliogábalo, Pétra torna-se colônia romana (*Pétra colonia*).

293-314: Reorganização administrativa do imperador Diocleciano. Pétra talvez tenha sido ligada a uma nova província da Arábia, que no século IV d.C. se tornará a Palestina Salutaris (*Província Palestina Salutaris*).

Cerca de 304: Perseguição de cristãos em Pétra, pelo prefeito Maximus. O cristianismo se desenvolve.

343: Primeira menção de um bispo da Arábia (*ab Arabia*).

363: 19 de maio, um tremor de terra destrói mais ou menos a metade de Pétra — a rua das colunatas e outros edifícios (outros sismos em 419, 551 e 747 d.C.)

Cerca de 400: Pétra toma o nome de Palestina terceira (*Província Palestina Tertia*) e aumenta para o norte entre 4512 e 531 d.C.

400-600: Pétra continua a ser ocupada por uma reduzida população cristã.

420-423: Episódios de Barsauma, conversões forçadas em Pétra.

446-24 de julho: Consagração do antigo "túmulo da urna" como igreja.

528-586: Data dos papiros da igreja do centro da cidade.

600-700 d.C.: Transição para a dominação islâmica.

1114: Balduíno constrói fortalezas na "*signoria* da Outra — Jordânia", em Pétra *li Vaux Moyse* (Waira) e *el-Habis*.

1187-1188: Saladino vitorioso dos francos em Hattin e Kerak ocupa *li Vaux Moyse*.

1217: O peregrino alemão Thetmar passa nas proximidades de Pétra.

1276: O sultão mameluco Baïbars, vindo do Cairo, atravessa Pétra, e seu cronista Nuweiri (1279-1332) fez uma descrição resumida tirada do recito do analista Ibn 'Abd ez-Zaher.

1812: O suíço Burckhardt reencontra Pétra.

E aí começa uma segunda idade de ouro: a da busca da memória dos nabateus por todos nós.

Glossário extenso

Este glossário é extenso por incluir terras e hábitos, muitos deles desconhecidos e peculiares. Adotamos o acento circunflexo para evitar os sinais da escrita diacrítica árabe, menos no caso do vocabulário relativo aos ingredientes usados na comida e nos perfumes ou aromas, quando preferimos usar alguns dos sinais característicos para não confundir o leitor em caso de viagem. Assim *ā* é igual à *â*, etc. Lembramos sempre que todo glossário é uma convenção, daí termos optado pelas grafias: Sabah, Mecca, Allah, Sheik, Emiratos, Mohamed, por serem mais próximas da pronúncia determinada por nossa vivência em terras da Arábia.

'Ad: "Povo que foi destruído por um vento uivante e furioso desencadeado contra eles por Allah durante sete noites e oito dias consecutivos; este povo foi então atirado por terra como cepas de palmas vazadas; e não deixou o mínimo vestígio" (Surata *al-Haqqa*: 6-8). Mencionado várias vezes no Corão, eles são em geral evocados após o povo de Nuh. O profeta Ud os teria instigado para que acreditassem em Allah sem atribuir-lhe associados e pedindo obediência. Porém eles reagiram contra ele com animosidade. Na Surata *Ud:* 50-60, todas as tribulações deste profeta com o seu povo são enunciadas em detalhe.

Abîd. Terceira cidade santa da Arábia, e histórica do Iêmen, considerada "Cidade da ciência e dos sábios". Possui 86 mesquitas e *madaris* (madrasas), várias delas de fundação milenária, e outras seis ou sete vezes centenárias. Uma vasta cidadela, com quatro portas fortificadas, inúmeras casas admiráveis quanto ao rigor do traçado e riqueza dos detalhes. Um conjunto urbano único e representativo de um estilo da planície costeira.

'Adât: Tradição, antigos usos e costumes.

Adenium obesum Balf: V. Rosa do deserto.

Aelius Gallus: Gaius Aelius Gallus foi prefeito do Egito entre 26-24 a.C. Por ordem do imperador Augusto dirigiu uma expedição visando tomar a Arabia Felix, com resultados desastrosos. Os participantes da expedição sofreram muito com doenças, calor, água e a resistência das populações locais. Depois de seis meses, Gallus foi obrigado a retornar para Alexandria, tendo perdido grande parte de sua tropa. Era amigo do geógrafo Estrabão que fez o relato da expedição (xvi. p.780-783; ver também Dion Cássio l III. 29; Plínio, *Nat. Hist.* vi. 32; e em Charles Merivale, *Hist. of the Romans under the Empire*, c. 4; H Kruger, *Der Feidzug des A. G. nach dem glucklichen Arabien*, 1862).

Agaru: V. *gaharu, 'ûd, Aquilaria Agalocha ou Aquilaria Malaccensis.*

Agatharchides: geógrafo de Cnido, nascido cerca do ano 150 a.C., foi secretário e leitor do rei ptolomeu Alexandre. Escreveu um périplo do mar Vermelho, tratados da Ásia, da Europa, etc. De sua obra permaneceram apenas fragmentos do primeiro, recolhido por Hudson em sua *Geographi minore*, e comentados por Gosselin nas suas *Recherches sur la Géographie* (Investigações sobre a Geografia). Acredita-se também que tenha sido o autor de uma história da Pérsia da qual se encontram alguns fragmentos na *Excerptae historia*, Francoforte 1559, e nos *Fragments historiques* da coleção de Didot, publicados por Miller, 1848.

'Agd mirjan: Coral, fios de coral.

Aiúbidas ou *Ayubidas (Ayyubida)*: Dinastia de origem curda fundada por Saladino no século XII. Tomaram Shibwan em 1219, fazendo-a capital do Hadramawt até 1520, quando partiram e passaram a capital do sul para Tarim. Em Sana'a, a capital do reino, construíram muralhas e o palácio do lado oeste da Grande Mesquita.

'Ajîb: o maravilhoso, em terras árabes expresso principalmente através de contos e lendas.

Aldebaran (Aldebarã ou Alfa Tauri — abreviado α Tau): É a estrela mais brilhante da constelação Taurus. E aparece junto ao olho esquerdo do touro. É também designada pelos nomes de Cor Tauri; Parilicium, Alpha Tauri ou, ainda, pelos códigos HR 1457 e HD 29139. Na Grécia antiga era conhecida como "tocha" ou "facho".

Alcaravia: *Carum carvi*. Planta herbácea da família das umbelíferas cujas sementes, que contêm um óleo volátil, têm uso na medicina e culinária, também pode ser denominada de cominho-armênio ou cariz.

Allat: Entre os árabes pré-islâmicos do deserto, "a deusa".

Almíscar: Muitas vezes denominado com o nome francês *musc*, é uma substância valiosa, extremamente aromática, contida numa bolsa sob a pele do abdome do almiscareiro macho. O almiscareiro, *Moschus moschiferus/Moschus sifanicus* de Buechner, chamado também cabrito porta-almíscar, pertence a uma espécie primitiva. Este quadrúpede é pequeno, tem 55cm de altura, e pesa aproximadamente 10kg. Não tem chifres, seu pelo é longo e duro. Vive nos Himalaias, no oeste da China e no norte da Sibéria, mas sempre nas florestas a mais de 2 mil metros de altitude. Evolui também em meio árido e no bordo dos penhascos. Herbívoro noturno, dorme de dia e pasta líquenes e folhas durante a noite. Quando o animal alcança certa idade, o odor penetrante do almíscar começa a exsudar dessa bolsa.

Almíscar branco ou misk al abyad (ou al-abyat): Conhecido como almíscar vegetal, é um perfume natural das sementes da *hibiscus Abelmoschus Linn*. Seu aroma almiscarado fica entre o do âmbar e o do almíscar (*musc*).

Aloe socotrina: *Aloe socotrina Lamk*., em árabe *ṣabr suquṭrî*, É uma planta vivaz e suculenta da família das aloeáceas, de acordo com a classificação clássica, ou das asfodeláceas ou liliáceas, de acordo com a classificação filogenética. Estes aloés são endêmicos da Ilha de Socotorá. Esta planta forma rosetas densas que podem atingir 1,5 a 2m de altura. As folhas espessas e esgarçadas, de cor verde-cinza manchadas de branco, com margem dentada, são dobradas para cima. O pólo floral é único, tendo cerca de 1m de comprimento, e aparece no meio do inverno. As flores vermelhas alaranjadas são polinizadas por pássaros da família dos nectarinídeos. O *Aloe socotrina* cresce no flanco de montanha e reencontra-o sobre os penhascos e os rochedos de grés quártzico. É endêmica da ilha de Socotorá (Iêmen). É muito usada nas pomadas embelezadoras da pele e dos cabelos. Tem várias indicações medicinais, sendo proibida no entanto para pessoas grávidas ou que tenham problemas circulatórios.

Al-Ulâ: Situada a noroeste da atual Arábia Saudita, limitada por uma cadeia de montanhas dos dois lados, oriental e ocidental, fica a cerca de 400km ao norte de Medina. Al Ula no Antigo Testamento e nos escritos assírios e árabes pré-islâmicos aparece como Dedan. Segundo antigas inscrições a cidade foi habitada por tribos árabes. Seus povoadores originais foram os lihianitas. Os mineanos em minoria ali se estabeleceram para trabalhar no comércio entre a Arábia do Sul, a do Norte, o Levante e o Egito. Desde os primeiros tempos até o século I da era atual, a cidade ocupa uma posição estratégica na rota principal de conexão entre as civilizações da Índia e da Arábia do Sul, ao sul, e da Mesopotâmia, o Levante e o Egito, ao norte.

Al-Uzza: Deusa nabatéia, companheira de *Dushara (Dussârâ)*, é também uma deusa do deserto personificando Vênus, a estrela da manhã.

Âmbar-gris ou cinzento: Usado como fixador dos mais caros perfumes, o âmbar-gris não é âmbar nem exatamente cinzento. É produzido no intestino do cachalote *Physeter macrocephalus* e tem a princípio um odor nauseabundo, porém ao se descompor libera um aroma excelente. Atualmente seu comércio está proibido e sendo substituído por sua versão sintética. No entanto na costa do Chifre da África e do Hadramawt surgem resíduos de âmbar-gris.

Amhárico: Língua da Etiópia. A partir de uma certa época o *Ge'ez* (Guez) passou a ser apenas língua religiosa e literária antiga. V. *Ge'ez*.

Amouage: Criado pelo perfumista francês Guy Robert, a fórmula de *Amouage* é conservada num cofre-forte na Suíça, e comporta 120 essências, entre as quais a de *Hujari*, o incenso branco azulado (resina de olíbano), que entram na sua composição. Seu aroma floral e frutado tem notas de rosa, jasmim e lírio do vale misturadas com outros de abricó, limas e pêssego, que sublinham as meias notas do *hujari*, da mirra, rosa das rochas, patchuli, da íris germânico-florentina e do sândalo. Excepcionais toques finais são dados através de notas de âmbar-gris, civeta e almíscar.

'Amm: possivelmente a principal divindade qatabânita, é o deus mais mencionado, seu atributo animal é o touro.

Amrulkais: V. Qays, Imru al-.

Aparelho ciclópico: Alvenaria construída com blocos não regulares, de grandes dimensões.

Aquilaria Agalocha: V. 'ûd ou oudh. Família: *Thymelaeaceae*, Genus: *Aquilaria*; Espécie: *Agallocha*. Nomes comuns: Aloe de Lignum, Aguru, Ch'En Hsiang, Ch'Ing Kuei Hsiang, Chan Hsiang, Chen Xiang, Chi Ku Hsiang, Huang Shu Hsiang, Jinko. Partes usadas: Casca e raiz. A *Aquilaria Agallocha* Roxb., também conhecida como madeira de ágar, ou madeira de aloés, tem sido considerada há muitos séculos pelos asiáticos, egípcios e povos do Oriente Médio uma preciosidade. Seu uso como material para incenso se originou na Ásia do Sul, Índia e em alguns lugares do Himalaia; e alcançou grande importância inclusive no Extremo Oriente. Desde o tempo das mais antigas civilizações seu preço foi sempre elevado. Apesar de haver outras madeiras de ágar, a *Aquilaria Agallocha* Roxb., assim como a *Aquilaria Malaccensis,* são insubstituíveis. Nos tempos antigos diziam que seu acesso era restritivo a reis e imperadores, e por isso seu óleo-resina era muito usado no intercâmbio dos presentes diplomáticos. Além de seu grande poder como incenso, seus poderes medicinais são grandes. Na Índia é chamada *agaru*, e no Bornéu, Malásia e Indonésia, *gaharu*, derivado do sânscrito *agaru*. Entre os árabes é denominada *'ûd*, em urdu, *oudh*, a resina aromática encontrada em certas espécies de aquilária, que a produz como uma resposta imune para um fungo invasor, o *Phialophora parasitica*, que após a invadir se expande ali durante muitos anos. São as seções atacadas pelo fungo, e portanto resinosas, que são coletadas.

Aquilaria malaccensis: *Aquilaria malaccensis* cujas espécies recordam os dias quando o comércio do 'ud foi centrado em Malacca e dominado pelos portugueses.[176] V. *Aquilaria Agalocha*.

Arábia deserta: A parte da Arábia que além dos desertos da península inclui o deserto da Síria.

Arábia Eudaimon: Arábia bem-aventurada. Nome dado pelos gregos para o sul da Arábia, onde habitavam os sabeanos, e além destes também os mineanos, qatabanitas e hadramawtis.

Arábia Felix: Arábia Feliz, segundo os romanos, o sul da península, atual Iêmen. V. *Arábia Eudaimon*.

Arábia Pétrea: A região da Arábia que se estende do noroeste do Sinai à Transjordânia, e parte da península.

Arábia Saudita: Reino da: O nome em árabe é *Al-Mamlaka al-Arabiya as-Saudiya* (O Reino da Saudi Arábia). Situada no Oriente Médio, nas margens do golfo Pérsico e do mar Vermelho, ao norte do Iêmen, o reino da Arábia Saudita abrange 45% dos planaltos da península árabe. Seu território é uma vasta plataforma desértica contínua da África do nordeste (prolongamento do continente africano do qual é separada pelo

[176] Burkill, Isaac Henry. 1935. *Dictionary of the Economic Products of the Malay Peninsula*. Oxford, Inglaterra: Oxford University Press.

fosso do mar Vermelho). O país é inclinado: a parte mais elevada situa-se no extremo-oeste, ao longo do mar Vermelho, com terrenos marcados e montanhosos até a 3.000m de parte superior, e retorna progressivamente para o leste. A costa árabe é pouco irrigada, os mares pouco profundos nesta região depositaram estratos de jovens rochas sedimentares, permitindo a formação de grandes reservas de petróleo que fazem hoje uma das maiores riquezas do país. As temperaturas são caniculares (45°C ou mais), sobretudo entre meados de abril e outubro. Mas podem descer ao redor de 15°C, em dezembro e janeiro, sendo que nos desertos é bem mais baixa à noite. Nas costas, o clima é seco no inverno e úmido no verão. O país é dividido em regiões e governoratos (departamentos), sendo que a região do norte tem os governoratos de Tabuk (importante centro agrícola) e Al-Jawf (sítio arqueológico). A região central, o "coração" do país, compreende a capital Riad, também centro da realeza; é uma vasta bandeja corroída, constituída de elevadas terras, imensos vales, rios secos e alguns pântanos. A região é árida no seu conjunto, ficando à parte alguns oásis ao norte em redor de Qasim. O clima desta região é quente e seco no verão e frio no inverno. As temperaturas no verão podem exceder os 45°C e descer no inverno até a 5°C ou um pouco menos. No leste, fica a região que compreende a maior parte dos recursos petrolíferos do país. O Hijaz ou Hedjaz, a região oeste, compreende a costa ocidental do reino. Fica ao norte de Asir, e tem além de sua planície costeira a bordo do mar Vermelho, uma cadeia de montanhas que se eleva gradualmente do norte para o Sul. Esta região de clima úmido com temperaturas que atingem 40°C no verão inclui Djeddad (Jedá) que, sem ser a sede de um governorato provincial, não deixa de ser uma grande cidade portuária da Arábia Saudita e o mais importante centro comercial do reino. A região ocidental compreende os governoratos (religiosos islâmicos) de Mecca e de Medina. Cidades como Taef (residência de verão de rei), e Yanbu, cidade industrial, importante porto de exportação petroleira e química, dependem respectivamente dos governoratos de Mecca e de Medina. Asir, no sul, é relativamente fértil das montanhas costeiras ao extremo sudoeste do país (na direção do Iêmen). Ali há bastantes chuvas para permitir o desenvolvimento natural de vegetação e o seu cultivo. É também a única região da Arábia Saudita que compreende florestas. Tem sido sempre uma das mais habitadas, sobretudo desde as implantações de novas irrigações, o que favoreceu fortemente o crescimento da agricultura. Esta região agrícola é bela, montanhosa com as cidades Abha (sede do governorato do Assir), Baha, Jizan e Najrân. Bem no sul, o *Rub al-khali* ou Crescente Vazio, um dos maiores desertos de areia do mundo, cobre 650.000km², sendo também um dos lugares mais secos e áridos da Terra, sem chuvas e sem poços de água.

Arak: *Salvadora pérsica,* árvore da qual entre outras propriedades se extrai o *miswak* ou *siwak*. (Também se chama arak a bebida similar ao raki e ao ouzo.)

Aromatiferia sudarábica: Nome atualmente usado para designar as grandes áreas produtoras das resinas odoríferas, que inclui Dhofar (Zafar), Mahra, Hadramawt.

Arquitetura: Arquitetura do Iêmen é fascinante, seja pela forma de suas construções, seja pela variedade dos materiais utilizados, sempre de acordo com o meio ambiente das diversas regiões, o que resultou em estilos muito diferentes, que associados ao gênio dos construtores iemenitas deu construções extraordinárias, únicas no mundo. Atualmente, três cidades iemenitas são classificadas pela Unesco como Patrimônio Cultural da Humanidade: Sana'a, Shibam, e Zabid.

'Asir: Província da Arábia saudita localizada no sudoeste do pais, que tem uma pequena fronteira com o Iêmen.

Atar: Essências e perfumes florais que não usam álcool.

Athirat: Divindade muito antiga, do Oriente Próximo, já tendo sido atestada nos textos ugaríticos (de Ugarit, sobre a costa síria) no século XIII a.C.

Athmet (ar): Pó feito com sulfato de antimônio, usado pela medicina para curar doenças dos olhos. V. khôl, e serrai.

Augusto imperador: Caio Júlio César Otaviano Augusto foi, acima de tudo, um homem de convicções. Sobrinho e herdeiro de Júlio César, Augusto (título que lhe foi posteriormente outorgado pelo Senado) foi o primeiro imperador romano e uma das figuras mais proeminentes da Antiguidade Clássica, o primeiro dos imperadores romanos que se interessou vivamente pelos produtos resinosos e aromáticos da Arábia.

Avdat, antiga Oboda: Cidade nabatéia no deserto do Negev, situada sobre o esporão rochoso do centro do platô, na encruzilhada das rotas para Pétra, de Eilat e daquela que prossegue para o litoral mediterrânico. Avdat, a antiga Oboda, foi fundada pelos nabateus sobre o itinerário das suas caravanas. Fundada no século I a.C., levou o nome do rei nabateu divinizado Obodas (Abdah em árabe, avdat em hebraico) que foi ali enterrado.

Axum: Cidade etíope, que foi considerada como sendo a capital do reino de Makeda.

Babosa: V. Aloés. Nome Científico: *Aloe barbadenses*, Mill. Sinonímia Científica: *Aloe vulgaris*, Lam.; *Aloe barbadensis*, D.C.; *Aloe perfoliata*, Vell; *Aloe perfoliata vulgaris*, Aubl. Família Botânica: Liliáceas. Conhecida popularmente como babosa, e vulgarmente também como caraguatá; erva babosa; além de aloés. No Brasil é cultivada nos estados do Norte, Minas Gerais e Goiás. Planta de folhas grossas, carnosas, de 20-50cm de comprimento e 8cm de largura, firmes, quebradiças, terminadas na parte superior por uma ponta com as bordas cheias de pequenos espinhos dispostos à maneira dos dentes de uma serra; flores tubuladas de cor amarela, dispostas em espigas sobre um longo pedúnculo que parte do centro das folhas. As folhas encerram, na sua parte interna, uma polpa mucilaginosa inerte, apresentando na parte externa vasos próprios cheios de um suco amargo, empregado como produto terapêutico sob a denominação de aloés. No tempo de Pison e Macgrave (séc. XVII) esta planta já fora introduzida no Brasil, e consta de seus escritos, sendo desde então conhecida como a base de um bom remédio; e ainda que estes autores a confundissem com o Agave americano. O uso do aloés entre os médicos brasileiros é freqüente por causa do caráter gástrico da grande maioria das doenças.

Badiah: Em árabe, beduínos, habitantes do deserto.

Bahrein: Situado no meio do golfo Arabo-pérsico, Bahreïn é um minúsculo arquipélago com cerca de 30 ilhas, entre o delta do Tigre e Eufrates e o estreito de Ormuz, perto das costas da Arábia Saudita e do Catar. A ilha principal, que deu o seu nome ao país, tem 50km de comprimento e 20km de largura; sendo povoada por cerca de 600 mil habitantes, Bahreïn é o menor estado do mundo árabe. A sua capital é Manama.

Baïbars ou Baybars: al-Malik al-Zahir Rukn al-Din Baibars al-Bunduqdari (1223-1277) sultão mameluco do Egito e da Síria, de origem circassiana, capturado e vendido em Kiptchak pelos mongóis, terminando na Síria. Evoluindo principalmente no Egito se tornou o primeiro grande sultão da dinastia mameluca dos Bahri, porém, antes de se tornar sultão, foi o comandante das Forças mamelucas em grandes batalhas, tendo vencido o Exército mongol na legendária batalha de Ain Jalut em 1260. Seu interesse por arquitetura o fez visitar Pétra.

Balanites aegyptiaca: Espécie: Balanites aegyptiaca L., família: Balanitaceae, distribuição: todo o Sahel e savana do sul do Egito ao Sudão, África oriental, Arábia, Paquistão, Índia. Os nódulos contêm 40% de óleo (óleo de zachun), são comestíveis ou transformáveis em sabão. Quando moída se transforma num bagaço oleoso.

Bálsamos: Provêm também de outras árvores diferentes das *boswelias* que produzem o incenso e das *commiphoras* que produzem a mirra, e que também que soram naturalmente ou por incisão. De constância mais ou menos líquida, os bálsamos, como as resinas, se dissolvem em álcool. Os óleos essenciais e o éter são totalmente insolúveis na água. Para desenvolver suas propriedades curativas e aromáticas eles emanam um eflúvio agradável, e não precisam ser sistematicamente queimados. Seus usos na farmácia e na cosmética tiveram sua hora de grandeza até a aurora do século XX. Hoje, eles continuam a embalsamar nossa memória na lembrança do bom samaritano pensando as feridas de um infeliz, ou Dom Quixote, que no menor dos murros recorria ao bálsamo de Ferrabrás.

Ba'ra: Consiste numa ronda ritmada, onde os homens, com a *Jambiya* na mão, giram no ritmo das percussões, simulando às vezes o combate. Cada tribo, cada aldeia dança a sua própria Ba'ra. É também um sinal de distinção tribal.

Barâqish (Yathill): O sítio de Barraquish é uma imensa plataforma artificial circular com cerca de 280m de diâmetro, e delimitada por impressionantes muralhas. Estas, quase intactas, tendo uma altura de cerca de 14m, foram criadas entre os séculos IV e o II a.C., embora o sítio tenha sido habitado anteriormente. Com uma única porta e 56 torres de vigia refletiam uma grande vontade de impressionar. Seu perfeito estado atual deve-se à restauração realizada pelos zayditas, que reinaram entre os séculos XII e do XVIII, mas também ao fato de Barraquish se encontrar sobre um território protegido por três tribos, o que poupou o sítio da destruição. Barraquish continuou a ser habitado até ao século XVIII. As numerosas inscrições mineanas visíveis no recinto testemunham a reutilização permanente das pedras dos antigos templos.

Bayt: O Iêmen é geralmente a casa da família estendida. A casa grande ancestral, geralmente ocupada pela constelação familiar em sua amplitude.

Benjoim: *ǧāwl*. V. styrax.

Betilos: As pedras sagradas chamadas betilos não são destinadas a representar o deus, mas a assinalar a sua presença, traduzindo a etimologia semítica do termo, "casa de deus". O betilo da Cibele frígia foi trazido para Roma em 204 a.C. e foi constituído um templo para contê-lo. O betilo de Elagabal de Êmeso (um meteorito) foi trazido para Roma pelo imperador Eliogábalo que era igualmente seu grande-sacerdote. O betilo de Mecca está sempre enclausurado na Ka'ba; Artemisa de Sardes ou Astartéia de Paphos também foram adoradas sob forma de betilos.

Bisbâs: Pimentos do tipo *capsicum*, da família das solanáceas.

Bukhur ou Bokhor: Perfume sólido, muito usado na Arábia, formado por um conjunto de aromáticos. Geralmente de fabricação caseira, principalmente das regiões de Taez, Qana', Aden e Tihâma, hoje também o estão industrializando.

Bhûr ou Buhûr: Incenso em geral.

Bustân pl. *basâtîn*: Na cidade antiga de Sana'a são os pomares particulares intramuros. V. *maqsama*.

Bint As Sahan: Crepe coberto com mel.

Cambises II (em persa Kambujiya): Rei da Pérsia, da dinastia aquemênida (528-521 a.C.), filho e herdeiro de Ciro II, fundador do império persa aquemênida. Cambises conquistou o Egito (525 a.C.).

Camerilla: V. Gamarîya.

Canela: É preciso distinguir ao menos quatro tipos de canela. 1: A canela cássia, *Cinnamomum iners*, em hebraico *quesi'âh*, a casca do loureiro-cássia ou falsa caneleira, existente na Arábia, Etiópia e Somália. 2: O Cinamomo ou cinamo, *Cinnamomum Zeylanicum* Nees, em árabe *qarfa al-hârra*, em hebraico *qinnâmon*, é a casca da caneleira do Ceilão, que se encontra nesta ilha e na costa sul da Índia. Às vezes é chamada erroneamente de *dār-ṣīnī*, nome cujo significado é "árvore da China", e também canela do Ceilão, ou canela real. Usada como condimento, e como medicamento tônico, carminativo, digestivo e afrodisíaco, combate a amnésia e estimula a memória. 3: O malobatro, *Cinammomum malabathrum* Meissner, ou *C. tamala*, ou ainda *C.albiflorum*, em sânscrito *tamalapattra,* é uma lourácea da Índia do norte às vezes denominadas louro da Índia. 4: O serichatum, ou canela de Seres, isto é, da China meridional (Plínio, *Hist. Nat.* XII, 99 e XIII, 18), *Cinnamomum cássia* Blum, ou *C. aromaticum Nees*. Uma caneleira da família das lauráceas, que cresce espontaneamente na China, e hoje é adaptada nas mais diversas partes do mundo. A casca é mais grossa, e o perfume mais sutil do que a ceilânica. Muito usada para embalsamento dos mortos, freqüentemente associada à água de rosas ou água açafronada.

Cânfora, árvore da cânfora: Também da família das lauráceas, a *Cinnamomum camphora Nees*; *kâfûr al-hôrr,* cânfora verdadeira, como *kâfûr* é citada no Corão (s.76 v.5).

Cardamomo: O nome cardamomo é usado para designar diversas espécies em três gêneros da família do gengibre (as zingiberáceas): *Elettaria*, *Amomum* e *Aframomum*. O cardamomo teria sido usado pela primeira vez na Índia meridional. São plantas nativas das florestas úmidas do sul da Índia, do Sri Lanka, Malásia e Sumatra. Hoje em dia é cultivado principalmente no Nepal, Tailândia e América Central. Constitui uma especiaria vastamente usada nos países asiáticos e árabes. *Elettaria cardamomo* (ou cardamomo-verde) *Amomum* (também designado como kravan, cardamomo-de-java, cardamomo-de-bengala, cardamomo-siamês, cardamomo-negro) tem a sua área principal de distribuição na Ásia e na Austrália; *Aframomum* (ou cardamomo-de-madagáscar) existe principalmente na África e Madagáscar. Praticamente todas as espécies de cardamomo têm uso medicinal ou são usadas como especiaria. Na Índia, o cardamomo-verde, além de ser largamente usado como especiaria, imprescindível nos *masala*, também é indispensável para tratar infecções nas gengivas e nos dentes, na prevenção de doenças da garganta, congestão pulmonar, tuberculose pulmonar, inflamação das pálpebras e problemas digestivos. É também referido como antídoto para veneno de algumas cobras e escorpiões. Este uso se propagou através das rotas de comércio não só para a Arábia, mas para todos os países que receberam sua influência. Algumas espécies do gênero *Amomum* ainda são usadas na medicina tradicional indiana. Entre outras espécies, variedades e cultivares, a *Amomum villosum* é usada pela medicina tradicional chinesa para tratar dores estomacais, constipações, disenteria e outros problemas digestivos. Enquanto que o cardamomo-tsaoko cultivado na província chinesa de Yunnan é muito usado tanto como especiaria quanto para fins medicinais.

Catedral de Sana'a: Construída por volta de 550 por Abraha, foi um dos mais belos monumentos da época pré-islâmica, juntamente com o palácio de Ghumdân, igualmente em Sana'a. Abraha, soberano ilegítimo de Himiar, tinha necessidade de marcar seu reinado. A Catedral, no entanto, foi destruída no século VIII, mas subsiste em fragmentos reutilizados na Grande Mesquita da cidade. Os historiadores islâmicos a chamam de al-Qalîs, que deriva da palavra grega *ekklésia*. Estes a consideram como uma obra-prima onde se misturam mosaicos com motivos vegetais e estrelas de ouro, no estilo bizantino, e por sua estrutura o monumento pertencia à tradição da arquitetura iemenita com nuances abissínias. Ao descrevê-la, al-Azraqî, cronista do século IX, dá 75m de comprimento, e uma grande cúpula coberta de ouro, prata e mosaicos representando cruzes.

Cenitas: Os gregos chamavam os beduínos de árabes cenitas, por viverem sob a tenda, a seguir foram denominados sarracenos.

Civeta: É a secreção glandular odorífera da civeta ou gato-almiscareiro, *Viverra civetta*, fêmea ou macho, originário da Abissínia. A maior quantidade do extrato de civeta provém da Etiópia, onde os animais são conservados no cativeiro.

Chahba: Cidade no djebel El-Arab a 90km ao sudeste de Damasco. Sua grande importância é ter sido a cidade natal do imperador árabe e sírio

Filipe (Philippe), que reinou em Roma de 244 a 249. Em homenagem a este príncipe a cidade se chamou à época romana Philippopolis.

Continuum cultural: Conjunto de culturas que se seguem através do tempo e do espaço.

Cosmas Indicopleutes: Negociante, provavelmente de Alexandria, que navegou pelo mar Vermelho e o oceano Índico no século VI da era atual. Escreveu a *Cosmografia Cristã*, quando nos seus últimos anos retirou-se para um mosteiro e sacrificou o restante dos seus dias escrevendo o livro para contestar a teoria pagã, que ele considerava ímpia, por estabelecer que a terra fosse de forma esférica. Julgava ele que poderia provar que nosso planeta era oblongo e plano, duas vezes mais longo de leste para oeste do que do norte para o sul. Visando provar sua tese, *Cosmas* também extraiu informações das Santas Escrituras e dos trabalhos de sábios pagãos, os quais tentaram contestar se servindo das suas próprias palavras. Sua obra é profundamente tendenciosa.

Cravo-da-Índia: *Qurunful.*

Crescente Fértil: Região do Oriente Próximo em forma de quarto crescente formada pela Síria, Palestina e Turquia, onde foi atestada a primeira civilização neolítica com desenvolvimento agrário.

Crítica textual: Ciência, a intersecção da história, da crítica e de literatura, que estuda a redação e as circunstâncias da redação, bem como a tradição de textos antigos até nós.

Cúrcuma (*hurud*): A cúrcuma (*Curcuma Longa*) é originária da Índia e conhecida também como açafrão-da-índia, açafrôa, açafrão-da-terra, açafrão-de-raiz e falso-açafrão. Trata-se de uma planta não muita alta, da família do gengibre, com folhas largas e flores amarelas. É na sua raiz, de cor laranja-brilhante, que se encontra a concentração de seu aroma e cor. Depois de seca, a raiz é moída. Em toda a Arábia e na Índia é muito usada como cosmético.

Cyperus rotundus Linn: Cyperaceae, nome comum *musta*, *motha*, *nut grass*. Usado para proteção do fígado e em pasta para branquear os dentes.

Cyprinum: Uma fragrância baseada na essência de hena (*Lawsonia inermis*), muito usada no antigo Egito.

Dâmûl: Pequeno bolo seco iemenita.

Dayma: Cozinha espaçosa da bayt iemenita.

Diotima de Mantinéia: Diotima de Mantinea tem um papel importante no *Symposium* de Platão. Sendo ele a única fonte sobre ela, não se pode saber ao certo se ela foi um personagem real ou uma mera ficção. Entretanto é preciso notar que quase todas as personalidades citadas por Platão tiveram sua personalidade real confirmada. No *Symposium*, Sócrates afirma que ela era uma sacerdotisa que na juventude de Platão ensinou-lhe a filosofia do amor. Sócrates (no *Symposium*) também a descreve como uma deusa mulher que ensina através do uso de sua razão, através do uso de argumentos do "livre exercício da razão discursiva" mais do que através simples pronunciamentos. Assim ela não era considerada uma mera sacerdotisa ou poeta. Platão (através de Sócrates no *Symposium*) a indica como a incorporação do raciocínio dialético e discursivo, enquanto Sócrates credita a ela, como sua mestra, ter inventado o método socrático de questionamento e resposta (*Symposium*, 201c).

Darw: A identificação deste perfume ainda não foi feita. No árabe clássico *darw* designa uma árvore do Iêmen, uma espécie de lentisco cujas folhas entram na confecção de perfumes e medicamentos. É também o nome da resina tirada da árvore *kakâm,* cujo nome no Iêmen contemporâneo designa uma espécie de sálvia que se apresenta em moitas espessas.

Dhahab ou Dahab: Este perfume, cujo nome não é encontrado nas fontes greco-romanas, nem clássicas do árabe, geralmente é uma referência a um tipo especial de 'ûd, pois a palavra *dhahab* em árabe significa ouro, denunciando um perfume precioso, isto é, como o da madeira da agalocha.

Dedicace: Dedicatória muito usada em relação a deuses e personalidades, usada nos templos, placas votivas e outros suportes.

Deserto de Rub-al-Khali: A parte meridional de suas areias faz parte do Iêmen (fronteira iemenia-saudita), e recebe o nome de *Ramlat as Sab'atayn*. Os platôs médios e inclinam progressivamente para nordeste antes de serem cobertos pelas areias do *Rub-al-Khali* a partir de Ma'rib e ao longo da fronteira saudita. É o território dos beduínos, que transitam e comerciam entre os dois países, sem se importarem com as fronteiras.

Dhû Raydan: Rei sabeano que estabeleceu uma relativa unidade da Arábia do Sul e tomou o título de "rei de Saba, Dhû Raydan, ou seja, do Himiar, Hadramawt e Yamanat (a costa do sul do mar Vermelho) e dos seus árabes". Foi em Raydan que provavelmente se elevava o célebre palácio que deu seu nome à dinastia himiarita de dhû-Raydan.

Dhuma: V. *tûma*.

Diadocos ou diádocos: Alexandre Magno, tendo morrido sem deixar herdeiros, foram seus generais assim chamados que repartiram entre si seu efêmero mas imenso império sobre o qual o império macedônio tinha impantado sua bandeira. Seleuco e Ptolomeu são alguns destes exemplos, e criaram dinastias.

Dictame de Creta: Origanum dictamnus, Famille: Labiata. Planta que cresce apenas em Creta. Conhecida por suas suas propriedades medicinais desde a Antiguidade. Considerada como a panacéia para todas as doenças do sistema péptico, para a artrite e para toda as doenças raras. Hippocrates menciona que ajudava as mulheres dar à luz. É mencionado por 24 autores da Antiguidade e por 115 autores modernos por seu valor terapêutico. Hoje *Dictamus* é empregado para curar as úlceras internas do estômago e intestinos, contra nevralgias, principalmente da cabeça e de garganta. Tem uma ação antibiótica poderosa. O constituinte principal do óleo de dictame é o carvacrol; contém igualmente timol e outras substâncias secundárias em mais pequena quantidade. Estas substâncias têm propriedades que desinfetam e são antispasmódicas. Em estudos efetuados, a ciência moderna confirma a utilização tradicional da erva.

Dilmun: País da Arábia, mencionado nos documentos da antiga Mesopotâmia, desde o III milênio a.C. até o meio do primeiro milênio a.C. De acordo com os textos era situado no golfo Pérsico, e sua localização é precisamente a ilha Bahrein, a também a ilha de Failaka, situada no Kuwait, e ainda os territórios costeiros do nordeste da península arábica, com a pequena ilha de Tarut. Nas fontes Mesopotâmias, a mais antiga indicação de Dilmun encontra-se numa inscrição do rei Ur-Nanshe de Lagash (do século XXV a.C.). O sítio é mencionado diversas vezes ao longo da história mesopotâmica, essencialmente em textos que tratam das trocas a longa distância. Foram encontrados em Larsa os arquivos de mercadores dos séculos X, IX e VIII a.C. especializados em comerciar com Dilmun, relatando que este país fornecia aos reinos mesopotâmios madeiras, pedras preciosas e cobre. Tratava-se de fato de produtos que vinham de outras regiões, como Magan (Omã), de onde vinha o cobre, ou de Meluhha (no vale Indus), que transitavam por Dilmun. Devido a esta importância, os reis mesopotâmios sempre tiveram que guardar boas relações com Dilmun, quando não se arrogaram simplesmente o controle, como parece ter acontecido quando da chegada dos reis kassitas a Babilônia, ou mais tarde nas épocas neo-assiriana e neobabiloniana. Dilmun também é mencionado em textos mitológicos mesopotâmios: em Enki e Ninhursag, a criação desta ilha é atribuída ao deus Enki, que o teria feito um país de abundância; já no mito também mesopotâmio do Dilúvio, o herói Ziusudra foi estabelecido lá pelo deus com a sua esposa. V. *Tylos*.

Dimna, Al: O acampamento. A palavra *dimna* designava, de início, excremento ou estrume e, por extensão, acampamento, onde são parados numerosos animais. Muitas designações próprias levam este nome.

Diodoro: Diodoro da Sicília. Historiador grego nascido na Sicília e que viveu no século I a.C. Sua obra é considerável, rica em informações sobre a Antiguidade grega e romana; a *História universal*[177] cobre 1.138 anos, sem levar em conta os tempos mitológicos. Seu trabalho permitiu, sobretudo, salvar do esquecimento numerosas obras, em especial as de dois utopistas: Iambulos (no Livro II) e Evêmero (no Livro V).

Dirá: Medida-padrão usada no Iêmen equivalendo a 66cm.

Djebel: Montanha elevada, como o Djebel Nogum, Djebel Ayban etc.

Djeser djeserou: "Sublime dos sublimes", designa o templo de Hatchepsut em Deir-El-Bahari, no Alto Egito.

Djibuti ou Jibuti: País no Chifre da África, antes da independência conhecido como Território dos Afars e Issas. Tem muita ligação com a Etiópia, mas também sofre influências do Iêmen. Relativamente exíguo — 23 milkm^2 — o Jibuti é limitado ao norte e a oeste pela Etiópia, ao sul pela Somália, ao leste pelo estreito de Bab al-Mandeb que abre a passagem para o mar Vermelho e pelo golfo Aden, ou seja, 370km de fronteiras marítimas.

Djinn (tb jinn): Espírito invisível ou que tomava forma de animal, muito citado nas religiões da Arábia pré-islâmica.

Dushara ou Dushârâ: A maior divindade dos nabateus.

Dongur: Palácio em Axum, na Etiópia, cujos fundamentos foram escavados pelo arqueólogo Francis Anfray e comprovadamente não é o palácio que a tradição oral atribuiu à Rainha de Sabah.

Dourada real (peixe): *Sparus aurata* de Linn. Peixe do mar Vermelho, muito apreciado pelas populações da região, e pelos que a visitam. Os italianos chamam de Orata.

[177] Diodore de Sicile, *Histoire universelle*; trad. em francês pelo Abade Terrasson. — Paris: De Bure, 1737-55. — 7 vol.

Edomitas: Edom significa "ruivo" em hebreu, o que corresponde à cor do tosão de Esaú considerado o antepassado dos edomitas, nos textos greco-romanos também chamados de *idumeus*. Documentos egípcios do fim do século XIII a.C. e do início do século XII a.C. mencionam a sua existência. Ocupam uma região compreendida do sul do mar Morto até às margens do golfo de Aqaba. A lista dos reis de Edom mencionados na Gênese deixa supor que se trata mais de uma confederação de príncipes que reinaram cada um sobre a sua cidade que de uma inteira linhagem de monarcas. Tudo leva a crer que eles ocuparam o sítio de Pétra a partir do I milênio a.C. Ocupam e arranjam as alturas do Umm Al-Biyara, onde se encontraram vestígios de casas e de cisternas datadas do século VII a.C. Sabe-se poucas coisas sobre a ocupação de Pétra pelos edomitas, mas deixaram a lembrança de um povo conhecido por sua sabedoria, qualidade dos seus têxteis, suas cerâmicas e bom controle no trabalho dos metais.

Éfeso: Foi uma das grandes cidades dos gregos jônicos na Ásia Menor, situada no local onde o rio Cayster deságua no mar Egeu. Foi fundada por colonos provenientes principalmente de Atenas. Ciro, o Grande, incorporou a cidade ao império persa e Alexandre Magno a libertou em 334 a.C. Com o surgimento do cristianismo, Éfeso foi uma das primeiras cidades cuja pregação dos apóstolos alcançou. Atualmente, pertence à Turquia.

Eliogábalo: Imperador romano de origem síria, nascido em 204, Eliogábalo ou Elagabal se chamava na verdade Varius Avitus Bassianus. Seu avô materno foi Julius Bassianus, também pai da imperatriz de Julia Domna, sua tia, e portanto sogro do imperador Septimo Severo. Além disso, ele era príncipe da cidade síria de Êmeso (hoje Homs), tinha as funções de grande sacerdote do Deus solar El Gabal, ou Eliogabal venerado nesta cidade. Estas atribuições explicam a interpretação maliciosa que posteriormente os historiadores latinos deram a este imperador, sendo que as fortes críticas ao seu respeito são maiores do que mereceu. Varius Elagabal era, por conseguinte, ao mesmo tempo príncipe sírio, cidadão romano, sacerdote do Sol e primo de Caracala.

Elana: Porto no litoral ocidental do mar Vermelho, construído pelos nabateus de Pétra, nas vizinhanças ou no próprio local do atual Aqaba. Vestígios do porto de Esion Gaber contruído antes da era atual foram encontrados a 3km de Aqaba.

Emiratos Árabes Unidos: Formam uma federação de sete emiratos, situados sobre a costa oriental da península arábica, à entrada do golfo arabo-pérsico. São eles: Abu Dhabi — 67.280km^2, o mais vasto; Dubai — 2.600km^2; Sharjah — 1.600km^2; Ajman — 250km^2; Umm al-Qaiwain — 800km^2; Fujairah — 1.300km; Ras al-Khaimah — 1.700km. Os emiratos possuem mais de 600km de costa, a antiga costa dos Piratas.

Eratóstenes: Matemático, astrônomo, geógrafo, historiador e poeta grego, viveu de 276 a.C. a 194 a.C. Nasceu em Cirene, uma colônia grega a oeste do Egito, sob o domínio do faraó Ptolomeu III. Passou a maior parte da sua vida ativa em Alexandria. Na juventude, estudou na escola de Platão em Atenas. Ocupou uma das posições de maior prestígio no mundo helênico, diretor da Biblioteca. Escreveu obras sobre geografia, filosofia, história, astronomia, matemática e críticas literárias. Uma boa contribuição que Eratóstenes fez à geografia foi sua descrição da região "Eudaimon a Arábia" (Iêmen), povoada por quatro raças diferentes: os Mineanos, Sabeanos, Qatabanianos e Hadramitas (nomes ainda empregados hoje).

Escrita sudarábica: A escrita sudarábica começou a ser desenvolvida a partir do alfabeto protocananeu, na península arábica, por volta de 1200 a.C. sendo a época de seu desembaraço por volta do século VIII a.C. Foi utilizada até ao ano 400 d.C., particularmente no sul da península, onde na época floresciam várias civilizações.

Escrita etiópica: O alfabeto etiópico se baseou no alfabeto sudarábico, e a primeira versão foi apenas uma simples modificação deste. Quando a escrita foi adotada pela igreja etíope, a direção da escrita foi invertida, começando pela esquerda. No século IV d.C. as vogais passaram a ser assinaladas através de uma modificação dos caracteres básicos, nascendo assim o sistema atual. Um caráter na sua forma básica assinala sempre uma sílaba terminada com um "a" breve. Atualmente, esta escrita é utilizada como língua tradicional da igreja etíope e na maioria das línguas faladas na Etiópia, incluindo o amárico e a do Tigrado.

Estela ou *Stela:* Lousa ou pedra votiva geralmente portadora de uma inscrição, ou ornada com um relevo.

Estrabão: Estrabão (*o pisco*) era um termo dado pelos romanos àquele cujos olhos eram distorcidos ou deformados, como os portadores de estrabismo. "O personagem histórico mais conhecido por este apelido foi Estrabão (63 a.C. ou 64 a.C. — cerca 24 d.C). Historiador, geógrafo e filósofo grego, foi o autor da monumental *Geographia*, um tratado de 17 livros contendo a história e descrições de povos e locais de todo o mundo que lhe era conhecido à época.Estrabão nasceu numa família rica da Amaseia (atual província da Amasya, na Turquia) nas vizinhanças do mar Negro, que, tendo se tornado parte do Império Romano na época de seu nascimento, permitiu que ele prosseguisse seus estudos em Roma. Apesar de filosoficamente ser um estoicista, politicamente era um adepto do imperialismo romano. Posteriormente fez várias viagens, entre elas ao Egito e à Etiópia. Não se sabe ao certo quando ele escreveu a *Geographia*: alguns historiógrafos localizam os primeiros esboços da obra durante o ano 7 d.C, outros no ano 18 d.C, mas a versão final data do reinado do imperador Tibério, uma vez que a morte de Juba, rei da Maurusia (23 d.C.) nela é mencionada. Apesar de inúmeros erros (especialmente sobre a direção dos Pirineus), sua *Geographia* foi, juntamente com a de Ptolomeu, a primeira obra desse gênero herdada da Antiguidade. História, religião, costumes locais e as instituições de diferentes povos estão misturados às descrições geográficas. Outra obra de sua autoria, a *Historia*, que continuava a de Políbio, está perdida para nós. Referida pelo próprio Estrabão que afirma tê-la escrito, versão que é ratificada por outros autores clássicos, tudo o que chegou até nós é o fragmento de um papiro que se encontra, atualmente, na Universidade de Milão. Várias datas diferentes são propostas para a morte de Estrabão, a maioria localizada pouco depois de 23 d.C.

Etiópia: Berço de uma das mais antigas civilizações, na antiguidade, a Etiópia ("países dos rostos queimados" em grego), tradução do semítico *Habesha* (que deu Abissínia), já era conhecida dos faraós e mencionada no Antigo Testamento, foi para a Europa medieval o reino cristão do "Preste João", capaz de inverter o Islã. O país é antigo, assim como seu povoamento. Uma expedição internacional no vale do Omo permitiu reencontrar, nas camadas sedimentares da grande fossa do leste africano, centena de fósseis hominídeos que remontam a 2,5 milhões de anos. Na depressão do Afars, descobertas semelhantes foram feitas, e deram nascimento à famosa história de Lucy, que seria a mãe original. Descoberto em 1963, o vasto jazigo paleolítico de Melka Kontouré (cerca de 50km ao sul de Addis-Abeba) permitiu pôr ao dia mais de 70 níveis arqueológicos. Por volta de 1500 a.C., populações vindas dos reinos sabeanos da Arábia começaram a se misturar com os autóctones. Ali no início da era cristã se desenvolveu, sobre os elevados planaltos do Tigrado (Tograi), a mais de 2 mil metros de altitude, em redor da cidade de Axum, um reino, sem dúvida fundado por esses emigrantes vindos do Iêmen, que manteve relações comerciais com Alexandria e o mundo grego. A religião ali era uma mistura de cultos helenísticos e orientais; a língua passou a ser o guez. O reino de Axum se tornou cristão no século

IV. Estende a sua influência até às costas do mar Vermelho. Devido à expansão do Islã, no século VII, os axumitas foram forçados a buscar terras muito elevadas, e os cristãos perdem então por um longo período o controle do seu mercado sobre o mar. A história da região é uma sucessão de riscos que estabelecem a predominância uma das duas religiões. Mais tarde, Ezana, subindo ao trono em cerca de 320 d.C., foi convertido ao cristianismo por um sírio laico, Frumencio, enviado pelo patriarca de Alexandria, o que provocou a adesão do país à causa do monofisismo. A vida econômica se desenvolveu. Axum passou a controlar marfim, ouro e escravos, trocando-os contra armas, metais e algodão, em todas as rotas que se dirigiam ao mar Vermelho. No século VII, o Islã apareceu e se estendeu rapidamente, isolando Axum das grandes rotas. O reino desmoronou no século X, vítima das revoltas de populações pagãs, dirigidas por uma princesa do Semien. Em 1137, uma dinastia *ágüe*, os Zagués, tomou o poder, em Roha, hoje Lalibela. Em 1270, por seu turno, foram expulsos por Yékuno Amlak, que se instalou no Choa, em Tegulet, e efetuou guerras ao mesmo tempo contra as populações islamizadas e contra os pagãos do noroeste que recusavam a cristianização. A religião permaneceu muito tempo o fio condutor da história da Etiópia: no século XVI, o reino passa à dominação das tropas do imã Ahmad Gran e o *negus* pede a ajuda dos portugueses, o que permite malograr o progresso do Islã (batalha de Ouaïna Daga, 1543). Em 1632, a conversão ao catolicismo do rei Susneyos provocou revoltas que o conduzem a abdicar em proveito de seu filho, Fasilidas, que proibiu o catolicismo, expulsou os jesuítas e instalou a capital em Gondar. Enquanto os muçulmanos, e sobretudo os Gallas, originários da atual Somália, multiplicam as suas incursões no império etíope, os soberanos perdem progressivamente o seu poder em proveito dos feudatários, sobretudo os chefes (*ras*) do Tigrado, de Choa e de Amhara. É o "período dos príncipes", que terminou em 1855 com a chegada ao poder de

Teodoro II. Este submeteu os chefes de província e pediu aos britânicos que o ajudassem a modernizar o país. Mas na frente das suas múltiplas ingerências nos negócios políticos e religiosos, Teodoro rompe com a Grã-Bretanha: as tropas britânicas esmagam o exército etíope e Teodoro se suicida. O chefe do Tigrado acede ao império sob o nome de Johannes IV em 1872; mas em 1889 foi morto combatendo os bandos do Mahdi. Em 1887, *ras* Alula, seu tenente, tinha vencido os italianos em Dogali, na atual Eritréia. Em1889, Menelik, rei de Choa, sucedeu Johannes IV e prosseguiu uma política de expansão territorial negociando ao mesmo tempo com os italianos. Assina o tratado de Uccialli (maio 1889), que atribui à Itália a Eritréia e um protetorado sobre a Etiópia, a seguir o denuncia e bate as tropas italianas no Adoua (1896). Após a abdicação de Menelik II, Lidj Iyassou, seu sobrinho neto, subiu ao trono sob a tutela de seu pai, Mikhaël. Vinculado aos turcos e aos alemães, ele foi destronado em 1916. O poder passou ao ras Tafari, filho do ras Makonnen, governador do Harar, que se tornou em 2 de agosto de 1930, *négus nagast* ("rei de reis"), sob o nome de Haïlé Sélassié I.

Eudoxus de Cyzicus: Navegador e explorador grego, nascido no século II a.C. fez a primeira tentativa de circunavegação da África saindo da Europa Ocidental. Seguindo duas viagens de sucesso do mar Vermelho para a Índia para o rei do Egito Ptolomeu Euergetes II, ele chegou a Gades, hoje Cádiz, Espanha, onde alugou três navios para sua planejada circunavegação. Na primeira tentativa chegou até o sul do Marrocos. Navegou novamente descendo a costa oeste da África, mas a expedição inteira se perdeu. Não houve nenhuma outra tentativa até o século XV.

Evêmero [ou Euhemerus/Evemerus] de Messina ou de Kiós (Chios) (350-290 a.C.): Autor, historiador, mitógrafo e filósofo grego, nascido em Messina, Peloponeso, criador do evemerismo, doutrina que considerava os deuses como homens que, por seus méritos, receberam honras divinas. Procurava achar nos relatos mitológicos uma significação racional, embora muitas vezes trabalhasse com elementos puramente subjetivos. A importância do culto aos antepassados levou filósofos e historiadores como ele a considerá-lo a origem da religião e esboçou uma interpretação racionalista da religião, considerando os deuses como antigos heróis divinizados. Atribui-se a ele, conhecido pela sua História Sagrada (300 a. C.), um romance filosófico, a sistematização do método de interpretar os mitos populares, afirmando que os deuses da mitologia popular haviam sido originalmente heróis e conquistadores. Há autores que afirmam que ele pode ter nascido em Kios ou Tegea. Viveu na corte de Cassandra, na Macedônia (301-297 a.C.), e morreu em Kios.

Ezequiel:. Grande profeta hebreu, que viveu em cerca de 600-550 a.C. Conhecido como profeta do regresso. Conheceu a deportação dos judeus da Babilônia e apoiou os exilados tendo como conceito a reconstrução do povo eleito por Deus.

Falaj (pl. aflaaj): Significa um sistema para distribuição de água, e é comumente usado para designar um sistema de canais de irrigação proveniente de uma fonte de água.

Feno-grego: *Trigonella foenum-graecum*, da família das leguminosas, está entre as mais antigas plantas medicinais e culinárias da história da humanidade, já tendo sido usados seus princípios aromáticos no Egito faraônico, em cerca de 1.500 anos antes da nossa era, para embalsamar os mortos e purificar o ar das habitações e os lugares de culto. Suas sementes, no entanto, eram usadas no fabrico do pão, uma prática culinária que persiste no Egito moderno. Além das suas propriedades digestivas, o feno-grego tem o poder de combater as infecções e inflamações das vias respiratórias e a diabete, estimula a lactação, e serve para tratar feridas cutâneas e dores reumáticas. A partir do século VII antes da nossa era, esta planta começou a ser cultivada cada vez mais no Oriente Médio. Introduzido na Índia e na China foi integrado rapidamente à farmacopéia ayurvédica indiana e à tradicional medicina chinesa. Na

Arábia é muito usado, principalmente no Iêmen, onde o *hilbeh* é indispensável em suas mesas.

Fi-l-bard: Inverno.

Fi-l-hama: Verão.

Filipe de Chahba: V. Chahba.

Funduq: O nome vem dos antigos entrepostos que também abrigavam os mercadores. Hoje o nome é usado para descrever um hotel mais popular, mas também cheio de charme.

Gaharu: V. *Agaru:'ud*, *Aquilaria Agalocha ou Aquilaria Malaccensis*.

Gamarîya (Gamaria): Nome muito usado no Egito, principalmente no Cairo, e pouco usado em Sana'a para as clarabóias das janelas contendo vitrais. A tradução é camarila.

Ghada, Al-: almoço, a principal refeição.

Ghaidha, Al-, Al-Ghaidha: Capital do governorato de Al-Mahra, ou Al-Mahara, a 550km de Al-Mukala, e quase 1.300km de Sana'a, é um lugar que a história marcou por suas incensadeiras. Ali se fala o *mahri* cujas raízes são próximas do sudarábico antigo. Região de belas praias, muitas lagostas e frutos do mar, cuja exportação se faz através do vizinho porto de *Nashtoum*.

gâwl: Benjoim.

Gharîb: Estrangeiro ou estrangeira.

ghayl (pl. ghuyûl): Dialetal iemenita, num contexto urbano, significa via aquática artificial, com muita freqüência parcialmente subterrânea.

Guez ou Ge'ez: Língua antiga da Etiópia. Semelhante à língua copta do Egito no tempo de Apollonius Tyanaeus. Ainda hoje é a língua litúrgica da Etiópia e da Eritréia, e todos os padres da igreja copta a podem ler. Várias bíblias locais são escritas em Ge'ez. Certas línguas locais como o Amharinya (Amhárico), o Tigrinya e o Gallinya provêm do Ge'ez.

Gebanitas: Um povo da Arábia, cujo porto chamado por eles Ocila, foi chamado por Ptolomeu Ocelis (do grego: Okêlis). Este antigo porto do mar Vermelho, na margem da Arábia, próximo do Bab al-Mandeb, foi chamado Acila por Artemidoro, citado através de Estrabão. Talvez este porto gebanita tenha sido o da cidade de Uzal.

Gengibre: Em árabe *zanjabîl,* é o nome do condimento vegetal retirado da rizoma carnosa, *Zingiber officinalis Roscoe,* da família das zingiberáceas. Comestível e rico em substâncias aromáticas, e óleo essencial, pode ser usado fresco, seco e em conserva. Originário da Ásia tropical, hoje o gengibre é cultivado nas regiões quentes e mesmo temperadas das mais diversas partes do mundo. Além de seu uso como tempero, o gengibre é um excelente remédio para a cura de gripes, tosses, amnésia e dificuldades digestivas, além de estimulante e afrodisíaco.

Gerheu: Povo fundador de uma cidade próspera na margem ocidental do golfo Pérsico que comerciava com a Mesopotâmia.

Gerha (em árabe *al-Jarha*): Antiga cidade da Arábia, situada no lado oeste do golfo Pérsico, localizada onde presentemente está o Forte Uqair. Este fica a cerca de 80km a nordeste de Al-Hasa na província oriental da Arábia Saudita. Gerha e Uqair são sítios arqueológicos a cerca de 90km dos antigos campos de enterramento Dilmun na ilha de Bahrein.[178] Foi descrita por Estrabão (XVI) como um lugar habitado por Caldeus exilados da Babilônia que construíram suas casas usando sal e as repararam aplicando água salgada.[179]

Gindibu' do país de Arba: Referentes aos cameleiros, árabes, do país de Arbai (Arábia).

Hadhak: Este aroma mencionado em relação aos queimadores de incenso não é citado da mesma forma nos autores antigos, nem no árabe clássico. Muitas plantas são denominadas *hadq*, com um q no lugar do k, nos dialetos do Iêmen, mas não impõe nenhuma identificação exata. Se supusermos que a raiz Hdhk, ignorada no árabe clássico, é uma inter-

[178] *The Arabian Gulf in Antiquity*, Vol. II. Potts, p.56, Looking for Dilmun, Geoffrey Bibby, p.7.
[179] Plínio, Hist. Nat. VI. 32.

pretação da HDHQ, a noção expressa por esta última (ver que o verbo significa picar, picotar a língua, falando de um produto ácido como o vinagre) poderia oferecer uma pista; podendo ser comparada com o caso de *murr*, palavra que significa a mirra, mas que também quer dizer amargo.

Hadramawt (ou Hadramaut): O leste do Iêmen é formado por uma imensa zona de platôs austeros e rochosos cujo relevo se inclina progressivamente até a fronteira omanense. Estes platôs são escavados por profundos *wadis*-oásis cujos mais famosos são os *wadis* Dohan e Hadramawt. Este último, com 200km de comprimento, constitui uma particularidade geográfica regional essencial. Na época antiga, o Hadramawt formava um reino que tinha Shabwa para capital.

Hadramis: Naturais do Hadramawt.

Hagiografia: de início, biografia de sábio ou de santo. Seguidamente, veio designar uma biografia muito ornamentada.

Hajar ibn Humayd: Tell situado no *wadi* Bayhân, a quase 15km ao sul de Tamna'. Foi explorado pela missão norte-americana dos anos 1950 que mostrou que o sítio foi ocupado a partir do século XI a.C. até o II.

Hajar Kuhlân: Nome moderno da aldeia que ocupa o lado ocidental do *tell* que abrange o sítio de Tamna'.

Hajj: Peregrinação.

Halawiyyât: Pastelaria iemenita.

Hamdânî: Al-Hasan b. Ahmad al-Hamdânî (280 Hégira/893 d.C-334 Hégira/945 d.C). Que se cognominou Lisân al-Yaman ("a Língua do Iêmen"), um dos grandes escritores sudarábicos, entre muitos escritos importantes, deixou um estudo sobre as rotas de comércio.

Harappa: Cidade do Vale do Indus. V. Indus, civilização do.

Hatchepsut: Rainha-faraó do Egito, reinou de 1473 a 1458 antes da nossa era. Era a filha de Tutmosis I e da Grande Esposa Real Ahmose Nefertari. Seu meio-irmão, o futuro Tutmosis II, com quem tinha se casado para assegurar a legitimidade deste último, subiu ao trono após o falecimento de seu pai; mas, possuindo uma saúde frágil, ele desapareceu após um reinado de 14 anos. Seu filho Tutmosis III (filho de Tutmosis II e Aset, uma das concubinas de seu pai) subiu ao trono do Duplo País (o Alto e o Baixo Egito) ainda criança. "Foi por isso que sua tia Hatchepsut conduzia os negócios do país."[180] No ano 2 ou 3 do reino oficial de Tutmosis III, no mais tardar ano 7, Hatchepsut adotou a titulação real. Oficialmente, a rainha-faraó era apenas co-regente de Tutmosis III, mas inegavelmente era ela que detinha realmente o poder. Para dar-lhe um acréscimo de legitimidade, a iconografia oficial propagou o mito do seu nascimento divino. De acordo com uma longa inscrição no seu templo funerário em Deir el-Bahari, teria sido gerada pelo deus Amon que tinha tomado os traços de seu pai, Tutmosis I; Thot deu-lhe forma com o seu torno de oleiro e foi apresentada a Amon que lhe prometeu "esta benfazeja função real em todo país." Esta mulher enérgica soube manter-se no poder durante uma quinzena de anos, graças ao apoio de dignitários cujo destino era sem dúvida ligado a ela e fez construir o seu templo funerário ao lado de Montuhotep II (2055-2004), num penhasco da montanha tebana, em Deir el-Bahari. O reinado de Hatchepsut foi pacífico. No seu túmulo fez relatar apenas a expedição comercial que enviou ao País do Ponto, no nono ano do reino. A expedição trouxe ouro, marfim, madeira de ébano, peles de pantera, panteras vivas, girafas, mas sobretudo mirra e incenso, que eram utilizados abundantemente nas cerimônias *do culto.* Uma outra expedição trouxe carreiras de granito de Assuã, dois obeliscos que a rainha fez colocar no templo de Amon em Karnak. No ano 21 ou 22 do seu reino, Tutmosis III, que tinha ficado no desvio, assumiu sozinho o poder e a rainha desapareceu da iconografia.

180 Como cita Christiane Desroches-Noblecourt, in *La femme au temps des pharaons*, Éditions Stock, *1986, p. 130.*

Hathor: Divindade de múltiplas facetas representada habitualmente sob forma de vaca; inspiradora da música e do amor, e mãe divina do faraó que reina. Mas quando tinha o aspecto de leoa selvagem, tornava-se uma vingadora irredutível.

Hauran: Região situada no sul da Síria e na parte oriental do vale do Bekava, no Líbano, não distante da fronteira jordaniana, nos dias de hoje é conhecido geralmente como "Djebel el Druze" (a montanha dos drusos).

Hawâyîz (ou Hawayil): Mistura iemenita de especiarias, considerada imprescindível no acompanhamento de certos pratos.

Hayd ibn 'Aqîl: nome moderno da colina que contém a necrópole de Tamna'.

Hayîm Habshûsh: Experiente judeu iemenita, profundo conhecedor do meio ambiente iemenita. Começou a escrever seu recito em árabe iemenita, no fim do século passado, e assim muitas coisas desconhecidas começaram a vir à tona. Tendo morrido seis anos depois, sua obra de grande importância foi publicada posteriormente.

Hégra: O sítio de Hégra (*Medaïn Saleh*) no Hedjaz, hoje Arábia Saudita, um dos mais importantes dos nabateus, permitiu aumentar consideravelmente os conhecimentos sobre este povo, pois ali deixaram grande número de inscrições que indicam o nome dos construtores dos túmulos e os dos seus destinatários. A escrita nabatéia foi decifrada por E. Beer em 1840 como um dialeto aramaico misturado com o árabe. Sua situação geográfica é muito diferente da de Pétra, sendo um espaço aberto num grande vale plano, e constituía a última etapa sob dominação nabatéia na rota para a Arábia Felix. Muitos de seus mercadores eram árabes. Devido à fraca freqüência do sítio, o estado de conservação dos túmulos é excelente. A cidade foi um dos bons apoios da Rota do Incenso.

Hena: É um poderoso corante que provém de um arbusto da família das litráceas. As folhas são secadas e reduzidas a um pó cujo matiz vai do laranja avermelhado ao tijolo. Serve de corante para os cabelos, as unhas, ornamentos corporais, a decoração da madeira e dos tecidos. Foi e ainda é igualmente utilizada em certas terapêuticas médicas e em nível espiritual se supunha trazer felicidade e boa fortuna.

Heródoto de Halicarnasso: Historiador grego, continuador de Hecateu de Mileto, nascido no século V a.C. (485 a.C.?-420 a.C.) em Halicarnasso (hoje Bodrum, na Turquia). Foi o autor da história da invasão persa da Grécia nos princípios do século V a.C., conhecida simplesmente como A *História de Heródoto*. Esta obra foi reconhecida como uma nova forma de literatura pouco depois de ser publicada. Antes de Heródoto, tinham existido crônicas e épicos, e também estes haviam preservado o conhecimento do passado. Mas Heródoto foi o primeiro não só a gravar o passado mas também a considerá-lo um problema filosófico ou um projecto de pesquisa que podia revelar conhecimento do comportamento humano. A sua criação deu-lhe o título de "pai da história" e a palavra que utilizou para o conseguir, história, que previamente tinha significado simplesmente "pesquisa", tomou a conotação atual de "história". A obra *História* foi freqüentemente acusada no Velho Mundo de influenciável, imprecisa e plagiária. Ataques semelhantes foram preconizados por alguns pensadores modernos, que defendem que Heródoto exagerou na extensão das suas viagens e nas fontes criadas. Contudo, o respeito pelo seu rigor tem aumentado na última metade do século, sendo atualmente reconhecido não apenas como pioneiro na história, mas também na etnografia e antropologia. Publicado entre 424 e 430 a.C., *História* foi dividido em nove livros, intitulados segundo os nomes das musas, pelos últimos editores. Os primeiros seis relatam o crescimento do Império Persa. Começam com uma introdução do primeiro monarca asiático a conquistar as cidades-estado gregas e o verdadeiro tributo, Creso de Lydia. Creso perdeu o reinado para Ciro, o fundador do Império Persa. As primeiras seis obras acabam com a derrota dos persas em 490 a.C., na Batalha de Maratona, que constituiu o primeiro retrocesso no progresso imperial. Os últimos três livros descrevem a tentativa do rei persa Xerxes de vingar, dez anos mais tarde, a derrota persa em Maratona e absorver a Grécia no Império Persa. *História* acaba em 479 a.C., com a expulsão na Batalha de Plataea e o recuo da fronteira do Império Persa para a linha costeira da Ásia Menor. No que diz respeito à vida de Heródoto, sabe-se que foi exilado de Halicarnasso após um golpe de estado frustado contra a dinastia no poder no qual estava envolvido, retirando-se para a ilha de Samos. Acredita-se nunca ter regressado a Halicarnasso, embora em *História* pareça sentir orgulho da sua cidade e da respectiva rainha, Artemisia. Deve ter sido durante o exílio que empreendeu as viagens que descreve em *História*. Estas viagens conduziram-no ao Egito (até a Primeira Catarata), Babilônia, mar Negro, Itália e Sicília. Heródoto refere uma conversa com um informador em Esparta, e muito certamente terá vivido durante um determinado período em Atenas. Nesta registou as tradições orais das famílias proeminentes, em especial, a Alkmaeonidai, à qual Péricles pertencia do lado materno. Mas os atenienses não aceitavam os estrangeiros como cidadãos, e quando Atenas apoiou a colônia de Thurii na aniquilação de Itália em 444 a.C., Heródoto tornou-se colono. Desconhece-se se morreu lá ou não. Numa determinada altura tornou-se um *logios* — isto é, um recitador de prosa logai ou histórias — cujos temas baseavam-se em contos de batalhas, maravilhas de países distantes e outros acontecimentos históricos. Fez roteiros das cidades gregas e dos maiores festivais atléticos e religiosos, onde dava espetáculos pelos quais esperava pagamento. Em 431 a.C., a guerra do Peloponeso rebentou entre Atenas e Esparta. Poderá ter sido esse conflito que dividiu o mundo grego que o inspirou a reunir os "*logoi*" numa narrativa contínua — *História* — centrada no progresso imperial da Pérsia interrompido pela aliança entre Atenas e Esparta.

Hijra, al-Hjr: Zona neutra ou livre.

Hilbeh: Feno-grego, e também uma preparação feita com feno-grego batido que acompanha diversos pratos.

Himiar ou Himyar: Um dos reinos rivais de Saba na Arábia do Sul, no século I d.C., que no século I a.C., por volta de 110 a.C., ocupou grandes pedaços da costa entre Aden e Dhamâr. Na origem era tribo procedente das terras altas, pertencente ao reino de Qatabân, venerando o seu deus Amm e usando sua língua. Quando se tornou independente, se afirmou como herdeiro de Saba, adotou sua língua, mas elegeu um príncipe, ainda que tenha perseverado nos costumes sabeanos e nos seus cultos. Sua capital, Zafar, a 130km ao sul de Sana'a, foi mencionada por Plínio, na sua *Historia Naturalis*, escrita na época do imperador romano Nero (54-68). Tendo disputado o poder com os sabeanos durante certo tempo, os himiaritas no século III da era atual tomaram Saba e se tornaram senhores de um poderoso império. Tornados adeptos do monoteísmo, a dinastia adotou o judaísmo e ao consolidar sua dominação sobre a Arábia central atacou os cristãos estabelecidos em Najrân, porém, o Himiar foi destruído pelos abissínios no século VI. Mais tarde, na Alta Idade Média, a tribo desapareceu sob pressão de árabes nômades.

Hipostase: Se refere à substância ou à personificação de uma qualidade específica de uma entidade divina.

Hipostila: É uma sala com diversas colunas e um dos elementos principais nos templos.

Hippalos: Navegador grego que teria descoberto o movimento das monções e vivido provavelmente no século I a.C. Ele às vezes é considerado como tendo sido o capitão do navio de Eudoxus de Cyzicus. O escritor do Périplo do mar da Eritréia creditou a ele a descoberta da rota direta do mar Vermelho ao oceano Índico fazendo um esquema do mar e da localização correta dos portos de comércio ao longo da costa da Índia. Plínio clama que Hippalus não descobriu a rota, mas apenas o vento da monção, também chamado Hippalus. Muitos historiadores tentaram reconciliar os relatos que declararam que o conhecimento dos ventos das monções foi necessário para o uso de uma rota direta. O vento já tinha sido conhecido nos tempos helenísticos e depois foi usado pelos marinheiros árabes e indianos na travessia do oceano Índico.

Hobal: Personificação do Sol que na Caaba aparecia representada em pedra (cornalina) vermelha, com rosto de venerável ancião, de grande barba, brandindo sete flechas do destino. A imagem foi destruída pelo advento do Islã.

Homéritas: Nome que os autores clássicos davam aos himiaritas, habitantes de Himyar ou Himiar.

Hujari: Tipo de incenso, branco azulado, proveniente da resina de *Boswellia sacra* do Dhofar, considerado o melhor de todos.

Hurud: Pasta feita com cúrcuma em pó e muito usada para refrescar a pele e torná-la suave.

Ibn Arabi: Mohyiddin Ibn'Arabî (1165-1240). Mestre sufi andaluz, nascido em Múrcia, místico ardente Ibn' Arabî é considerado como um grande mestre da espiritualidade islâmica. Sua doutrina qualificada de "monismo existencial" dominou e fez reviver a espiritualidade sufi que às vezes levanta certas resistências no Islã mais tradicionalista. Sem pretender resumir em algumas palavras a sua obra literária colossal (mais de 400 trabalhos), podemos contudo afirmar o fato que em seu pensamento ele não faz nenhuma distinção entre o Criador e a sua criatura, de modo que considera esta última também como uma possibilidade divina.

Ibex: Este caprino, da variedade *Capra Ibex nubiana*, existente na Arábia, é reconhecível por seus longos chifres curvos. Animal amplamente representado pelos antigos iemenitas, aparece constantemente sobre as estelas, mesas de oferendas e relevos, além de ser representado em pequenas estatuetas de metal.

Idade do Bronze: Período convencionalmente de 3.000 para 1.200 a.C.

Iêmen do Sul: O Iêmen, durante um tempo separado entre o Iêmen do Norte e a sua capital Sana'a e o Iêmen do Sul do qual Aden era a capital, foi reunificado oficialmente em 22 de maio de 1990.

Ilhas iemenitas: O Iêmen possui numerosas ilhas e ilhotas: Socotorá, a maior, é situada no oceano Índico, mas a maior parte das outras ilhas está no mar Vermelho (Hanish, Kamaran, Perim...), o que faz do Iêmen a primeira nação marítima da península arábica com 584.000 km^2 de zona econômica marítima, superior à sua superfície terrestre. V. *Socotorá*.

Imru al-Qays: V. *Qays*.

Incensadeira: Queimador de incenso, *Mabhara* pl. *mubharf*.

Incenseira: Árvore de incenso, especificamente do olíbano, *al-loubain* ou *libnay*.

Incenso: Substância resinosa aromática que espalha um odor persistente ao ser queimada. Inseparável de qualquer ato religioso era muito usada pelos antigos. A palavra incenso teve sua origem no latim, vindo de *incensus (i)*, que indica provocar uma emoção e assim despertar os sentimentos, enquanto *incensum* significa coisa queimada. Muitas vezes a palavra incenso indica diretamente a resina da *Boswellia*, cuja árvore é conhecida localmente como incenseira. No entanto o incenso abrange diversas gomas-resinas para serem queimadas ou misturas variadas como a dos incensos indianos ou o das igrejas.

Indus, civilização: Entre 2.400 e 1.750 a.C., sobre um vasto território que se estende do pé do Tibet à península do Gujerat e do vale Ganges à fronteira iraniana, brilhou uma civilização urbana, denominada "civilização do Indus" — por ter se desenvolvido a partir da bacia do grande rio — ou "civilização harapiana", de acordo com o primeiro sítio escavado, Harappa. Suas cidades imensas, como Mohenjo-Daro, com várias dezenas de milhares de habitantes, atestam a existência de uma civilização cuja organização, natureza do poder e valores continuam a ser tão enigmáticos como sua escrita. O comércio a longa distância teve uma parte importante no seu desenvolvimento. Os harapianos importaram cobre, estanho, prata, lápis-lazúli, turquesas, jade, amazonitas e outros materiais. A procura de um acesso aos recursos minerais explica provavelmente a grande extensão desta civilização; é evidente no caso da colônia harapiana de Shortugaï. Fundada em 2.200 a.C. cobrindo mais de 1.500km do vale Indus, assegurava o abastecimento das metrópoles harapiana em lápis-lazúli do elevado Kokcha (nordeste do Afeganistão); é provável no caso de Lothal (província de Gujerat), onde, perto de uma zona de armazéns, uma grande bacia retangular poderia ter servido de modelo das embarcações de comércio. Do mesmo modo podem ser interpretados como portos harapianos os sítios das antigas margens do mar do Omã, como Sutkagen Dor, Sotka-Koh e Bala-Kot; a fundação destes postos avançados respondia a uma estratégia harapiana de trocas e comércio com os países do oeste. Com o Oriente os arquivos sumerianos da época de Sargão de Akkad (para 2.350) mencionam a existência de relações comerciais com os países orientais de Dilmun (sobre a costa árabe do golfo Pérsico, hoje no Catar), de Makkan (península de Omã e Carmania, perto do estreito de Ormuz) e o vale do Indus. Selos de confecção ou de inspiração harapianas, encontrados sobre sítios do Médio Oriente, jóias sumerianas descobertas em Mohenjo-Daro testemunham igualmente estas relações de comércio entre Sumer e o Indus. Estas correntes comerciais leste-oeste recentemente têm sido confirmadas por novas descobertas; assim, sobre o sítio do Ras al-Djunayz (em Omã), uma equipe franco-italiana exumou objetos harapianos (cerâmicas pintadas, pente de marfim, selo de cobre e uma ostraca com quatro sinais da escrita indus) que atestam a existência de relações marítimas entre a civilização harapiana e a de Dilmun. Os harapianos, como testemunham duas representações, uma sobre selo, outra uma marca sobre a argila, sabiam construir embarcações, que utilizavam para a navegação fluvial e marítima.

Irã: Nome atual da Pérsia

Iram: V. *Ubaid* — "Não vistes como o teu Senhor agiu com 'Ad? Da cidade de Iram as colunas notáveis, das quais nunca similar foram construídas entre as cidades?" (Surah al-Fajr: 6-8).

Isis: Deusa egípcia que personifica todas as virtudes da esposa e da mãe. Após ter recolhido o corpo desmembrado por Seth do seu irmão e marido Osíris, ela se tornou protetora das mortes.

isra'iliyyat: Análise judaico-cristã na exegese corânica.

"It' amra do país de Sabah": Um rei de Sabah citado pelos documentos assírios.

Jahiliya: ([jâhilîya], (ignorância, paganismo) designa no Corão o período pré-islâmico caracterizado pela presença de um panteon de ídolos em Mecca, e em toda a Arábia, antes da conversão.

Jambiya (janbiyya): Esta adaga é o principal elemento de ornamento do homem iemenita, e o formato da luva indica em geral o grau social de quem a usa. Quando esta luva é muito dobrada parecendo um J, sabe-se que se trata de um homem de tribo, guerreiro, e neste caso a adaga é usada bem na frente. Quando a luva é apenas ligeiramente arqueada, o homem que a usa pertence ao status social dos *sayyid* e dos *cadis* e neste caso o punhal é usado sobre o lado, como indica seu nome (*janb* significa em árabe o lado). Esta adaga é usada a partir da puberdade como símbolo de virilidade. No caso de condenação pode ser retirada do que cometeu uma falta, mas vêem-se também homens a delegarem espontaneamente e entregar a sua arma a um interlocutor como boa fé. A fabricação de uma jambiya se compõe essencialmente de uma manga, da lâmina e da luva que cobre esta última. As mangas têm quase sempre a mesma forma, e as mais dispendiosas são de chifre de rinocerontes ou marfim, para as menos caras, em chifre de vaca, em madeira, até mesmo em plástico. As mangas de melhor qualidade são com freqüência incrustadas de ouro e/ou de prata. As lâminas quando são feitas em aço forjado são lustradas à mão durante muitas horas. A qualidade das lâminas varia muito de uma para outra e os iemenitas reconhecem uma boa lâmina por sua sonoridade. Os centros de fabrico mais conhecidos se situam no Hadramawt e em Sana'a.

Jawf (ou Djawf): Vasta depressão tectônica situada a uma centena de quilômetros a nordeste de Sana'a. O *wadi* Madhâb, ligado pelos *wadis* Khârid e Majzir, forma o *wadi* Jawf que se escoa para o leste-sudeste em direção do vale do Hadramawt. É nesta região que apareceram diversos pequenos reinos entre os quais o de Ma'in e o de Nashshân.

Josefo, Yûsuf As'ar Yath'ar: Rei judeu himiarita que se lançou numa política antiabissínica, e antibizantina, que acabou se traduzindo como anticristã. Josefo logo tomou Najrân e tentou converter à força os notáveis locais ao judaísmo, provocando o martírio. V. *Najrân*, *mártires*.

Judeus na Arábia do Sul: Havia judeus entre os habitantes da Arábia do Sul, que teriam vindo com os romanos na expedição de Aelius Gallus, e que permaneceram no país após sua derrota. A população judaica não cessou de aumentar ali, por contribuição de comerciantes ou exilados da Judéia, sobretudo após a destruição do II Templo de Jerusalém, e a repressão da revolta de Bar Kokhba pelos romanos. Nessa época tudo leva a crer que já havia cerca de cem mil judeus na Arábia meridional. A população judaica continuou a crescer também graças a uma imigração que veio da Babilônia e às conversões de chefes locais e suas tribos. Estas tinham lugar menos por afinidade que para opôr-se a uma cristandade de conquista que vinha da Abissínia e Najrân. A população culminou com 300 mil almas no reino de Himiar no início do século VI. A queda deste reino em 525 provocada pelos etíopes cristãos e a conquista árabe trazendo o Islã anunciam um lento declínio, embora os judeus não tenham sido massacrados. Poderosos no tempo do reino himiarita, os judeus tiveram problemas a partir do século X, após a conversão do Iêmen à fé xiita "zaydita". Passaram a não poder possuir terras, se acantonaram na agricultura e no artesanato, tendo se tornado principalmente exímios joalheiros, tecelões e escribas, ou ainda vendedores. Embora isolada, a comunidade judaica iemenita durou graças aos contatos que mantiveram com o Cairo e Bagdá. A comunidade mais favorecida no entanto era a da costa de Aden, do Bahrein, e do norte do Iêmen graças ao grande comércio e relações mais fáceis com as outras comunidades.

Jujubeira (Ziziphus spina-christi L), em árabe *sidr*: Pertencendo à família das Ramnáceas, é uma árvore perene, provavelmente de origem sudanesa. Ela cresce na Arábia, e em todos os vales e terras baixas, principalmente nos *wadi*, tem necessidade de calor e de sol, em contrapartida, se adapta em qualquer tipo de solo e à seca. É muito comum na península arábica e no Oriente Médio, tudo levando a comprovar que a árvore foi usada no Egito desde os tempos faraônicos tanto na carpintaria, como na alimentação e na medicina. Até o início do século XX ela foi muito usada em certas regiões para fazer pão. As diversas espécies de jujubeiras são freqüentemente mencionadas tanto na tradição cristã como na muçulmana, e lembradas pelos peregrinos que visitaram ou visitam a Terra Santa. Sendo uma planta de polinização cruzada com grande variabilidade genética na natureza, sua propagação vegetativa assume importância para o melhoramento genético. Pode atingir 8m de altura e a sua forma geral é arredondada. Seu tronco pode ser mais ou menos tortuoso, mas são, sobretudo, os seus ramos jovens e flexíveis que são específicos. No início do verão suas flores desabrocham progressivamente partindo da parte inferior do ramo. Amareladas e de dimensão minúscula, elas libertam um agradável odor de mel. Seus frutos chamados jujubas, da dimensão de uma azeitona, na maturidade se tornam castanho-avermelhados. Seu gosto é agradável e açucarado e sua consistência bastante firme. Podem ser consumidos frescos, secos, em compota e como balas.

Julia Domna: De origem síria, filha de Bassano, Julia Domna foi a segunda mulher de Septimo Severo, mãe de Caracala e de Geta, tia de Eliogábalo, considerada por sua inteligência, cultura, tenacidade e forte personalidade. Presidiu o *Consilium Principis*, recebeu os títulos de Pia e Felix até então reservados aos imperadores, e dirigiu toda a política interna do império, enquanto Caracala se ocupara do Exército e realizava numerosas proezas militares.

Kâdhî: A flor de Kewra, *Pandanus amaryllifolius Roxb.*

Kalachnikov: Metralhadora Kalachnikov, mais conhecida por suas iniciais PK, que é uma metralhadora soviética adotada em 1961. Como indica sua designação oficial, ela explora o mecanismo do célebre fuzil de assalto AK-47 adaptado a uma munição mais poderosa. Foi adotada rapidamente pelos exércitos do pacto de Varsóvia e mundialmente difundida.

Kaleb Ella Asbeha: Rei cristão da Abissínia, que triunfou sobre os himiaritas judeus, e fez com que durante cerca de 40 anos o cristianismo se tornasse a religião oficial de Himiar.

Kakâm: É o *kagamon* ou o *cancmun* dos autores greco-romanos, que "vem dos confins do país da cássia (ver *salîkhat*) e da canela" (Plínio XII, 98). Ele o descreve como a lágrima da árvore da Arábia, bastante similar à mirra, mas venenoso. Os sábios árabes da época clássica davam à *kakâm* duas definições divergentes. Para uns seria a árvore que produzia a resina denominada *darw*, para outros seria a própria resina que tinha este nome.

Karib'il Watâr: Governante de Sabah século V a.C., fez grandes conquistas e tomou o título enigmático de *mkrb* (mukarrib).

Kessel, Joseph: Foi em 1931 que Kessel empreendeu a redação do que deveria ser uma das suas mais bonitas novelas. A idéia de *Fortune carrée/Fortuna quadrada* lhe veio sobre o planalto vulcânico de Sana'a vendo o *Moscovia* caracolar sobre o estalão do imã do Iêmen. Esta história viril põe em cena dois homens violentos e sem laços: Hakimoff e Henri de

Monfreid, num quadro espantoso em beleza: o Iêmen, o mar Vermelho, a Etiópia-Somália. Um relato fulgurante que se inspira junto à vida do grande viajante que foi Kessel e dos seus encontros com fabulosos personagens como Monfreid, o sargento Hussein ou ainda Gouri, o assassino de braceletes de pele humana. Um romance de aventuras épico e verdadeiro.

Khareef: Monção de sudeste que sopra em Al-Mahra no Iêmen e no Dhofar no Sultanato de Omã, do meio de agosto ao final de setembro.

Khonsou ou Khonsu: Deus lunar, filho de Amon e de Mout, representado sob os traços de um homem.

Khubz ou *khobz*: Pão de uso diário imprescindível, o nome é mais aplicado para o pão redondo achatado assado no forno *tannûr*.

Khudab: Preparado escuro usado para ornar a pele dos braços, antebraços e tornozelos, considerado por alguns como mais aprimorado do que a hena. Segundo Chelhod,[181] a palavra khudab, que significa simplesmente tintura, foi identificada pelo Museum d'Histoire Naturelle de Paris como manganês psilomelano.

Kinda: A história de Kinda, poderosa tribo árabe seminômade, é iniciada no início do século III, quando um soberano sabeano toma Qaryat (hoje Qaryat al-Fawl, sua capital no deserto a 280km de Najrân). Desde logo Kinda proveu com tropas auxiliares primeiro os sabeanos e depois os himiaritas. Sua hora de glória foi no século V, quando o rei himiarita Hassân estendeu sua dominação sobre a Arábia central e nomeou como rei dali o himiarita Hujr, assinalado como aquele que se alimentava de ervas amargas. O reino de Kinda prefigura de certo modo a independência árabe que realizará o primeiro estado islâmico. Uma inscrição himiarita confirma que Abîkarib A'sad e Hassân Yuha'min estenderam seu poder nos anos 430/440, porém elas não mencionam o

[181] Chelhod, Joseph e um grupo de autores: *L'Arabie du Sud, Histoire et civilization*, 3 vol., Maison neuve & Larose, Paris, 1984.

rei Hujr. A tradição, no entanto, apóia que o filho deste teria perdido o poder, mas que seu neto al-Hârit restabeleceu a situação, chegando mesmo a dominar o reino árabe de Lakhmi hoje no baixo Iraque. O célebre poeta Imru al-Qays seria neto ou filho deste al-Hârit. A tradição conservou a lembrança desses laços com a cidade de Dammûm, vizinha da moderna al-Kajarayn, no Hadramawt. O judaísmo foi mais bem implantado em Kinda do que o cristianismo. A tribo forneceu tropas para o rei judeu Josefo quando do martírio dos cristãos de Najrân em 523; mas ele igualmente participou da grande expedição do cristão abissínio Abraha na Arábia Central.

Kush ou *Cush*: Nome que os egípcios davam aos territórios compreendidos entre a primeira e a terceira catarata e que conhecemos sob o nome de Núbia.

Laban: Leite cremoso, quase um queijo branco.

Lâdan: O láudano, isto é, o lâdan dos árabes, sendo que no árabe clássico aparece sob a forma de *lâdan/lâdhan/lâdhun,* é conhecido dos autores greco-romanos sob o nome de *ladanon* e *ladanum*. Como a mirra e o incenso é um dos produtos que glorificam a Arábia. Trata-se de uma goma produzida pelas folhas de um grande número de cistos, principalmente o *Cistus ladaniferus*. Recolhe-se a goma por imersão dos ramos folhudos na água quente carbonatada. Desta goma, se extrai o resinóide *labdanum* com a ajuda do etanol. A essência obtida entra na composição dos perfumes que pertencem às famílias dos chipres e ambarinos, como nota de fundo. A melhor qualidade desta resina recolhida principalmente no noroeste da Arábia, pelos nabateus, e em Chipre, valia cerca de 40*as* a libra. Isto é, 24g de prata trabalhada como moeda (Plínio, *Hist. nat.* XII 73-75). Pode também ser utilizado na medicina, graças às suas propriedades hemostática, cicatrizante e anti-rugas.

Labîb: (ar.) Colar. Principalmente os bens trabalhados de filigranas usados nos casamentos e cerimônias.

Le'ba: Uma dança mais frívola que a Ba'ra, dança-se a dois, porém homens e mulheres separados, segurando as mãos. Trata-se freqüentemente mais de um jogo do que de uma dança cerimonial. Alguns funduqs propõe aos turistas que à noite dancem a *Le'ba*.

lûban, Al- lûban: Olíbano. Geralmente identifica-se o *libnay* com o incenso no senso lato da palavra (árabe: *lubân*; grego: *libanos, libanôtos*, latim ou *linanus/libanum/ olibanum*; francês antigo *oliban*), uma resina recolhida em diversas variedades de árvores que os botânicos chamam de *Boswellia*, principalmente a *Boswellia sacra.* Esta árvore é bastante rara; e não cresce a não ser no sul da Arábia, no Hadramawt, no Mahra, e no Zafar (Dhofar), na ilha iemenita de Socotorá e no Chifre da África. Entre as variedades da *Boswellia*, a mais conhecida do Iêmen é *a boswellia sacra* de Flückiger, 1867, mas existem muitas outras; na ilha de Socotorá, por exemplo, existem a *boswellia Socotorána*, a *boswellia ameero*, a *alongata*, a *nana* e a *popoviana*. No linguajar iemenita a árvore de incenso ou incenseiro é chamada de *mughur* ou *muqur.* As regiões onde as incenseiras podem ser encontradas se estendem de Habban a oeste ao Zafâr a leste. Na Antiguidade o incenso era uma mercadoria de múltiplos usos, nos cultos, nos ritos funerários, na perfumaria e na farmacopéia; era também consumido como condimento ou como goma de mascar. Os romanos compravam grandes quantidades por um preço comparativamente elevado, e entrava como uma cifra notável no déficit do comércio exterior deles que Plínio avalia em cem milhões de sestércios por ano, ou seja, 25 milhões de denários ou 85 toneladas de dinheiro amoedado (Plínio XII, 84). Este autor ainda cita que os sudarábicos faziam duas coletas de incenso por ano, a primeira no outono e a segunda na primavera, e que as resinas recolhidas eram conhecidas como *caphiate* e *dathiate*, que se reconhece pelo sufixo árabe *kharif* — outono, e *datha* — primavera, os dois únicos termos árabes transmitidos pela literatura grega e latina. Alguns textos indicam o preço que outros pagavam pelo incenso na Antiguidade. Uma inscrição grega do século III antes da era cristã dá dois números: 1 dracma e 4 óbolos para um quarto de mina, e 2 dracmas e 4 óbolos para meia mina. Convertidas em nossas medidas, estes números correspondem a 48 e 38g de dinheiro prata amoedado para um quilo de incenso. Os romanos pagavam 6 denários a libra. Então, 62g de dinheiro amoedado por quilo. Estes preços eram elevados sem serem proibitivos: um legionário romano podia oferecer 500g de incenso com o seu soldo mensal, e um trabalhador manual no século seguinte tinha meios de adquirir um quilo e meio por mês.

Lihianitas: Habitantes de Dedan (Al' Ula).

Línguas atuais do Iêmen: Além do árabe, *mehri*, *hobyot, harsusi, bathari, jibbali, soqotri*.

Loureiro indiano: Lauro nobilis. V. *warq al-ghar.*

Lustral: Este nome significa "que purifica". Trata-se, por conseguinte, da água utilizada para ritos de purificação.

Ma'adkarib: Mukarib, federador, responsável pela federação.

Ma'ân: Cidade nabatéia que substituiu Pétra, quando de sua queda, como apoio às caravanas.

Maât: Deusa egípcia da verdade e da justiça, cujo nome era sinônimo da ordem universal; regulava as estações, os movimentos dos astros e as relações entre os homens; o seu nome era invocado quando dos julgamentos dos tribunais civis e do além.

Maât Ka Rê: Outro nome de Hatchepsut.

Mabhara pl. mubhar: Incensadeira, recipiente para queimar incenso.

Machgurê: Buquê de flores que as mulheres iemenitas usam no pescoço por baixo do véu para se perfumarem.

Madhâbiano: Língua que tira o seu nome do *wadi* Madhâb, curso de água do vale do Jawf ao longo do qual se repartiam as populações que a utilizavam.

Ma'în: Reino situado no vale médio do Jawf (*Djawf*) que apareceu no início do VII século a.C. e desapareceu no início da era cristã. As suas duas cidades Qarnaw (Ma'în) e Yathill (atual Barâqish) se consagraram principalmente ao comércio caravaneiro.

Macoraba: nome dado a Mecca por Ptolomeu.

Madeira de ágar ou madeira de aloés: V. *Aquilaria agallocha*.

Madian: De acordo com Flavio Josefo, o país de Madian encontrava-se sobre a margem do mar Vermelho, e é igualmente chamado país dos trogloditas. Sua capital também tinha o nome de Madian. Teria sido fundada (?) por um dos filhos de Abrão com sua última esposa: Chétura. Era lá que habitava Raguël também chamado de Jéthro, que tinha sete filhas e possuía um rebanho de cabras e de ovelhas.

Magan: Nome de antigo entreposto, que comerciava com Dilmun, Meluhha e a Mesopotâmia, era localizado no atual Omã.

Magyal: Instituição característica da cultura citadina masculina de Sana'a, o *Maqyal* designa a sessão que se desenrola habitualmente todas as tardes no curso da qual os homem mastigam o *qât*.

Mahaleb: Conhecida às vezes como cerejeira de Santa Lúcia (*Prunus mahaleb L.*) é uma pequena árvore de família das rosáceas do tipo *prunus*, aparentada da cerejeira pela sua madeira, mas cujos frutos, negros quando maduros, são muito menores e mais ácidos que as cerejas. Suas flores brancas são muito perfumadas. De sua noz ou caroço é extraído um óleo muito usado para o cuidado com os cabelos. Há muitas formas alternativas de e pronunciar o nome árabe desta fruta em letras latinas seria: *mahlab*, *mahalab*, *mahleb* ou *mahaleb*. Em turco é chamada *mahlep* ou *mahalep*. Seu nome grego também é traduzido em letras latinas de várias formas: *mahlepi*, *machlepi* ou *makhlepi*. A cereja *mahaleb* cresce abundantemente na Ásia Ocidental, e também pode ser encontrada na Europa Oriental ou Central, mas prefere sempre um clima seco e quente. Seu uso culinário, no entanto, é restrito à parte sul da Europa (Grécia e

Armênia), à Ásia Ocidental (Turquia, Líbano, Síria, Palestina, Jordânia e Israel), ao Iêmen e a outros países da Arábia. Do caroço desta cereja também é extraído um pó seco para limpeza e condicionamento dos cabelos.

Mahra, Al-Mahra: No Iêmen, a parte mais a leste que faz fronteira com o Dhofar omanense, ao norte com o *Rub-al-Khali,* a oeste com o Hadramawt, e ao sul com o mar da Arábia. Sua capital é *Al-Ghaidha*.

Makân garbî: Na casa iemenita, o principal quarto de dormir, geralmente do casal.

Makhmukh: Véu negro que dissimula o rosto das mulheres.

Malika: Rainha.

Malika Arwa e *Malika Urwa*: Foram verdadeiros chefes de Estado. Nas mesquitas do país, a *khotba*, prece, era dita no seu nome. Nenhuma outra mulher árabe teve esta honra, em nenhum outro país árabe após o advento do Islã. Estas duas rainhas levavam o título real: "as Sayida al Hurra", ou seja, a "Senhora livre" ou "nobre senhora livre independente".

Malika Asma Bint Chihab ás Sulayhiya: (morta em 1087) Reteve a atenção dos historiadores porque assistia ao Conselho com o rosto descoberto.

Manât: Entre os árabes pré-islâmicos do deserto, a deusa do destino.

Marâshî: Extensões inundáveis, encontradas no Jawf iemenita onde a erva cresce em abundância.

Mar da Eritréia: Bacia que engloba do atual mar Vermelho ao atual Arábico ou mar de Omã e regiões próximas do oceano Índico.

Marag Lahm: Sopa de carne.

Ma'rib: O nome da capital do reino de Saba' era Maryab (Mryb); mas por volta do fim do século I, passou a ser chamada de Ma'rib (Mrb). Ma'rib é hoje uma pequena cidade sobre o curso médio do *wadi* Dhana.

Mariette, Auguste (1821-1881): Estudioso francês de egiptologia, que prestou imensos serviços à arqueologia com seus trabalhos realizados neste país. Foi o primeiro diretor do Museu Egípcio do Cairo.

Mashrabiyah ou musharabiah: Muxarabis, gelosias, aberturas em forma de balcões que servem para ventilar as construções.

Massarat: Echarpes, ou lenços usados pelas mulheres.

Medina (Yatrib): Cidade nas proximidades de Mecca, estreitamente ligada às pregações de Mohamed. Hoje um dos mais importantes santuários islâmicos. Medina, substantivo comum, quer dizer cidade antiga.

Mecca ou Makka: a *Macoraba* de Ptolomeu. Cidade santa do Islã. Seu maior santuário.

Megaleion: Ungüento legendário, existente na Grécia, utilizado no tratamento de ferimentos e inflamações, que continha resina queimada, cássia, canela e mirra. Foi criado pelo perfumista grego Megallos, o perfume chamado *megaleion*, que inclui em sua fórmula mirra, e tendo uma base gordurosa de óleo servia para diversos usos por seu aroma e suas propriedades antiinflamatórias para a pele.

Meluhha: Cidade harapiana do vale do Indus, que fez grande comércio de trocas com Dilmun.

Mentouhotep III: Faraó que reinou em 1950 a.C., isto é, no século XX a.C., e que teria enviado um oficial de nome de Hennu ao País do Ponto.

Meroé: Cidade do Sudão sobre o Nilo, antigamente capital do reino do Cush, ao norte da Núbia. Desapareceu sob o poder do reino de Axum, no século IV da era atual. Tem vestígios arqueológicos de grande interesse e peças de joalheria refinada em museus.

Mesopotâmia: Planície fértil do Oriente Médio, marginada pelos rios Tigre e Eufrates, correspondendo em parte ao Iraque atual.

Miafisita: Adepto do monofisismo. V. *monofisismo*.

Mirra: Óleo-resina recolhido do tronco das pequenas árvores de Commiphora: *Commiphora myrrha* ou basalmeiro, *Commiphora molmol*. A árvore é da família das Burseráceas originária do Chifre da África (margens mar Vermelho) e do Dhofar arábico.

Miswak ou *Siwak*: É uma varinha cor de canela que mede uma palma mais ou menos e a grossura de um dedo, no Oriente, utilizada desde tempos muito recuados, para o cuidado dos dentes e para a higiene oral. Melhor Siwak é o que é feito a partir da árvore Arak (*Salvadora pérsica*).

Mohkbazat Sayd: Peixe (samak), geralmente dourada real, assado no forno tannûr, servido com uma salada fresca de tomates e ervas. O peixe dourada (samak), aberto pelo seu meio e cozido no forno *tannûr,* com seu acompanhamento é uma especialidade da Tihâma, mas é comido por toda a parte e sempre fresco, sobretudo em Sana'a.

Monofisismo: Nome coletivo dado às doutrinas cristãs diferentemente formuladas, mas cujo caráter comum é não admitir realmente na pessoa Cristo mais do que uma só natureza, onde o elemento divino penetra, efetivamente domina, ou absorve o elemento humano. Este nome foi dado a estas doutrinas pelos seus adversários. Os seus partidários chamavam-se a eles mesmos ortodoxia, e, por vingança, chamavam seus contraditores de diofisitas, ou difisitas.V. *miafisita*.

Moka, Al- (Al-Moka ou Mocha): Porto iemenita, nas margens do mar Vermelho, entre Aden e Hodeida, que introduziu o café no Ocidente, dando seu nome ao café. Seu apogeu foi nos séculos XVII e XVIII, época em que o comércio do café era uma atividade florescente para o Iêmen.

Maqsama: Na Sana'a intramuros, é o jardim público de hortaliças, que têm uma função ligada à manutenção da mesa popular comunitária vinculada às mesquitas.

Moringa: É uma árvore de 5-10m de altura, pouco ramificada, de casca lisa acinzentada acastanhada, cujo tronco mostra sua idade como um tronco de baobá. É o único tipo da família das *Moringaceæ*. Este tipo compreende 13 espécies de árvores que crescem sob clima tropical ou subtropical. O nome moringa vem da palavra tamil *murungai,* sendo que a espécie mais popular é a *Moringa hulhífera* (hulhífera) também conhecida como *Moringa pterygosperma* Gartn. Árvore de multiusos originária da Índia, cultivada sob os trópicos ou freqüentemente em áreas de clima árido, é chamada apenas de "Moringa". A espécie africana, a *Moringa stenopetala,* também é largamente cultivada embora menos que a anterior. Desde o antigo Egito a *Moringa pterygosperma* ou *hulhífera* tem principalmente uso terapêutico e como emoliente. Suas sementes contêm um óleo claro que não se torna rançoso nem congela quando frio, utilizado como óleo de mesa assim como para lubrificar pequenos mecanismos como relógios, e para tratamentos de beleza. Este mesmo óleo serve também para friccionar contra as dores do reumatismo ou contra a gota. As flores podem ser empregadas contra a asma. A raiz comestível tem gosto forte e um importante poder rubefaciente e, por conseguinte, deve ser utilizada com precaução, pois elas contêm antibióticos. As cascas têm dois alcalóides em muito pequena quantidade e são utilizadas em Madagascar contra a epilepsia, a histeria e a paralisia. As propriedades antibióticas da moringa são também excelentes para desinfetar a água.

Mouallakat: São os sete poemas que eram apresentados sobre os muros da Ka'ba (Caaba) antes do Islã.

Muhafazah, no singular, *muhafazah* no plural: Regiões ou governoratos do Iêmen. Atualmente são 19: Abyan, Aden, Al-bayda', Ad-dali', Al-hudaydah, Al-jawf, Al-mahrah, Al-mahwit, 'Amran, Dhamar, Hadramaout, Hajjah, Ibb, Lahij, Ma'rib, Sa'dah, Sana'a, Shabwah, Ta'izz.

Muhammad ibn Abdallah: Nome completo de Mohamed.

Mukarrib (mkrb): Federador, coordenador de tribos. Cargo típico da Arábia do Sul, que depois se transformou em rei.

Murouwa: Código árabe da virtude, bravura, paciência, lealdade, hospitalidade, generosidade com os pobres, proteção aos fracos, fidelidade, centrados no conceito de honra. Trata-se de uma espécie de "humanismo tribal" em que o homem, integrado fortemente no seu grupo, aparece limitado apenas às vicissitudes do destino (*dahr*) cego (não visual).

Nabateus: Povo árabe que estabeleceu um vasto reino, do século II a.C. ao início século II da era atual, entre Damasco e o mar Vermelho, entre o Sinai e a estepe arabo-síria. Sua capital foi Pétra. Anexado em 106 ao império romano, a "Arábia Pétrea" permaneceu ainda, mais de dois séculos, uma zona de civilização muito original. Os sucessores de Alexandre Magno tinham descoberto os nabateus em cerca de 300 a.C. Ainda nômades, já eram espantosamente ricos, graças às suas caravanas, que de parceria com os sudarábicos, em certo percurso e período, encaminhavam através da península arábica o incenso da "Arábia feliz" (o Iêmen) e as especiarias importadas de Índia. Esta especialização lucrativa permitiu, no século I depois de Cristo, o apogeu das três cidades principais: Pétra (hoje na Jordânia), Hégra (no noroeste da Arábia Saudita) e Bosra (no sul da atual Síria).

Nabonides (556-539 a.C.): Último rei babilônio.

Najrân: A antiga Najrân iemenita hoje é uma província da Arábia Saudita localizada no sul do país, na borda do Iêmen. Tem uma área de 119.000 km^2 e uma população aproximada de 367.700 (1999), sendo que sua capital tem o mesmo nome. Há mais de cem anos, a capital é povoada pela forte e brava tribo dos Yam, a qual o rei Abdulaziz, fundador da Arábia Saudita, na época teve dificuldades de manter sob controle. O oásis do mesmo nome, isto é, de Najrân, foi habitado durante 4.000 anos, e era uma parada obrigatória da Rota do Incenso, tendo tido seu apogeu durante os séculos I e II a.C. Mais tarde, porém, passou a ser inteiramente habitado por himiaritas cristãos. Nos tempos antigos a cidade era conhecida como Al-Ukhdood. V. *Najrân*, os mártires. V. *Josefo* (Yûsuf As'ar Yath'ar) rei himiarita.

Najrân, os mártires de: No meio do século VI, um príncipe judeu radical, Josefo (Yûsuf As'ar Yath'ar) se lançou numa política antiabissínica e antibizantina, que se traduzia como anticristã. Josefo logo tomou Najrân e tentou converter os notáveis locais ao judaísmo. Não tendo conseguido seu intento os condenou à morte, e entre eles Arethas, a figura mais importante do cristianismo himiarita local. O número de mártires, segundo algumas fontes, foi de algumas centenas de cristãos. No mesmo ano os cristãos também foram perseguidos no Hadramawt.

Naos: Lugar situado no santo dos santos dos templos, onde era encerrada a estátua de culto. Só os rei e os padres mandatados, isto é, que tiveram mandatos delegados por ele, podiam abrir para fazer o culto aos deuses. No Ocidente, o nome passou a designar a parte central das catedrais.

Naqsh: Sulfato de manganês usado no norte do Iêmen para fazer desenhos nas mãos e nos pés.

Nashshân: Este reino dominou durante muito tempo o vale do Jawf. As-Sawdâ, sua capital, pelo menos a partir do século V a.C. possui importantes construções entre as quais um santuário extramuros dedicado à Athtar. Esta construção, escavada por uma missão francesa em 1988-1989, mostra uma extraordinária decoração entalhada com motivos animalistas e vegetais, única na Arábia do Sul. No meio do século V a.C., Nashshân e duas outras cidades-estado vizinhas, Haram e Kaminahû, foram destruídas pelos sabeanos.

Nasrani: Nazarena ou cristã.

Natron: Carbonato de sódio desidratado usado na mumificação para conservar o corpo.

Nebayot (nabateus, em acadiano nabayat): V. *nabateus*.

Neferu-Sobek: Filha de Amenhemat III e irmã de Amenhemat IV, Neferu Sobek acedeu resumidamente ao trono do Egito entre estes dois reinos no fim de um brilhante período que encerra a XII dinastia.

Nehsi: Oficial que dirigiu a expedição ao País do Ponto enviada pela rainha-faraó Hatchepsut por volta de 1493 antes de Cristo.

Neolítico: É o período mais recente da idade de pedra, o da pedra polida, estende-se de 10 mil para 3 mil a.C. O termo neolítico, conservado na literatura científica, é posto sistematicamente entre aspas quando se refere ao Iêmen, e a península arábica em geral, por não existir quase nenhum dado socioeconômico que justifique tal denominação. O neolítico de fato é caracterizado pelo controle da agricultura e/ou da criação (economia de produção), a maior parte do tempo num contexto sedentário e caracterizado por indústrias líticas específicas (acabamento bifacial por pressão, tipologia precisa de reforços de flechas). Apesar dos indícios para uma caracterização neolítica no Iêmen (sobretudo por analogias tipológicas das indústrias líticas com outras regiões do mundo), não existe nenhuma prova de um controle da natureza, nem de uma sedentarização nos sítios ditos neolíticos. Na espera de novas investigações paleoambientais e antropológicas nos contextos estratificados, convém não chamar mais de "neolítico" este tipo de ocupações arqueológicas, mas antes aplicar a nomenclatura geológica, momentaneamente mais segura, empregando os termos holóceno antigo e médio (10.000 4.000 a.C.). Novas prospecções na planície do Tihâma têm sido levadas recentemente, em relação com as investigações efetuadas nas zonas de média altitude e as Terras Altas do oeste do país, a fim de clarificar as variabilidades e as continuidades culturais inter e intra-regionais. Graças a um método de prospecção sistemático, o Tihamah Coastal Project estabeleceu modelos preliminares que dão conta das interações homem/paisagem à escala micro e macro-regionais. As prospecções foram efetuadas entre dois sistemas de *wadi*, o do Zabid e o da Rima', e entre a costa e os contrafortes montanhosos, a fim de definir a diversidade dos terrenos explorados durante o período pré-histórico. Este trabalho tem também por objetivo determinar a tafonomia (processos de degradação) dos sítios, em paralelo ao paleoambiente regional.

Nerval, Gerard (Gerard Labrunic): Escritor francês romântico (1808-1855). Em 23 de dezembro de 1842, Nerval deixou Paris para um périplo de um ano no Oriente que o conduziu sucessivamente para o Egito, o Levante e a

Turquia. Desta estada e viagem empreendida na tradição romântica, o poeta trouxe uma obra intitulada *Voyage en Orient (Viagem no Oriente)*. Contudo, foi em uma outra viagem que inaugurou em 1840 — sua "vita nuova" — e realizou a experiência descrita em 1854, em sua obra *Aurélia*, alguns meses antes da sua trágica morte. Tratou-se desta vez do Oriente no sentido metafísico do termo, que os gnósticos identificam no Iêmen. Dispõe-se infelizmente apenas de um só termo para designar o Oriente geográfico e o "pólo interior de nós" que é o Oriente simbólico.

Nestoriano: Nome originado de Nestorius, bispo de Constantinopla (moderna Istambul) de 428 a 431, os nestorianos formaram uma seita cristã que acreditava que Jesus Cristo incorporava duas naturezas diversas, uma mortal e uma divina. Isto deu lugar a uma heresia, chamada 'Monofisistas' e Nestorius foi expulso da Igreja em 433, porém seus ensinamentos tornaram-se populares, particularmente no Oriente, e a cristandade nestoriana tornou-se, juntamente com o zoroastrismo, uma segunda, semi-oficial religião dos sassânidas, se expandindo por toda parte no caminho da Índia e China. A cristandade nestoriana expandiu-se para os Emiratos no meio do século IV, talvez trazida por um monge denominado Jonah que estabeleceu um mosteiro nas margens da "Ilha negra", possivelmente identificável com o estabelecimento nestoriano escavado na ilha de Sir Bani Yas no Abu Dhabi. Bispos de Bet Mazunaye, como eram chamados os Emiratos e Omã, participaram dos sínodos da igreja Nestoriana na Mesopotâmia entre os séculos V e VII.

Nitocris (ou Nitokris): É o suposto nome grego de Menka Rê, a primeira faraona que deixou vestígios na história do Egito antigo.[182] Fez parte da VI dinastia e viveu ao redor de 2180 a.C. Certos egiptólogos vêem nela Neith, uma das mulheres do faraó Pépi I. Teria sucedido ao seu cônjuge assassinado, Merenrê-Nemtyemsf, Mérenrê II, e teria reinado durante

182 Provavelmente houve anteriormente outras, como talvez, a partir da I dinastia, Mérit-Neith.

seis a 12 anos. Numerosas lendas correm sobre esta mulher misteriosa, sobretudo porque o seu reino marcou o fim (arbitrário) do Antigo Império. Com efeito, é pouco provável que Nitocris seja diretamente implicada na queda do Antigo Império, sendo necessário antes procurar as razões desta degradação no longo reino de Pépi II, que esgotou o país e causou graves estragos. Entre as lendas, podem ser citadas: 1. Ela teria provocado na sua morte os assassinos de seu cônjuge, os afogando após um magnífico banquete ao qual eram convidados, se suicidando em seguida. 2. Teria sido a criadora da menor pirâmide, atribuída a Mykérinos. No entanto, não é impossível que tenha mandado que ela fosse restaurada. Manethon fala dela em termos particularmente elogiosos: "Houve uma mulher, Nitocris, que reinou; era mais corajosa que todos os homens do seu tempo, e era mais bonita do que todas as mulheres; ela teria o aspecto de uma loura de faces rosadas";[183] segundo a lista real de Abydos, foi Netjerkarê que a sucedeu.[184]

Núbia: A antiga Núbia era perfeitamente conhecida dos autores ocidentais antigos. Os gregos chamavam este país situado no sul do Egito — sem dar detalhes mais precisos — a "Etiópia", ou seja, o país dos "rostos queimados". Hoje se dá o nome de Núbia para a parte do Alto Egito, em que se situa a represa de Assuan. A ela se seguem o Sudão e depois a Etiópia, que engloba a Abissínia.

Oboda: V. *Avdat*.

Obsidiana: Lava verde-escuro ou negra assemelhada ao vidro, utilizada para o fabrico de jóias, amuletos ou olhos de estátuas.

Olíbano: Também conhecido como *libnay (em sudarábico)*, *lîban* ou *lûban*, é a resina da *Boswellia sacra*, árvore nativa do Dhofar sudarábico. Sua árvore é conhecida popularmente como incenseira. Os assírios o cha-

[183] Alusão ao porte de uma peruca de cabelos louros como o faziam certas mulheres de sangue real.

[184] Citado por Christiane Desroches Noblecourt in *La femme au temps des pharaons*, éd. Stock 1986.

mavam de *lubbunîtum*, ou então *labanâtu*, os gregos de libanos; foi a poetisa Sapho que menciona pela primeira vez o olíbano, a mirra, a canela e o açafrão. Tanto a arqueologia como a literatura citam que esta resina sudarábica teria chegado ao Oriente Médio pelo menos no século VII a.C. A *Boswellia sacra* foi objeto de muitos estudos. Théodore Monot a descreve como uma árvore de 3 a 7m em média, ramificada desde sua base com caules verticais que depois tendem a se afastar; sendo que a presença de um tronco único é rara. A copa lembra a das acácias africanas. O tronco conta com quatro ou cinco camadas das quais uma castanha avermelhada e espessa de alguns centímetros é a secretora da gonorresina, cujos canais que a destilam se situam na parte mais profunda da casca.[185]

Ormuz (Hormus), Estreito de Ormuz: É uma passagem do oceano, relativamente estreita, entre o golfo de Omã no sudeste e o golfo Pérsico no sudoeste. Na sua costa norte está o Irã e na costa sul os Emiratos Árabes Unidos e o emirato de Omã. Esta abertura do golfo Pérsico foi descrita, mas não denominada, no Périplo do Mar da Eritréia, um guia marítimo do século I. "*Cap.35. No final dessas ilhas Calaei existe uma cadeia de montanhas chamada Calon, e lá se segue, não muito além, a boca do golfo Pérsico, onde há muito mergulho para os pescadores de pérolas e mariscos. À esquerda dos estreitos há grandes montanhas chamadas Asabon, e à direita crescem, bem à vista, outras montanhas arredondadas e altas, chamadas Semiramis; entre elas, a passagem através do estreito tem aproximadamente 600 estádios; além do qual aquele grande e largo mar, o golfo Pérsico, avança longe no interior (das terras). Na parte superior e final deste golfo há uma cidade mercantil, designada pela lei, chamada Apologus, situada perto de Charax Spasini e do Rio Eufrates.*" Existem duas opiniões sobre a etimologia deste nome. Segundo a crença popular, deriva do nome do deus Persa Ormoz (uma variação de Ahura Mazda). Outros historiadores e lingüistas derivam o nome Ormuz da

[185] Monod, Théodore, e Bel J.M: *Botanique au pays de l'encens*, Bruxelas, 1996, p.100-102.

palavra persa local *hur-mogh* significando tamareira. Na realidade, nos dialetos locais de Hurmoz e Minab este estreito ainda é chamado Hurmogh e tem o significado mencionado por último.

Ormuz, Reino: Em 1272, quando Marco Polo viajou para a China, atravessou o Irã e visitou a antiga Ormuz, perto da moderna Minab, da qual ele escreveu: "Mercadores vieram da Índia com navios lotados de especiarias e pedras preciosas, pérolas, tecidos de seda e ouro, dentes de elefantes e muitas outras coisas para vender para os comerciantes de Ormuz". Rapidamente depois que isto foi escrito, a cidade foi substituída por Jarun, uma ilha a qual poderia prover maior segurança para os príncipes de Ormuz e do qual Abdur Razzak, escrevendo em 1442, disse que: "não havia igual na superfície do globo". Ludovico di Varthema, que visitou Ormuz em 1504, chamou-a "a nobre cidade de Ormuz que é extremamente bela", enquanto um provérbio persa corria, "Se o mundo fosse um anel, Ormuz seria a jóia (a pedra principal) dele". Ormuz foi atacada pelos portugueses dirigidos por Affonso D'Albuquerque em 1507, depois do que se tornou tributária dos portugueses. Em 1622 o reino de Ormuz foi absorvido pelo reino Safavida. No tempo em que os portugueses chegaram ao porto de Julfar no Golfo, lugar dos emiratos do norte, porto tributário do reino de Ormuz, Duarte Barbosa, o cronista português, disse: "O comércio deste lugar [Julfar] trouxe um grande lucro para o reino de Ormuz". Pequena maravilha então que a subjugação portuguesa de Ormuz foi lentamente seguida pela de Julfar. Hoje está incluído no Irã.

Ostracon (pl. *ostraca*): Palavra de origem grega que significa "pote de terracota, fragmento, casca de ostra" (*ostrakon)*. Em arqueologia se utiliza este termo para designar os restos planos (pedaços de calcário, pedaços de cerâmica) que as pessoas utilizavam como rascunho antes de escrever ou de pintar. Os ostraca são muito numerosos e uma fonte de informações muito preciosa.

Oudh ou 'ûd : Um dos mais requisitados e caros incensos e perfumes, *às vezes* recebe o nome de *dhahab*, isto é, ouro. V. *Aquilaria Agalocha*.

País de Canaan: Nome bíblico da Fenícia — Palestina, país habitado pelos cananitas.

País do Ponto: A localização deste país continua a dividir os especialistas, alguns o colocam até o Iêmen, mas o mais certo, tudo leva a crer, seria a Somália, que, aliás, se considera o País do Ponto, e adota até mesmo o nome.

País dos dois mares: V. *Barhein*.

Paleolítico: É o período mais antigo da pré-história e compreende três períodos: paleolítico inferior, paleolítico médio e paleolítico superior que vê aparecer o Homo sapiens sapiens (ou homem moderno).

Paleopatologia: Estudo das doenças da Antiguidade.

Palmira: O oásis do mesmo nome da cidade-estado (cidade-oásis), um grande palmeiral a meio caminho entre os rios Oronte e Eufrates, passagem obrigatória do deserto sírio. Verdadeiro oásis no meio da estepe, a Palmirênia é uma vasta planície fértil e rica em nascentes, sendo abundantes suas fontes quentes e sulfurosas, que saem do Djebel Muntâr, chamada Efqa, as quais o oásis de Palmira deve a sua existência. O próprio nome Tadmor ou Palmira, em síriaco e em latim, traduzem a abundância de palmeiras que o constituem. A cidade-oásis, cujo nome é associado à legendária rainha Zenóbia, nasceu e se enriqueceu graças às rotas comerciais das caravanas que deixavam a costa mediterrânica e a cidade de Alepo, e através do deserto da Síria seguiam para o oriente, Mesopotâmia, Pérsia, Ásia Central e Índia. Palmira foi nesta época uma cidade cosmopolita, próspera e potente. Mas, como Baalbeck e Pétra, ela naufragou gradualmente, e foi esquecida até que no início do século XX reapareceu sob os cuidados de arqueólogos.

Palmirênia: Nome de uma vasta planície fértil e rica em nascentes, sendo abundantes suas fontes quentes e sulfurosas, que saem do Djebel Muntâr, chamada Efqa, a que o oásis de Palmira deve a sua existência.

Papiro: Importante suporte para a escrita, feito do caule da planta papiro. Seu uso foi iniciado no Egito. A palavra "papel" deriva de "papiros", palavra egípcia que significava originalmente "que pertence a casa". Embora o Egito tenha exportado este material para outras partes do mundo, pouco sobreviveu fora dali. Só o clima egípcio e certas partes da Mesopotâmia favoreceram a sua conservação.

Parthas ou partas: Povo de cavaleiros, de origem indo-iraniana, estabelecidos entre os mares Cáspio e de Aral, numa província do império selêucida chamada Parthiana. Tudo leva a crer que fizeram parte do povo Parni, um dos grupos que compõem os Dahae aparentados dos Citas. Sua denominação sem dúvida provém de *parthaya*, termo genérico que aparece desde o começo da época aquemênida no século V a.C., e que em iraniano queria dizer "combatente, cavaleiro". Impuseram durante um longo tempo seu domínio sobre as terras iranianas, desde que em 247 a.C. os irmãos Arsaces e Tiridate, aproveitando o enfraquecimento dos selêucidas, se tornaram senhores da Parthiana, e estabeleceram a sua capital em *Hecatompylos*, perto de *Dâmghân*. No oeste, os parthas não cessaram de lutar contra o selêucidas e depois contra os romanos. Estenderam o seu império até à Armênia, no fim do século I a.C.

Peixe: Samak. V. *para culinária*, *Mohkbazat Sayd.*

Período arcaico: Na Arábia do Sul, período que corresponde aos primeiros *mukarribs* de Saba' e às inscrições de grafia A, a primeira delas. Cobre o século VIII A.C.

Período clássico: Na Arábia do Sul, período que corresponde aos grandes *mukarribs* de Saba'; correspondendo às inscrições de grafia B e C; ele cobre os séculos VII e VI a.C. A ele se segue o período dos reis de Saba', que cobre do século V ao século I a.C.

Périplo do mar da Eritréia: uma descrição das costas do mar Vermelho e do oceano Índico escrito na primeira ou segunda metade do século I.

Petíola de palma: É a parte livre da palma ao sair do tronco, mas o termo é empregado também de forma mais ampla para descrever o conjunto deste talo, inclusive a parte que leva os folíolos. Foi muito usada para escrever documentos.

Pétra: (do grego *petrus*) Importante cidade caravaneira nabatéia, que teve grande importância para a Rota do Incenso, é uma antiga cidade troglodita e hoje um sítio arqueológico na Jordânia, situado na bacia entre as montanhas que formam o flanco leste de Wadi Araba, o grande vale que vai do mar Morto ao golfo de Aqaba. Criada pelos edomitas, que dominaram a região do século VIII a.C. ao século V a.C. ela passou depois a ser controlada pelos nabateus. Segundos estes últimos, ela era protegida pelo deus Dushara e pela deusa Al-Ullâ. Foi conquistada pelos romanos em 106 da nossa era. A cidade atingiu seu apogeu entre o século I a.C. e o século I da nossa era, e teria abrigado então até 30 mil habitantes. Pétra devia sua prosperidade à sua posição estratégica no caminho das rotas das caravanas, entre a Arábia, o mar Vermelho e o mar Mediterrâneo. Além disso, era bem protegida por uma fenda profunda, onde a água era abundante. Foi a abertura das rotas marítimas na época romana que deu o golpe de graça a Pétra e aos nabateus. Ocupada pelos romanos, conquistada pelos árabes e depois pelos cruzados, ela foi completamente esquecida até sua redescoberta em 1812 por um viajante suíço, Johann Ludwig Burckhardt. Pétra é famosa principalmente pelos seus monumentos escavados na rocha e que apresentam fachadas de tipo helenístico (como o célebre Khazneh). O sítio de Pétra foi inscrito na lista do Patrimônio Mundial Cultural da Humanidade estabelecido pela Unesco em 6 de dezembro de 1985.

Pétra — El- Deir: Uma escada de 800 degraus cortados na própria rocha conduz ao Deir. Precedido de uma vasta esplanada, tudo faz crer que se tratava de um importante lugar de peregrinação. Como o Khazneh, a escolha do sítio de construção parece destinado a compor um cenário.

Ao contrário da idéia que durante muito tempo foi sustentada, não se trata de um túmulo real, mas de um monumento de culto. Este monumento, o maior de Pétra, tem 47m de largura, 45m de altura, dos quais 8m até a urna do cume. A entrada é colossal, o limiar da porta é maior do que um homem. A parte inferior é composta de oito colunas com capitéis jônicos. Entre elas são esculpidos nichos. A parte superior, cópia do Khazneh se decompõe num *tholos* cercado de dois meio-frontões escavados de nichos retangulares. Contrariamente à riqueza decorativa do Khazneh, a decoração ali se limita a um simples friso de triglifos e métopas. A sala interna, de forma retangular (de 11m sobre 12), dispõe de bancos baixos cortados nas paredes. No ângulo noroeste, entalhaduras no solo e nas paredes talvez indiquem o lugar inicial de uma bacia de ablução. No muro do fundo, se distinguem os vestígios de um betilo nivelado superado por uma cruz da época bizantina. A partir do século I, o edifício tinha passado a ser reutilizado como mosteiro pelos cristãos, o que lhe valeu o nome atual em árabe que prevalece: El Deir, que significa "o mosteiro". Cruzes gravadas sobre os muros internos fazem pensar que o edifício também tenha sido usado como igreja.

Pétra — Khazneh Firaoun: Situado na saída do *Sîq*, sua decoração e sua dimensão (30m de largura sobre 43m de altura) simbolizam a grandeza e o mistério de Pétra. É certamente o mais famoso e mais fascinante dos monumentos da cidade. V. *descrição no texto*.

Pétra — Qasr el Bint Firaoun: O nome árabe significa "o castelo da filha do faraó", mas na verdade é um templo consagrado a Dushara. Sua construção, cuja data é conhecida através de uma inscrição (30 a.C.), traduz os bons conhecimentos arquiteturais dos nabateus, enquanto os vestígios oferecem uma idéia parcial da importância inicial do monumento. Uma porta de madeira marcava a entrada na extremidade da rua das colunatas, a seguir se acedia a um grande pátio pavimentado, de 180m de longo por 65m de largura, constituindo o temenos. Na extremidade deste pátio se erguia um altar monumental que corresponde a uma construção atualmente ainda visível, de 23m de altura e 28m de largura, constituído com uma montagem de bloco de grés e vigas de madeira. As duas capelas laterais dispunham de uma escada que permitia chegar à cimeira do templo. A presença eventual de um terraço superior destinado às cerimônias religiosas ao ar livre ainda não foi comprovada. A câmara oriental devia ser a sala de descanso dos sacerdotes oficiantes.

Pétra — rua das Colunatas: Idêntica aos cardos romanos, a rua das colunatas foi a partir de certa época a artéria central da cidade. Da mesma forma que o cardo máximo romano ela era margeada de tendas e alojamentos. A pavimentação data da época romana. É ao longo deste eixo, paralelo ao curso do *wadi* e com cerca de 6m de largura, que foram edificadas as construções ao redor das quais se organizava a vida diária. Foram identificadas três praças ou mercados, que deviam servir às operações ligadas ao tráfego caravaneiro, e um ninfeu, ou fonte, sobre a direita. Ligeiramente mais distante sobre a esquerda estavam as termas.

Pétra — Sîq: Desfiladeiro pelo qual se entra em Pétra, que corresponde ao antigo leito do Wadi Musa, é uma garganta estreita, de alguns metros de largura (3 a 11m) e 1.200m de comprimento. V. *descrição no texto*.

Pétra — teatro: O teatro foi entalhado na rocha pelos nabateus por volta da época de Cristo, e mais tarde aumentado pelos romanos. É um teatro de plano clássico constituído de 34 fileiras de degraus fazendo face a uma construção de cena das quais apenas restam as fundações e as colunas. Podia ser freqüentado por 3 a 4 mil espectadores. Sob a cena estavam arrumados depósitos e alojamentos para receber as cortinas durante o espetáculo. A orquestra na sua maior largura chegava a 50m. Um engenhoso sistema de escoamento retirava a água do local e a levava a uma cisterna.

Pétra — Templo da deusa Al-Uzza-Atargatis: O chamado templo dos Leões Alados é, com efeito, o templo da grande deusa Al-Uzza, cuja denominação popular vem dos leões que coroam os capitéis coríntios das colunas. V. *detalhes no texto.*

Pétra — túmulo de Unaishu: Situado no lado oposto do teatro, um túmulo é atribuído a Unaishu, ministro da rainha Shaqilat II (70-75). A fachada lembra as de Hégra, porém esta é precedida de uma esplanada de 15 por 12m. A câmara funerária comporta 11 lóculos que parecem ter sido pilhados, sobre um fragmento de ladrilho é encontrada uma inscrição que traduzida quer dizer: "rainha da Nabatéia", uma outra inscrição se refere a Malichos II. O *triclinium* é aberto sobre um pátio com pórticos e obelisco no nível abaixo.

Phialophora parasitica: V. *Aquilaria Agalocha.*

Plêiades: As Plêiades são o aglomerado de estrelas mais brilhante em todo o céu. As Plêiades também são conhecidas por vários outros nomes, tais como "Sete Irmãs", como M 45 pela classificação do catálogo Messier, e como "Subaru" no Japão. Este aglomerado está localizado na constelação do Touro (Taurus). Seis das estrelas nas Plêiades são visíveis sem o auxílio de telescópios. Aproximadamente 500 estrelas pertencem ao aglomerado estelar aberto das Plêiades e a maioria delas é fraca. Uma nebulosa de reflexão circunda estas estrelas.

Pórfiro: Uma rocha de textura porfirítica na qual os fenocristais perfazem mais de 50% do volume da rocha. Esta textura pode ser encontrada em rochas ígneas e consiste na existência de cristais de grandes dimensões e de forma bem definida (denominados fenocristais) no seio de uma matriz com textura menor, afanítica.

Pórtico: Galeria aberta, geralmente apoiada em colunas.

Povos do mar: Invasores vindos de Ásia e de regiões do mar Egeu que penetraram na Sírio-Palestina, tentaram também penetrar no Egito várias vezes pelo mar e pela fronteira Sírio-Palestina.

Pronaos: Vestíbulo do templo ou de uma sepultura.

Ptolomeu ou Ptolemeu: Nome de diversos reis da dinastia grega dos Lágidas, que governaram o Egito.

Ptolomeu ou Ptolemeu, Cláudio: Este geógrafo que floresceu em Alexandria do Egito, entre 146 e 170 a.C., foi o autor dos oito volumes da geografia escrita em grego, que tentou mapear o mundo conhecido na época. A grande maioria de seu trabalho consiste em nome de lugares com sua latitude e longitude, e foi retirado do trabalho de Marinus de Tiro (como cita o próprio Ptolomeu). Apesar de certos erros de longitude tenderem a distorcer o que hoje se sabe sobre os lugares, o compêndio de nomes de lugares árabes de Ptolomeu é o mais importante que sobreviveu da Antiguidade. Numerosos nomes de lugar localizados por Ptolomeu no sudeste da Arábia referem-se ao que hoje são os EAU, tanto na costa como no interior. Muitos estudiosos tentaram identificar estes nomes, sugerindo, por exemplo, que *Sarkoe polis* pode bem ser Sharjah; *Kabana polis* pode ser Umm al-Qaiwain; e *Asabon* poderia ser a península de Musandam ao norte de Ras al-Khaimah. Estas identificações continuam altamente especulativas, mas não há dúvidas que estes e outros nomes contidos no inventário de Ptolomeu devem ficar na área dos EUA (Emiratos Árabes Unidos).

Qadâd: Uma espécie de gesso-estuque bem duro, feito com material local usado nas construções iemenitas.

Qahwa: Nome árabe para café.

Qalam: Se trata do *calamus odoratus*, dos autores greco-romanos, o *caniço ou cânula odorífera* que cresce na Arábia, na Índia e na Síria. Utilizado principalmente para perfumar o vinho, ele valia um denário a libra, 10g de prata amoedada o quilo. (Plínio *Hist. nat.* XII, 104-106). No árabe clássico se chama *qalam*, o caniço talhado para escrever, e conhece-se também uma planta denominada *qallâm. O qallâm* pode ser identificado como *Acorus calamus* de Linneu. Uma inscrição encontrada no Egito menciona o perfume com o nome de *qulaymat*.

Qât: O *qât* é a folha do *cathos edulis*, de um arbusto de cerca de 7m de altura que cresce acima de 700m. Suas folhas mastigadas muito frescas (menos de 48 horas após a coleta) têm um efeito alucinógeno de pouca envergadura. Procedente da África Oriental, é muito usada no Iêmen, na Etiópia e na Somália. Próximo das anfetaminas, corta a fome e impede o sono. No Iêmen é atividade social por excelência, a sessão de *qât* (*magyal*) desenrola-se após o meio-dia, em casa, numa peça que lhe é dedicada especialmente, o *mafraj*. Homens e mulheres podem usá-lo, mas separadamente. Os homens o mastigam em grupo. Nas sessões de *qât* não se pode comer, mas se pode fumar e se bebe muita água.

Qatabân: Nome da tribo e do reino cujo coração situava-se no *wadi* Bayhân, ao sul de Ma'rib e cuja capital se chamava Tamna'. Atestado a partir do VII a.C., desapareceu em 175 d.C.

Qays, Imru al-, ou Amrulkais em árabe: Importante poeta árabe, filho mais moço de Hujr, o último rei de Kindah, uma antiga tribo originária do oeste do Hadramawt. Eles foram os primeiros a tentar unir várias tribos em torno de uma autoridade central no centro da Arábia. Poeta que se tornou lendário, e interpretado como "rei dos Árabes", sendo o mais conhecido da época da *jahiliya*. Seu poema mais conhecido figura entre os sete *mouallakat* (*mouallakat*s são os sete poemas que eram apresentados sobre os muros da Ka'ba antes do Islã).

Qedar: Reino da Arábia do Norte, no oásis de Duma, a partir do século VIII.

Qudâ: Mistura de cal (nura) e água, formando uma espécie de massa branca.

Qishr (qišr): Decocção feita com cascas de grãos de café, temperada com cardamomos e ou gengibre.

Qushni: Rábano branco.

Qust — costus (árabe, qust; grego — kostos; latim costus): É uma raiz recolhida no delta do Indus. Das duas qualidades, branca e negra, a melhor valia três denários e meio a libra (57g de prata amoedada o quilo) (Plínio *Hist. nat.* XII, 41). Esta raiz é usada para a confecção de óleo ou para fazer fumigações.

Rábano branco: Qushni.

Raka Taruban: Poema cantado em árabe clássico de acordo com o estilo Sana'a, acompanhado por 'ud (alaúde), tendo como tema o amor. O cantor descreve a beleza do ser que ele ama, simbolizado pelo pássaro.

Ramlat as Sab'atayn: Parte meridional das areias do Rub el Khali que faz parte do Iêmen, ao longo da fronteira saudita.

Rand: No árabe clássico esta palavra pode designar mirto, madeira de aloés ou loureiro. No Iêmen designa uma planta de folhas perfumadas, a *Artemisia abyssiniaca* de Sz.B,. e é chamada também de *ghubayra* e de *bu'aythâran*.

Raybûn: Sítio arqueológico do Hadramawt.

Raydan: Palácio em um dos promontórios de Zafar, que deu o nome à dinastia himiarita de dhû-Raydan. V. *Zafâr, dhû-Raydan*.

Resinas, gomas e gomas-resinas: Em intenção dos espíritos cartesianos à procura de uma classificação elementar, lembramos que as resinas não são solúveis na água, mas o são no álcool e nas gorduras; já as gomas são insolúveis no álcool e nas gorduras, mas são parcialmente solúveis na água. As gomas-resinas insolúveis na água e no álcool puro se dissolve a quente numa mistura de álcool e água. O princípio odorante de certas gomas-resinas sendo trazido por uma pequena quantidade de óleo essencial incita que um desejo de exatidão proponha o nome de óleo-gomas-resina. V. *bálsamos*.

Rosa do deserto: Planta cujo nome científico é *Adenium obesum* Balf. f. da família das Apocináceas. Muito freqüente no desertos da Arábia. Sinonímia botânica: *Adenium coetaneum* Stapf.

Rub-al-Khali, as Areias, o Reino do vazio: O Deserto dos desertos, O crescente (lunar) vazio, o Quarteirão Vazio. 1.300 por 800km de dunas vermelhas e alaranjadas, de colinas escarpadas e de penhascos cruzados de vales brancos, onde o sal faz parecerem cobertos de geada. É o maior deserto de areia do mundo, parcialmente iemenita e parcialmente saudita. V. *Deserto de Rub-al-Khali.*

Sabah, ou Saba': Reino tendo por capital Ma'rib (ao leste de Sana'a) e como deus tutelar Almaqah. A sua excepcional longevidade (do VIII a.C. ao VI d.C..), apesar de períodos de fraqueza, explica-se talvez pela dominação cultural que exerceu na Arábia do Sul. Preferimos usar a grafia Sabah.

Sabaya: Tradicional pão iemenita coberto com mel.

Sabeanos: Naturais do reino de Sabah.

Sabeismo e sabianos: Não deve ser confundido com sabeano. O nome sabianos, assobiando a inicial, muitas vezes denominados como çabianos, diferente da palavra sabeanos, referente aos naturais do reino de Sabah, aparece pela primeira vez no Corão. A surata XXII distingue entre os crentes, os judeus, os çabianos e os cristãos, de um lado, e os magos e os politeístas do outro. Quem são estes çabianos ou sabianos, que processam o sabeismo ou çabeismo, que o fundador do Islã considera como se próximos dos seguidores das religiões reveladas? Pode-se determiná-lo apenas por conjectura. A palavra parece derivar da raiz Çaba' que equivaleria à Çabala, que significa "se mergulhar na água, se lavar"; designaria por conseguinte uma seita caracterizada por ritos lustrais (capazes de purificar qualquer impureza usando a água), tais como os mandeanos, os elkesaítas, entre outros. Mas não se pode afirmar que se trata efetivamente de um destes grupos. Com efeito, para explicar o lugar de honra atribuído por Mohamed aos çabianos, é necessário admitir que ele lhes tenha feito empréstimos comparáveis aos feitos ao judaísmo e ao cristianismo. Hipótese que se impõe tanto mais que os contemporâneos do profeta descobriam, entre o çabismo e a nova fé, analogias tão fortes que Mohamed e os seus primeiros seguidores freqüentemente foram qualificados de çabianos. Possivelmente teria sido do Çabisme que foram emprestadas as abluções que precedem cada uma das orações diárias dos muçulmanos. A religião dos çabianos tudo leva a crer que tenha desaparecido muito cedo, sem dúvida absorvida pelo Islã. A lembrança do sentido preciso da palavra se perdeu, a ponto de uma audaciosa fraude poder transportar o nome conservado no Corão à população de uma cidade da Mesopotâmia setentrional, Harran.[186]

Sabota: Nome latino de *Shabwa.*

Sabûh: No Iêmen, a primeira refeição do dia.

Şamn: Manteiga purificada por tratamento semelhante a *ghee* indiana.

Sahouré: Faraó da V dinastia egípcia, por volta do século XXV a. C.

Saleh: V. *Hijra, al-Hjr.*

Salîkhat: Este perfume, cujo nome corresponde ao árabe *salîkha*, é identificado em geral com a cássia ou canela, chamada também cássia aromática, cássia giroflada. O nome semítico de cássia não é desconhecido dos autores greco-romanos, Plínio (XII, 99) evoca uma planta denominada *serichatum,* ou canela de Seres, isto é, da China meridional (Plínio, *Hist. Nat.* XII, 99 e XIII, 18), *Cinnamomum cássia* Blum, ou *C. aromaticum Nees*. Segundo Plínio, a cássia de melhor qualidade valia 50 denários, a libra (520g de prata amoedada o quilo) (in Plínio *Hist. Nat.* XII 97). V. *Canela.*

Salomão: Filho de David e de Betsabah, ou Betseba, rei de Israel provavelmente de 970 a 931 a.C.

Salomão, clavícula: As "Clavículas de Salomão" são atribuídas principalmente a Agripa e a Salomão. O termo clavícula significa "pequena chave" e é utilizado como passaporte obrigatório para aceder à ciência secreta, ao conhecimento e às riquezas. A Grande Clavícula de Salomão era o engrimaço (*grimoire* em fr.) que todos os feiticeiros e mágicos deviam

[186] (Segundo Imago-Mundi).

ter e fez o seu primeiro aparecimento nos séculos XI-XII. Considerado pela legenda como tendo sido escrito pelo próprio Salomão, era suposto conter todos os segredos dos egípcios. No século XIV, em Praga, centro da magia, se pretendeu que este engrimaço era, com efeito, a obra do papa Honorius III, que a teria redigido em 1216. O mais autêntico dos exemplares conhecidos se encontra em Paris na biblioteca do Arsenal e pertenceu ao cardeal de Rohan.

Salomão, chave de: Um talismã que na sua expressão mais elaborada toma a forma de um "pentáculo". Esta palavra deriva do grego *pan* (todo) e provém da idéia de um objeto que contém o todo, síntese do macrocosmo. Neste nível, o pentáculo se torna um "emissor fluídico ou energético" e irradia uma força mágica ou sagrada em relação com os sinais e símbolos que nele estão inscritos ou gravados. O pentáculo age de acordo com as potências do Cosmos. É essencialmente ativo. É uma oração gráfica, que freqüentemente incorpora símbolos alquímicos ou tradicionais. Quer seja sobre pergaminho vegetal ou gravado sobre metal, eles foram e são muito considerados através dos tempos por sua potência e sua eficácia.

Salta: Prato iemenita, tradicionalmente comido na refeição do meio-dia. Um ragu de carne ou ovo e legumes, envolvido por uma espuma de feno-grego, de aspecto esverdeado.

Salvadora persica: Outros nomes, *Galenia asiatica*, *Salvadora indica*. É uma árvore pequena ou arbusto com um tronco de cerca de 30cm de diâmetro, casca rugosa e quebradiça, esbranquiçada. A raiz da árvore é de cor castanha clara por fora e branca em seu interior, seu odor se assemelha ao do agrião, seu gosto é forte e pungente. Suas fibras são muito usadas para limpar os dentes nas comunidades orientais, principalmente islâmicas. V. *miswak*.

Sammuramat: Rainha assíria do século IX a.C., tema de diversos mitos sobre seu reinado tanto como mulher quanto como mãe de reis. Ela aparentemente acompanhou o marido nas batalhas, grande responsável pela expansão da Babilônia para lugares distantes, fez irrigar as terras planas entre o Tigre e o Eufrates, e restaurou a beleza de sua capital, Babilônia.

Samsara: No Iêmen, equivalente ao caravançarai turco. Lugar que alberga mercadores e suas cargas.

Sana'a: Atual capital do Iêmen é um dos mais antigos centros urbanos do mundo. De acordo com o mito, teria sido fundada por Sem, filho de Noé, como primeira cidade pós-diluviana. Porém, conforme os arquivos históricos, a cidade teria sido fundada pelos sabeanos no século I, data em que aparece pela primeira vez seu nome, Sana'a, um lugar fortificado na encruzilhada dos territórios de sete tribos diferentes, o equivalente a uma *hijra* ou zona neutra, onde os ambulantes comerciavam e as caravanas paravam para abastecimento. Devia se situar no local da atual fortaleza Al Qasr, ao pé do djebel a leste de Sana'a. A cidade a seguir se desenvolveu na planície a oeste. No século III os sabeanos edificaram o palácio de Ghumdam, que de acordo com textos antigos teria 20 andares e um teto feito de alabastro. Foi destruído no início do século VI e as suas pedras foram reutilizadas para construir a Grande Mesquita. Em 525, os cristãos abissínios invadiram o Iêmen e construíram em Sana'a uma catedral, querendo fazer da cidade um centro religioso cristão que rivalizaria com Mecca. Em 575, persas sassânidas expulsaram os abissínios e tomaram Sana'a: foi o fim do poder cristão no Iêmen. Em 628, o governador persa Baydhan, que habitava o palácio Ghumdam em Sana'a, se converteu ao Islã. Sana'a tornou-se a capital dos altos platôs (Terras Altas) sob os imãs zayditas, e adquiriu muita importância sob as duas ocupações turcas (séculos XVI e XIX). Durante a guerra civil (1962-1970), a cidade foi o centro de interesse dos beligerantes realistas. Sitiaram Sana'a em 1°de dezembro de 1967 e durante 70 dias a cidade se tornou impotente. Com a fusão do Iêmen do Norte com o do Sul ela se tornou capital do país. O centro da cidade antiga se compõe de três partes essenciais: a cidade árabe e seu souk, o antigo bairro judaico e o antigo bairro turco. Ao redor se desenvolve a cidade moderna em rápida extensão.

Sahratân: V. *Tihâma*.

Sargão: Foi Sargão que estabeleceu o primeiro império babilônio. De origem modesta e misteriosa, expulsou Lugalzagesi estabelecido em Uruk, ofereceu sacrifício ao deus Enlil na cidade santa de Nippur, apreendeu-se de Ur e de todas as cidades-estado do sul da Babilônia. Instalou a sua capital em Akkad (Agadé em sumério) num sítio ainda não descoberto — provavelmente sobre as margens do Eufrates — ao redor de Babilônia e Kiš. O seu império se estendeu até Ebla perto de Alepo na Síria, nos contrafortes do Taurus, ao sul dos montes Zagros e a sudeste do atual Irã. Conquistou o território "entre os dois rios".

Sayyid pl. Sada: Membro da família cuja descendência é atribuída à casa de Mahomed e é considerada como elite religiosa e intelectual do país. Sua origem parece ter sido no norte do Iêmen. Também corresponde aos originários de Sawdâ. Entre os beduínos, é o chefe de grupo ou clã, designado pelos chefes de família, mas cuja autoridade é precária e sempre revogável por ser atada ao seu prestígio e à sua habilidade.

Sela: A palavra hebraica *sela* significa "o Rochedo" e designa na Bíblia (II Reis, XIV, 7; Isaías, XVI, 1) a fortaleza edomita que os historiadores durante muito tempo tinham identificado como se fosse o local onde Pétra ou Bosra se tinham estabelecido. Hoje, no entanto, acreditam que Sela seria mais ao norte, cerca de 10km ao sul de Tafila.

Sem: Seria um dos filhos de Noé, cujo legendário dá como fundador de Sana'a.

Senmout ou Senmut: Arquiteto da rainha-faraó Hatchepsut, tendo suscitado muitas fantasias românticas entre os dois, recebeu da rainha favores que eram atribuídos apenas a raras pessoas, e em especial o privilégio de gravar a sua imagem dentro do templo de Deir el-Bahari, reservado aos membros da família real. Ficou conhecido pelo número e pela importância excepcional de obras que deixou. Além do grande templo-mausoléu já citado, dois túmulos e um sarcófago em Tebas, um cenotáfio em Djebel Silsileh, pelo menos 25 estátuas comemorativas, duas estelas, efígies etc. Diversos pequenos objetos levam o seu nome, inclusive dois grafites num túmulo incompleto da necrópole de Tebas.

Serrai: Substância da *Blepharis edule, Aerva javânicabio.* Usado com a ajuda de um *merwad*, um pequeno palito de marfim para fazer o traçado embelezador dos olhos.

Sha'b: Tribo.

Shabwa: Capital do reino do Hadramawt, hoje cidade importante do sul do Iêmen. V. *Sabota*. Como todos os estabelecimentos situados sobre os bordos do deserto do Rub al-Khâli, Shabwa é tributário de irrigação. Num clima superárido, higrometricamente muito fraco e de temperatura elevada, a arte dos agricultores consiste em recuperar as águas vindas das raras tempestades distantes, sobre os altos platôs, para as repartir em todos os campos. Um primeiro estabelecimento se ergueu ali no início do segundo milênio, mas parece ter sido capital do Hadramawt apenas no século VII a.C. Aliados durante um tempo ao reino Saba, seus soberanos afirmaram a sua autonomia e a sua dominação sobre a parte oriental da Arábia do Sul. Do século VII ao II a.C., o Hadramawt tira o essencial da sua riqueza da organização do comércio do incenso até às margens do mar Mediterrâneo oriental. Mais tarde, como capital de um estado, Hadramawt se beneficia da sua dupla abertura, terrestre sobre o deserto e marítimo sobre o oceano Índico. Saqueada pela primeira vez no século III, Shabwa sobreviveu até o século V.

Shaharah: Situada no meio do território das tribos do norte, a pequena cidade é encarapitada a 3.000m de altitude, como um verdadeiro ninho de águia, preservado do mundo, e considerado um dos sítios mais impressionantes do Iêmen.

Sharîqân: Oriental, outro nome de Athar, o deus geral de toda a região do atual Iêmen, vinculado às tempestades e à irrigação natural pela chuva, e que como deus dos raios também é conhecido com este nome.

Shawayuh: Bife iemenita grelhado e temperado.

Shumlaylat: Braceletes divididos em duas partes para sua abertura, com belo trabalho de filigrana, possível herança da tradição joalheira judaico-iemenita.

Sirius ou Sothis: A mais brilhante das estrelas situadas na constelação do Grande Cão a 8,6 anos-luz. Aparecia à aurora, após 70 dias de ausência, no hemisfério austral, coincidia com o início da cheia e no Egito marcava o início do novo ano (exceto no desvaziamento do calendário).

Siwak: V. *miswak*.

Sitâra: Camisolão do tipo *djelaba*, com motivos vermelhos e azuis, de modelo turco, originário dos tempos da incursão otomana no Iêmen, é um traje reservado às mulheres mais idosas, viúvas ou procedentes de meios mais populares.

Socotra ou Socotorá, Ilha: A *dvipa sukhatara* ("a ilha das felicidades") dos indianos, a Dioscorides dos gregos, é situada a menos de 250km do Chifre da África e um milhar de quilômetro de Aden, a ex-capital do Iêmen do Sul. A ilha tem a forma de um crescente estirado e mede 130 por 40km. Montanhosa, culminando a 1.400 metros, exposta às duas monções, é desprovida de molhes, dificultando o acesso. Sua posição a colocava sobre a rota dos barcos que ligavam a costa sul da Arábia, com a África Oriental e a Índia do Sul. Colocada em tal encruzilhada de caminhos, sofreu as mais variadas influências culturais, tanto indianas como africanas, sobre sua população original. A população, da qual o caráter cosmopolita já tinha surpreendido os viajantes da Antiguidade, conta com uma vintena de milhares de indivíduos: árabes, indianos, somalis. Refúgio secular das mais exóticas plantas do mundo, cerca das

850 espécies de plantas contadas em Socotra, perto de um terço são únicas. Grande número destas espécies é o vestígio de antigas floras que há muito tempo desapareceram do continente africano. Esta singular vegetação faz de Socotra a décima ilha mais rica do mundo no que diz respeito às espécies de plantas endêmicas de acordo com o Centro Mundial para a Conservação.

Somália: Em largo senso o nome da Somália é aplicável a quase todo o grande triângulo que forma o Chifre da África, ou seja, os estados atuais da Somália (reunião da antiga Somaliland britânica e da antiga Somália italiana), o estado do Jibuti (antiga costa francesa dos Somalis) e a província do Ogaden, que hoje pertence à atual Etiópia. A história da atual Somália remonta à Antiguidade, onde provavelmente a região era conhecida pelos egípcios sob o nome de Ponto. Entre os sécs. II e VII d.C., várias partes setentrionais desta região foram unidas ao reino etíope de Axum. Tribos árabes se instalaram no século VII ao longo da costa do golfo de Aden e fundaram um sultanato sobre a costa, centrado no porto de Zeila. Ao mesmo tempo, o país foi islamizado sob a influência de missionários xiitas vindos do Irã. Os Oromo (chamados *Galla* pelos Amhra), pastores-agricultores, iniciaram uma lenta subida para o Ogaden e o platô abissínio. Os somalis, pastores nômades instalados no norte do Chifre da África, começaram por sua volta a migrar para esta região a partir do século XIII. Instalam-se definitivamente neste território no início do século XVI. O termo *somali* aparece então nos cantos guerreiros etíopes. O sultanato e o entreposto árabe de Zeila se tornaram uma dependência do Iêmen, a seguir foi conquistado pelo Império otomano. No fim do século XVI, uma primeira tentativa de unificação política teve lugar; o emir de Harrar, Ahmed el-Ghazi, dito Mohamed Gragne (o canhoto), desencadeou uma guerra contra a Etiópia que a devastou. Após ter tido algumas vitórias, os somalis foram finalmente afastados.

Styrax ou Storax (ǵāwl): Nome científico do benjoim, ou estoraque, *styrax* (em árabe *lubnà*), uma gomas-resina da família das estiráceas que os sudarábicos importavam a princípio da Síria e depois do sudeste asiático cuja melhor qualidade valia 17 denários a libra, 176g de prata amoedada o quilo (Plínio *Hist. Nat.* XII, 81 e 125). Hoje a variedade de *styrax* mais difundida vem da Indonésia, e é conhecido como benjoim, palavra que deriva do árabe *lubân jâwi*, incenso de Java. Uma variedade, o *styrax oficinallis*, é recolhida na França de uma árvore aclimatada no século XVI, o "*aliboufier*", em português benjoeiro. V. *Benjoim*.

Sufismo: Ramo místico do Islã tomou seu nome de *suf*, lã em árabe, pois os primeiros sufistas faziam votos de pobreza e abnegação e usavam sobre o corpo roupas ásperas de lã de baixo custo. Através da meditação e de sua dança envolvida em misticismo eles buscam promover uma comunicação direta e em êxtase com Deus, no caso Allah.

Suhail (Lamda Velorum): A Lamda da constelação Vela. Entre as estrelas de brilho azul e branco da constelação de Canis Major e tripartite Argo (o barco) ficam as brilhantes Pi Puppis e Suhail, a última que ajuda a navegação dos barcos.

Sûq: mercado aberto. *sûq al-mi'târa (sûq al-mi'târa): Sûq* de perfumes; *sûq al-Milh*: *sûq* do sal; *sûq qâtra*: *sûq* do sangue-de-dragão; etc.

Taez ou Ta'izz: Localizada a 1.400m de altitude, no sul do país, entre Ibb e Aden, a antiga capital iemenita do tempo dos rasulidas tem cerca de 350 mil habitantes. Nos últimos anos a cidade se desenvolveu muito e recebeu uma série de construções novas, e um centro comercial dos mais modernos senão o mais moderno do país. No entanto, ela conserva atentamente a parte antiga da cidade e as mesquitas que datam do tempo dos Rasulidas, época de grande desenvolvimento do porto de Moka, o principal exportador de café. A região de Taez tem imensos roseirais, sendo a principal produtora de rosa damascena, e exportadora do produto principalmente para Mecca.

Tafsir: Exegese corânica.

Tarha: Casa menor destinada a abrigar apenas a família nuclear: pai, mãe e filhos.

Tamna: A capital de Qatabân encontra-se na entrada de um largo vale muito escondido, que drena as águas de uma bacia relativamente modesta. A fortuna do sítio não resulta da abundância dos recursos naturais, mas de sua posição central na Arábia meridional no I milênio a.C. O antigo Tel Tamna', chamado hoje *Hajar Kuhlân*, domina de 10 para 15m o campo circundante, o que dá uma idéia da espessura dos depósitos arqueológicos. A muralha da cidade antiga ainda se adivinha em certos lugares. Com três (talvez quatro) portas, ela circundava uma superfície de 28ha. Uma parte do sítio antigo foi totalmente protegida dos ladrões de antiguidades que reinam por ali há 40 anos, graças às construções modernas: um palácio e casernas abandonados, e uma aldeia sempre habitada.

Tandor: V. *Tannûr.*

Tannur ou tannûr: Forno de forma cilíndrica, de alvenaria, ou argila cozida, podendo ser subterrâneo. Usado desde a África do Norte até a Índia, onde é chamado tandor. No Iêmen ele é cilíndrico ou globular feito de argila cozida, integrado num canto da cozinha e alimentado com lenha, e mesmo com excremento animal, também podendo ser usado carvão. Possui duas bocas, uma inferior pela qual é introduzido o combustível e uma superior por onde é colocado o alimento a ser assado. Para assar pães, dependendo do tipo que se quer fazer, fermentado ou não, a boca superior é usada para grudar a massa nas paredes do forno ou para colocar em cima uma prancha metálica que, ao se tornarem bem quentes, servem para assar as bolachas de massa para fazer um *khubz* mais fino.

Targum Sheni: Paráfrase aramaica do Livro de Ester (o qual foi juntado numa época tardia), e que enriquece o episódio de Salomão e a Rainha de Sabah de detalhes desconhecidos da tradição hebraica que o precedeu.

Tathlith: Via transversal feita pelos gerheus para encurtar o itinerário entre Shabwa e o golfo Pérsico.

Taymâ: Oásis da Arábia, nas vizinhanças de Yatrib, onde Nabonides instituiu sua capital.

Teglath Phalasar I: Rei da Assíria de 1116 a 1077 a.C.

Teglath-Phalasar III: Rei da Assíria de 745 a 727 a.C. Seu nome, *Tukultî-apil-Esharra*, significa "o herdeiro do Esharra é o meu socorro". (Teglath-Phalasar provavelmente subiu ao trono após um golpe de Estado a favor de uma revolta em Kalhu. A Assíria saiu então de um período difícil, que tinha sua autoridade abalada de todos os lados, sobretudo ao norte sob a ação do reino de Urartu. Os soberanos precedentes, bastante fracos, não conseguiam se impor e sofriam a influência de nobres assírios que tinham tomado um grande poder, como o *uratanu* Shamshi-ilu. Este rei se revelou desde o começo muito enérgico e regulou um a um todos os problemas aos quais fazia face o seu reino. A sua primeira campanha teve por quadro a Babilônia, onde vem em ajuda ao rei Nabonassar, em dificuldade com os arameus e os caldeus. Aproveitou para estender o seu território nesta direção. Após este primeiro sucesso se voltou para o Urartu. Em 743, teve em Commagena uma brilhante vitória contra o rei urarteano Sarduri II e os seus aliados. Os anos seguintes foram consagrados à reconquista da Síria do Norte, e a lutar contra revoltas malsucedidas. Teglath-Phalasar reforçou a sua fronteira com o Urartu, antes de lançar em 735 uma ofensiva em direção deste país, que não atingiu o coração do reino adversário, mas que teve o mérito de acalmar os ardores do seu rei. Após uma campanha em direção do planalto iraniano, os exércitos assírios dirigiram-se para a Síria e a Palestina. Teglath-Phalasar tomou e anexou ao seu reino Gazza, Damasco, e submeteu a maior parte dos reinos locais. As últimas campanhas deste rei desenrolaram-se na Babilônia, onde a morte de Nabonassar em 735 lançara o país na perturbação, à instigação dos caldeus. Teglath-Phalasar venceu o seu rei *Nabu-mukin-zeri*, e subiu ao trono da Babilônia em 729, sob o nome de Pulû. Pouco antes da sua morte, associou seu filho e sucessor designado, Salmanazar, aos negócios do reino, e este sucedeu-lhe à sua morte em 727.

Tell ou Tel: Termo árabe que designa uma colina natural ou artificial, formada por ruínas.

Temenos: Na Antiguidade grega o espaço consagrado (literalmente "o espaço recortado" para a divindade) que constitui um santuário, quando é delimitado por um recinto que pode tomar várias formas (limites, encerramento, muro, pórtico). Continha geralmente um templo, mas podia também proteger um túmulo, um rochedo sagrado, a entrada de uma caverna, qualquer edifício ou objeto de caráter consagrado.

Teogamia: No Egito, doutrina afirmando que o herdeiro do trono era gerado por Amon quando de casamentos místicos com a rainha.

Teogonia: Teoria religiosa do nascimento dos deuses; genealogia dos deuses.

Teófilo, o Indiano: O historiador bizantino Philostorgos (segunda metade do século IV), relatando a missão Teófilo, o Indiano, encarregado pelo imperador Constâncio II que convertesse os himiaritas ao cristianismo, traz várias informações interessantes: os rapazes eram circuncidados no oitavo dia, veneravam Hélios, Selene e divindades locais, e a população conta com numerosos judeus. De acordo com Philostorgos, a missão Teófilo, o Indiano, teria tido um verdadeiro sucesso. O rei himiarita cujo nome não é evocado "ter-se-ia inclinado por piedade". Quando Teófilo solicitou a permissão para construir uma igreja para os cristãos romanos e eventualmente para convertidos, o rei ter-lhe-ia proposto que construísse à sua custa três igrejas. A primeira na sua capital, *Tapharos*

(Zafâr), a segunda no porto sobre o oceano Índico denominado pelos bizantinos como *Adanê* (Aden) e a terceira "no conhecido empório persa na embocadura do mar pérsico".

Teóforo: Estátua representando um personagem de pé, sentado ou ajoelhado, tendo na sua frente uma estátua de um deus, geralmente de pequeno formato.

Teofrasto ou Theofrastos: Filósofo grego, peripatético, nascido em Ereso, Lesbos, sucessor de Aristóteles na direção do Liceu (322-287 a. C). Treze anos mais jovem que Aristóteles (384-322 a.C.), trabalhou com ele por mais de 20 anos, antes de assumir a direção do Liceu (322 a.C). Ensinou a mais de 2 mil alunos, entre os quais o médico Erasístrato (304-250 a.C.). Tinha suas próprias idéias e em várias ocasiões discordou das opiniões de Aristóteles. Embora a maioria de suas obras tenha se extraviado, ao lado do seu comportamento contestador foi um grande cientista, destacando-se em pelo menos três campos científicos: na história, na mineralogia e na botânica. Escreveu *Opiniões de filósofos naturais*, obra que o coloca como um precursor da história da ciência, de um importante e abrangente tratado sobre mineralogia, considerado o primeiro tratado mineralógico do Ocidente, e elaborou uma classificação das plantas em vegetação rasteira, ervas, arbustos e árvores. Também escreveu *Relato de plantas*, onde relacionou mais de 500 espécies e variedades selvagens e cultivadas, do Atlântico até a Índia. Também discutiu a seiva das plantas, as ervas medicinais e os tipos de madeira e seu uso e criou vários termos técnicos empregados até hoje como *pericarpion* (pericarpo) para designar a parte do fruto que envolve a semente. Foi sucedido no Liceu por Estratão de Lampsaco (360-270 a. C.).

Teogamia: Nas antigas mitologias, significa a união sexual entre deuses e deusas ou entre um deus e uma mulher ou uma deusa e um homem.

Teologia: Oriunda do grego, literalmente "discursos sobre a divindade ou o divino", [Theos] é o estudo, que se quer racional, das realidades relativas ao divino, ainda que outras disciplinas, em especial a filosofia, a psicologia ou a sociologia, dão conta de Deus, das crenças e do "fato religioso". Nas religiões monoteístas, sobretudo, é considerada como a ciência da "Revelação", fundamentada sobre o estudo dos textos religiosos, sua interpretação, no objetivo de esclarecer o crente ou fiel sobre a maneira de agir ou crer de acordo com a sua religião.

Terras Altas: Parte montanhosa do Iêmen compreendida entre 1.000 e 2.500m de altitude. As montanhas se estendem de Saada a Taëz seguindo um eixo orientado norte-sul. O ponto culminante do país é o Djebel Nabi Shu' ayb (3.770m), ao oeste de Sana', que é também o ponto mais elevado de toda a península arábica. Esta zona montanhosa, em grande parte vulcânica, é ocupada pelos elevados platôs do centro, de 1.800 para 2.500m de altitude (Sana'a 2.350m), e pelos platôs de 500 para 1.800m de altitude (Taëz, Saada, Ibb, Al Mahwit). Fortes torrentes temporárias que escavam os profundos e estreitos vales chamados *wadis* descem destas montanhas para as planícies (Tihâma a oeste, Jawf a leste). As culturas em terraços são as únicas possibilidades de fazer lucrar estes terrenos montanhosos. Há principalmente sorgo e luzerna, alguns legumes, trigo e cevada, café, e na maior altitude, *qât*. O café, o milho, os mamoeiros e mangueiras crescem no fundo dos *wadis*, onde a temperatura mais elevada permite o desenvolvimento de uma vegetação de tipo subtropical.

Terras Baixas: Margens do deserto do Ramlat as-Sab'atayn, compreendidas entre 600 e 1.000m de altitude.

Tihâma: A Tihâma, conhecida nas inscrições antigas como *Sahratân*, é uma grande planície costeira, semidesértica, larga, de 50 para 70km, que se estende no oeste da península arábica, ao longo do mar Vermelho, chegando a sua parte sul até ao estreito de Bab el-Mandeb. A vegetação é do tipo estepe desértica: se encontram mangues (paletúvios), plantas resistentes ao sal e ao calor, e também palmeiras. A paisagem é às vezes cruzada por longas cordas de dunas. Apesar de ter um clima austero, os homens souberam aproveitar esta terra, graças a sua água pouco profunda e em grande quantidade. Há numerosas plantações de frutos, legumes, sorgo e mesmo algodão. Estas mesmas características geográficas se encontram em Aden e ao longo do oceano Índico.

Thuma ou dhuma: *Jambiya* menos dobrada, reservada à casta dos Sayyid, descendentes do Profeta, e aos *qadi* (juízes). V. *dhuma*.

Tomilho: *Tymus vulgaris* (*za'tar*).

Tufrutah: Reuniões de mulheres à tarde, nas residências, para festejar datas, ou para simples confraternização.

Tumulus, plural *tumuli* (lat.): São monumentos funerários que se supõe ter tido sua origem na idade dos metais. Hallstat (ferro) na Europa, mas no Oriente Médio podem ser anteriores.

Tylos: Após o século VI, perdeu-se qualquer informação sobre Dilmun. Apenas com a passagem de Nearcos à frente da frota de Alexandre Magno é que se propõe nas fontes históricas voltar a falar destas partes do golfo Pérsico. Os gregos não pararam contudo em Bahreïn, mas na ilha de Failaka, onde uma colônia foi estabelecida. Desde a época helenística até o início da conquista muçulmana, Dilmun reaparece nos textos sob o nome grego de Tylos. Foi integrada durante algum tempos ao império Selêucida, depois sem dúvida no dos Parthes. Os persas sassânidas o apreenderam durante o reino de Shapur II, e guardaram seu controle até a conquista muçulmana no século VII da nossa era. V. Dilmun.

Ubar: Os vestígios de Ubar, onde os 'Ad possivelmente teriam vivido, foram encontrados perto da costa do Sultanato do Omã. As fotografias por satélite mostram a localização da cidade que se imagina ser Iram de Ubar, descoberta no início do ano 1990. Foram então publicados nos vários jornais artigos que evocam "a descoberta da cidade árabe desaparecida", "a descoberta da cidade árabe legendária", "a Atlantis das areias, Ubar". O que torna esta descoberta espantosa é o fato de esta cidade ser mencionada no Corão. Numerosos foram os que anteriormente pensavam que o povo de 'Ad evocado em Corão era meramente mítico e sua cidade era impossível de encontrar, e não puderam dissimular sua admiração perante o acontecimento. Porém seus estudos científicos ainda estão sendo cuidadosamente realizados.

'ûd (ûd) ou *oudh*: Um dos mais requisitados e caros incensos e perfumes, V. *Aquilaria Agalocha*. Às vezes é referido como *dhahab,* isto é, ouro.

'Udûl: Homem digno, íntegro.

Ugarit: Sítio antigo, do II milênio a.C., situado sobre a costa levantina (atualmente Ras Shamra na Síria); onde foram encontradas formas iniciais do alfabeto. Tendo sido destruído em cerca de 1.200 a.C. quando da passagem dos "Povos do Mar" não se ergueu mais.

Ukhdood, Al-: V. *Najrân*.

Vaux Moysi (li), Fortaleza de, ou *al-Wu'eira*: A alguns quilômetros apenas de Pétra, o castelo-fortaleza de *Vaux Moysi ou li Val de Moyse* foi erguido pelos cruzados, e hoje ocupa uma posição discreta em frente da estrada que leva à aldeia moderna de Wadi Musa. Estabelecida sobre um conjunto de elevações atravessadas por profundos *wadis*, a fortaleza revela sua originalidade, na sua configuração e nas audácias levadas a efeito pelos seus projetistas a fim de fortalecer a complexa formação rochosa do sítio. Sua construção foi motivada para assegurar o controle da principal rota caravaneira que ligava Damasco no Egito aos lugares consagrados do Islã. A este interesse comercial acrescentava-se a possibilidade de isolar cada um dos dois adversários do reino de Jerusalém — os fatimidas do Egito e os turcos da Síria —, reduzindo as probabilidades de ações comuns (séculos XI-XII).

Vestimenta masculina: Em Sana'a e nas terras altas, os homens usam a *zanna*, grande túnica branca leve que desce até o tornozelo, com uma camisa moderna ou um casaco de terno na parte superior. A cobertura de cabeça tradicional masculina é constituída de um grande lenço branco usado como turbante ou colocado da cabeça aos ombros. Os homens religiosos têm um modelo específico chamado *jouge* ou *ghadhi*. Mas com os anos, os jovens preferem o *keffieh* palestino, geralmente de tecido especial, vermelho e branco ou branco e preto, atualmente fabricado na Coréia ou na Índia. As mulheres casadas ou solteiras usam o *sharshaf*, conjunto preto originário do Irã, que chegou ao Iêmen nos anos 1950, e também uma capa preta, a *abaya*. A *sitâra* (sitâra), conjunto com motivos vermelhos e azuis, originário da Turquia, é reservada às mulheres mais idosas, viúvas ou procedentes de meios mais populares. Na Tihâma e em Aden, a roupa tradicional é a *futa*, grande pedaço de tecido de cores vivas (azul, preto, malva e verde no Hadramawt) que cobre as pernas e é amarrado na cintura. As mulheres usam saias e vestidos muito coloridos e floridos. Em Aden, os homens usam o *zanzibar* (não confundir com a ilha do oceano Índico), chapéu na forma de calota. Em Taez os homens também usam a *futa* e o *zanzibar*. Sobre o Djebel Saber, montanha que domina Taez onde as tradições matriarcais são muito marcadas, as mulheres usam grandes vestidos e véus muito coloridos (amarelos, cor de laranja, verde ou vermelho), colares e brincos de ouro. No Hadramawt, os homens usam a *futa*, e as mulheres usam véus cobertos de lantejoulas — quando a parte inferior e a parte superior do véu se ligam entre os olhos é uma *burka*. As mulheres que trabalham nos campos usam chapéus de palha com grandes abas muito específicos do Hadramawt, pois neles o calor, ficando na parte elevada da coifa, evita o suor nos cabelos. Existem outros modelos de chapéus de palha na Tihâma e na região de Hajjah e de Shahara.

Véu: Ainda que todas as mulheres tenham os cabelos escondidos, como preconiza o Corão, apenas em Sana'a e em algumas montanhas são ocultadas as partes inferiores do rosto. No entanto, às vezes todo o rosto é dissimulado sob um véu preto: o *makhmukh*. Em Aden, na Tihâma e no

Djebel Saber, o rosto das mulheres não é ocultado. Consta que a moda de usar véus foi trazida para o Iêmen pelos turcos que queriam proteger suas mulheres dos olhares dos beduínos.

Wadd: (amor) Corão (LXXI; 23); Wadd é uma divindade do amor e da amizade. Este deus é um deus da Arábia, adorado sobretudo em Dûmat al-Djandal ou Al-Jandal (no Al-Jawf), sendo representado sob o aspecto de um homem alto, vestido com um amplo manto e levando um segundo vestuário sobre o ombro, armado de uma lança e um carcás cheio de flechas. Alguns acreditam que ele poderia ser assimilado a Hadad, deus da trovoada, porém numerosos orientalistas vêem nele com mais razão uma divindade lunar, ligada ao amor. É mencionado nas inscrições e um templo também lhe foi consagrado no sul da Arábia, no reino de Qatabân.

Wadi ou Wâdî: Designa em árabe um vale constituído num rio fóssil drenado que se transforma em torrente na estação das chuvas. Na África do Norte o nome usado é *Oued*.

Wadi Rum (ou Ram): Magnífico deserto de tonalidades irisadas, um lugar realmente mágico, com suas altas rochas esculpidas pelo vento semelhantes a ruínas de monumentos antigos. Ali habitam muitas tribos beduínas. É neste deserto que foram filmadas várias seqüências do filme consagrado a Lawrence da Arábia.

Wahabismo: Movimento político religioso integrista, o wahabismo nasceu em 1744 na Arábia, da aliança do rigoroso pregador Mohamed Ibn Abd-el Wahab com um chefe tribal, Mohamed Ibn Seoud (a origem dos Seoud, fundadores da Arábia Saudita ou Seoudita).

Warq al-ghar: *Laurus nobilis.Linn.*, popularmente também *a'sâ sidnâ musa* (bastão de Moisés), loureiro indiano, loureiro comum. Muito usado como condimento e também como medicamento.

Yahvé: Vocalização corrente do tetragrama YHWH, deus oficial do reino de Judah, que passou a ser considerado o Deus único dos judeus.

Yalâ: Atualmente Ad-Durayb, sítio sabeano situado no *wadi* Yalâ, a cerca de 30km a sudoeste de Ma'rib, a capital do reino de Saba'. O seu abandono foi datado dos séculos VII-VI a.C.

Yâla: Grito de partida dos cameleiros.

Yatrib: V. *Medina*.

Zabibi ou Samsi, rainhas do país de Aribi: Zabibi e Samsi. 700 a.C. "Zabibi e sua sucessora Samsi reinaram como rainhas guerreiras da Arábia aproximadamente de 740 a 720 a.C. Ambas comandaram exércitos que tinham um grande número de mulheres (que lutaram contra os assírios).

Zabur: Trata-se de uma mistura de terra argilosa e de palha (taipa) que amalgamadas formam uma faixa aparente, colocadas uma sobre as outras. Para construir uma casa, sobrepõem-se assim suas faixas cerca de 50cm de altura para uma espessura de 80cm a 1m para cima da casa. No alto da habitação as faixas são ligeiramente menos espessas (40 a 50cm), provocando uma diminuição na cimeira da habitação.

Zaccun, óleo de Zaccun: Um óleo extraído do fruto de uma pequena árvore espinhosa (*Balanites Aegyptiaca*), muito usado pelos árabes e pelos peregrinos como ungüento curativo.

Zafâr ou Zafar: O sítio da antiga cidade de Zafar, antiga capital do reino de Himiar, hoje denominado Al-Balid, fica a 15km da cidade de Yarîm. O sítio se compõe de quatro promontórios principais: Zafâr, hoje ocupada por uma pequena aldeia; Raydan, onde provavelmente se elevava o célebre palácio que deu seu nome à dinastia himiarita de dhû-Raydan; al-Husn, sobre o qual devia haver um palácio; e al-'Asabî, onde subsistem os vestígios de um templo. Numerosos diques e obras hidráulicas confirmam a teoria do historiador al-Hamdânî sobre os 80 diques que a cidade teria. Construída por volta do século I a.C., ela foi abandonada no início do século VII da era atual.

Zahawig: Salada de tomates, uma mistura de *tamādī* (tomates) picados com ervas como *kibdara, coentro,* e *na'na'ah*, menta, temperados com *tûah*, alho, e *milh*, sal.

Za'tar: Tomilho.

Zaidismo ou zaydismo (Zaydiyya): Uma das variantes do xiismo islâmico atualmente difundido apenas no Iêmen, porém no passado era também difundido na Pérsia, especialmente nas regiões que gravitam em torno do mar Cáspio. Deve seu nome a Zayd ibn -Alî ibn al-Husayn, um dos filhos do quarto Imã xiíta que em 740 d.C. se insurgiu inutilmente em Kufa contra o poder omíada.

Zeila: Atual porto da Somália. O antigo porto foi fundado pelos árabes no século VII e se tornou importantíssimo na região até ter sido substituído na sua importância pelo porto de Barbera. A região de Zeila é tida como o lugar do outrora denominado País do Ponto.

Ziziphus spina-christi L: V. Jujubeira.

Divindades pré-islâmicas (de acordo com o arabista Máxime Rodinson):

Al-Lat, al-'Uzza, e Manât eram deusas pré-islâmicas mecquenses, chamadas "filhas de Allah". Quando da divulgação da surata LIII (a estrela) Mohamed, numa primeira versão, tinha recomendado que lhes rendesse um culto, estes versículos pronunciados e depois revogados são os famosos versículos satânicos.

Al-Lât ou Allat (al-lât; a deusa) Corão (LIII; 19). Deusa do sol representada por uma imensa imagem de granito cinzento. Heródoto (484-420 a.C.) assinala a presença de uma divindade árabe denominada Alilat.

Al-'Uzza (ser muito poderoso) Corão (LIII; 19); ídolo pré-islâmico aparentado a Vênus/Afrodite e personalizado por um bloco de granito de cerca de 6m de longo.

Hubal ou *Hobal.* Ídolo de forma humana, importado da Síria que seria o patrono dos caravaneiros e pai de vários outros ídolos do antigo templo de Mecca. Hubal é uma divindade lunar, cujo nome talvez seja ligado com Baal.

Jibt [al-jibt] Corão (IV; 51): Ídolo citado só uma vez em companhia dos tâghût.

Manât ([manā]) Corão (LIII; 20): Símbolo do destino e da morte [manîya], destino; sorte; morte. Deusa pré-islâmica da sorte, era ela quem cortava o fio do destino, semelhante à imagem de Morta (Átropos), a terceira das Parcas.

Nasr [nasr], abutre: Corão (LXXI; 23): Divindade pré-islâmica de uma tribo do Iêmen.

Sûwa: ([sūwa'] Corão (LXXI; 23): Divindade pré-islâmica que tinha seu santuário perto de Yanbu sobre o mar Vermelho.

Tâghût ([tāġūt], ídolo; falso Deus; demônio) Corão (II; 256): Ser rebelde, divindade ou simples demônio da rebelião, deverá ser colocado entre os djinns.

Wadd ([wadd], amor) Corão (LXXI; 23): Wadd é uma divindade do amor e da amizade.

Ya'ûq ([ya'uq], defende; Ya'ûq) Corão (LXXI; 23): Divindade protetora, venerada no Iêmen.

Yaghûth (Yaghûth) Corão (LXXI; 23): Divindade do socorro venerada no Iêmen.

Bibliografia

"Ibn Rustah, Kitâb al-A'lâk an-Nafîsa", ed. M. J. De Goeje, *Bibliotheca Geographorum Arabicorum* [BGA], Leiden, E. J. Brill, 1892.

AL-HAMDÂNÎ, Abû Muhammad al-Hasan b. Ahmad b. Ya'qûb: al-*Kitâb al-'âshir min al-Iklîl* ("*Le livre X de la Couronne*"), edição e comentário de Muhibb al-Dîn al-Khâtib, Cairo, 1950-1368 H.

ANTEBY-YEMINI, Lisa: *Les juifs d'Ethiopie: les paradoxes du paradis,* CNRS éditions, Paris, 2004.

Antigo Testamento: Crônica, II, 9 e 1 12; Provérbios 8; Reis IX, 28; Reis, X, 1 a 13.

Arabie heureuse, Arabie deserte, sob a direção de Christian Robin, in Les antiquités arabiques du Musée du Louvre, Notes et documents des musées de France, Réunion des Musées Nationaux, Paris, 1997.

ARBACH, Mounir: 2002: "La reine de Saba' entre légendes et réalité historique d'après les inscriptions sudarabiques préislamiques", Paris, *Graphè,* nº 11*: La reine de Saba*, p.69-82.

__________. *Yémen: au pays de la reine de Saba* — Flamarion IMA — 239 p. — 1997.

AVANZINI, Alessandra: *Inventaire des inscriptions sudarabiques.* Ed. Académie des Inscriptions et Belles Lettres, dir. Ch. Robin — Vol. 5, Raybun, "Hadran, temple de la déesse Atharum, Astarum", 374 p., 2001.

BÂFAQÎH, Mouhammad (prefácio de Ch. Robin), *Fouille de Shaboua.* Ed. Paul Geuthner, 161 p., 1990.

BEDOUCHA, Geneviève: *Eclipse de lune au Yémen: émotions et désarrois d'une éthnologue,* Odile Jacob. Paris, 2004.

BONNENFANT, Paul: Sanaa: *Sanaa: architecture domestique et société,,* CNRS Éditions. Paris, 1995.

______________: "Hiérarchie et symbolique de la demeure", in Paul Bonnenfant (ed.), *Sana'a, Architecture domestique et société*, CNRS Éditions. Paris, 1995.

BONTE, Pierre e Dehau, Etienne Dehau: *Peuples des déserts d'Arabie,* Hermé. Paris, 2005.

BRETON, Jean-François: *Fouilles de Shabw,* Ed. Paul Geuthner, 431 p., 1992.

______________: *L'Arabie heureuse au temps de la reine de Saba, VIIIe-Ier siècles avant J.-C. La vie quotidienne,* Hachette. Paris, 1998.

______________: *L'unification du Yémen Antique*", Ed. Paul Geuthner, 1991.

______________: "*Saba Hadramaout: la vallée inspirée*", Amyris, 130 p.,1997.

CALVET, Yves; Robin, Christian: *Yémen*, Arles Actes Sud, 1995.

CHAMPOLLION, Hervé e Lambert, Jean, *Yémen: Arabia felix,* Hermé. Paris, 2002.

CARAMAN, Philip: *L'Empire perdu. Histoire des jésuites en Ethiopie*, Desclée de Brouwer. Paris, 1992.

CHAMPAULT, Dominique, Maréchaux, Pascal e Maria: *Lunes d'Arabie,* Agep Vilo, 126 p., 1987.

CHAMPAULT, Dominique, Maréchaux, Pascal e Maria: *La route de l'encens*, Paris, 2003.

CHEBEL, Malek: *L'imaginaire arabo-musulman*, Puf-Quadrilage Paris, 1993.

CHELHOD, Joseph, e outros: *Arabie du Sud: histoire et civilisation. Tome 1: le peuple yemenite et ses racines*, Maisonneuve & Larose Paris, 1995.

Chronique de Abd al-Rahman al-Bakali 1162/1241; 1768/1832, Ed. Institut français de Damas d'études arabes, 420 p., 2000.

City of Sana'a, nomad and City exhibition, Museum of Mankind, Departement of Ethnography of the British Museum, Word of Islam Festival, 1975.

CLEUZIOU, Serge Cleuziou e Costantini, Lorenzo: "À l'origine des oásis", in *La recherche,* nº 137. Paris, 1982.

CLEUZIOU, Serge e Tosi, Maurizio, "Hommes, climats et environnements de la Péninsule arabique a l'Holocène", in *Paléorient* 23/2, 1997.

CLEUZIOU, Serge: in *L'Arabie et ses mers bordières*, tome 1, "Itinéraires et voisinages": séminaire de recherche, 1985-86, sous la direction de J.-F. Salles. Travaux de la maison de l'Orient Méditeranéen nº 16, p. 27-56.

Corão: Edição em português e em francês diversas edições; e também *Coran, mode d'emploi* de Farid Esack, Albin Michel, Paris.

CRASSARD, Rémy e KHALIDI, Lamya: "De la pré-Histoire à la Préhistoire au Yemen, des données anciennes aux nouvelles expériences méthodologiques", *Chroniques yéménites nº 12.* Sana'a, 2004.

DE CONTENSON, Henri: La culture pré-axoumite *in Histoire Générale de l'Afrique*. Volume II: *L'Afrique Ancienne*. Sob a direção de Gamal Mokhtar, p. 363-383; Présence Africaine/Edicef/Unesco, Paris, Nova edição, 2000.

DE MAIGRET, Alessandro: "The frankincense road from Najrân to Ma'ân: a hypothetical itinerary", in *Avanzini,* 1997.

______________. "La route caravanière de l'encens dans l'Arabie préislamique", CY. Sana'a, 2003.

DEFFARGE, Claude e Troeller, Gordian: *A la découverte de l'Arabie, cinq siècle de science et d'aventure.* Paris Le livre contemporain, 1958.

DORESSE, Jean: *La vie quotidienne des Éthiopiens chrétiens* (aux XVIIe et XVIIIe siècles), Hachette. Paris, 1972.

DOUGHTY, C. M.:*Travels in Arabia Deserta*. Cambridge, 1888.

DUFOUR, Julien: "Aux origines de la langue poétique sanaanie, L'oeuvre /humaynî de Muhammad b. Sharaf al-Dîn", *Chroniques yéménites.* Éléments d'information sur son itinéraire et sa chronologie", in *Chroniques Yéménites* 11, 2003.

ESTRABÃO, *Geografia* (XVI, 4,19) in Conti Rossini (K.): *Chrestomathia arabica meridionalis epigraphica*, Istituto per l'Oriente. Roma, 1931.

_______________: XVI, 1, 11.

Evangelho segundo Lucas 11:31.

_______________: Mateus 12.42.

FINKELSTEIN, Israel Silberman Neil Asher: *David and Solomon: In Search of the Bible's Sacred Kings and the Roots of the Western Tradition.* Free Press, Simon & Schuster. Nova York, 2006.

_______________: *The Bible Unearthed: Archaeology's New Vision of Ancient Israel and the Origin of Its Sacred Texts.* Free Press, Simon & Schuster. Nova York, 2002.

FLAUBERT, Gustave: *Les tentations de Saint Antoine.* Turim 1990; Livres de Poche. Paris, 1983.

FLEURENTIN, Jacques, prefácio de Jean-Marie Pelt: *Guérisseurs et plantes médicinales du Yémen: au pays de l'encens, de l'aloès et du café,* Karthala. Paris, 2004.

FORRER, L.: "Südarabien nach Al-Hamdânî' schreibung der arabischen Halbinsel", *Abhandlungen für die Kunde des Morgenlandes*, n° 27,3, Leipzig.

FRANTSOUZOFF, Serguei: "Inventaire des inscriptions sudarabiques", Ed. Académie des Inscriptions et Belles Lettres, Vol. 3. Ma'in, 1998. Dir. Christian Robin.

GAJDA, Iwona: "Monothéisme en Arabie du Sud préislamique", *Chroniques yéménites nº10.* Sana'a, 2002.

GAROZZO, Alfio: *Yémen, sur les terres de la reine de Saba,* Minerva, col. Les 5 continents, 125 p., 1999.

GOETHE, Johann Wolfgang von: *Le Divan oriental-occidental*, traduzido por Jacques Porchat, 1861; ou edição da tradução italiana *Il divano occidentale-orientale*, Turim: Einaudi, 1976.

GROHMANN, A.: Expédition *Philby-Ryckmans-Lippens en Arabie. Textes épigraphiques. Arabic inscriptions*, Museum's Library 50. Londres, 1962.

GROOM, N. St. J.: *Frankincense and Myrrh: A Study of the Arabian Incense Trade* (Arab Background Series) Longman Group United Kingdom, 1981.

HAELEWYCK, Jean-Claude: "*Apocryphes Salomoniens et des textes rabbiniques*", in Graphè nº 11, La Reine de Saba.

Hayîm Habshûsh: "*Les inscriptions de la mosquée de Dhibin au Yémen*", Les Cahiers du CFEY/ Univ. François Rabelais, 70 p., 1996.

HEHMEYER, Ingrid: "Un traité manuscrit d'astronomie populaire en arabe, XVIe siècle". Chroniques yéménites, junho 2006.

HIRSCH, Bertrand e Fauvelle-Aymar, François-Xavier: "L'Éthiopie médiévale. État des lieux et nouveaux éclairages", *Cahiers d'études africaines*, 166, 2002.

HUSSEIN, Mahmoud : *Al Sîra*, Grasset. Paris, 2005.

INGRAHAM, M.; Johnson, T., Rihani, B. e Shatla, I.: "Preliminary report on a reconnaissance survey of the Northwestern Province", *Atlal, Journal Of South Arabian Archaeology*, nº 5. Ryad, 1981.

Inventaire des inscriptions sudarabiques — Ed. Académie des Inscriptions et Belles Lettres, 462 p., 2002.

La Regina di Saba, Arte e Leggenda dallo Yemen, catálogo de esposição. Electa. Milão, 2000.

l'ABCdaire du Yémen, I.M.A./ Flammarion, 120 p., 1997 (Ch. Robin, C. Dragon, S. A. et A. de Maigret.)

LASSNER, Jacob: *The Middle East Remembered: Forged Identities, Competing Narratives, Contested Spaces:* Ann Arbor. University of Michigan Press, 2000.

LEVEAU, Rémy, Mermier, Frank e Steinbach, Udo: *Le Yémen contemporain,* Karthala. Paris, 1999.

MAGNETTI, Daniela: La reina di Saba uma e mille leggendi, *in La Regina di Saba, Arte e Leggenda dallo Yemen*, Electa, Milão, 2000.

MAHLER, Samuel: Tradução do Guez de Kebra Nagast, *Cahiers d'orientalisme nº 23*. Gérard Colin, "La gloire des Rois (Kebra Nagast). Epopée nationale de l'Éthiopie."

Makeda, reine de Saba: Nova edição da tradução parcial de Le Roux (1914), textos traduzidos por Hayla Maryam et Hugues Le Roux, apresentação de Joseph Tuban.

MALRAUX, André e Delpuech, Philippe: *La reine de Saba: une aventure géographique.*

MARECHAUX, Pascal e Maria: *Yémen, ciel et terre*, Hazan. Paris, 2003.

____________: *Tableaux du Yémen.* Arthaud, 1997.

____________: *Villages d'Arabie heureuse,* Chêne/Hachette, 80 p., 1979.

____________: *Impressions du Yémen* Flammarion, 1997.

MEKOURIA, Tekle Tsadik: "Axoum chrétienne"; in *Histoire Générale de l'Afrique*. Volume II: *L'Afrique Ancienne*. Sob a direção de Gamal Mokhtar.; Présence Africaine/Edicef/Unesco. Paris, Nova edição, 2000.

MERCIER, Jacques, Marchal, Henri: "Le roi Salomon et les maîtres du regard: art et médecine en Ethiopie". *Catalogue d'exposition tenue au Musée national des arts d'Afrique et d'Océanie*, Réunion des musées nationaux. Paris, 1994.

MERMIER, Franck: "Les fondations mythiques de Sanaa et d'Aden", *Revue des mondes musulmans et de la Méditerranée*, 2004.

____________: *Le Cheick de la nuit: Sana'a organization des souks et société citadine*, publicado com apoio do CNRS, Sindbad, Actes Sud. Arles, 1999.

MERNISSI, Fatema: *Sulltanes oubliés, femmes chef d'Etat em Islam*, Albin Michel. Paris, 1990.

MONOD, Théodore, Bel, Jean-Marie: *Botanique au pays de l'encens* Amyris édition. Bruxelas, 1998.

NAÎM-SAMBAR, Samia: *Hayîm Habshûsh* Yémen, Actes Sud. Paris, 1995.

NASÎF, A.A.: *Al-'Ulâ. An Historical and Archaeological Survey, with Special Reference to its Irrigation System.* Riyad, 1988.

NIED ANDRÉ, Chawki, Abdelamir e Thoraval, Yves: *Le Yémen et la mer rouge,* L'Harmattan. Paris, 1995.

Nodier: *La Fée aux Miettes.* Paris, 1832.; Livres de Poche. Paris, 1982.

PELLETIER, Anne-Marie: "Les 'femmes' de Salomão. Pour relire l'histoire de la reine de Saba" in *Graphè nº 11 - La Reine de Saba.*

PILORGE, Jean-Pierre: "Au cœur de la transmission, la reine de Saba", Reine de Saba: soirée poétique et philosophique: *Le symbolisme dans les légendes de la rencontre du roi Salomon et de la reine de Saba*, apresentado em Budhaline.

PIRENNE, Jacqueline: *Le Yémen ottoman d'après la chronique d'al-Mawa'î,* Trad. árabe / I.F.A.O., Le Caire, 1999.

PLÍNIO: História Natural, VI, 157-158; XII, 30, 54.

RABELAIS: *Gargantua et Pantagruel.* Cap. XVIII. Turim, 1990.

ROSSINI, Karolus Conti: *Chrestomathia Arábica Meridionalis Epigraphica.*; *edita e glossario incluso*, Roma. Ist. per l'Oriente, 1931. Publicação do Istituto per l'Oriente.

RYCKMANS G.: 1: "La trace de Saba en Arabie séoudite", *Reflets du Monde*, nº 5.

SAINT-PROT, Charles: *L'Arabie heureuse: de l'Antiquité à Ali Abdallah Saleh, le réunificateur du Yémen*, Ellipses Marketing. Paris, 1998.

SÉGINGER, Gisèle: *La Tentation et ses métamorphoses*. Étude génétique et textuelle de *La Tentation de Saint Antoine* de Gustave Flaubert (1849-74). Tomo I [-II], Annexos I [-II]. Tese de doutorado "Nouveau régime" preparada sob a direção de Claude Duchet, Universidade de Paris VIII, UFR, 4: Literatura francesa, 1991, 3 vol.I vol. de transcrições.

SPRENGER, A.: *Die alte Geographie Arabiens als Grundlage der Entwicklungsgeschichte des Semitismus.* Berne, 1875.

VANDERHAEGHE, Caterine: "Les bijoux éthiopiens. Ornements ou symboles?" in *Catalogue de l'exposition Ethiopia. Peuples d'Ethiopie,* Gordon & Breach. Tervuren, 1996.

TA'LABI: *Storia della Regina di Saba a cura di Giovanni Canova*. Veneza, 2000.

Atlas

SELLIER, Jean e SELLIER, André: *Atlas des peuples d'Orient,* La Découverte. Paris, 2002.

ROAF, Michael: *Atlas de la Mésopotamie et du Proche-Orient ancien,* Brépols. Paris, 1996.

Relatos de viagem

"Carnet de route pour le Yémen", Le livre de Paris, coll. Globe trotter junior, 1995.

BALSAN, François e BOURDIGNON, Françoise: *Aventure au Yémen*, Édition de l'amitié, 1970.

"Saint-Malo/Yémen", Éd. Denis Lafond Saint-Malo, 2001.

BARAKAT, Leila: *Le chagrin de l'Arabie Heureuse,* L'Harmattan, 1994.

BULTEAU, Michel e Jouffroy, Alain: *Le Yémen: une sensation de bonheur*, com ilustrações de Lyu Hanabusa, Descriptions et voyages, 1990.

DEFFARGE, Claude e Troeller, Gordian: *Une Française Médecin au Yémen,* Julliard / Coll.: sciences et voyages, 1955.

HANSEN, Eric (traduzido do inglês por Monique Lebailly): *Contrebandiers de la mer rouge,* Voyageurs Payot, 1993.

HASSEN, Thorkild: (Traduzido do dinamarquês por Raymond Albeck.) *La mort en Arabie: une expédition danoise 1761-1767,* Actes Sud L'Aire, Coll. Terre d'Aventure, 1988.

HELFRITZ, Hans: *L'Arabie heureuse,* Albin Michel, Paris, 1961.

KESSEL, Joseph: *Fortune carrée,* Le Livre de Poche, 1973 (1ère Éd. 1929).

LORAND, Gaspar: *Arabie heureuse: et autres journeaux de voyages*, Deyrolle, 1997.

MALRAUX, André: La Reine de Saba, une aventure géographique, Gallimard. Paris, 1993.

MONFREID, Henri: "*Les derniers jours de l'Arabie*", Gallimard. Paris, 1935.

____________: *Aventure en mer rouge*, tome 1 et 2, Grasset, 440 p., 1990.

NERVAL, Gérard de: *Voyage en Orient 2,* GF / Flammarion, 384 p., 1998.

NIZAN, Paul: *Aden, Arabie*, Points Seuil. Paris, 1990.

OTMAKOV, Olivier: *Morts au bout de l'Arabie,* Société des écrivains, 2001.

POMMIER, Sophie e Dziri Radhia: *Pour connaître la république arabe du Yémen,* IMA. Documentation, 1987.

RIMBAUD, Arthur: *Correspondance,* Gallimard, coll. La Pléiade. Paris, 1972.

Stark Freya: (Traduzido do inglês por Danielle Tramard.) *La route de l'encens: un voyage dans l'Hadramaout,* Voyageurs Payot, 1992.

Yémen: récit / Halévy Joseph (1827-1917), col. Terres d'aventure, 1995, Actes Sud, traduzido do árabe por Habshûsh, Hayîm e Naïm-Sambar, Samia.

Índice do álbum de receitas

Índice onomástico

Este livro foi composto na tipologia Lapidary 333Bt,
em corpo 13/17,5, impresso em papel
Off-white 80g/m² no Sistema Cameron da
Divisão Gráfica da Distribuidora Record.

IL DISEGNO DELLA SECONDA PARTE DELL'ASIA
MARE DE INDIA
GOLFO DE ARABIA
GOLFO DI PERSIA
GOLFO DE ORMVS
TROPICO DI CANCRO
MARE ROSSO
DESERTO DE ARABIA
DESERTO DE MINGIV
DESERTO DE LVT
DESERTO DE ANNA
DESERTO DE HEGIAZ
ELCATIF DESERTO
DESERTO DE THEAMA
DESERTO DE MASCALAT
REGNO DE MASCALAT
REGNO DE MAFFA
REGNO DE AMANSIRIF DIN
REGNO DE IR MIN
REGNO DE ZIBIT
REGNO DE ADEM
REGNO DE HERIT
REGNO DE TARTAC
REGNO DE GVBELAMAN
REGNO DE ALI BINALI
REGNO DE ERACHAIAN
REGNO DE BECHARIN
REGNO DE ORMVS
SIGISTAN
CIRCAN
GVZARA
CABVL
ISOLE PALANDVRE
ARCIPELAGO DE MALDIVAR
E EGITTO
DESERTO DEL SVES
REGNO DE BELLO
DESERTO DE SVACHEN
GANFILA REGI
DAFILA REGI
REGNO DE AMAMIR
BARNAGASSO
DELACCA
REGNO DE DANGALI
REGNO DE ADEL
REGNO DE DOBAS
ZINGI POPVLI
REGNO DE DOARA
REGNO DE BALLI
TIGRE
REGNO DE MAON
REGNO DE ANGOTE
BAGA
MIDRI
AGOAS POPOLI
BVGE POPVLI